레고 수집 가이드북
LEGO SETS

The Ultimate Guide to Collectible LEGO Sets
by Ed Maciorowski and Jeff Maciorowski
copyright © 2015 Ed Maciorowski and Jeff Maciorowski, Krause Publications,
an imprint of F+W Media, 10151 Carver Road,
Suite 200, Blue Ash, Cincinnati, Ohio, 45242, USA
All Rights Reserved.

Korean translation copyright © 2016 Jaeum & Moeum Publishing Co.
Korean translation rights are arranged with Krause Publications,
an imprint of F+W Media, 10151 Carver Road,
Suite 200, Blue Ash, Cincinnati, Ohio, 45242, USA
through AMO Agency, Korea.

이 책의 한국어판 저작권은 AMO에이전시를 통해
저작권자와 독점 계약한 자음과모음에 있습니다.
저작권법에 의해 한국 내에서 보호를 받는 저작물이므로
무단 전재와 무단 복제를 금합니다.

에드 매초로스키 · 제프 매초로스키 지음 진소연 옮김

 **일러두기**

- 이 책은 Ed Maciorowski와 Jeff Maciorowski의 *LEGO SETS: Identification and Price Guide*(Krause Publications, 2015)를 우리말로 옮긴 것이다.
- 원문에 수록된 제품 정보나 관련 내용은 한국어판 출간 시점(2016)을 기준으로 일부 수정하거나 옮긴이의 설명을 덧붙였다.
- 한국어판의 마지막(256쪽)에 미니피겨 이미지가 들어가는 부분은 원서에 없는 것이며 저자들과도 무관하다.

감사의 말

제프와 나, 우리 형제는 우리가 레고의 세계로 입문하던 시절에 대해 자주 이야기를 나눈다. 40여 년 전 부모님이 사주신 레고 세트 하나를 시작으로 이렇게 레고에 대한 책까지 쓰게 될 줄 누가 알았을까? 레고와 함께한 건 상상을 초월할 정도로 엄청나게 좋은 경험이었다. 사실 그러지 않을 이유가 있을까? 따지고 보면 이 책과 우리의 웹사이트는 레고라는, 어느 시대에서도 가장 상징적인 장난감을 주제로 하고 있지 않은가. 그러니 본론에 들어가기에 앞서 레고 그룹에게 먼저 감사를 전하고 싶다. 뛰어나게 창의적인 동시에 단순하면서 기하학적으로 완벽해 경이롭지만 또 한편으로는 재미로 가득 찬 장난감이면서도 언제나 최고의 품질을 지키는, 살아 있는 전설이자 이 세상에서 가장 멋진 선물인 레고를 만들어주어 고맙다고. 물론 이 책을 쓸 기회를 마련해준 데 대해 크리스 맨티, 폴 케네디, 크라우스 퍼블리케이션에게도 감사를 표하고 싶다. 제프와 나는 이 책을 디자인해준 니콜 맥마틴과 책의 재료가 될 사진과 정보를 제공해준 브릭픽커닷컴(brickpicker.com) 회원들과 레고 팬들에게도 고마운 마음을 전하고 싶다. 우리가 미처 신경 쓰지 못하는 동안 아무 보수 없이도 우리의 눈과 귀가 되어 활동해준 브릭픽커닷컴의 커뮤니티와 운영자들에게도 감사드린다. 전 세계 곳곳의 똑똑하고 다양한 사람들과 대화를 나눌 수 있다는 것 자체만으로도 대단히 특별한 경험이라 생각한다. 레고 브릭은 서로를 끌어당기는 자석처럼 똑똑하고 재능 있는 사람들을 끌어들이는 것 같다. 특히, 제프와 내가 고마움을 표하고 싶은 두 사람이 있는데 바로 전설의 레고 관련 웹사이트 브릭셋닷컴(brickset.com)의 휴 밀링턴과 닥터 데이브 왓포드다. 다른 사이트들이 우리에게 관심이 없던 시절에도 이 두 사람은 브릭픽커닷컴을 지지해주었다.

마지막으로 제프와 나는 우리의 이해심 넘치는 소중한 아내들에게 고마움을 표하고 싶다. 리즈와 제인은 우리의 레고에 대한 집착을 마치 성인과도 같은 인내심으로 견뎌주었다. 지하실이나 수납장에는 수천 종의 레고 세트가 있고 하루에 한 번은 현관문에 새 패키지가 도착하는 상황을 받아들이기란 쉽지 않다는 걸 안다. 브릭픽커닷컴 사이트를 관리하는 데 드는 시간도 만만치 않다는 점을 이해해준 것에도 무한한 고마움을 표하고 싶다.

개인적으로 내 아들 맥시밀리언에게 가장 큰 감사를 전하고 싶다. 레고 수집을 멈추고 있던 내가 다시 레고의 세계로 돌아와 레고 가격이 엄청나게 오른 것을 발견하고 브릭픽커닷컴을 열게 된 이유는 바로 아들 때문이었다. 맥시밀리언의 엄청난 열정과 생동하는 에너지는 내게 초인적인 집중력과 힘을 발휘할 수 있게 해주었다. 독자들이 이 책을 즐겁게 읽고 브릭픽커닷컴에 들러 레고의 최신 가격 정보도 확인할 수 있었으면 좋겠다.

차례

감사의 말   5

들어가는 말   9

Chapter 1. 어드밴스 모델(Advanced Models)   13
- 10196 회전목마(Grand Carousel)   15
- 10177 보잉 787 드림라이너(Boeing 787 Dreamliner)   16
- 3450 자유의 여신상(Statue of Liberty)   17
- 10187 폭스바겐 비틀(Volkswagen Beetle)   19
- 1084 타운 플랜(Town Plan)   20
- 10181 에펠탑(Eiffel Tower)   21
- 10213/10231 셔틀 어드벤처/익스페디션   22
  (Shuttle Adventure/Expedition)
- 10155 머스크 라인 컨테이너선(Maersk Line Container Ship)   23
- 10241 머스크 라인 트리플-E 화물선(Maersk Line Triple E)   23
- 10189 타지마할(Taj Mahal)   24
- 10226/3451 솝위드 카멜(Sopwith Camel)   26
- 모듈러 빌딩
  - 10182 카페 코너(Cafe Corner)   27
  - 10190 마켓 스트리트(Market Street)   28
  - 10185 그린 그로서(Green Grocer)   28
  - 10197 소방서(Fire Brigade)   29
  - 10211 그랜드 엠포리움(Grand Emporium)   30
  - 10218 펫 숍(Pet Shop)   30
  - 10224 타운 홀(Town Hall)   31
  - 10230 미니 모듈러(Mini Modular)   32
  - 10243 파리의 레스토랑(Parisian Restaurant)   34
  - 10232 팰리스 극장(Palace Cinema)   34
  - 10246 탐정사무소(Detective's Office)   34

Chapter 2. 아키텍처(Architecture)   35
- 21021 마리나 베이 샌즈(Marina Bay Sands)   36
- 21001 존 행콕 센터(John Hancock Center)   37
- 21000 시어스/윌리스 타워(Sears/Wllis Tower)   37
- 21016 숭례문(Sungnyemun)   38
- 21008 두바이 부르즈 할리파(Burj Khalifa-Dubai)   38
- 21004 솔로몬 R. 구겐하임 뮤지엄   39
  (Solomon R. Guggenheim Museum)
- 21010 로비 하우스(Robie House)   40
- 21005 폴링워터(FallingWater)   40

Chapter 3. 배트맨(Batman)   41
- 7884 배트맨 버기: 미스터 프리즈의 탈출   42
  (Batman's Buggy: The Escape of Mr. Freeze)
- 30160 배트맨 제트스키(Batman Jetski)   42
- 6860 배트케이브(Batcave)   43
- 7783 배트케이브: 펭귄과 미스터 프리즈의 침략   43
  (Batcave: The Penguin and Mr. Freeze's Invasion)
- 7784 배트모빌: 얼티미트 컬렉터 에디션   44
  (The Batmobile: Ultimate Collector's Edition)
- 76023 텀블러(The Tumbler)   45
- 4526 배트맨(Batman)   45
- 4527 조커(The Joker)   46
- 10937 배트맨: 아캄 어사일럼 탈출   46
  (Batman: Arkham Asylum Breakout)
- 7785 아캄 어사일럼(Arkham Asylum)   46

Chapter 4. 바이오니클(Bionicle)   47
- 10204 베존 앤 칼도스(Vezon & Kardos)   48
- 8733 엑소온(Axonn)   50
- 8734 브루타카(Brutaka)   50
- 8764 베존 앤 펜락(Vezon & Fenrakk)   51

Chapter 5. 캐슬(Castle)   52
- 375 노란 성(Yellow Castle)   53
- 7094 왕의 성(King's Castle Siege)   54
- 7093 마법사의 성(Skeleton Tower)   54
- 10193 중세 마을(Medieval Market Village)   55

Chapter 6. 시티(City)   56
- 4210 해안경비대 플랫폼(Coast Guard Platform)   57
- 7739 해안경비대 순찰정과 감시탑   57
  (Coast Guard Patrol Boat and Tower)
- 7945 소방서(Fire Station)   58
- 7892 병원(Hospital)   59
- 7744 경찰본부(Police Headquarters)   59
- 3182 공항(Airport)   60
- 7898 디럭스 화물열차(Cargo Train Deluxe)   60
- 7893 여객기(Passenger Plane)   60
- 7905 타워 크레인(Building Crane)   60

Chapter 7. 크리에이터(Creator)   61
- 4957 페리스 휠(Ferris Wheel)   62
- 4954 모델 타운 하우스(Model Town House)   62
- 4958 몬스터 공룡(Monster Dino)   62

Chapter 8. 디노(Dino)   63
- 5882 기습 공격(Ambush Attack)   64
- 5887 공룡 방어 본부(Dino Defense Headquarters)   64

Chapter 9. 프렌즈(Friends)   65
- 41015 돌핀 크루저(Dolphin Cruiser)   66
- 41023 아기사슴의 숲(Fawn's Forest)   67
- 3187 버터플라이 뷰티 숍(Butterfly Beauty Shop)   67
- 3315 올리비아의 집(Olivia's House)   67
- 3185 승마 캠프(Summer Riding Camp)   68
- 41058 하트레이크 쇼핑몰(Heartlake Shopping Mall)   68

Chapter 10. 해리 포터(Harry Potter)   69
- 4767 해리와 헝가리안 혼테일(Harry and Hungarian Horntail)   70
- 4766 공동묘지의 결투(Graveyard Duel)   70
- 4841 호그와트 익스프레스(Hogwarts Express)   71
- 10132 전동 호그와트 익스프레스(Hogwarts Express)   71
- 4842 호그와트 성(Hogwarts Castle)   72
- 4867 호그와트 전투(Battle for Hogwarts)   72
- 10217 다이애건 앨리(Diagon Alley)   72

Chapter 11. 히어로 팩토리(Hero Factory) — 73
- 6203 블랙 팬텀(Black Phantom) — 74
- 2283 위치 닥터(Witch Doctor) — 74

Chapter 12. 아이디어/쿠소(Ideas/Cuusoo) — 75
- 21100 신카이 6500 서브마린(Shinkai 6500 Submarine) — 76
- 21101 하야부사(Hayabusa) — 76
- 21104 화성 탐사 로봇 큐리오시티 로버 — 77
  (Mars Science Laboratory Curiosity Rover)
- 21102 마인크래프트 마이크로월드(Minecraft Microworld) — 77
- 21103 백 투 더 퓨처 들로리안 타임머신 — 78
  (Back to the Future Delorean Time Machine)
- 21110 연구소(Research Institute) — 78

Chapter 13. 인디아나 존스(Indiana Johnes) — 79
- 7627 크리스탈 해골의 왕국(Temple of the Crystal Skull) — 80
- 7199 템플 오브 둠(Temple of Doom) — 80
- 7620 인디아나 존스 오토바이 추격 — 81
  (Indiana Johnes Motorcycle Chase)
- 7624 정글의 결투(Jungle Duel) — 81

Chapter 14. 키마의 전설(Legends of Chima) — 82
- 70010 사자의 키 신전(The Lion Chi Temple) — 83
- 70147 팽거의 얼음 요새(Sir Fangar's Ice Fortress) — 83
- 70145 마울라의 아이스 매머드 스톰퍼 — 84
  (Maula's Ice Mammoth Stomper)
- 70146 불사조 불의 신전(Flying Phoenix Fire Temple) — 85
- 70014 악어의 늪지 은신처(The Croc Swamp Hideout) — 86
- 70006 크래거의 악어 전함 공격(Cragger's Command Ship) — 86

Chapter 15. 레고 무비(The LEGO Movie) — 87
- 70810 메탈비어드의 함선(Metalbeard's Sea Cow) — 88
- 70816 베니의 우주선, 우주선, 우주선! — 88
  (Benny's Spaceship, Spaceship, Spaceship!)

Chapter 16. 반지의 제왕(The Lord of The Rings) — 89
- 79003 뜻밖의 만남(An Unexpected Gathering) — 90
- 79018 외로운 산(The Lonely Mountain) — 90
- 10237 오르상크의 탑(Tower of Orthanc) — 91
- 9474 헬름 계곡의 전투(Battle of Helm's Deep) — 92

Chapter 17. 몬스터 파이터(Monster Fighters) — 95
- 10228 유령의 집(Haunted House) — 94
- 9465 좀비(The Zombies) — 95
- 9468 뱀파이어 캐슬(Vampyre Castle) — 96
- 9467 몬스터 기차(Ghost Train) — 97
- 30201 고스트 폴리백(Ghost Polybag) — 97

Chapter 18. 닌자고(Ninjago) — 98
- 30083 드래곤 파이트(Dragon Fight) — 99
- 2507 불의 신전(Fire Temple) — 99
- 2260 아이스 드래곤 어택(Ice Dragon Attack) — 100
- 2509 어스 드래곤 디펜스(Earth Dragon Defense) — 100
- 2521 번개 드래곤 전투(Lighting Dragon Battle) — 100

Chapter 19. 해적, 그리고 캐리비안의 해적들 — 101
  (Pirates & Pirates of The Caribbean)
- 10210 임페리얼 전함(Imperial Flagship) — 102
- 4184 블랙 펄(Black Pearl) — 102
- 10040 카리브 해적선(Black Seas Barracuda) — 103
- 4195 앤 여왕의 복수(Queen Anne's Revenge) — 103

Chapter 20. 시즈널(Seasonal) — 104
- 40106 엘프 작업장(Elves' Workshop) — 105
- 40029 밸런타인데이 박스(Valentine's Day Box) — 105
- 40053 부활절 토끼와 바구니(Easter Bunny with Basket) — 105
- 10216 겨울 마을 빵집(Winter Village Bakery) — 106
- 10229 눈 덮인 작은 집(Winter Village Cottage) — 106
- 10235 겨울 마을 축제(Winter Village Market) — 106
- 10245 산타의 작업장(Santa's Workshop) — 107
- 10199 겨울 장난감 가게(Winter Village Toy Shop) — 107
- 10222 눈 덮인 마을 우체국(Winter Village Post Office) — 108
- 7958 크리스마스 캘린더(Advent Calendar) — 108

Chapter 21. 스페이스(Space) — 109
- 487 스페이스 크루저(Space Cruiser) — 110
- 493 커맨드 센터(Command Center) — 110
- 497/928 갤럭시 익스플로러(Galaxy Explorer) — 111
- 5619 크리스탈 호크(Crystal Hawk) — 112
- 70709 갤럭시 타이탄(Galactic Titan) — 112

Chapter 22. 스타워즈 얼티미트 컬렉터 시리즈 — 113
  (Star Wars Ultimate Collector Series)
- 10179 밀레니엄 팔콘(Millennium Falcon) — 114
- 10143 데스 스타 2(Death Star II) — 116
- 10030 임페리얼 스타 디스트로이어(Imperial Star Destroyer) — 117
- 7191 X-윙 파이터(X-Wing Fighter) — 118
- 10019 반군 블라케이드 러너(Rebel Blockcade Runner) — 120
- 10129 반군 스노우스피더(Rebel Snowspeeder) — 121
- 10134 Y-윙 어택 스타파이터(Y-Wing Attack Starfighter) — 121
- 10018 다스 몰(Darth Maul) — 122
- 10221 슈퍼스타 디스트로이어(Super Star Destroyer) — 123
- 7181 타이 인터셉터(TIE Interceptor) — 124
- 10175 다스 베이더의 타이 어드밴스드(Darth Vader's TIE Advanced) — 125
- 7194 요다(Yoda) — 126
- 10212 임페리얼 셔틀(Imperial Shuttle) — 127
- 10026 스페셜 에디션 나부 스타파이터 — 128
  (Special Edition Naboo Starfighter)
- 75059 샌드크롤러(Sandcrawler) — 129
- 10174 임페리얼 AT-ST(Imperial AT-ST) — 130
- 10227 B-윙 스타파이터(B-Wing Starfighter) — 131
- 10225 알투디투(R2-D2) — 132
- 10240 레드 파이브 X-윙 스타파이터(Red Five X-Wing Starfighter) — 133
- 10186 그리버스 장군(General Grievous) — 134
- 75060 슬레이브 1(Slave I) — 135
- 10215 오비완의 제다이 스타파이터(Obi Wan's Jedi Starfighter) — 136

Chapter 23. UCS 이외의 스타워즈(Star Wars Non USC) — 138
- 10123 클라우드 시티(Cloud City) — 139
- 7283 얼티미트 스페이스 배틀(Ultimate Space Battle) — 140
- 10178 모터라이즈드 워킹 AT-AT(Motorized Walking AT-AT) — 141
- 7662 무역 연합 MTT(Trade Federation MTT) — 141
- 10188 데스 스타(Death Star) — 142
- 7255 그리버스 장군 추적(General Greivous Chase) — 143
- 8039 베네터급 공화국 공격 왕복선 — 143
  (Venator-class Republic Attack Cruiser)
- 9516 자바 팰리스(Jabba's Palace) — 144
- 75005 랭커 피트(Rancor Pit) — 145
- 10195 공화국 우주선과 AT-OT 워커 — 146
  (Republic Dropship and AT-OT Walker)
- 8000 피트 드로이드(Pit Droid) — 147
- 8008 스톰트루퍼(Stormtrooper) — 148
- 8007 쓰리피오(C-3PO) — 148
- 8001 배틀 드로이드(Battle Droid) — 149
- 8002 디스트로이어 드로이드(Destroyer Droid) — 149
- 8011 장고 펫(Jango Fett) — 150
- 8010 다스 베이더(Darth Vader) — 150
- 4481 헤일파이어 드로이드(Hailfire Droid) — 151

8009 알투디투(R2-D2) 151
8012 슈퍼 배틀 드로이드(Super Battle Droid) 151

폴리백과 미니 세트

3340 팰퍼틴 의장, 다스 몰, 다스 베이더 스타워즈 미니피겨 팩1호 152
(Emperor Palpatine, Darth Maul & DarthVader Minifig Pack Star Wars #1)

3341 루크 스카이워커, 한 솔로, 보바 펫 스타워즈 미니피겨 팩 2호 152
(Luke Skywalker, Han Solo & Boba FettMinifig Pack Star Wars #2)

3342 츄바카와 2개의 바이커 스카우트 스타워즈 시리즈 미니피겨 팩 3호 153
(Chewbacca & 2 Biker ScountsMinifig Pack Star Wars #3)

3343 2개의 배틀 드로이드와 사령관 스타워즈 미니피겨 팩 4호 153
(2 Battle Droids & Command Officer Minifig Pack Star Wars #4)

4486 AT-ST와 스노우스피더(AT-ST & Snow speader) 154
4488 밀레니엄 팔콘(Millennium Falcon) 154
4484 X-윙 파이터와 타이 어드밴스드 155
(X-윙 Fighter & TIE Advanced)
4487 제다이 스타파이터와 슬레이브 1 155
(Jedi Starfighter & Slave I)
4521221 골드 크롬 쓰리피오(Gold Chrome-plated C-3PO) 156

Chapter 24. 슈퍼 히어로(Super Heroes) 157

76042 쉴드 헬리캐리어(Shield Helicarrier) 158
4529 아이언 맨(Iron Man) 159
5000022 헐크(The Hulk) 159
6866 울버린의 헬리콥터 결투(Wolverine's Chopper Showdown) 160

Chapter 25. 테크닉(Technic) 161

853/956 카 섀시(Car Chassis) 162
8275 모터라이즈드 불도저(Motorized Bulldozer) 162
8288 크롤러 크레인(Crawler Crane) 163
8285 견인 트럭(Tow Truck) 163
41999 사륜구동 크롤러 한정판(4X4 Crawler Exclusive Edition) 164

Chapter 26. 기차(Trains) 165

10173 홀리데이 트레인(Holiday Train) 166
10194 에메랄드 나이트(Emerald Night) 166
10219 머스크 화물열차(Maersk Train) 167
10025 산타페 카-세트 1(Santa Fe Cars-Set I) 168
10022 산타페 카-세트 2(Santa Fe Cars-Set II) 168
10133 벌링턴 노던 산타페 기관차 169
(Burlington Northern Santa Fe(BNSF) Locomotive)
10170 TTX 인터모달 더블스택 카 169
(TTX Intermodal Double-stack Car)
10020 산타페 슈퍼 치프(Santa Fe Super Chief) 169

Chapter 27. 빈티지: 2000년 이전의 세트들 170
(Vintage Pre-2000)

6286 카리브의 해적선 2(Skull's Eye Schooner) 171
5571 자이언트 트럭(Giant Truck) 172
8480 스페이스 셔틀(Space Shuttle) 172
6081 유령의 성(King's Mountain Fortress) 173
6085 흑룡성(Black Monarch's Castle) 173
6086 비룡성(Black Knight's Castle) 174
1650 머스크 라인 컨테이너선(Maersk Line Container Ship) 174

Chatper 28. 기타 세트와 테마 175
(Miscellaneous sets and Themes)

8635 이동 지휘 사령부(Mobile Command Center) 176
8637 볼케이노 베이스(Volcano Base) 176
70165 울트라 에이전트 미션본부(Ultra Agents Mission HQ) 177
7978 앵글러 어택(Angler Attack) 178
7667 공화국 우주선 배틀 팩(Imperial Dropship Battle Pack) 179
7655 클론 트루퍼스 배틀 팩(Clone Troopers Battle Pack) 179
853373 레고 킹덤 체스 세트(LEGO Kingdoms Chess Set) 180
852293 캐슬 자이언트 체스 세트(Castle Giant Chess Set) 181
8145 페라리 599 GTB 피오라노 1:10 182
(Ferrari 599 GTB Fiorano 1:10)
8653 엔초 페라리 1:10(Enzo Ferrari 1:10) 182
8461 윌리엄스 F1 팀 레이서(Williams F1 Team Racer) 183
8214 람보르기니 폴리지아(Lamborghini Polizia) 184
8169 람보르기니 갈라도 LP 560-4 184
(Lamborghini Gallardo LP 560-4)
8964 티타늄 굴착기(Titanium Command Rig) 185
8962 크리스탈 킹(Crystal King) 185
41062 엘사의 얼음 성(Elsa's Sparkling Ice Castle) 186
3827 비키니 보텀의 모험(Adventures in Bikini Bottom) 188
8679 도쿄 인터내셔널 서킷(Tokyo International Circuit) 190
8487 플로우의 V8 카페(Flo's V8 Cafe) 190
8639 빅 벤틀리 탈출(Big Bentley Bust Out) 190
79111 열차 추격 대작전(Constitution Train Chase) 191
79108 호송마차 탈출(Stagecoach Escape) 191
71006 심슨 하우스(The Simpsons House) 192
7591 컨스트럭트 어 저그(Cosntruct-A-Zurg) 193
7597 서부 열차 추격(Western Train Chase) 193
30071 아미 지프 폴리백(Army Jeep Polybag) 193
79121 터틀 잠수함 바다 속 추격전(Turtle Sub Undersea Chase) 194
79117 터틀 은신처 침공 작전(Turtle Lair Invasion) 194
79105 백스터 로봇 소동(Baxter Robot Rampage) 195
10029 루나 랜더(Lunar Lander) 196
7469 화성 탐사(Mission to Mars) 196
7573 알라무트 성(Battle of Alamut) 197
20017 브릭마스터 페르시아의 왕자(Brickmaster Prince of Persia) 197

코믹 콘/토이 페어

코믹 콘 배트맨과 조커 샌디에고 코믹 콘 2008년 한정판 198
(COMCON003-1 Batman And Joker, SDCC 2008 exclusive)
스타워즈 큐브 듀드 클론 워 198
(STAR WARS Cube Dude Clone Wars Edition-2010 SDCC)
스타워즈 큐브 듀드 현상금 사냥꾼 에디션 2010년 샌디에고 코믹 콘 198
(STAR WARS Cube Dude Bounty Huter Edition-2010 SDCC)
스타워즈 크리스마스 캘린더 2011년 샌디에고 코믹 콘 198
(STAR WARS Advent Calendar-2011 SDCC)
스타워즈 루크 스카이워커의 미니 랜드스피더 틴 2012년 뉴욕시티 코믹 콘 198
(STAR WARS Luke Skywalker's Mini Landspeeder Tin-2012 NYCC)
스타워즈 다스 몰의 미니 시스 인필트레이터 틴 2012년 샌디에고 코믹 콘 199
(STAR WARS Darth Maul's Mini Sith Infiltrator Tin-2012 SDCC)
스타워즈 보바 펫의 미니 슬레이브 1 틴 199
(STAR WARS Boba Fett's Mini Slave 1 Tin-2012 Celebration VI CC)
고스트 스타십 2014년 샌디에고 코믹 콘 200
(The Ghost Starship-2014-DCC)
배트맨 클래식 TV판 배트모빌 2014년 샌디에고 코믹 콘 200
(Batman Classic TV Series Batmobile-2014 SDCC)
로켓 라쿤의 워버드 2014년 샌디에고 코믹 콘 200
(Rocket Raccoon's Warbird-2014 SDCC)
마이크로스케일 백 2013년말 샌디에고 코믹 콘 200
(Microscale Bag End-2013 SDCC)
미니 JEK 14 스텔스 스타파이터 2013년 샌디에고 코믹 콘 200
(Mini JEK 14 Stealth Starfighter-2013 SDCC)

가격 정보 201

용어 설명 251

참고 자료 253

들어가는 말

레고 브릭. 이 작은 플라스틱 조각들은 반세기가 넘는 시간 동안 전 세계 수백만 남녀노소의 가슴을 설레게 하고 이성을 마비시켜왔다. 레고 브릭의 인기는 지난 수년간 기하급수적으로 높아졌고, '레고'는 당초 2000년 《포천》에서 언급된 데 이어, 영국 장난감 소매 조합에서도 '세기의 장난감'으로 지목되었다. 이러한 인기로 인해 레고 그룹은 2013년 세계 1위의 장난감 제조사가 되었고, 매출과 순이익 면에서 라이벌인 마텔사를 앞서게 되었다. 그러나 이런 돈벌이가 꼭 레고 그룹이나 다른 소매 업체에게만 가능한 이야기는 아니다. 나는 근 40년간 레고의 팬으로서 레고 브릭과 세트를 수집해왔다. 그러나 7년 전부터는 레고 중고 거래 시장으로 눈길을 돌리게 되었다. 인터넷과 이베이(eBay) 같은 경매 사이트의 등장으로, 지난 10여 년간 단종 레고 제품을 거래하기 위한 거대한 시장이 형성되어 있었다. 그곳에서 구하기 힘든 고가의 레고 세트들은 놀라운 시장가가 매겨졌다. 수집가용이 아닌 레고 세트의 경우에도 표준적인 사양과 디자인, 브릭 유형을 가진 제품이 단종된 후 가치가 상승하는 사례가 많았다. 단종 레고의 가치가 가파르게 상승하는 모습을 본 우리는 시시각각 변화하는 레고 세트들의 시장 가치를 정확하고 재빠르게 모니터하기 시작했다.

이베이는 레고 중고 시장의 성장에 지대한 역할을 했다. 이베이는 빈티지 및 단종 아이템들을 거래하는 수백만 달러 규모의 시장이 되었고, 이 세상에 존재하는 레고 세트와 브릭들을 새것, 헌것 가리지 않고 모두 거래하는 장이 되었다. 우리는 마켓 리서치 펌인 테라피크(Terapeak)가 이베이로부터 수집하는 레고 중고 거래 매출 데이터를 집적하고, 데이터 수정 작업을 거친 뒤에, 가격 정보를 만들었다. 우리는 이베이에서 성사된 수천 건의 레고 경매 거래 자료를 받아 매달 이를 취합한다. 이 책에 담긴 판매 자료는 출간 전에 수집된 최신 데이터를 기초로 한 것이다.

레고 기초 지식

지난 50년 동안 만들어진 레고 세트는 대략 1만 가지로 추정된다. 레고 세트가 가치 있는 수집품이 되기 위해서는 생산기간이 제한적이어야 한다. 한정판의 생산기간은 보통 1~2달이며, 때때로 수 년에 이르기도 한다. 더 특이하고 희귀한 세트일수록 그 가치가 올라간다. 레고가 다른 수집품과 차별화되는 부분은 연식의 가치다. 즉, 오래되었다고 해서 늘 가치 있는 것은 아니라는 뜻이다. 어떤 모델의 경우 처음에는 가격 변화가 없다가 시간이 지날수록 가격이 하락하기도 한다. 레고 세트의 가치는 사고자 하는 사람이 모델에 대해 갖는 특별한 감성 때문에 올라간다. 인지도 낮은 오래된 모델에 큰 가치를 부여하는 팬들은 별로 없지만, 최신 모델이라면 수천 달러를 호가하는 경우도 왕왕 있다. 어린 시절에 돈이 없어 사지 못했던 기억이 있는 잠재적 구매자라면, 성인이 되어 경제력이 생기면서 그 시절 갖고 싶었던 레고 세트에 최고 가격을 지불하기도 한다. 전작주의 성향의 수집가들이 테마 전체를 사 모으기 위해 세트를 구매하는 경우도 있다. 이처럼 레고 세트의 가치가 오르는 데에는 여러 가지 이유가 있다. 레고가 갖는 상징성, 창의성, 한정판의 희귀성 외에도 레고의 열성팬들과 구매자들이 제품에 대해 갖는 특유의 애착이 그것이다.

이 책의 목적상 우리는 2000년 이후 제작되어 출시된 레고 모델에 집중하겠지만, 2000년 이전 모델이나 빈티지 모델의 가격과 분석도 일부 포함할 것이다. 많은 팬과 수집가들의 사랑을 받고 있는 것과 별개로 1999년 이후 제작된 모델들이 갖는 창의성과 난이도는 차원이 다르다. 레고 세트 디자인에 변화를 주면서 〈스타워즈〉, 〈해리포터〉, 〈반지의 제왕〉과 같은 영화나 TV 시리즈물의 라이선스 모델을 추가한 담대한 결정은 향후 레고 그룹의 성공적 행보에 상당히 일조했다. 극도의 정교함을 자랑하는 이들 라이선스 레고 테마 중 가장 대표적 초기작은 2000년에 출시한 스타워즈 얼티미트 컬렉터 시리즈다. 얼티미트 컬렉터 시리즈는 성인 팬들을 타깃으로 한 대형 모델이다. 그러나 크기가 작고 보다 저렴한 라이선스 모델을 향한 새로운 팬심도 뜨겁다. 스타워즈나 해리 포터 테마의 새로운 모델이 영화와 함께 출시될 때마다 어린이들을 레고 숍으로 끌어들인다. 이제껏 출시된 가장 큰 (피스 개수 기준) 레고 세트는 10189 타지마할로, 세계 7대 불가사의 중 하나를 레고 모델로 아름답게 구성한 작품이다. 레고는 더 이상 아이들만의 장난감이 아니게 되었으며, 이러한 철학의 변화로 인해 레고 그룹은 재정적 성공을 이루는 토대를 닦았다. 이제 성인 팬들은 자신들을 위한 레고 세트를 구매하고 있으며, 이로 인해 많은 신제품과 단종 레고의 가격이 오르고 있다. 일정 시간 이후 레고 모델이 단종된다는 사실은 1차 소매점에서 레고를 구매할 수 있는 시간이 제한적이라는 의미가 된다. 단기 거래를 하는 리셀러도 있지만 장기 투자자들은 이러한 점을 최대한 활용한다. 신제품을 사재기해두었다가 특정 레고 모델이 단종되거나 생산이 중단되면 출고가보다 높은 가격으로 이베이에 상품 등록을 하는 것이다. 어떤 리셀러들은 인기 레고 품목을 바로 되팔기도 한다. 주로 크리스마스 시즌이나 인기 품종의 공급이 딸릴 경우에 그렇게 한다.

이 책의 주된 목적은 가장 인기 있는 레고 모델들의 최신 시장가격을 보여주는 데 있다. 여러분은 이 가격들을 보면서 깜짝 놀랄지도 모른다. 우리 집 꼬맹이 자니에게 사준 레고 세트가 3년 전 구매하던 당시보다 몸값이 훨씬 높아진 걸 발견할 수도 있을 테니 말이다. 레고도 출신 성분이 있으며, 몸값이 잘 오르는 테마와 그렇지 않은 테마가 있다는 것을 알게 될 것이다. 피스 개수와 중량으로 결정되는 레고 세트의 크기 또한 레고 가치를 결정하는 중요한 요소가 될 수 있다. 레고 그룹은 대체로 출고가를 기준으로 레고 모델의 가격을 매긴다. ABS 플라스틱이 더 많이 사용될수록 소매 및 중고 시장에서의 가격이 올라간다. 레고 미니피겨 또한 세트 가격에 큰 영향을 끼치는데, 이 작은 땅콩만한 플라스틱 사람 모형이 그 자체로 엄청난 금전적 가치를 갖곤 한다. 비싸고 돈이 되는 레고 모델의 경우 대체로 희귀한 미니피겨나 많은 양의 미니피겨를 포함하고 있다.

이 책의 활용법

이 책의 각 장에서는 알파벳 순서대로 레고 테마들을 소개하고 있다. 주요한 테마들은 모두 다루려고 애썼으며, 페르시아 왕자, 아틀란티스, 월드 레이싱와 같은 몇몇 유명 시리즈들은 기타 장에 포함시켰다. 각 장에서 우리는 테마별로 수익성과 투자수익률 측면에서 최상위를 차지하는 모델들을 나열하고 분석했다. 인베스토피아 (investopia.com)에 따르면 투자수익률은 다음과 같이 정의된다. 투자 수익률: 투자 한 건의 효율성을 평가하거나, 다수 투자 건의 효율성을 비교하기 위한 실적 지표. 투자수익률을 산출하기 위해서는 해당 투자 건에서 나온 이득(이익)을 해당 투자의 비용으로 나눈다. 그 결과 값은 백분율이나 비율로 나타낸다. 투자수익률의 산출 공식은 다음과 같다.

$$투자수익률 = \frac{(투자로부터\ 얻는\ 이득 - 투자에\ 드는\ 비용)}{투자\ 비용}$$

위 공식에 따른 투자수익률 계산에 있어, 투자에 드는 비용은 레고 세트의 출고가, 투자로부터 얻는 이득은 이 책의 집적된 데이터에 따른 현재 시장가격이다. 출고가 기준 투자수익률로 본 한 테마 내의 레고 세트 랭킹자료도 이 책에서 볼 수 있다. 테마별로 최상위 수익률을 갖는 모델들을 분석함으로써, 레고를 잘 아는 현명한 팬들이라면 레고 세트의 가치를 높이거나 투자 손실로 이어지는 레고의 특성이 어떤 것들인지 더 잘 이해하게 될 것이다.

레고 모델의 가치는 동일한 품종이라도 천차만별일 수 있다. 계산기를 통해 기계적으로 결정되는 게 아니기 때문이다. 정확한 가치는 오로지 레고 모델 자체에 따라 결정된다. 얼마나 희귀한가? 얼마나 인기 있는가? 구매자가 얼마나 원하는가? 대부분의 경우 잠재적 구매자는 원하는 레고 세트에 특별한 의미를 부여하며, 그렇기 때문에 시가보다 더 지불할 용의가 있다. 무척 간단하지 않은가! 레고의 세계에서는 모든 것이 빨리 돌아간다. 세트들이 단종되고, 다시 만들어진다. 희귀했던 세트는 새 버전이 생산되면 평범해진다. 무엇보다 중요한 점은 이 작은 ABS 플라스틱 조각들이 가치가 있다는 것이다. 완전하지 않은 레고 세트라 해도 당초의 소매가격보다 더 높은 가격에 팔릴 수 있다. 그러니 가지고 있는 레고 세트를 잘 보관하

레고의 가격은 어떻게 매겨지는가

간단히 말해 레고 세트의 가치는 두 가지 범주로 나뉜다. 새것과 헌것. 많은 수집가들이 새것이든 헌것이든 다양한 변종이 있다는 걸 알지만, 제품을 꼼꼼히 뜯어보고 완전한지 확인하기 전까지는 정확한 값어치를 매기기 어렵다. 우리는 테라피크로부터 정보를 얻는다. 테라피크는 이베이로부터 경매 정보를 구매한다. 우리는 테라피크의 이베이 정보를 구매해 범주화하고 종합해 필터링한 뒤 오류나 이상 수치를 제거한 뒤 가격 정보의 형태로 가공한다. 가격 정보는 매달 업데이트되며, 한 달이란 시간은 레고 중고 거래를 하는 데 긴 시간이다. 레고 세트가 단종되거나 레고 그룹에서 중대한 발표라도 할 경우, 30일이란 기간 동안 엄청난 가격 변동이 일어날 수 있다. 이 책에 담긴 가격 정보는 2014년 기준의 가격정보를 담고 있다. 그러나 여타 가격 정보와 마찬가지로, 정보는 정보에 불과하다는 것을 명심하기 바란다. 레고 세트 자체의 컨디션에 따라 신제품이든 중고품이든 가격 편차가 있을 수 있다. 별도의 언급이 없는 한, 이 책에서 논의되는 레고 세트의 가치는 MISB/MIB 상태에 준하는 것으로 한다.

신제품 MISB(Mint in Sealed Box)
박스 포장 보존된 미개봉 신제품

공장 출하 이후 개봉하지 않아 포장박스가 완전한 상태인 신제품. 박스 진열로 인한 미미한 가장자리 마모 등은 눈감아주는 편이다. MISB 상태의 레고 세트는 최고의 가치를 인정받는다. 박스 상태가 좋을수록 레고 세트의 가치가 올라간다. 하지만 완벽한 상태의 제품과 경미하게 물든 흔적이 있거나 마모된 제품은 별반 차이가 나지 않는다.

자, 레고 박스와 조립 설명서를 잘 간직하고 보관에 신경쓰자. 가능하다면 상품을 되팔고 싶어질 경우에 대비해 값어치가 더 있는 모델들은 별도로 보관하는 것도 좋겠다. 무엇보다 중요한 것은 이미 소장 중인 레고를 즐기는 것이다. 레고는 상상력을 자극하는 멋진 장난감일뿐더러, 은행 잔고를 불려주게 될 수도 있다.

왜 레고에 투자하는가

앞서 언급했듯이, 이 책의 주된 목적은 2000년 이후 레고 모델의 가치에 대해 논의하는 것이다. 현재 형성된 중고 시장가격의 어느 정도는 사람들이 레고에 '투자'하는 행위가 있었기 때문에 나타난 결과다. 인기 품종을 수집, 조립, 비축해두는 레고 성인 팬들이 없다면 최신 레고 모델들에 대한 수요와 가치는 현재의 중고 시장가격보다 훨씬 낮을 수 있다. 수요가 없다면 가격이 오를 이유가 없기 때문이다. 매년 수백 가지 품종의 레고가 설계와 생산단계를 거쳐 결국에 단종에 이르는 과정을 반복한다는 점은 레고투자의 성공에 있어 무엇보다 중요하다. 하지만 왜 레고에 투자해야 하는가?

첫 번째 이유는 레고가 헤아릴 수 없을 정도로 다양한 창작물로 변신할 수 있는, 완벽한 품질을 갖춘 장난감의 고전이라는 점에 있다. 50년 된 레고 조각은 오늘날의 레고 조각과 호환되며, 품질도 동일하다. 둘째는 레고 모델의 엄청난 인기 덕분이다. 레고 그룹은 지난 8년 동안 순이익을 기록해왔고, 현재 세계 1위의 장난감 제조사다. 레고가 짭짤한 투자 수단인 이유는 생산 수량이 제한적이기 때문이다. 각각의 품종은 생산기간이 한정되어 있어 일정 기간이 지나면 단종될 수밖에 없다. 단종 품종은 수집품이 되며, 경우에 따라 희귀 수집 아이템이 된다.

투자를 목적으로 레고 모델을 찾는 초보자라면 다음과 같은 사실을 알아두기 바란다.

- 희귀한 부품과 미니피겨가 있는 레고 세트: 미니피겨는 레고 세계에서 '통화(currency)'로 불릴 만큼 수집품으로서의 가치와 인기가 높다. 미니피겨의 종류에 따라 개당 수십 달러를 호가하기도 한다.
- 라이선스 모델은 단종된 후 가치가 매우 잘 오르는 편이고, 수집 가치가 높고 인기가 많은 미니피겨를 포함하는 경우가 많다.
- 1000피스가 넘는 큰 모델들은 대체로 투자수익률이 높다. 어떤 레고 시리즈든 가장 큰 것을 고르는 게 가장 안전한 투자가 되곤 한다.
- 피스당 가격 비율이 낮은(출고가 기준 피스당 0.07달러 정도) 레고 모델도 돈벌이가 된다. 때때로 팬들은 신종 레고를 개별 피스로 분해해 판매하기도 한다. 분해된 조각을 파는 시장도 엄청 크다. 구하기 힘든 조각을 살 수 있는 기회를 팬들에게 제공하기 때문이다.
- 생산기간이 제한적인 모델들은 보통 희소가치 때문에 가격이 더 올라간다. 생산기간은 대체로 2년이며, 이보다 짧을수록 가치가 높다.
- 수집가용이나 한정판 모델은 일반 품종에 비해 더 높은 가격까

$$$$ 신제품 MIB(Mint in Box) 진열 흔적 있는 박스를 개봉만 한 신제품

제품 진열로 인한 최소한의 흔적 외에 박스는 새 것이지만 박스를 밀봉한 스티커는 파손된 상태다. 레고 피스를 담은 비닐봉지는 미개봉 상태로 모든 부품이 온전히 있으며, 조립 설명서와 스티커도 새것이다. MISB 상태의 제품이 박스만 개봉된 상태라 할 수 있다. 대체로 MISB보다 5퍼센트 정도 저렴하다.

$$$ 신제품 NIB(New in Box) 박스가 손상된 신제품

박스가 손상되거나 파손되었지만 제품은 새것이다. 피스가 든 비닐봉지는 공장에서 포장된 상태 그대로 뜯은 적 없이 보존되어 있다. 세트는 피스, 스티커, 조립 설명서 모두 온전하며, 내용물이 조립된 적이 없다. 박스와 조립 설명서의 상태에 따라 조금씩 가치가 달라진다. 보통 신제품 평균 가격보다 낮게 매겨진다. 세트를 구매해서 조립하는 것에만 관심을 두는 구매자에게는 최고 가격을 받고 팔릴 수도 있다.

$$ 중고품 Complete Set 구성품이 다 있는 제품

박스, 조립 설명서, 피스가 온전히 포함된다. 피스가 깨끗하고 상태가 우수하다. 박스는 진열로 약간 마모되거나 경미한 손상을 입은 것 외에는 좋은 상태다. 성인 수집가들이 진열용으로 조립한 중고 세트는 보통 완구용으로 가지고 놀았던 제품보다 가치가 높다. 스티커가 온전하고 사용 흔적이 없으면 그 가치는 더 올라간다.

$ 중고품 Incomplete Set 구성품이 다 있지 않은 제품

가치가 가장 떨어지는 제품이다. 박스나 피스, 미니피겨, 조립 설명서 중 빠진 것이 있다. 제품 상태와 분실 품목의 종류에 따라 가치가 크게 달라진다. 박스가 없는 경우에는 10퍼센트 정도 가치가 떨어진다. 미니피겨가 분실된 경우에는 반값 이하로 가치가 매겨진다.

지 올라가곤 한다.
- 사이즈가 작거나 폴리백에 담긴 품종 또한 수익률이 좋다. 희귀한 미니피겨 혹은 사이즈가 작은 시즌 한정, 홀리데이 에디션 역시 확실한 선택이 된다.
- 독특한 모델이라면 장기적으로 수익성이 좋을 수 있다.

좋은 수익률을 갖는 테마/서브테마는 스타워즈 얼티미트 컬렉터 시리즈를 예로 들 수 있다. 얼티미트 컬렉터 시리즈의 레고 세트들은 그 자체로도 전설적 유명세를 타고 있는 캐릭터와 탈것들을 소재로 하고 있으며, 이보다 좀 더 단순한 디자인의 일반 스타워즈 테마와 달리 엄청난 고도의 디테일과 복잡한 구조를 가진 제품들로, 성인 팬들을 타겟으로 개발되었다. 크기만큼이나 가격도 어마어마하지만, 단종된 이후의 수익성도 매우 좋은 편이다. 이 시리즈의 우수한 수익성은 출고가 499.99달러였던 10179 밀레니엄 팔콘의 예에서 잘 나타난다. 이 세트의 현재 가격은 이베이와 다른 경매 사이트에서 3500달러가 넘는다. 또 하나의 주목할 만한 투자 대상 테마는 레고 모듈러 빌딩 테마다. 모듈러 빌딩 모델 또한 성인 팬들을 위해 디자인되었고, 일상처럼 만나는 도시나 마을의 건물을 본떠 만들어졌다. 10182 카페 코너는 2007년 139.99달러에 판매되었지만 지금은 이베이에서 1600달러가 넘는 가격에 팔리고 있다. 투자수익률로 보면 1000퍼센트 이상에 달하니 놀랍지 않을 수 없다.

레고 투자의 성공 사례에는 다양한 유형과 사이즈의 제품들이 등장한다. 크기가 작은 세트라도 큰 세트보다 훨씬 더 높은 수익률을 자랑하기도 하니 말이다. 작은 레고 세트로 큰 수익률을 올릴 수 있다. 7884 배트맨 버기: 미스터 프리즈의 탈출과 같은 9.99달러짜리 세트는 투자수익률 1300퍼센트를 넘었고 중고 시장에서 130달러가 넘는 가격에 거래되고 있다. 이베이는 신제품과 중고품을 모두 찾아볼 수 있는 훌륭한 사이트이며, 그 외에 미국 온라인 벼룩시장인 크레이그스리스트(Craigslist)와 개인들의 창고 정리 세일을 통해 톡톡히 수익을 내는 경우도 있다. 출시된 지 얼마 되지 않은 제품이라면 레고 숍앳홈, 아마존, 타깃, 월마트, 토이저러스 등 일반적인 레고 소매점에서 찾을 수 있다.

레고 투자의 다양성은 제품 컨디션에 따라 좌우되기도 한다. 중고 레고 제품은 훌륭한 투자 대상이 될 수 있다. 희소성이 있고 단종된 제품의 경우, 조립한 적 있는 레고 세트라 해도 보관 상태만 훌륭하다면 최고의 금액을 지불할 용의가 있는 구매자들이 많기 때문이다. 10189 타지마할은 이베이에서 1100달러라는 놀라운 금액에 거래되고 있다. 투자 스타일도 매우 다양하다. 보통 장기 투자자와 단기 투자자('플리퍼'라 칭함)로 나뉘지만 이 둘의 스타일을 겸하는 경우도 있다. 장기 투자자들은 제품을 2년 이상 보유하면서 재고와 가격의 수없이 많은 변동 상황을 관조하며 미래의 큰 이익을 현금화할 꿈을 갖고 있다. 플리퍼들은 작은 이익을 노리며 제품을 재빨리 사서 되팔기 위해 공급 부족이나 시장의 시즌성 기회를 적절히 활용한다. 두 가지 방식 모두 레고 스타일, 테마, 제품 컨디션에 따른 투자와 마찬가지로 장단점을 갖는다.

레고 세트에 투자하는 경우에도 단점이 있다. 박스를 보관하는 일은 대단히 부정적 요인이다. 공간을 엄청나게 차지할 뿐더러 빛과 습기에 매우 약하기 때문이다. 잘못 쌓아두면 다른 제품의 무게 때문에 찌그러지기 십상이다. 판매, 포장, 배송의 과정 또한 시간이 소요되고 힘이 드는 일이다. 레고 세트를 판매할 때 드는 수수료와 세금도 고려할 요인이다. 레고 투자에 입문하기 전에 이러한 모든 부정적 요인을 염두에 두어야 한다. 내가 투자한 레고 세트가 반드시 가격이 오를 거란 보장이 없다는 점 또한 기억해야 할 것이다. 이러한 잠재적 위험 요인에도 불구하고 수천 명의 레고 팬들이 레고의 수집, 투자, 재판매라는 취미 혹은 사업에 뛰어든다. 이들 중 많은 사람들이 매년 초기 투자에 대비해 성공적인 수익을 거두게 될 것이다. 레고 중고 시장의 전망은 밝다. 새롭고 창의적이고 스타일 넘치는 레고 제품의 지속적인 생산, 이 제품들의 단종과 단종된 후 수집 가치의 상승은 레고 브릭의 훌륭한 내구성과 함께 중고 시장의 번영에 힘이 되어줄 것이다.

레고 커뮤니티

2011년 브릭픽커닷컴을 시작했을 때, 우리는 때를 잘 보고 적절한 물건을 고르기만 한다면 레고 세트의 수집, 사재기, 재판매를 통해 상당한 돈을 만질 수 있다는 것을 깨달은 사람들이 수천 명쯤 있다는 것을 알게 되었다.

지난 4년간 나는 브릭픽커닷컴의 게시판을 통해 전 세계 곳곳의 다양한 사람들을 만났다. 이들 레고 팬, 조립가, 수집가, 투자자, 플리퍼, 리셀러들은 하나같이 일관된 특성을 보였는데, 바로 높은 지능의 소유자들이라는 점이었다. 브릭픽커닷컴의 회원들은 회계사, 컴퓨터 프로그래머, 주식 브로커, 엔지니어, 소매점주, 자영업자 등으로 함께 아이디어나 방법론을 공유했다.

우리의 레고 가격 정보는 당초 브릭픽커닷컴의 핵심이었지만, 이후 레고 투자 가이드 역할까지 확장되며 발전했다. 우리는 현명한 투자 결정을 돕는 다양한 툴과 데이터를 회원들에게 제공하기 위해 최선을 다하며, 우리의 블로그와 게시판은 초심자부터 베테랑까지 모든 종류의 팬과 투자자들이 정보와 즐거움을 나눌 수 있도록 지원하고 있다. 레고 세트의 재판매에 관심 없는 회원일지라도 웹사이트 방문만으로 가치 있는 최신 정보를 얻을 수 있다. 소장 제품의 현재 시장가치를 확인하는 것만으로도 유용하다. 그러나 브릭픽커닷컴의 진정한 가치가 발휘되는 분야는 역시 신제품과 중고품의 거래 정보 검색이다. 수천 명의 팬들이 구축한 네트워크는 미국은 물론 세계 전역에 걸쳐 주요한 레고 소매점의 특별 판매 및 할인 정보를 지속적으로 공급해준다. 우리는 지상에서 가장 빠르게 업데이트되는 레고 판매 정보를 보유하고 있다고 자부한다. 레고 투자에 나선 이들에게 행운을! 제프와 나는 브릭픽커닷컴 게시판에서 여러분을 만나길 고대하겠다.

CHAPTER 1

어드밴스 모델
ADVANCED MODELS

어드밴스 모델은 중고 시장에서 거대 이익을 창출하는 수집가와 리셀러의 중심 사업이 되었고, 실제로 시장가치가 엄청난 경우들이 꽤 있다.

레고 세트는 대부분 어린이와 청소년을 위해 설계된다. 하지만 레고 그룹이 2000년 들어 더 크고 더 복잡한 모델들을 만들어내기 시작하자 새로운 집단, 즉 레고 성인 팬들로부터 이루어지는 매출과 관심도가 더욱 상승했다.

2000년대 전에는 1000피스가 넘는 세트를 비롯해 조립과 구성이 복잡한 어드밴스 모델이 많지 않았다. 어드밴스 모델의 예로는 5571 자이언트 트럭(1757피스), 8448 수퍼 스트리트 센세이션(1457피스), 8880 슈퍼카(1343피스), 8480 스페이스 셔틀(1308피스), 1280 바코드 멀티 세트(1280피스)가 있다. 개인적으로 엄청나게 멋진 레고 세트는 아니라고 생각하지만 이들 대부분은 테크닉 시리즈의 브릭으로 만들어진다. 이 테마의 전망은 분명 밝다. 현존하는 가장 상징적인 레고 테마라는 점을 이야기하기에 앞서, 어드밴스 모델의 조건을 먼저 알아보도록 하자.

레고 세트의 대다수는 작은 사이즈나 중간 사이즈로 생산된다. 100개 남짓의 피스로 구성된 세트는 9000종이 넘는다. 매년 폴리백이라는 포장 봉지가 엄청난 수량으로 제작되는 이유가 바로 여기에 있다. 폴리백은 작은 레고 세트와 판촉물을 담는 부드럽고 투명한, 다양한 색상의 비닐 봉투다. 수집용 미니피겨 시리즈는 비슷비슷한 포장에 담겨 판매되는데, 매년 작은 세트가 조금씩 추가된다. 전체적으로 레고에는 500개에서 700개의 세트가 존재하는데, 이 중 절반 이상이 작은 박스나 폴리백에 담긴 제품들이다. 레고 세트의 생산 규모와 제품 크기 간에는 반비례의 관계가 있다. 즉, 세트 사이즈가 클수록 생산 개수는 줄어든다. 이 점은 특히 어드밴스 모델 테마에 있어 중요한 요인이다. 왜냐하면 보통 어드밴스 모델은 매년 생산되는 레고 세트 중 가장 크고 생산 개수가 적어 희소가치가 있기 때문이다.

어떤 종류든 어드밴스 모델은 최소 1000피스 이상으로 구성된다. 예외도 몇 종류 있지만 보통 1000~2500피스로 구성되며, 이보다 많은 피스가 포함된 모델은 극소수다.

10196 회전목마는 페어그라운드 시리즈(10247 페리스 휠, 10244 페어그라운드 믹서)와 잘 어울린다.

또 하나의 기본 조건은 조립의 난이도와 브릭 유형이다. 레고는 아이들을 위한 일반형 브릭을 큰 사이즈의 수납 케이스에 넣어 판매하고 있지만, 두꺼운 브릭으로는 정교한 모형을 구성할 수 없으므로 '통짜형' 브릭으로 구성되어서는 어드밴스 모델이라 할 수 없다. 테크닉 시리즈도 크기가 큰 경우가 있지만 완성된 작품의 외양이 어드밴스 모델만큼 세밀하거나 완전하지 않으므로 역시나 어드밴스 모델의 조건에 부합하지 않는다. 테크닉 세트는 외관의 디테일보다는 운송 수단이나 기계 내부의 작동 원리를 재현한 것이 일반적이다. 테크닉 시리즈는 가지고 놀기엔 좋으나, 실제로 이 모델이 어떻게 생긴 운송 수단으로부터 비롯되었을지 시각화하기 위해선 상상력을 동원해야 할 수도 있다. 어드밴스 모델은 유명한 건물, 랜드마크, 자동차, 트럭, 보트, 비행기, 조형물 등 레고 디자인팀의 천재들이 생각해낼 수 있는 모든 것을 정확하게 재현한 축소 복제품으로서, 애초에 완구로서의 기능은 갖지 않는다.

어드밴스 모델은 복잡한 조립 테크닉이 필요하며 출고가도 높은 편이다. 모듈러 빌딩 서브 테마에서 보듯이 창의적 요소가 필요하기도 한다.

전통적으로 어드밴스 모델 테마는 스컬프처 시리즈와 라지 스케일 모델을 포함하는 초기 레고 세트들로 구성되어 있다. 이들 제품들은 모두 유사한 유형의 레고 세트를 표방하나, 책의 목적상 우리는 어드밴스 모델로 통칭하기로 한다.

어드밴스 모델 시리즈가 출시되면서 레고가 세계 1위의 장난감 메이커로 도약하게 된 것은 아니다. 하지만 나는 3450 자유의 여신상을 위시한 지난 15년간의 어드밴스 모델 제품들이야말로 많은 레고 팬들을 '레고 암흑기'에서 벗어나 광명을 찾게 해준 일등공신이라 믿는다.

또한 레고 성인 팬들을 위해 조립 난이도를 높이기로 결정한 레고 그룹의 결정은 놀라운 직관력과 선견지명의 결과다. 타의 추종을 불허하는 정교한 어드밴스 모델들은 수집가와 리셀러들의 주된 비즈니스가 되어, 중고 시장에서 천문학적 수익을 거두어들이고 있다. 일부 어드밴스 모델의 경우 현재 시장가치도 엄청나게 높다. 레고 디자이너들의 아이디어가 고갈되지 않는 한, 그리고 레고 팬들이 어드밴스 모델의 구매에 싫증을 내지 않는 한, 어드밴스 모델 테마의 전망은 밝다.

10196 회전목마(Grand Carousel)

- ▶ 출시 연도 : 2009
- ▶ 피스 개수 : 3263개
- ▶ 미니피겨 : 9개
- ▶ 출고가 : 249.99달러

2009년, 레고는 10196 회전목마라는 모델을 세상에 내놓았다. 이전까지 누구도 보지 못한 종류의 레고였다. 3263개의 부품으로 구성된 10196 회전목마는 지역 축제나 놀이공원에서 볼 수 있는 전형적인 대형회전목마의 복제품으로서 빨강, 어두운 빨강, 진한 파랑, 흰색, 황갈색, 황금색의 화려한 조합으로 아름답고 독특한 매력을 뽐내고 있다. 화려한 색감과 고전적인 스타일의 매력에 더해, 10196은 대형회전목마의 백합문장(Fleur—de—lis) 무늬를 유사하게 표현한 뒤집힌 황금 수염 모양의 장식을 비롯해 실제 회전목마 캔버스천의 느낌이 나도록 모델의 지붕에 천을 사용하는 등 수많은 독특한 장식과 디테일을 포함하고 있어, 이를 위한 특수 브릭과 조립 기술을 필요로 하는 고난도의 모델이다. 어릿광대 머리 장식도 포함되어 디자인에 경쾌함과 재미를 더하는 동시에 고전적인 매력을 주고 있다.

10196 회전목마는 단연 성인 레고 조립가나 경험 많은 젊은 조립가들을 위해 설계된 모델이다. 조형 자체는 명쾌하나 상당한 난이도를 자랑하며, 전체 구조가 정확한 기능을 수행하기 위해서는 수많은 부품이 제대로 정렬되어야만 한다. 회전에 회전을 거듭하는 전체 회전목마 뼈대를 포함해 무브먼트 부품이 상당히 많으며, 중심 뼈대 각각의 회전에 따라 회전목마 안의 말과 차, 의자가 각각 아래위로 돌게 되어 있다. 회전목마 전체는 파워 기능과 배터리의 힘으로 작동한다. 끝까지 완성하지 못하고 좌절한 창작자들은 일부만 완성한 회전목마를 창고에 넣어두거나 이베이 같은 경매 사이트에 되판다. 모델을 완성할 능력이 있는 레고 팬들은 멋진 장식성과 대형 어드밴스 모델에서는 찾아보기 힘든 완구로서의 가치를 갖는 특별한 세트를 누릴 수 있다.

이 외에도 회전목마에는 두 가지 중요한 특성이 있다. 바로 9가지 미니피겨—어떤 레고 세트든 미니피겨의 존재란 특별 보너스와도 같다—와 회전목마 특유의 멜로디가 나오는 '사운드 브릭'을 포함하고 있다는 점이다.

이 세트는 어드밴스 모델 중에서도 가장 높은 가격대를 유지하고 있으며, 현재 시가는 2200달러를 넘어 계속 상승 중이다. 10196 회전목마는 출고가 기준가의 800퍼센트를 경신하고 있는 멋진 모델이다. 조립이 어렵고 다루기 까다롭지만, 수집가들은 아직도

박스에 명시되었듯, 10196 회전목마 모델은 파워 기능을 포함하고 있어, 배터리로 회전목마를 움직일 수 있다.

회전목마에 몰리고 있다. 또 한 가지 이유는 2014년 초 10244 페어그라운드 믹서가 출시된 데 있다. 10244 페어그라운드 믹서는 놀이공원의 '믹서' 놀이기구를 복제한 것으로, 기술적 창의성이 돋보이는 작품이다. 10244 페어그라운드 믹서는 다양한 레고 게시판에서 새로운 놀이공원 테마에 포함될 첫번째 모델이라는 소문이 돌았던 유명한 모델이다. 대형 페리스 휠 신 모델의 출시도 이 글을 쓰는 시점에 함께 이야기되고 있다. 소문이 사실이라면, 레고 놀이공원 시리즈의 완성을 위해 소위 '전작주의자' 레고 팬들은 상당한 비용을 지불해서라도 10196 회전목마와 같은 환상적인 세트를 손에 넣으려는 각오가 단단히 되어 있다. 만약 10196 회전목마 세트를 소지한 독자라면, 당신은 엄청난 행운아다. MISB 상태의 10196 회전목마는 희귀하다. 생산기간도 1년 남짓으로 레고의 세계에서는 상당히 짧다. 중고품일 경우라도 출고가 기준 249.99달러의 5배에 달한다.

▶ 신제품: 2278달러　▶ 중고품: 1215달러

10177 드림라이너에는 진열 받침대와 함께 스타워즈 UCS 시리즈와 비슷한 모델 사양이 적힌 명판이 포함되어 있다.

10177 보잉 787 드림라이너
(Boeing 787 Dreamliner)

- ▶ 출시 연도: 2006년
- ▶ 피스 개수: 1197개
- ▶ 미니피겨: 없음
- ▶ 출고가: 79.99달러

타이밍은 인생의 모든 것을 결정한다. 레고 세트와 이들의 중고 가격도 그러하다. 10177 보잉 787 드림라이더를 예로 들어보자. 이 모델은 2006년에 출시되었고 생산기간은 18개월이다. 검정색 거치대에 이륙 자세로 설치하는 스타워즈 얼티미트 컬렉터 시리즈 7191 X-윙 파이터 모델과 유사하게 생긴 어드밴스 모델로서, 전통적인 UCS 명판도 포함되어 나온다. 레고 중고 시장이 '폭풍 성장'하기 전인 8년 전이 아니라 오늘날 출시되었더라면, 10177 드림라이너 모델은 아마도 가장 인기 있는 투자형 레고 세트가 되었을 것이다.

2007년 보잉이 제작하고 출시한 쌍발 엔진을 장착한 장거리 체공형 중형급 비행기 보잉 787 드림라이너를 본뜬 10177은 1197피스로 이루어졌으며 소매가 79.99달러에 팔렸다. 이는 브릭당 평균 0.07달러가 좀 안 되는 가격으로, 레고의 세계에서는 대단한 가치다. 이와 비견할 만한 최신의 모델로는 10266 솝위드 카멜이 있는데, 883피스로 구성되어 소매가 99.99달러에 출시되었다. 이에 비하면 10177 드림라이너는 헐값일 정도다.

10177은 아지트나 사무실 같은 곳에 진열하기 매우 좋고, 약간의 주의만 기울인다면 거치대에서 제거해 어린아이처럼 손에 들고 입으로 비행기 날아가는 소리를 내며 놀 수도 있어 더욱 특별하다. 10177은 상용 제트기의 매우 정교한 레플리카이며, 언제든 유사 모델이 나오면 손에 넣으려고 혈안이 되어 있는 수집가나 리셀러가 많다. 현재 시장가는 500달러가 넘는다. 출시 당시 소매가의 5배가 넘는 가격이니 엄청난 가격 상승이다. 이 정도의 투자수익률이면 대단히 선방한 것이다. 오늘날처럼 수많은 레고 수집가와 리셀러들이 수집품으로서의 가치와 비용 효율성이 높으면서도 시각적으로 미려하고, 조립할 수 있고, 완구로 가지고 놀 수도 있으면서 진열하기도 좋은 레고를 호시탐탐 노리고 있는 시장에서 출시되었다면 10177 드림라이너의 가격은 도대체 얼마로 매겨졌을까? 최근 10177 드림라이너의 가격이 보합세에 들어섰다. 단종되고 시간이 흐른 뒤 이런 현상이 나타나는 모델이 있기도 하다. 이처럼 어느 정도 소강상태가 지난 후 다시 가격이 오르는 경우도 있으니, 어떤 대형 세트라도 투자 목록에서 영원히 제외하지는 말자.

▶ 신제품: 544달러   ▶ 중고품: 243달러

151피트 높이의 구리 옷을 입은 미의 화신 자유의 여신상은 과거 수많은 이민자들에게 환영의 손을 흔들어주던 상징으로, 2000년에 33인치 높이의 레고 모델로 재현되었다. 3450 자유의 여신상은 2882피스에 달하는 당대 최대의 레고 세트로 전체적으로 녹색을 띠었다. 2000년도에 출시된 스타워즈 UCS 7181 타이 디펜더와 7191 X-윙 파이터와 같은 다른 세트들과 더불어, 이 제품은 성인 팬들의 성숙한 취향과 지갑을 겨냥한 레고 그룹의 새로운 철학과 그로인해 업그레이드된 복잡하고 정교한 제품 디자인을 상징하는 모델이다. 3450 자유의 여신상 모델은 고도의 숙련도를 가진 사람이라야 완성할 수 있을 정도로 복잡하지만, 완성작의 모습은 가히 탄성을 자아내게 한다. 이 작품을 직접 조립하는 즐거움을 누린 사람으로서 말하자면 그 작업 과정은 한마디로 대단히 지루한 고민의 연속이었다. 다른 흉상이나 인물상이 그렇듯 수직으로 세워서 작업하는 모델이다 보니 조립 설명서가 통상적인 측면 각도가 아닌, 위에서 내려다본 각도로 인쇄되어 있다. 더군다나 흔히 보기 힘든 바다색인 브릭의 대다수는 한 조각이라도 잘못 끼울 경우 대단히 찾기 어렵다. 실수를 발견했을 땐 이미 몇 단계 지나갔을 터이고, 전체를 분해해서 다시 시작해야 할 것이다. 이 모델은 아동용이 아니라 100퍼센트 진열용이다. 일부 팬들이 모델 조립 과정을 '갖고 노는' 과정이라 여기긴 하지만, 갖고 노는 용도로 보기에는 너무 어렵다. 조각들이 너무 작아 조립 진도도 매우 더디다. 그러나 3450 자유의 여신상은 진열 가치가 높은 특성을 갖는 레고 세트 중 하나이며, 완구성이 떨어진다는 것은 대부분의 사람들에게 큰 단점이 되지 않는다. 또한 99퍼센트가 바다색을 띠고 있어 희소성 측면에서

스포트라이트

3450 자유의 여신상
(Statue of Liberty)

▶ 출시 연도: 2000년
▶ 피스 개수: 2882개
▶ 미니피겨: 없음
▶ 출고가: 198.99달러

자유의 여신상 세우기
(받침대 위에)

3450 자유의 여신상 사진을 보면, 기본 모델은 바다색, 모형을 올려놓는 받침대는 황갈색이다. 이 황갈색 받침대는 실제 크기의 자유의 여신상 받침대를 3000피스 남짓으로 MOC(My Own Creation, 창작 레고)으로 조립한 것이다. 이 MOC는 팬과 수집가들이 받침대 없는 3450 모델이 불완전해 보인다며 불만을 토로하자 재능 있는 조립가들이 창작한 것이다. 나는 운 좋게도 웬만한 가격(500달러)에 한 점을 인수할 수 있었다. 현재는 이 받침대 MOC가 2000달러 가까운 가격에 팔리고 있다. 자유의 여신상에서 '여신'은 포함되지도 않은 가격이 이렇다. 표준형 레고 세트만 가격이 오르는 게 아님을 보여주는 좋은 사례다. 맞춤형 세트와 창작 레고도 중고 시장에서 괜찮은 인기를 누리고 있다.

> 3450 자유의 여신상은 두 가지 박스 구성으로 판매되었다. 하나는 풀 컬러이고, 다른 하나는 흑백이다. 당시에는 다양한 디자인의 박스들이 꽤 많았다. 스타워즈 USC 10018 다스 몰과 10019 반군 블라케이드 러너 또한 컬러 박스와 흑백 박스로 출시되었다. 초창기 버전이 흑백 박스에 담겨 판매되고, 컬러 박스는 이후에 생산된 것으로 보인다. 우리가 판단하건대 레고 포장 박스에 따라 실질적으로 가격이 달라지는 것 같지는 않다. 하지만 레고 박스 이야기도 알아두면 재미있는 토막상식이다.

> MISB 상태의 3450 자유의 여신상이 있다면, 그야말로 희귀하고 가치 있는 아이템이다.

매우 특별하다. 하지만 이 세트를 분해해서 이베이 같은 중고 시장에 팔려는 사람들은 엄청난 손해를 감수해야 할 것이다.

3450 자유의 여신상은 2000년에 출고가 기준 199.99달러에 거래되었다. 이는 세트의 규모 대비 적정 가격이었다. 최근 이베이에서 거래된 3450 자유의 여신상은 신제품의 경우 1800달러를 넘었으며, 중고 가격도 1000달러 선이었다. 3450 자유의 여신상은 소매가 대비 800퍼센트 넘게 가격이 뛰었다. 이와 같은 가격 상승은 그 자체로 대단히 놀라운 일이지만, 세트의 희소성을 감안할 때 가격은 계속 상승할 것으로 보인다. 2000년대 초반 새로이 출시된 수집 가치 높은 레고 세트들은 수집가나 초기 리셀러들이 '사재기'를 해둔 경우가 많지 않다. 3450 자유의 여신상은 조립을 목적으로 구매된 경우가 대부분이었고, 현재 판매 가능한 세트들도 한 번은 조립이 되었던 제품들이다. MISB인 3450 자유의 여신상은 극히 희귀하므로, 소장하고 있는 사람들도 대단히 보물처럼 소중히 여기기 마련이다. 이 제품은 세기를 걸쳐 이제껏 생산된 레고 세트 중 가장 상징적인 모델 중 하나다. 나는 사무실로 출근해 진열되어 있는 자유의 여신상을 볼 때마다 희열을 느끼곤 한다. 미국에게, 신의 가호가 있기를.

▶ 신제품: 2181달러 ▶ 중고품: 1054달러

폭스바겐 비틀 1960-샬럿 Charlotte

엔진: 4기통 박서, 공랭식
마력: 3600rpm 34bhp
V-max: 115킬로미터/시간

길이: 4070밀리미터
축거: 2400밀리미터
중량: 740킬로그램

10187 폭스바겐 비틀
(Volkswagen Beetle)

- ▶ 출시 연도: 2008년
- ▶ 피스 개수: 1626개
- ▶ 미니피겨: 0개
- ▶ 출고가: 119.99달러

2008년 50주년을 맞아 레고 그룹은 레고 모델로 개발할 한 가지 클래식 카 모델을 애스턴 마틴 DB5, 포드 머스탱, 폭스바겐 비틀 혹은 들로리안 중 팬들이 고를 수 있도록 했다. 결과는 폭스바겐 비틀이 선택되었다. 폭스바겐 비틀의 상징성을 누가 부정할 수 있을까? 비틀은 전 세계 어느 대륙을 가도 누구나 아는 자동차다. 레고 그룹도 이를 존중하기로 했다.
10187 폭스바겐 비틀은 완구적 특성도 갖는 대형 어드밴스 모델 디스플레이 세트다. 자동차의 복제품인 이 모델은 진짜 고무 타이어를 사용했으며, 내부 엔진과 인테리어를 볼 수 있도록 트렁크와 문이 열린다. 특히 실제 폭스바겐 비틀의 곡선 디자인이 평범한 레고 브릭만을 이용해 완성된다는 점에 주목할 만하다. 둥근 후드, 트럭, 루프를 만드는 데에도 전혀 '특별한' 브릭이 필요 없다. 10187 폭스바겐 비틀은 1626피스로 만든다. 출고가는 119.99달러로 출시되어, 피스당 가격이 상당히 합리적인 수준이었다. 현재 시장가는 700달러를 훨씬 넘으며, 투자수익률이 500퍼센트를 능가해 다른 많은 레고 세트와 비교할 때 상당히 높은 편이다. 실제 폭스바겐 비틀을 700달러 미만에 살 수

10187 폭스바겐 비틀의 문, 트렁크, 엔진 컴파트먼트는 모두 개폐 가능하다.

있을지도 모른다니! 이 세트의 중고가는 400달러 선이어서 어떤 수집가들에게는 투자 옵션이 될 수도 있겠다.
몇 가지 작은 특이 사항에도 불구하고 10187 폭스바겐 비틀은 높은 완성도와 진열 가치를 지니고 있으며, 어드밴스 모델이면서도 완구로서의 효용 가치를 지니고 있다.

$ ▶ 신제품: 763달러 ▶ 중고품: 410달러

> 10184 타운 플랜은 레고 탄생 50주년을 기념하기 위해 커버에 레고의 대표인 키엘 커크 크리스티얀센의 사진을 넣었다.

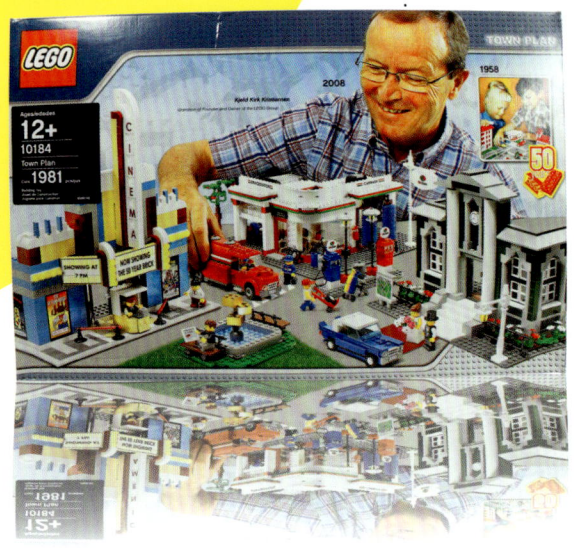

10184 타운 플랜(Town Plan)

- ▶ 출시 연도: 2008년
- ▶ 피스 개수: 1981개
- ▶ 미니피겨: 8개
- ▶ 출고가: 149.99달러

2008년, 레고는 전 세계 팬들을 위해 10184 타운 플랜을 출시했다. 이는 기념일을 위한 특별한 레고 세트로, 당시 레고닷컴에는 타운 플랜에 대해 이렇게 적고 있다.
"현대판 레고의 50주년을 기념해 클래식 타운 플랜 세트가 특별판으로 업그레이드 출시되었습니다! 최고의 모던 브릭, 디테일, 디자인을 통해 전격적으로 새롭게 설계된 새로운 타운 플랜은 주유기, 세차장, 차고를 포함하는 1950년대 스타일의 주유소, 신혼부부가 포함된 시청 건물, 매표소, 좌석, 포스터, 자동차 2대, 미니피겨 8개, 희귀한 컬러와 구성품 등을 포함하고 있습니다. 초창기 타운 플랜 박스에서 어린아이의 모습이던 레고의 대표 키엘 커크 크리스티얀센은 이번 특별 업그레이드판에 다시 얼굴을 보이며 레고 팬을 위한 메시지도 동봉했습니다!"
거의 2000 피스에 달하는 10184 타운 플랜의 특별한 점은 다른 어떤 세트에서도 찾아볼 수 없는 3개의 골드 메탈릭 브릭과 이 세트에서만 볼 수 있는 8개의 미니피겨다. 이 모델이 한정판일 것이라는 소문도 제품의 특별함을 더해주는데 진실은 레고 그룹만이 알고 있다. 이에 더불어 키엘 커크 크리스티얀센의 레고 브릭 50주년 기념사 메시지가 함께 들어 있다. 10179 밀레니엄 팔콘을 제외하면, 10184 타운 플랜은 레고 그룹과 레고 대표의 특별한 메시지나 문서가 패키지에 포함된 유일한 세트다.

10184 타운 플랜은 AFOL(Adult Fan of Lego, 레고의 성인 팬—옮긴이)로부터 가장 좋은 평가를 받는 모델 중 하나다. 높은 완성도를 자랑하는 디자인과 멋진 경험을 선사하는 조립 과정 덕분이다. 전시성과 완구성이 좋은 세트를 선호하는 레고 팬들에게 10184 타운 플랜은 더 없는 만족감을 선사할 것이다. 하지만 모든 게 완벽할 순 없다. 이 특별판의 정말 실망스러운 부분은 가격 상승 및 성장이다. 최근까지도 이 모델의 시장가는 400달러 선에 제자리걸음을 하는 모습이었다. 출시가 149.99달러에 비하면 현재의 400달러는 납득이 되지만, 10184 타운 플랜만의 특별함을 고려한다면 분명 엄청난 수준은 아니다. 레고를 잘 아는 수집가라면 이와 같은 클래식 모델을 투자 대상으로 고려해볼 만하다. 유사한 어드밴스 모델이나 라지 스케일 모델과 비교한다면, 10184 타운 플랜의 가격은 아직도 더 올라갈 여지가 있다는 생각이 든다. 이 세트 고유의 품질을 이해하는 팬들이 늘어난다면 수요가 늘어나면서 자연스럽게 중고 가격도 올라갈 것이다.

 ▶ 신제품: 394달러 ▶ 중고품: 255달러

2007년, 레고 그룹은 10181 세트를 통해 에펠탑을 출시했다. 10181 에펠탑은 2000년 출시된 3450 자유의 여신상 이래로 스타워즈 시리즈가 아닌 레고 세트로는 최대의 크기였다. 2007년 10월, 10181 에펠탑과 10179 밀레니엄 팔콘의 출시를 통해 레고는 또 한 번 스스로의 기록을 경신한다. 에펠탑과 밀레니엄 팔콘, 2개의 '빅 대디' 세트는 이후의 중대형급 모델의 기본 기조가 된다.

완성된 에펠탑은 42인치의 높이로 4피트에 달한다. 레고 모델 중 가장 장신이다. 전시성으로 볼 때에도 이제껏 대중에게 판매된 제품 가운데 가장 스타일리시한 모델 중 하나라 할 수 있다. 직접 보더라도 에펠탑 레고를 말로 표현하기란 어려울 것이다. 진정 탄성이 절로 나오는 역작이다! 가로세로 32인치의 레고 플레이트 4개로 구성되는 에펠탑의 바닥 부분도 이제까지의 어떤 레고 모델보다 규모가 크다. 주의할 것은 혹여 이 예민 덩어리 에펠탑을 쓰러뜨리기라도 하면 재조립이 대단히 어려울 테니 어린아이나 동물이 건드릴 수 없는 곳에 두는 일이다.

아이들에 대한 이야기가 나왔으니 말인데 10181 에펠탑은 아동용으로 설계된 작품이 아니다. 이 점을 분명히 짚고 넘어가자. 에펠탑을 만드는 데 필요한 조립 테크닉은 높은 난이도와 반복성을 자랑한다. 푸른 기운이 도는 진회색 브릭들만 3000개가 넘는 이 레고 세트는 웬만한 인내심을 가지고는 도저히 완성할 수 없다. 10181 에펠탑은 세 부분으로 나뉘는데, 하부 받침대는 4개의 다리와 1층 레스토랑, 중심부는 제2전망대, 상층부는 길고 좁은 구조로 전망대와 최첨단 통신기기들로 구성되어 있다. 상층부는 프랑스 국기의 멋진 레플리카를 포함한다. 고도로 숙련된 조립가라면 이 세트를 완성해 어느 장소에 진열하든, 시선을 사로잡는 웅대하고 위엄 넘치는 전시물로서의 효과를 톡톡히 누릴 수 있을 것이다.

10181 에펠탑은 리셀러나 수집가들이 사재기를 많이 해둔 품목이 아니다. 따라서 현재 시장에 존재하는 에펠탑 모델은 개인 소장품이 많고, 그만큼 구하기 어려운 편이다. 따라서 가격도 대단히 높아 이 글을 쓰는 시점(2015년)에는 1800달러에 근접하고 있다. 이는 출고가 199.99달러 대비 투자수익률 800퍼센트라는, 콧대 높은 프랑스인들도 탄성을 내지를 수치다. 몇 안 되는 대형 수직 구조물 모델 중 이 정도 수준으로 가격이 상승한 경우는 거의 없다.

▶ 신제품: 1742달러   ▶ 중고품: 681달러

스포트라이트

10181
에펠탑
(Eiffel Tower)

▶ 출시 연도 : 2007년
▶ 피스 개수 : 3428개
▶ 미니피겨 : 0개
▶ 출고가 : 199.99달러

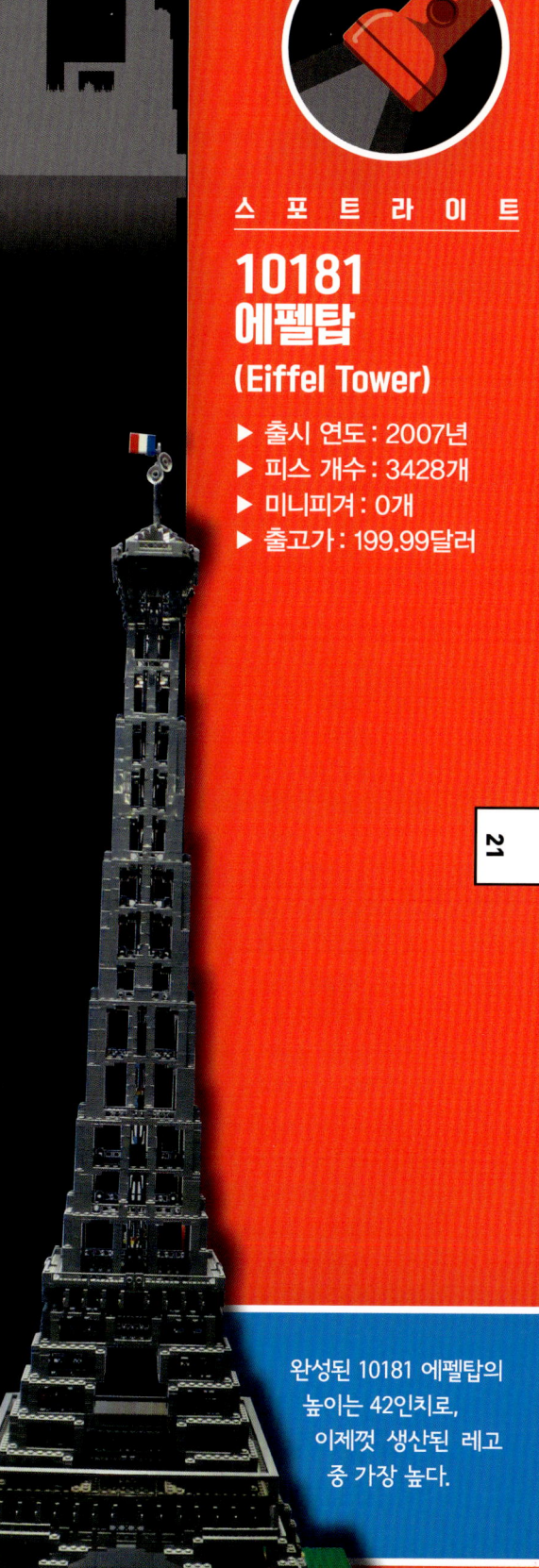

완성된 10181 에펠탑의 높이는 42인치로, 이제껏 생산된 레고 중 가장 높다.

10213/10231 셔틀 어드벤처/익스페디션(Space Adventure/Expedition)

- ▶ 출시 연도: 2010년
- ▶ 피스 개수: 1204개
- ▶ 미니피겨: 3개
- ▶ 출고가: 99.99달러

1980년대 초반, 미국의 항공우주국 NASA는 저궤도우주선으로 일부 재사용이 가능한 우주왕복선인 스페이스 셔틀을 개발했다. 이후 2011년까지 다양한 종류의 스페이스 셔틀이 개발되었으며 수많은 위성, 탐사 로봇, 허블 망원경을 발사해 135개가 넘는 미션을 수행했다. 2010년, 레고는 스페이스 셔틀을 기념해 실제 우주왕복선을 정교하게 재현한 10213 셔틀 어드벤처를 출시했다. NASA의 공식 라이선스를 받은 레고 세트는 아니기 때문에 10213 스페이스 어드벤처의 스티커와 박스 아트는 평범한 편이며, 스페이스 셔틀 실물과 완전히 똑같지도 않다. 그럼에도 불구하고 10213 셔틀 어드벤처는 매우 잘 만든 작품이다. 10213 모델은 완구로서의 가치를 지닌, 1204피스 규모의 대형 전시 모델이며 어드밴스 모델 테마 전반에 비해 다소 독특한 분위기를 갖고 있다. 상상놀이효과가 대단히 뛰어나며, 침실이나 작업실에 전시하기도 좋다. 비교적 높은 완성도에도 불구하고, 레고는 2011년에 이 모델을 수정하기로 결정해 1230피스로 구성된 10231 셔틀 익스페디션을 출시했다. 레고 디자이너들은 엔진, 랜딩 기어, 연료 탱크, 위성, 카나담에 변형을 가하고 이름을 새로 지음으로써 10213 스페이스 어드벤처를 변조했다. 이 과정에서 원래 세트가 지닌 작은 설계상의 단점 또한 개선했다.

이 두 가지 레고 우주왕복선의 실적은 대단히 괄목할 만하다. 교체 모델인 10231 셔틀 익스페디션보다 원래의 10213 셔틀 어드벤처가 더 잘 팔렸을 것 같다면, 물론 거기에도 여러 타당한 이유가 있을 것이다. 첫째, 10213 셔틀 어드벤처는 빨리 단종되어 신종 모델로 교체되었다. 둘째, 10213 셔틀 어드벤처의 생산기간은 1년으로 다른 레고 모델에 비해 짧았다. 10231 셔틀 익스페디션의 생산기간은 18개월로 앞선 모델보다 더 길었다. 레고 중고 시장에서는 유사 모델이 거의 없는 제품, 즉 단종 이전 모델의 가치가 더 높은 경우가 많다. 그러나 이 두 모델에서는 이후 만들어진 셔틀 익스페디션의 가치가 20퍼센트 정도 더 높다. 아마도 레고가 주도한 개선 작업으로 인해 실제로 10231 모델의 완성도가 더 높아졌다는 방증이 아닐까 싶다. 10213 스페이스 어드벤처 모델을 변경함으로써, 변경 이후 모델에

외부에 장착된 연료 탱크와 로켓 추진기는 셔틀 본체에서 탈·부착되며 랜딩 기어(착륙 장치)와 셔틀 베이 도어(우주선 아래쪽 개폐식 도어)는 다양한 방법으로 조작하며 가지고 놀 수 있게 되어 있다.

대해 레고 투자자와 수집가들의 관심이 커진 것일지도 모른다. 이유가 무엇이든 간에, 두 모델 모두 출고가는 99.99달러였으나 단종 후 급격히 300달러까지 치솟아, 어드밴스 모델 시리즈의 우주왕복선도 레고 중고 시장을 높이 날아올랐다.

▶ 신제품: 229달러　▶ 중고품: 143달러

10155 머스크 라인 컨테이너선
(Maersk Line Container Ship)

- ▶ 출시 연도: 2010년
- ▶ 피스 개수: 990개
- ▶ 미니피겨: 없음
- ▶ 출고가: 119.99달러

1970년대 이래 레고 그룹은 같은 덴마크 기업이며 다양한 운송 및 에너지 관련 분야에 특화한 머스크 그룹(Maersk Group)과 제휴 관계를 유지해왔다. 레고는 지난 수년간 머스크 관련 세트를 다수 제작했으며, 머스크 고전 모델은 모두 밝은 파랑색을 띠고 있다. 대부분 한정된 기간 동안 생산되므로 다른 모델에 비해 희소성과 시장가치가 더 높다.

10155 머스크 라인 컨테이너선은 2004년 출시된 10152 머스크 스케일 컨테이너선의 리메이크 판이다. 두 모델 모두 프로모션 제품이었다. 조립 과정을 기준으로 본다면 10155 머스크 라인 컨테이너선은 990피스로 구성된 밝은 파랑색 모델로 전통적인 벽돌색 브릭들과 비교할 때 가치를 약간 더 인정받는다. 전체적으로 볼 때 세트 디자인과 빌드는 다소 기본적이며, 어드밴스 모델치고 굉장하다는 인상을 주지는 않는다. 머스크 라인 컨테이너선은 실물 비례까지 정확히 고려되어 제작되지 않았고, 이후 출시된 10241 머스크 라인 트리플-E 화물선 (Maersk Line Triple E)에 비하면 정교함이 떨어지는 듯 보인다. 머스크 레고 세트의 생산기간은 한정되어 있어 보통 단종된 후 가치가 올라간다. 이 모델은 지난 12년간 견실한 상승세를 보여,

> '머스크' 특유의 밝은 파랑색 브릭은 구하기가 쉽지 않아서 커스텀 레고 조립가들에게 그 가치를 인정받는다.

당초 출고가인 199.99달러보다 2배 이상 가격이 뛰었다. 이들 머스크 레고 세트들은 모든 수집가들에게 어필하는 작품은 아닌 것 같다. 보편적인 인기가 없다는 점 때문에 장기적으로 가격이 올라가지 못했고 전반적인 가치도 떨어졌다. 10155 머스크 라인 컨테이너선의 경우, 수익이 부진한 정도는 아니더라도, 다른 대형 어드밴스 모델만큼 수익을 내지 못한 것은 분명하다.

- ▶ 신제품: 257달러
- ▶ 중고품: 146달러

디자인 개선

레고 머스크 세트는 지난 몇 년간 전반적인 난이도와 디자인 완성도가 대단히 높아졌다. 2011년 출시된 10219 머스크 기차로 시작해 2014년 출시된 10241 머스크 라인 트리플-E 화물선에 이르기까지 머스크 시리즈는 해를 더할수록 정교함과 정확성이 높아지면서 레고 수집가들에게 뜨거운 관심을 받고 있다. 10241 머스크 라인 트리플-E 화물선은 특히 실제의 컨테이너선을 멋지게 재현했다. 10241 머스크 라인 트리플-E 화물선은 '전문가용'이라는 표시가 붙어 있으며, 그 규모도 1500피스가 넘는다. 10241 머스크 라인 트리플-E 화물선은 스타워즈 UCS 시리즈에서 보이는 것과 같은, 사양이 적힌 명판을 포함하고 있다. 이 작은 장식은 완성된 제품의 완성도를 높여줄 뿐 아니라, 어떤 사무실이나 작업실에도 고급스러운 전시품이 될 것이다.

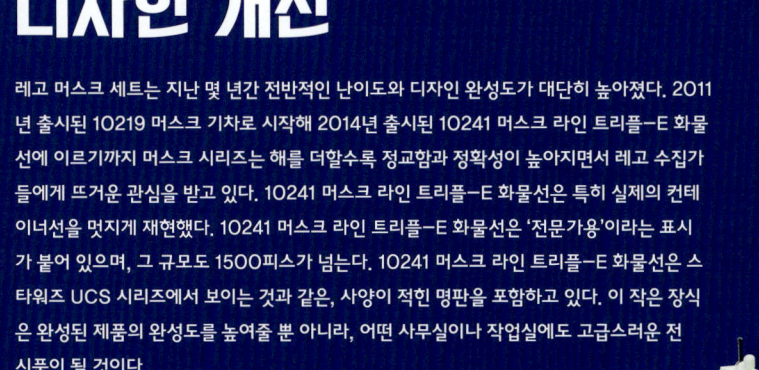

> ▶ 10241 머스크 라인 트리플-E 화물선은 이전 머스크 모델들을 거치면서 디자인이 개선되어 수집가들 사이에 인기가 더욱 높아지고 있다.

스 포 트 라 이 트

10189
타지마할
(Taj Mahal)

▶ 출시 연도: 2008년
▶ 피스 개수: 5922개
▶ 미니피겨: 없음
▶ 출고가: 299.99달러

레고 세계에서 '빅 대디(Big Daddy)'의 위상을 가진 10189 타지마할은 5922개의 피스로 구성된 사상 최대의 레고 세트다. 타지마할은 인도의 우타르프라데시 주 아그라 지역에 위치한 하얀 대리석으로 만들어진 대영묘다.

높이로는 10181 에펠탑, 무게로는 10179 UCS 밀레니엄 팔콘에도 뒤지지만, 그럼에도 불구하고 10189 타지마할은 명실상부 '빅 대디'의 자리를 고수하고 있다. 대부분의 피스는 소형이고 흰색이어서 조립 과정이 길고 반복적이다. 기본 구조는 크게 여섯 가지 섹션으로 나뉘며, 합치면 대형 모듈러 빌딩으로 탄생한다. 어드밴스 모델인 만큼, 고도의 조립 기법이 요구된다. 한 가지 테크닉으로 스노트(SNOT, Studs Not On Top, 스터드를 위로 향하지 않도록 조립하는 기법—옮긴이)가 있는데, 스노트 기법을 통해 타지마할 중앙의 돔 구조 지붕을 창의적으로 완성할 수 있다. 이 방법은 장식적 효과를 내는 마지막 터치로서 실제로 매우 탄탄할뿐더러 작품의 완성도를 훨씬 높여준다. 10189 타지마할은 최고로 숙련된 조립가가 만들어도 최소 20시간이 소요된다. 브릭을 담는 안쪽의 비닐봉지는 요즘의 세트들처럼 숫자가 적혀 있지 않다. 그 때문에 조립을 시작하기에 앞서 브릭을 분류하고 찾는, 가장 '재미없는' 일에 상당한 시간이 든다.

10189 타지마할은 전시품으로서 그 가치가 뛰어나다. 완성된 작품은 구조 전체를 덮고 있는 다채로운 장식 조각과 함께 매우 세밀하다. 고도의 스킬을 지닌

레고 디자이너들은 다양한 기본 브릭을 활용한 패턴의 반복으로 타지마할의 디테일을 세심히 살려냈다.

조립가를 위한 레고 세트이긴 하나, 10181 에펠탑과 같은 다른 어드밴스 모델만큼 조립이 어렵지는 않다. 10189 타지마할은 가로 16인치, 세로 32인치의 스터드가 있는 플레이트를 기반으로 해 횡적으로 확장되는 모델이다. 완구성에 있어서는 미니피겨가 없는 다른 어드밴스 모델과 마찬가지로 본체 빌드 외에 가지고 놀 대상이 전혀 없다. 타지마할 레고 세트는 책상이나 선반에 전시용으로 설계되었으며 천재성과 기품이 완연히 드러나는 모델이다. 10189 타지마할은 실물 자체로 웅장한 멋이 있을뿐더러, 최근 2000달러까지 오른 중고 가격만으로도 대단한 존재감을 갖는다. 이 모델은 2000달러를 넘어선 두 번째 레고 세트로, 2008년 출고가 299달러를 기준으로 500퍼센트 이상 가치가 상승했다.

10189 타지마할은 2014년 한 해만 20퍼센트나 가격이 오르는 등 지속적으로 상승세를 보이고 있다. 단종된 지 4년이나 된 모델로서는 대단히 선방한 것이다. 단종된 레고 세트의 경우 단종 후 2~3년이면 수익의 대부분이 발생하고 이후에는 하향세로 가는 게 일반적이지만, 10189 타지마할은 아직도 강한 상승세를 보이고 있다. 10181 에펠탑의 경우처럼 타지마할은 사재기 품목이 아니었으므로 MISB 세트가 매우 희귀하다. 중고로 나와 있는 타지마할 레고 세트는 대부분 개봉 후 조립까지 이루어졌으나, 품질 좋은 10189 타지마할의 중고품은 아직도 1000달러 이상에 거래된다. 어떤 식으로든 10189 타지마할을 손에 넣게 된다면 당신은 대단한 행운아라 할 수 있다.

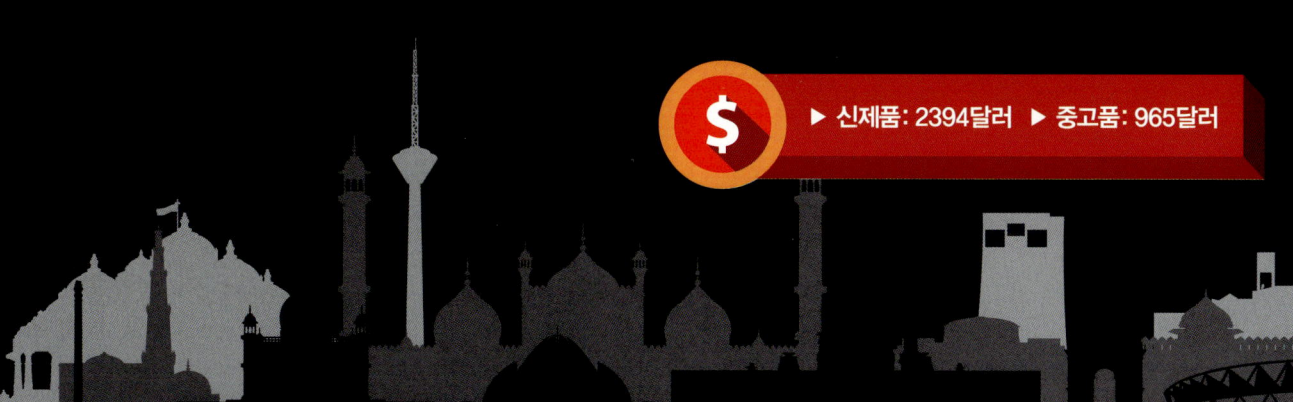

▶ 신제품: 2394달러　▶ 중고품: 965달러

10226/3451 솝위드 카멜
(Sopwith Camel)

- ▶ 출시 연도: 2012년
- ▶ 피스 개수: 883개
- ▶ 미니피겨: 없음
- ▶ 출고가: 99.99달러

찰스 M. 슐츠의 고전만화 〈피너츠〉를 아는 사람이라면 누구라도 전설의 솝위드 카멜을 알 것이다. 찰리 브라운의 애완견 스누피가 제1차 세계대전에서 맹활약을 떨치는 파일럿이 되어 솝위드 카멜(사실은 개집)을 조종하며 악당 레드 바론과 싸우는 상상을 하던 장면을 기억한다면 말이다.

현실에서 솝위드 카멜은 강력한 로터리 엔진, 2개의 동조식 기관총, 짧지만 기동력 좋은 동체를 갖춘 영국제 단좌 복엽 비행기다. 이러한 특성은 제1차 세계대전에서 1200대가 넘는 적군 전투기를 격추시키는 당대의 기록을 세우는 데 큰 역할을 했다.

레고 그룹은 이러한 걸출한 업적을 기념해 솝위드 카멜을 본뜬 3종류의 모델, 즉 3451 솝위드 카멜(2001), 10226 솝위드 카멜(2012), 40049(2012, 프로모션 폴리백 제품, 65피스, 4.99달러)를 개발했다.

3451과 10226 솝위드 카멜 세트는 각각 574피스, 883피스로 구성되어 있다. 3451 솝위드 카멜은 출고가가 49.99달러였고, 10226 솝위드 카멜은 99.99달러였다. 빌드 측면에서 보면 10226 솝위드 카멜은 초기 모델인 3451 솝위드 카멜보다 엄청나게 앞서 있다. 피스 개수가 거의 2배인 10226 모델은 사이즈도 거의 2배이며 디테일이 더 살아 있다. 또 회전형 프로펠러와 엔진 실린더, 경첩으로 연결된 꼬리날개 방향타, 움직이는 보조날개, 조종석에서 제어할 수 있는 꼬리 플랩과 같은 무브먼트 부품이 추가되었다. 10226 솝위드 카멜은 진녹색, 황갈색, 은색 브릭과 같은 희귀한 브릭도 포함하고 있다. 초기 모델인 3451 솝위드 카멜의 디테일과 무브먼트 부품은 이보다 적으며, 전시용 목적에 더 초점이 맞춰져 있다. 두 모델 모두 매력적인 세트로, 손에 들고 공중에 날려볼 수 있으므로 나름 완구적인 가치도 있다. 빌드의 난이도는 높은 편이며, 벨트와 줄이 세트에 포함되어 있는 10226 솝위드 카멜이 특히 그렇다.

현재 3451 솝위드 카멜의 이베이 거래가는 170달러로, 200퍼센트를 훌쩍 넘는 투자수익률을 보인다. 그리 나쁘지 않은 수익률이나, 근 14년 동안 레고 중고 시장에서 거래되었다는 점을 생각하면 그다지 특별한 수치는 아니다. 오히려 10226 솝위드 카멜이 더 큰 잠재력을 갖는다고 생각한다. 이 글을 쓰는 시점에도 10226은 아직 공식적으로 단종되지 않았으나 2014년 10월 이래 1차 소매점에서 출고가에 구매할 수 없었다. 이른바 '단종' 발표가 나지 않았음에도 불구하고 10226 솝위드 카멜은 1~2달 사이에 중고 시장에서 150달러를 훌쩍 넘어섰다. 곧 단종이 예상되는 신모델 레고는 이런 경우가 종종 있다. 10226 모델은 가격이 잘 오르는 세트의 특징을 모두 갖추고 있다. 괜찮은 가격에 하나 구할 수 있다면, 쏠쏠한 투자 수익을 기대할 수도 있겠다.

> 조종석에서 제어되는 회전 프로펠러, 경첩으로 연결된 꼬리날개 방향타, 꼬리플랩이 돋보인다.

10226 솝위드 카멜은 2001년 출시된 3451 솝위드 카멜의 리메이크 모델이다.

▶ 신제품: 164달러　▶ 중고품: 70달러

모듈러 빌딩

숙련된 조립가와 성인들의 취향과 지갑을 노리며 지난 15년간 생산되었던 모든 레고 테마와 서브 테마를 통틀어, 가장 잘 알려져 있고 투자도 가장 활발한 제품은 아마도 스타워즈 UCS 세트일 것이다. 이 1위의 뒤를 바짝 좇고 있는 모델은 바로 11가지로 구성되어 있는 모듈러 빌딩 서브 테마다.

모듈러 빌딩 서브 테마는 오랫동안 전 세계 팬들의 마음을 사로잡아왔다. 모듈러 빌딩의 디자인에는 레고의 직관성이 잘 살아 있다. 바닥, 네 면의 벽과 지붕을 갖춘 완전한 빌딩의 모습일뿐더러, 다른 모듈러 빌딩들과 함께 연결해 거리를 형성할 수 있도록 구성되어 있다.

독립형으로 설계된 다른 많은 세트들과 달리, 모듈러 빌딩들은 일렬로 함께 나열했을 때에 더욱 빛이 난다. 이 때문에 수집가들은 도시의 한 구획을 완성하기 위해 다수의 세트를 구매하고 싶어 한다. 완전한 세트를 구성하고 싶은 이런 욕구로 인해 초판 모듈러 빌딩 중 몇 가지는 천문학적 가치를 지니게 되었다. 이 글을 쓰는 시점에도 공식적으로 단종되었거나 품절되어 단종에 가까워진 몇 안 되는 모듈러 빌딩들이 극적인 가격 상승을 보이고 있다.

10182 카페 코너는 최초로 출시된 모듈러 빌딩으로서 가장 가치가 높은 모듈러 세트다.

10182 카페 코너 (Cafe Corner)

- ▶ 출시 연도: 2007년
- ▶ 피스 개수: 2056개
- ▶ 미니피겨: 3개
- ▶ 출고가: 139.99달러

2007년에 출시된 10182 카페 코너는 최초로 제작된 모듈러 빌딩이며 현존하는 모듈러 모델 중 가장 가치가 높다. 이후에 등장하는 모듈러 빌딩의 표준을 세운 제품이다. 10182 카페 코너는 암적색 지붕, 노란색과 흰색으로 장식된 어닝과 함께 대단한 볼거리를 선사한다. 모든 모듈러 빌딩이 그러하듯 미니피겨 3개, 플로어 3개가 포함되어 있다. 다양한 바닥판들은 분리가 가능하며, 조립가가 인테리어 구성 요소까지 접근할 수 있게 되어 있다. 10182 카페 코너는 내부 장식이랄 것이 별로 없으나, 이후의 모듈러 빌딩들은 가구, 카운터 등 다양한 꾸미기가 가능하다. 10182 카페 코너의 가격은 현재 1700달러에 근접하고 있다. 초기 출고가가 139.99달러였던 것에 비하면 그야말로 놀라운 수준으로 올라간 것이다. 투자수익률이 1100퍼센트를 넘어선다. 오늘날처럼 레고 투자와 재판매가 보편화되기 전에 출시된 모델이라는 점에서 이러한 결과는 더욱 놀랍다. 이 세트를 사재기해 둔 리셀러는 많지 않겠지만, 도심거리를 완성하고 싶은 많은 수집가들은 최고가를 지불해서라도 카페 코너를 구매하려 들 것이다. 10182 카페 코너는 오랜 기간에 걸쳐 천천히 가격이 오른 모델이다. 언제 이 모델의 가격 상승이 멈추고 보합세로 들어설지는 아무도 모르지만, 새로운 모듈러 빌딩 세트가 출시될 때마다 10182 카페 코너에 대한 수요는 더 늘어나고 가치도 더 높아질 것으로 추측된다.

 ▶ 신제품: 1671달러 ▶ 중고품: 736달러

모듈러 빌딩

10190 마켓 스트리트(Market Street)

- ▶ 출시 연도: 2007년
- ▶ 피스 개수: 1248개
- ▶ 미니피겨: 3개
- ▶ 출고가: 89.99달러

2007년에 출시된 10190 마켓 스트리트는 Me 프로그램으로 만든 레고 디자인 제품으로 레고의 성인 팬인 에릭 브록이 설계했다. Me 프로그램은 2011년에 종료되었지만 레고는 10190 마켓 스트리트 외에도 8가지의 AFOL 디자인을 제품으로 생산했다. 5524 공항, 5525 놀이공원, 5526 스카이라인, 10183 하비 트레인, 10191 스타 저스티스, 10192 스페이스 스컬, 10200 커스텀 자동차 정비소가 바로 그것이다. 10190 마켓 스트리트 세트의 경우 디자인과 빌드 측면에서 부족하긴 하지만, 전문 레고 디자이너가 아니라 성인 팬이 디자인했음을 감안하면 단점을 이해할 만하다. 조금 이상한 모양의 건물이지만, 많은 사람이 빅토리아풍의 건축양식이나 에클렉틱 스타일(절충주의라고도 하며, 두 가지 이상의 양식을 결합하는 건축양식—옮긴이)을 좋아한다. 10190 마켓 스트리트를 디자인한 에릭 브록이 네덜란드 출신인 점도 건축양식의 다소

> 팩토리 테마의 모델이지만, 10190 마켓 스트리트를 모듈러 빌딩으로 알고 있는 사람들이 많다.

색다른 취향을 이해하는 데 도움이 된다. 10190 모델 자체의 외양은 괜찮다. 하지만 다른 모듈러 빌딩들과 함께 나열하면 불완전해 보이거나 스케일이 달라 유독 튀어 보인다. 10190 마켓 스트리트는 1248피스밖에 되지 않아 모듈러 빌딩 중 가장 작다. 그러나 이 건물의 미학은 논외로 하더라도, 투자수익률은 절대 그렇지 않다. 실제로 수익률이 1600퍼센트가 넘는다니 가히 천문학적 숫자다. 현재 시장가치는 1500달러 선이나, 출고가는 89.99달러에 불과했으니 레고 투자자들에겐 최고 상품 중 하나라고 할 만하다. 이런 희귀한 아이템을 갖고 있다니, 나 역시 엄청난 행운아라고 생각한다.

 ▶ 신제품: 1562달러 ▶ 중고품: 666달러

10185 그린 그로서(Green Grocer)

- ▶ 출시 연도: 2008년
- ▶ 피스 개수: 2352개
- ▶ 미니피겨: 4개
- ▶ 출고가: 149.99달러

10185 그린 그로서는 모듈러 빌딩 중 3번째로 생산되었다. 바로 전에 생산된 두 가지 모델과 달리 냉장고, 라디에이터, 대형 괘종시계, 음식, 찬장 등 내부 공간의 장식도 포함하고 있다. 10185 그린 그로서는 바다색, 황갈색, 회색 브릭으로 이루어진 아름다운 외양을 갖추었다. 고전적인 브라운스톤 건축물의 내부와 창가에 드리워진 커튼은 즐거움을 배가하는 멋진 조합이다. 10190 마켓 스트리트의 튀는 스타일과 10182 카페 코너의 지나친 화려함에 비하면 10185 그린 그로서는 수집가들 사이에서 가장 매력적인 아이템으로 간주된다.

> 10185 그린 그로서의 샌드그린색은 미국 지폐의 색깔과 비슷해 더욱 가치가 있다.

모듈러 빌딩

10197 소방서(Fire Brigade)

- ▶ 출시 연도: 2009년
- ▶ 피스 개수: 2231개
- ▶ 미니피겨: 4개
- ▶ 출고가: 149.99달러

10197 소방서가 출시되던 즈음, 레고 중고 시장이 조금씩 변하기 시작했다. 오르기 시작한 세트 가격이 내게는 가파른 상승세로

느껴져 레고 가격 정보와 투자자 게시판을 만들면 어떨까 궁리하고 있었다. 당시 수집가들이 가장 열을 올리던 레고 세트는 10197 소방서였다. 보기만 해도 멋질 뿐 아니라, 이전의 모듈러 빌딩에선 볼 수 없던 장난감의 특성도 갖춘 모델이었다. 1930년대 소방서의 모습을 본뜬 이 세트는 1930년대식 소방차와 함께 가지고 놀 수 있는 몇 가지 인테리어 디테일을 포함하고 있다.

10197 소방서 건물의 전면 주소판에 있는 '1932'는 레고가 창립된 해를 의미한다.

2231피스로 구성된 10197 모델은 처마와 금장 테두리 브릭, 암적색 브릭과 미국 국기가 달려 있어 다른 모듈러 빌딩과 함께 배치했을 때 단연 돋보인다. 10197 소방서는 생산기간이 2009년에서 2013년으로 4년이나 되었다. 단종된 후 처음 출고가 149.99달러에서 300달러 선으로 2배 정도 가격이 올랐다. 10197 소방서는 이미 많은 팬들과 투자자들이 사재기해둔 품목으로, 개인적으로도 가격이 얼마나 빨리 뛸지(혹은 상승세가 멈출지) 궁금하다. 이 모델의 가격 향방은 리셀러와 투자자들이 앞으로 얼마나 다른 모듈러 모델을 사재기할지에도 영향을 끼칠 수 있다.

▶ 신제품: 298달러 ▶ 중고품: 248달러

이 모델의 빌드는 단순명쾌하고 재미있다. 성인 조립가들의 취향에 맞춰져 있으나, 좀 더 노력한다면 재능 있는 어린 조립가들도 도전해볼 만하다. 10185 그린 그로서는 이름에 맞게 엄청난 '그린'(미국 달러화를 의미—옮긴이)을 필요로 한다. 최근에는 800달러 선을 찍어 수익률이 400퍼센트를 넘어섰다. 10182나 10190의 수준에는 못 미치지만, 절대 만만하게 볼 투자 대상이 아니다. 첫 번째와 두 번째 출시된 모듈러 빌딩과 달리 10185 그린 그로서의 경우 사재기해둔 리셀러들이 있는 편이라 약간의 진입 장벽이 있을 것으로 예상된다.

▶ 신제품: 800달러 ▶ 중고품: 631달러

클로즈 업

모듈러 빌딩

레고 브릭의 창의적인 사용이랄까. 10211 그랜드 엠포리움의 "SHOP" 표시가 재미있다.

10211 그랜드 엠포리움 (Grand Emporium)

- ▶ 출시 연도: 2010년
- ▶ 피스 개수: 2182개
- ▶ 미니피겨: 7개
- ▶ 출고가: 149.99달러

지금은 단종되었지만, 이 글을 쓰던 시점인 2014년 즈음의 10211 그랜드 엠포리움은 레고의 천국과 지옥 사이인 중간계에 있는 형국이었다. 1차 소매업체에서 출고가에 구할 수 있는 것도 아니고, 공식적으로 단종 선언이 된 상태도 아니었기 때문이다. 공식적 발표가 나기 전까지는, 준단종 세트 중고 가치가 오르는 데에는 시간이 꽤 걸릴 때가 종종 있다. 10211의 2014년 가치는 200달러가 넘지만, 공식 단종 발표 직후 가격이 빠르게 상승할 것으로 보인다. 10197 소방서와 마찬가지로, 이미 많은 투자자와 리셀러들이 사재기를 해둔 품목이므로 실제로 이 세트의 가격이 얼마나 상승할지는 시간이 지나봐야 알 수 있다.

피스 개수가 2200개에 달하는 사이즈는 말할 것도 없이, 10211 그랜드 엠포리움은 품격 넘치는 멋스러운 모퉁이 모듈러 빌딩 세트다. 10211은 크기가 꽤 크고 미니피겨가 7개 포함되어 이 중 몇 개는 상점 창가 장식용으로 사용된다. 그 외 인테리어 구성 요소나 완성도 높은 마무리 장식 또한 세트의 매력을 더한다.

 ▶ 신제품: 200달러 이상 ▶ 중고품: 183달러

10218 펫 숍 (Pet Shop)

- ▶ 출시 연도: 2011년
- ▶ 피스 개수: 2032개
- ▶ 미니피겨: 4개
- ▶ 출고가: 149.99달러

이 글을 작성하는 2014년 시점 현재 기준, 10218 펫 숍은 단종이 되지 않아 소매점에서 149.99달러에 구할 수 있었다(2016년 현재 공식 단종 전―옮긴이). 2011년 5월에 출시된 10218은 소박한 작은 가게를 2032개의 피스로 구현해낸 제품으로 완성도 높은 주변적 조형물로서의 모듈러 빌딩의 가치를 가지며, 다소 평범하고 튀지 않는 디자인이지만 어느 거리에서나 볼 수 있는 현실적인 디자인의 건물 모습을 하고 있다. 다른 모듈러 빌딩과 마찬가지로, 10218 펫 숍도 영리한 선택이 될 것이며, 단종 후 가치가 오를 것이다.

10218 펫 숍은 2종류의 건물로 분리가 가능하다.

▶ 신제품: 168달러 ▶ 중고품: 132달러

모듈러 빌딩

10224 타운 홀(Town Hall)

- ▶ 출시 연도: 2012년
- ▶ 피스 개수: 2766개
- ▶ 미니피겨: 8개
- ▶ 출고가: 199.99달러

10224 타운 홀은 출시 순서로는 7번째, 단종 순서로는 6번째인 모듈러 빌딩으로 더 이상 소매점에서는 구할 수 없을 것 같다. 10224 타운 홀은 2012년 3월에 출시되었고, 2015년 1월 당시에는 공식적으로는 단종 발표가 나지 않았지만 겉으로는 단종된 듯이 보였다. 만약 실제로도 단종된 것이라면, 1년 앞서 출시된 10218 펫 숍보다 먼저 단종되었다는 의미다. 지금은 대부분의 레고 팬들이 개의치 않는 것으로 보이나 수집, 투자, 리셀링의 세계에서는 대단히 중요한 사실이다. 대부분의 레고 세트는 '선출시 선단종(First released, First retired)' 된다. 10224 타운 홀은 이러한 시장의 법칙을 가볍게 뛰어넘어 앞서 출시된 유사 모델보다 먼저 레고 오프라인 매장에서 사라졌다. 조기 단종은 10224 타운 홀을 손에 넣은 운 좋은 사람들에게는 긍정적인 사건이다.

10224 타운 홀은 2700개가 넘는 피스로 구성된 최대 크기의 모듈러 빌딩이다. 레드, 오렌지, 브라운의 색채도 매력적이지만, 그리스와 로마 건축양식의 기둥과 지붕 장식도 아름답다. 모듈러 빌딩으로 구성한 어떤 거리에서도 단연 독보적인 존재감을 드러낸다. 출고가도 199.99달러로 가장 비싸다. 그러다 보니 이런 위상의 레고 세트가 조기에 단종된다면 당연히 기대 수준이 높을 수밖에 없다. 생산된 세트도, 사재기된 세트도 많지 않다 보니 조기 단종은 아주 중요한 요인이다. 수집가의 취미 생활에서 '희귀하다'는 것은 바로 돈을 의미하며, 10224 모델은 가장 희귀하진 않을지 몰라도 매우 희귀한 축에 속한다. 또한 10224 타운 홀은 투자자와 리셀러의 사재기 아이템이 아니었으므로 중고 시장의 흐름으로 볼 때 앞으로 가치가 더 높아질 가능성이 크다. 조기 단종으로 인해 10224 타운 홀은 초창기 모듈러 빌딩 수준의 가치를 지니게 될 것이다.

10224 타운 홀 전면 꼭대기에 적힌 '1891'은 레고 창업자의 탄생 연도다.

조립 테크닉 +

어드밴스 모델의 조립에는 기본적으로 다음과 같은 고도의 조립 테크닉이 필요하다.

- 스노트(SNOT, Studs Not On Top): 돌기가 위를 향하지 않는 브릭 사용 기법
- 마이크로 스트라이핑: 일반 브릭보다 높이가 낮은 얇은 부품을 붙여 줄이 생기는 효과를 내는 기법
- 오프셋팅: 기존 돌기 간격과 달리, 돌기 사이의 중앙에 돌기가 있는 브릭을 사용하는 기법
- 스니르(SNIR, Studs Not in Row): 면이 대각선 방향으로 기울어진 브릭 사용 기법
- 레터링: 브릭의 색깔을 이용해 글자를 구성하는 기법
- 믹스드 실린더 커빙: 비교적 더 큰 브릭 사이에 작고 균등한 브릭을 규칙적으로 배열해 원통형 커브를 형성하는 기법
- 다이애거널 스트라이핑: 이웃하는 브릭들의 경사면 사이에 틈이 있어 이를 통해 무늬를 구성하는 기법

조립 테크닉은 레고 중고 시장가격에는 크게 영향을 미치지 않는다. 하지만 위의 용어들이 언급된 레고 세트라면 숙련된 레고 조립가를 위한 제품이니 경험이 부족한 조립가나 아이들은 피하는 게 좋다. 이 기법들은 인내심과 세심한 손길을 필요로 한다.

 ▶ 신제품: 323달러 ▶ 중고품: 205달러

모듈러 빌딩

10230 미니 모듈러 출시 이후 호환 가능한 크기의 다양한 모듈러 신제품들이 발표되면서 수집가들은 미니 모듈러 시리즈의 새 버전이 출시되기를 고대하고 있다.

10230 미니 모듈러(Mini Modular)

- 출시 연도: 2012년
- 피스 개수: 1355개
- 미니피겨: 없음
- 출고가: 79.99달러

10182 카페 코너, 10185 그린 그로서, 10197 소방서 등 내로라하는 레고 세트의 디자이너 제이미 버나드는 레고를 가지고 놀다가 모듈러 빌딩 중 하나의 소형 버전을 만들어보았다고 한다. 10230 미니 모듈러는 이렇게 탄생했다.

10230 미니 모듈러는 10182 카페 코너, 10185 그린 그로서, 10190 마켓 스트리트, 10197 소방서, 10211 그랜드 엠포리움을 1/4 크기로 축소한 레플리카다. 1355 피스로 구성된 이 모듈러들은 79.99달러에 판매되었다. 10230 미니 모듈러는 대부분의 소매 판매 기간 동안 레고 VIP 고객을 위한 레고 공식 판매 홈페이지 숍앳홈에서만 단독 판매되어 한층 특별한 느낌을 준다. 이후 소매점에서도 판매되었으나 곧바로 2013년 12월에 단종되었다.

미니 모듈러는 아주 잘 만든, 정확성 높고 귀여운 레고 세트다. 레고 세트가 축소판으로 만들어진다는 것은 대체로 굉장한 영광이며, 10230 미니 모듈러는 중대형 세트를 기념하는 대단히 환상적인 역할을 해냈다. 10230 미니 모듈러는 단종된 이후 중고 가격이 2배 가까이 뛰어, 수익률도 견실한 투자 옵션이 되었다. 다른 모듈러 빌딩을 축소한 다음 버전은 어떤 것들이 나올지 벌써부터 기다려진다.

출시된 미니 모듈러의 새로운 버전이 있다면 10224 타운 홀, 10243 파리의 레스토랑, 10246 탐정 사무소, 10232 팰리스 극장과 같은 세트를 포함하고 있을 것이다. 두 가지를 짝 짓고 싶어 하는 수집가들 덕분에 10230 미니 모듈러의 가치는 천정부지로 치솟을 것이다.

▶ 신제품: 143달러 ▶ 중고품: 105달러

모듈러 빌딩

각 미니 모듈러는 나머지 모듈러와 분리된다.

▲ 10230 미니 모듈러는 10211 그랜드 엠포리움, 10197 소방서, 10185 그린 그로서, 10190 마켓 스트리트, 10182 카페 코너(박스 전면 좌측부터)의 미니어처 버전으로 구성되어 있다.

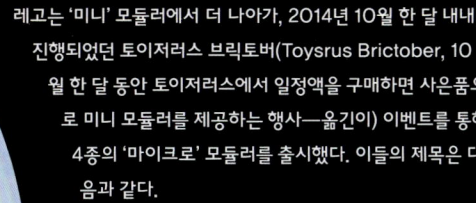

➕ 마이크로 모듈러

레고는 '미니' 모듈러에서 더 나아가, 2014년 10월 한 달 내내 진행되었던 토이저러스 브릭토버(Toysrus Brictober, 10월 한 달 동안 토이저러스에서 일정액을 구매하면 사은품으로 미니 모듈러를 제공하는 행사—옮긴이) 이벤트를 통해 4종의 '마이크로' 모듈러를 출시했다. 이들의 제목은 다음과 같다.

- 40180 브릭토버 극장
- 40181 브릭토버 피자 가게
- 40182 브릭토버 소방서
- 40183 브릭토버 타운 홀

이들 세트도 모듈러라 불리지만, 기존 세트의 복제판은 아니다. 이들은 완전히 새로운 창작물로, 10월마다 열리는 토이저러스의 레고 이벤트를 위한 제품이다. 10230 미니 모듈러보다 훨씬 작고 더 단순하다. 본래 사이즈의 모듈러 빌딩이 인기 있기 때문에 마이크로 모듈러의 가격이 잘 오를 것이다. 토이저러스에서 일정 금액 이상 구매할 때에만 주는 한정판이어서 희소성이 높고 따라서 수집 가치도 높다.

모듈러 빌딩

아직도 소매점에서 구할 수 있는 단종되기 전 모듈러 세트들

10218 펫 숍 외에, 아직도 소매점에서 구할 수 있는 3종의 모듈러 빌딩들은 10232 팰리스 극장, 10243 파리의 레스토랑, 10246 탐정 사무소다. 각 제품에 대해 간략히 알아보자.

10243 파리의 레스토랑 (Parisian Restraurant)

- ▶ 피스 개수: 2419개
- ▶ 출고가: 159.99달러

- ▶ 2014년 1월 출시
- ▶ 파리의 거리에서 발견할 법한 로맨틱한 레스토랑의 레플리카
- ▶ 프랑스 사람이 본다면 "Beau(아름답다)!"라고 탄성을 지르지 않을까? 누가 봐도 끝내주는 세트!
- ▶ 세밀한 디테일. 그 자체만으로 최고다. 다른 모듈러 빌딩들 옆에 두기 아까울 정도로 너무 예쁘다.
- ▶ 단종된 후 가격이 오를 것으로 예상된다.

10232 팰리스 극장(Palace Cinema)

- ▶ 피스 개수: 2196개
- ▶ 출고가: 149.99달러

- ▶ 2013년 3월 출시
- ▶ 그라우맨 차이니즈 극장을 복제
- ▶ 스타일의 끝판왕, 2층짜리 건물, 탈것 1대
- ▶ 극장 내부를 그대로 재현한 디테일
- ▶ 단종된 후 가격이 오를 것으로 예상된다.

10246 탐정 사무소(Derective's Office)

- ▶ 피스 개수: 2261개
- ▶ 출고가: 159.99달러

- ▶ 2015년 1월 출시
- ▶ 오래된 학교 수영장, 이발소, 사무소 빌딩을 복제
- ▶ 2채의 건물로 구성: 풀장과 탐정 사무소가 있는 건물과 'Al's'라는 이발소와 방들이 있는 건물
- ▶ 앤티크 거울 및 창문 레터링처럼 잘 어울리는 디테일
- ▶ 단종된 후 강력한 수익률이 예상되는 투자 대상

CHAPTER 2

아키텍처
ARCHITECTURE

아키텍처 테마의 세 트들은 수집 가치가 높지만 쉽게 구할 수 있어서 레고 수집가와 리셀러, 투자자들의 취미 생활을 좀 더 수월하게 해준다. 단종된 세트 모두 가격이 많이 올랐다.

레고 초창기에는 경사 브릭, 둥근 브릭, 플레이트와 같은 브릭의 변종이 많지 않았다. 그러나 1960년대에는 플레이트 브릭이 만들어져 레고 팬들이 보다 정확하게 빌딩과 조형물의 축소형 모델을 조립할 수 있었고, 이를 통해 살고 싶은 모양의 집을 본 뜬 빈티지 '스케일 모델 시리즈'가 출시되었다. 이에 따라 많은 젊은 건축가와 디자이너들이 이제까지 상상만 하던 것들을 마음껏 만들어볼 수 있게 되었다. 레고에서 영감을 얻은 건축가 중 한 명이 바로 아담 리드 터커다. 터커는 브릭을 이용해 뉴욕 시의 엠파이어 스테이트 빌딩과 같은 상징적 건물을 복제했다. 레고 디자이너들은 레고 브릭으로 세계적 랜드마크와 유명 빌딩의 축소판 모델을 놀라울 정도로 정교하게 만들 수 있다는 것을 깨달았다. 2008년, 건축가 터커와 손잡은 레고는 시어스 타워와 시카고의 존 행콕 센터의 복제판을 출시함으로써 이른바 아키텍처 테마를 시작했다.

아키텍처 테마는 전통적 레고 세트와 상당히 다르다. 포장 박스는 회색과 흰색으로 군데군데 포인트를 준 고전적 검정색으로 마감된 디자인이며, 보통의 레고 박스처럼 알록달록하지 않다. 조립 설명서 또한 팸플릿 대신 두께가 있는 책에 가까운 고급스러운 판본으로 생산된다.

아키텍처 세트는 축소판 모델이기 때문에 피스 개수와 사이즈가 작은 편이며, 성인 취향으로 업무 공간이나 서재에 우아함과 스타일을 더하는 장식에 가깝다.

현재 아키텍처 시리즈는 20개 넘게 출시되어 있고 이 중 소수만이 공식적으로 단종되었다. 단종된 세트는 가격이 꽤 올라, 견실한 투자수익률을 기록하고 있다. 아키텍처 시리즈는 상대적으로 가격이 낮은 편으로, 대부분 50달러가 채 안 된다. 100~200달러 수준인 아키텍처 세트도 몇 가지 있지만, 이는 아키텍처 테마 전반으로 볼 때 비싼 편에 속한다. 무언가 고전적이며 색다른 레고 세트를 조립하거나 사고 싶다면 아키텍처 세트를 추천한다.

21021 마리나 베이 샌즈
(Marina Bay Sands)

- ▶ 출시 연도: 2013년
- ▶ 피스 개수: 602개
- ▶ 미니피겨: 없음
- ▶ 출고가: 75달러

21021 마리나 베이 샌즈는 싱가포르 마리나 베이에 위치한 근사한 리조트이자 카지노의 재현으로, 600피트가 넘는 높이의 건물 꼭대기에 공원, 수영장, 정원이 있다. 21021은 아직 단종 전으로 중고 시장가격이 500달러 고점을 찍은 지 얼마 안 되었다(2016년 현재 단종됨―옮긴이). 21021의 출고가는 대략 75달러였으니, 투자수익률로는 600퍼센트가 넘는 셈이다. 이 제품의 출고가를 대략으로 추정하는 까닭은, 미국, 영국, 유럽, 호주의 레고 소매점에서 판매하지 않아 변환된 통화가치를 기준으로 하기 때문이다. 어쨌든, 단종이 되지 않은 상태에서도 600퍼센트의 수익률이란 어마어마한 것이다.

21021은 싱가포르와 아시아 주변 지역에서만 판매되었지만, 마리나 베이 샌즈 기념품점 중 한 곳에서 주로 구할 수 있었다. 제품 자체의 희소성에 더해, 레고 세트의 박스에 "한정판"이라 찍혀 있어 더욱 가치가 있다. 피스 개수가 많고 이미 엄청난 가격 상승을 겪었음을 감안할 때, 21021의 장차 성장률은 의문이지만 이 정도로 구하기 힘든 세트라면 어떤 수집가가 얼마의 가격으로 손에 넣으려 나설지 두고 볼 일이다.

▶ 신제품: 536달러   ▶ 중고품: 299달러

21021 마리나 베이 샌즈 박스 전면에서 볼 수 있듯, 이 제품은 "한정판"이라 가치가 더 높다.

21021 마리나 베이 샌즈의 박스 뒷면에는 실제 건물의 위풍당당한 사진과 주요 특징이 실려 있다.

21001 존 행콕 센터
(John Hancock Center)

- ▶ 출시 연도: 2008년
- ▶ 피스 개수: 69개
- ▶ 미니피겨: 없음
- ▶ 출고가: 19.99달러

21001 존 행콕 센터는 2008년 출시된 초기 아키텍처 세트 중 하나다. 21001 존 행콕 센터는 시카고에 실재하는 1500피트가 넘는 100층 건물의 복제판이다. 존 행콕 센터는 흰색 안테나와 테두리가 있는 검은색 건축물이다. 레고는 69개의 피스로 구성되는데 대부분 검은색이다. 아키텍처 세트가 대체로 그렇지만 존 행콕 센터의 박스와 조립 설명서는 꽤 스타일리시하며 단종된 후의 가격 상승 양상도 대단히 놀랍다. 현재의 중고 가격만 해도 100달러를 웃도는 수준이다. 출고가 19.99달러의 5배에 달하니 대단히 놀라운 일이다. 수년 전, 이 세트를 여러 개 손에 넣은 요령 있는 수집가나 투자자들은 큰 이득을 봤을 것이다. 가격이 저렴한 존 행콕 센터 세트는 주머니 사정이 넉넉하지 않은 투자자들에게는 그야말로 완벽한 상품이다.

▶ 신제품: 114달러   ▶ 중고품: 60달러

21000 시어스/윌리스 타워
(Sears/Willis Tower)

- ▶ 출시 연도: 2008년
- ▶ 피스 개수: 69개
- ▶ 미니피겨: 없음
- ▶ 출고가: 19.99달러

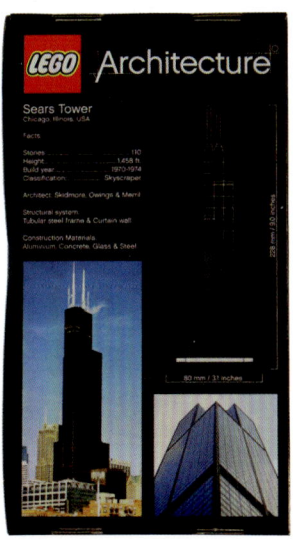

21000 시어스/윌리스 타워는 레고 세트 번호는 같지만 모델명이 다른 두 가지의 동일한 세트다. 21000을 생산하고 있던 중에, 실제 빌딩이 매각되어 건물 이름이 시어스 타워에서 윌리스 타워로 바뀌었다. 21000 시어스 타워의 생산기간은 2008부터 2011년까지, 21000 윌리스 타워는 2011부터 2013년까지였다. 시어스/윌리스 타워는 안테나 끝까지 포함해 1700피트가 넘는 높이를 자랑한다. 세트 자체는 단순한 검은색 빌딩에 흰색으로 약간의 포인트를 준 디자인이다. 21000 시어스 타워의 현재 가격은 출고가의 3배에 달한다. 이후에 출시된 21000 윌리스 타워의 가격은 많이 오르지 않았으나, 현재는 단종되었으니 앞으로 더 강세를 보일 듯하다.

▶ 신제품: 59달러   ▶ 중고품: 30달러

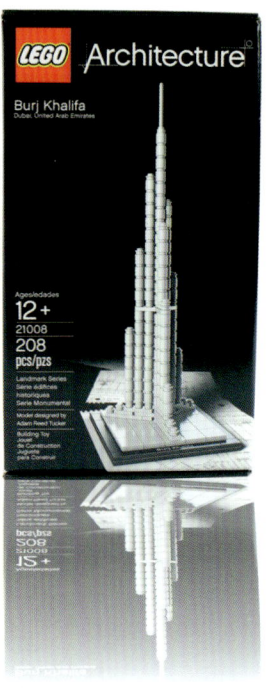
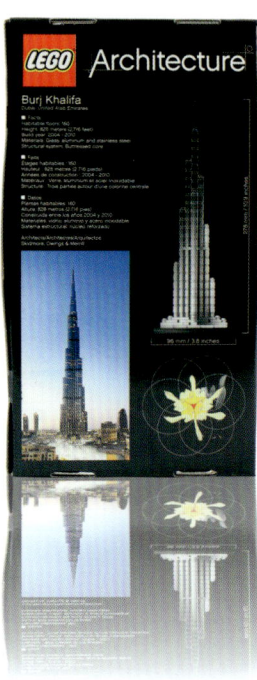

21016 숭례문(Sungnyemun)

- ▶ 출시 연도: 2012년
- ▶ 피스 개수: 325개
- ▶ 미니피겨: 없음
- ▶ 출고가: 34.99달러

21016 숭례문은 대한민국 서울의 한양도성 8개 도성 중 하나를 재현한, 325개 피스로 구성된 조형물이다. '고귀한 의례의 문' 이라는 뜻을 가진 숭례문은 단종된 이후에야 이름이 약간 알려진 모델이다. 21016 숭례문의 판매 기간은 1년이 좀 안 되어 대부분의 수집가, 투자자, 리셀러들이 구매 시기를 놓쳤다. 이 매력적인 세트는 현재 출고가인 34.99달러에서 4배가 올랐다. 하지만 150달러 수준에 오른 이후 상승세가 주춤한 듯하다. 단종된 지 2년이 흘렀으니 가격 정점을 찍고 한계점에 머물고 있을 가능성이 상당히 높다. 아키텍처 테마 전체를 모으고자 하는 '전작주의' 투자자들이 가격 상승을 주도할지, 더욱 새롭고 창의적인 모델들이 출시되어 21016 숭례문의 빛이 바래게 될지는 시간이 지나면 알 수 있을 것이다.

21008 두바이 부르즈 할리파
(Burj Khalifa-Dubai)

- ▶ 출시 연도: 2011년
- ▶ 피스 개수: 208개
- ▶ 미니피겨: 없음
- ▶ 출고가: 24.99달러

부르즈 할리파는 세계에서 가장 높기도 하지만 세계에서 가장 아름다운 마천루가 아닐까 싶다. 이 높고 아름다운 건물은 2011년 6월 레고 버전인 21008 두바이 부르즈 할리파로 탄생했다. 실재하는 건물은 아랍에미리트 두바이에 세워졌으며 높이가 2700피트가 넘는다. 부르즈 할리파는 건축과 공학이 절묘한 조화를 이룬 결과물이다. 창조적인 빌드는 아니겠으나 멀리서 보면 실제 건물과 매우 유사하다. 현재 레고 중고 시장의 가격은 50달러 선이며, 지난 18개월 동안 출고가 24.99달러에서 2배가량 올랐다. 이런 아키텍처 세트는 가격이 높지 않아 레고 투자자의 현실적인 선택지가 된다.

 ▶ 신제품: 146달러 ▶ 중고품: 46달러

 ▶ 신제품: 53달러 ▶ 중고품: 25달러

프랭크 로이드 라이트 한정판

전 세기를 통틀어 명실상부 가장 유명한 미국 건축가인 프랭크 로이드 라이트를 언급하지 않는다면 건축을 소재로 한 아키텍처 테마를 완성할 수 있을까? 레고는 세기의 건축가이자 인테리어 디자이너였던 프랭크 로이드 라이트를 기려 21004 솔로몬 R. 구겐하임 뮤지엄, 21010 로비 하우스, 21005 폴링워터를 출시했다.

프랭크 로이드 라이트는 총 1000개가 넘는 건축물을 설계하고 만들었으며, 이들은 대부분 상징성이 강하고 '자연을 담은' 건축물들이었다. 그는 인류와 자연이 조화를 이루는 건물을 지향하면서 이를 '유기적 건축(organic architecture)'이라 불렀다. 작가이기도 했던 그는 20권이 넘는 저서를 남긴 교육가이기도 했다.

> 레고 디자이너들은 기본 브릭의 창의적 활용을 통해 21004 솔로몬 구겐하임 뮤지엄의 둥근 구조물과 만들지도 않은 창문이 있는 듯이 보이는 훌륭한 착시 효과를 만들어냈다.

21004 솔로몬 R. 구겐하임 뮤지엄
(Solomon R. Guggenheim Museum)

▶ 출시 연도: 2009년
▶ 피스 개수: 208개
▶ 미니피겨: 없음
▶ 출고가: 39.99달러

'구겐하임'이라 불리기도 하는 솔로몬 R. 구겐하임 뮤지엄은 뉴욕 시의 컨템포러리 아트 뮤지엄으로 명성이 높다. 구겐하임을 레고 버전으로 재현한 이 모델은 2013년에 39.99달러에 출고되었다. 208개의 피스로 구성되어 있으며, 현재 중고 시장에서 출고가의 2배 가까운 가격에 거래되고 있다.

▶ 신제품: 77달러 ▶ 중고품: 44달러

21010 로비 하우스(Robie House)

- ▶ 출시 연도: 2011년
- ▶ 피스 개수: 2276개
- ▶ 미니피겨: 없음
- ▶ 출고가: 199.99달러

레고는 로비 하우스를 기념하기 위해 2276피스로 구성된 21010 로비 하우스 세트를 출시했다. 아키텍처 세트 중에서는 가장 크지만, 미국의 역사적 랜드마크이자 최초의 미국적인 건축양식으로 여겨졌던 '대초원 양식(prairie style)'의 대표격인 주거 건물을 축소해서 만든 모델이다. 출고가는 199.99달러였으나 빠른 속도로 300달러에 근접하고 있다. 레고의 어느 시리즈든 대형 세트는 가격이 잘 오르는 편인데, 로비 하우스 세트도 예외가 아닌 것 같다.

▶ 신제품: 293달러 ▶ 중고품: 235달러

21010 로비 하우스는 2276개의 피스로 구성되어 아키텍처 테마 중 최대 크기를 자랑한다.

21005 폴링워터(Fallingwater)

- ▶ 출시 연도: 2009년
- ▶ 피스 개수: 811개
- ▶ 미니피겨: 없음
- ▶ 출고가: 99.99달러

카우프만 저택으로도 불리는 폴링워터는 건축계에서 가장 아름다운 미국적인 집 혹은 건축물로 알려져 있다. 2009년에 출시된 811피스짜리 폴링워터 세트는 건물의 중앙을 관통해 흐르는 낙수와 물줄기(실제의 폴링워터에서도 공학의 놀라운 승리로 일컬어지는 절묘한 광경이다)를 호기롭게 재현해낸 작품이다. 현재 이 세트의 가격은 99.99달러이며, 단종 시점이 가까워진 것으로 점쳐지니 주시하시라. 레고 아키텍처의 팬들에게 건실한 투자와 수집의 기회가 될 것이다.

▶ 신제품: 118달러 ▶ 중고품: 78달러

CHAPTER 3

배트맨
BATMAN

레고 그룹과 DC 코믹스의 라이선스 테마로서, 배트맨 세트가 최고의 투자처로 각광받기 시작하면서 수집가들에게 대단히 좋은 영향을 끼쳤다.

망토 두른 성기사, 어둠의 기사, 브루스 웨인, 배트맨. 그를 무엇이라 부르든, 배트맨은 세기를 통틀어 가장 유명하고 인기 있는 슈퍼 히어로 중 하나다. 배트맨 캐릭터는 DC 코믹스의 코믹북에 처음 등장했다. 1939년 5월 《디텍티브 코믹스》 27권이었다.

그 이후 배트맨은 만화, TV, 극장에서 다양한 버전으로 변모해왔다. 조지 클루니, 마이클 키튼, 크리스찬 베일뿐 아니라 1960년대 TV 버전의 주연이었던 아담 웨스트와 같은 스타들이 이 슈퍼 히어로를 연기하는 영예를 안았다. 2016년에는 2013년 〈맨 오브 스틸〉의 속편인 〈배트맨 대 슈퍼맨: 저스티스의 시작〉이 나올 예정이다. 벤 에플렉이 배트맨 역을 맡고 슈퍼맨과 원더우먼 같은 다른 슈퍼 히어로도 선보인다(번역서 출간 시점에는 이미 영화가 개봉했다—옮긴이). 이 영화는 배트맨 프랜차이즈에 대한 현재의 인기를 배가시킬 것이 확실하다.

여러 해 전, 레고는 영리하게도 DC 코믹스와 라이선스 계약을 맺어 배트맨 프랜차이즈에 대한 권리를 획득했다. 이 계약은 레고 그룹과 배트맨 프랜차이즈에 있어 실로 대단한 효과를 발휘해, 배트맨 레고 세트는 최고의 투자와 수집 아이템이 되었다. 배트맨 미니피겨가 들었다면 어떤 레고 세트든 가격 상승률이 좋은 듯하다. 스타워즈 UCS, 대형 크리에이터, 어드밴스 모델과 함께 배트맨 시리즈는 레고 투자자라면 반드시 소장해야 하는 세트다. 가장 작은 폴리백부터 대형 1000피스급 세트까지, 배트맨에 관련된 아이템은 가격이 잘 오르는 편이라 종종 기록적인 투자수익률을 내기도 한다. 새로이 배트맨 영화가 개봉하면서, 이런 트렌드는 지속될 가능성이 높아 보인다.

> 배트맨 시리즈는 레고 투자자라면 반드시 갖춰야 하는 '머스트 해브' 아이템에 속한다.

· 이 책에 언급되는 배트맨 세트 중 몇 가지는 레고 슈퍼 히어로 즉, DC 코믹스 테마에서 나온 것들이다. '배트맨' 테마에 속하지 않는다는 것을 말해둔다. 그러나 이 책에서는 배트맨 레고 세트의 인기를 감안하고 독자의 이해를 돕는 차원에서 배트맨이 언급되는 세트는 모조리 하나의 범주로 묶고 있다(옮긴이).

빠밤! 이 작디작은 파워 엔진은 무려 1300퍼센트가 넘는 수익률을 냈다!

신성한 플라스틱 백에 든 배트맨! 폴리백에 포장된 30160 배트맨 제트스키.

7884 배트맨 버기: 미스터 프리즈의 탈출(Batman's Buggy: The Escape of Mr. Freeze)

- ▶ 출시 연도: 2008년
- ▶ 피스 개수: 76개
- ▶ 미니피겨: 2개
- ▶ 출고가: 9.99달러

가격 상승만 봐도 놀라운 세트다. 왜? 그걸 누가 알리! 7884 배트맨 버기: 미스터 프리즈의 탈출은 76피스에 불과하다. 2개의 미니피겨(배트맨과 미스터 프리즈) 중 어느 하나도 이 세트에만 한정되지 않는다. 7884 세트의 디자인은 밋밋하다. 피스도 특별할 게 없다. 6개월이라는 짧은 생산기간을 생각할 때 7884 세트는 엄청난 가격 상승이 일어날 수 있다.

7884 배트맨 버기는 현재 출고가인 9.99달러의 15배에 달하는 150달러에 거래되고 있다. 2008년 출시된 이래 수익률이 1300퍼센트가 넘는다는 의미다. 7884는 생산기간이 짧고 배트맨 시리즈라는 이유만으로 경이로운 기록을 세운 레고 세트다. 저가의 세트도 충분히 좋은 투자가 된다는 것을 보여주는 최고의 사례라 하겠다.

 ▶ 신제품: 174달러 ▶ 중고품: 70달러

30160 배트맨 제트스키 (Batman Jetski)

- ▶ 출시 연도: 2012년
- ▶ 피스 개수: 40개
- ▶ 미니피겨: 1개
- ▶ 출고가: 4.99달러

수집대상인 레고 세트에는 다양한 형태와 규모가 있지만, 그중 가장 작은 형태가 폴리백에 든 레고 세트들이다. 작게는 5~6개의 피스부터 많아야 100개 미만의 피스로 구성된 작은 레고다. 30160 배트맨 제트스키처럼 작은 세트도 가격이 꽤 나간다. 2012년 출고가가 4.99달러였으나 2년이 지난 2014년에는 3배가 넘는 가격이 되었다. 이런 레고를 하나 갖는다고 부자가 되진 않겠지만, 여러 개를 사도 은행 잔고가 텅 비지는 않을 것이다.

30160 배트맨은 두 가지 주지할 점이 있다. 첫째, 이것은 배트맨 미니피겨가 있는 배트맨 세트다. 대단히 희귀한 미니피겨는 아니지만 레고로 만든 배트이라는 점과 배트맨 미니피겨는 돈이나 마찬가지다. 둘째, 이 세트는 미국 토이저러스와 영국 《더 썬》지 한정판으로, 구하기 어렵고 따라서 가치가 올라갈 가능성이 상당하다.

▶ 신제품: 19달러 ▶ 중고품: 16달러

6860에만 있는 2개의 미니피겨, 브루스 웨인과 베인 또한 세트의 가격 상승 요인이 된다.

6860 배트케이브(The Batcave)

- ▶ 출시 연도: 2012년
- ▶ 피스 개수: 690개
- ▶ 미니피겨: 5개
- ▶ 출고가: 69.99달러

$ ▶ 신제품: 78달러　▶ 중고품: 47달러

7783 배트케이브: 펭귄과 미스터 프리즈의 침략(Batcave: The Penguin and Mr. Freeze's Invasion)

- ▶ 출시 연도: 2006년
- ▶ 피스 개수: 1071개
- ▶ 미니피겨: 7개
- ▶ 출고가: 89.99달러

$ ▶ 신제품: 554달러　▶ 중고품: 330달러

지난 10년간 배트케이브는 2종이 출시되었다. 7783 배트케이브: 펭귄과 미스터 프리즈의 침략(2006년)과 6860 배트케이브가 바로 그것이다. 최초의 7783 세트는 1071피스에 미니피겨가 7개였으며, 그중 4개는 7783에만 한정되었다. 6860 세트는 690피스와 5개의 미니피겨로 구성되었으며, 이 중 2개의 미니피겨가 한정이었다. 7783 세트는 당초 출고가인 89.99달러보다 500퍼센트 넘게 올라 상당한 가격 강세를 보였다. 이보다 크기가 작은 6860 배트케이브는 최근 단종되었고, 앞으로 수집가들의 견실한 투자처가 될 것으로 생각한다. 크기나 한정판 미니피겨의 수가 7783 세트에는 못 미치지만, 배트맨 세트라는 점에서 6860 세트는 다른 테마에서 유사한 크기의 세트보다 높은 수익률을 보일 것이다. 개인적인 바람이지만 가공의 인물인 배트맨의 상징성을 기념하는 차원에서 슈퍼 사이즈의 배트케이브가 출시되었으면 한다.

7784 배트모빌: 얼티미트 컬렉터 에디션 (The Batmobile: Ultimate Collector's Edition)

- ▶ 출시 연도: 2006년
- ▶ 피스 개수: 1045개
- ▶ 미니피겨: 없음
- ▶ 출고가: 69.99달러

💲 ▶ 신제품: 380달러 ▶ 중고품: 211달러

배트맨이 타고 나오는 차는 캐릭터를 정의하고 전 세계 수백만 팬의 눈과 귀를 사로잡는 데 그 역할을 톡톡히 했다. 배트맨의 차는 출시된 레고 세트도 다양할뿐더러, 장난감으로도 활용 가능하다.

이 중 최고봉은 다크나이트 이전 시리즈에 등장하는 배트모빌과 다크나이트 배트모빌인 텀블러다. 아담 웨스트의 배트모빌은 여기까지 다루겠으나, 이 버전이 레고가 배트모빌에 엄청 애정을 쏟아부은 것은 확실하며, 이에 대해서는 책 후반부에서 다룰 예정이다.

배트모빌과 텀블러 모두 특유의 매력이 있다. 레고는 이 점을 7784 배트모빌: 얼티미트 컬렉터 에디션(2006년 출시, 1045피스, 출고가 69.99달러), 76023 텀블러(2014년 출시, 1869피스, 199.99달러)를 통해 잘 살려냈다. 이들 세트는 아직도 소매점에서 구입할 수 있다.

7784 버전은 출고가 69.99달러에서 400퍼센트 넘게 가격이 올라 400달러 선이지만 여기서 주춤하는 듯 보인다. 400퍼센트면 매우 견실한 수익률이다. 7784는 미니피겨나 스타워즈 UCS와 같은 명판이 없어, 레고 중고 시장에서 약간 손해를 보는 게 아닌가 싶다. 그럼에도 불구하고 레고 배트맨 세트의 팬이라면 7784는 반드시 소장해야 할 아이템이다. 초기 배트모빌 버전에 가까운 복제판이며, 7784의 피스 중 몇 가지는 희소성을 갖는다. 76023 세트는 곧 고전의 반열에 오를 아이템이다. 환상적인 디테일을 자랑하는 76023은 완구로서의 효용도 높을뿐더러 미니피겨와 UCS 명판도 있어 전시성이 뛰어나다. 거대한 고무 타이어와 같은 레어 아이템도 포함하고 있지만 어쨌든 중요한 건, 기막히게 멋지다는 것이다! 레고에 열광하는 사람이라면 이 세트를 진심으로 강력 추천한다.

뿜어져 나오는 불꽃! 7784 배트모빌의 후면.

전면 사진.

대단히 강렬한 76023 텀블러의 박스 아트. 실물로 봐야 제대로 감상할 수 있다.

76023 텀블러(The Tumbler)

- 출시 연도: 2014년
- 피스 개수: 1869개
- 미니피겨: 2개
- 출고가: 199.99달러

$ ▶ 신제품: 269달러 ▶ 중고품: 210달러

4526 배트맨(Batman)

- 출시 연도: 2012년
- 피스 개수: 40개
- 미니피겨: 없음
- 출고가: 14.99달러

$ ▶ 신제품: 26달러 ▶ 중고품: 13달러

레고의 컨스트럭션 테마는 테크닉, 바이오니클/히어로 팩토리와 평범한 피스를 조합해 만드는 대형 완구용 피겨를 포함한다. 4526 배트맨과 4527 조커도 여기 해당된다. 2세트 모두 출고가 14.99달러에 2012년 출시되었다. 4526과 4527은 나머지와 차별되는 특이함이 있어, 이 책에 포함하기로 했다. 4526 배트맨은 단종된 후 수익률이 2배 올랐고, 4527 조커는 보통 수준으로 20달러 선까지 올랐다. 2세트는 이렇다 할 주목을

10937 배트맨: 아캄 어사일럼 탈출
(Batman: Arkham Asylum Breakout)

- ▶ 출시 연도: 2013년
- ▶ 피스 개수: 1619개
- ▶ 미니피겨: 8개
- ▶ 출고가: 159.99달러

 ▶ 신제품: 251달러 ▶ 중고품: 122달러

7785 아캄 어사일럼
(Arkham Asylum)

- ▶ 출시 연도: 2006년
- ▶ 피스 개수: 860개
- ▶ 미니피겨: 7개
- ▶ 출고가: 79.99달러

 ▶ 신제품: 369달러 ▶ 중고품: 244달러

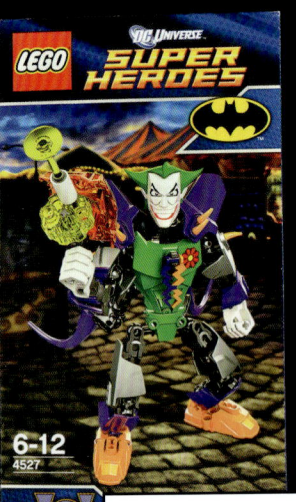

전혀 받지 못해, 구매 시점을 감안해야 수익성을 제대로 알 수 있을 것 같다. 그럼에도 불구하고 4526과 4527은 매우 특별하고, 갖고 놀 수 있으며, 함께 전시하면 대단히 멋지다.

4527 조커 (The Joker)

- ▶ 출시 연도: 2011년
- ▶ 피스 개수: 57개
- ▶ 미니피겨: 없음
- ▶ 출고가: 14.99달러

 ▶ 신제품: 20달러 ▶ 중고품: 10달러

7785 아캄 어사일럼과 10937 배트맨: 아캄 어사일럼 탈출은 범죄 우려가 있는 정신이상자를 수용하는 가상의 DC 유니버스 감옥을 배경으로 하는 대형 세트들로 구성되어 있다. 7785는 860피스로 구성되어 79.99달러에 2006년 출시된 제품이다. 10937 세트는 159.99달러에 2013년 출시되었고 1619피스로 구성되어 있다. 7785 아캄 어사일럼은 세트에 포함된 프린팅이 희귀한 피스가 꽤 있어, 중고시장에서 가격 상승에 도움이 되리라 본다. 어쨌든 2세트 모두 단종된 상태다. 10937 아캄 어사일럼은 최근 소매점에서 사라졌고 지금쯤이면 품절이 되지 않았나 싶다. 7785 아캄 어사일럼은 350퍼센트가 넘는 수익률을 보이며 350달러 정도에서 정점을 찍어 그리 대단한 수준은 아니었다. 10937 세트는 단종 후 250달러까지 올랐고 급격한 상승세가 당분간 이어질 것으로 보인다. 조립 과정의 창의성, 장난감으로서의 효용성, 전시성 면에서 모두 훌륭한 세트들이다.

CHAPTER 4

바이오니클
BIONICLE

바이오니클 세트의 가치가 절대 고점에 다다르진 않지만, 가격 상승세는 견실한 편이다. 크기는 작지만 바이오니클 세트들은 대단한 수익성을 보이고 있으며, 합리적인 투자처를 찾는 수집가와 투자자 모두에게 완벽한 아이템이다.

레고를 구한 바이오니클

어느 시점인지는 논란의 여지가 있겠으나, 레고의 역사에 관심이 있는 사람이라면 1990년대에 레고 그룹이 재정적으로 어렵고 사업도 부진했다는 것을 기억할 것이다. 대전환이 필요한 시기였다. 레고 그룹은 성인 팬들을 겨냥한 세트를 디자인하기 시작했고, 보다 세밀한 디테일, 복잡한 빌드, 더 많은 피스, 더 높은 출고가 쪽으로 방향을 틀었다. 이에 따라 개발된 테마가 바이오니클 테마(Biological Chronicle Theme의 줄임말—옮긴이)다. 바이오니클 테마는 기존 테크닉 스타일의 피스에 대형 액션 피겨급 모델을 만들 수 있는 새로운 구성품들을 추가한 것이다. 공과 소켓 같은 피스를 최초로 도입하면서 레고의 디자이너들은 관절이 움직이는 사람 형상의 모델을 만들 수 있게 되었다. 이에 따라 컨스트럭션(Constraction)이라는 유형의 디자인이 시작되었고, 레고의 얼굴을 바꾸는 혁신적 변화가 일어나게 되었다.

레고는 2001년 미국에서 새로운 바이오니클 테마를 출범시킨 이후 대단히 현명한 마케팅 전략을 폈다. 레고 그룹은 만화책, TV 프로그램, 영화를 통해 바이오니클의 이야기를 홍보했다. 바이오니클의 이야기는 선과 악이 대립하는 구도로 악당과 영웅 캐릭터들이 등장하는 전통적 방식을 차용하고 있다. 영웅들은 토아라는 캐릭터로 구성되고 악당들은 마쿠타, 피라카, 바라키 등이 있다. 바이오니클 테마 세트들은 2000년대 초반 레고의 베스트셀러 라인 중 하나였고 장차 레고 그룹가 세계 1위의 장난감 메이커로 올라서게 하는 발판이 되었다. 바이오니클 테마는 2010년에 종료되었고 히어로 팩토리라는 유사한 테마로 대체되었다. 히어로 팩토리는 악당과 나쁜 로봇들로부터 스스로를 지키기 위해 로봇들이 만들어낸 로봇 영웅들이 등장한다. 바이오니클 테마는 2015년에 재출범해 히어로 팩토리 테마를 대체했다.

바이오니클 세트는 중고 시장에서 양호한 수익률을 보이며 선전하고 있다. 천문학적인 이익을 볼 수는 없겠지만, 꾸준히 수익을 내는 종목이다.

10204 베존 앤 칼도스
(Vezon & Kardos)

- ▶ 출시 연도: 2006년
- ▶ 피스 개수: 670개
- ▶ 미니피겨: 없음
- ▶ 출고가: 49.99달러

▶ 신제품: 275달러   ▶ 중고품: 145달러

바 이오니클 세트는 서로 비슷비슷하다. 부품이나 특별한 피스 1~2개가 바뀔 뿐이다. 색상 배합이 달라지기도 하고, 새로운 머리 부품이나 무기가 추가되기도 한다. 이렇게 조금씩 다르면서 유사한 바이오니클 세트가 수백 종 존재하니, 일반인은 차이를 구별하기도 어려울 정도다. 이름의 체계도 비슷비슷하기는 마찬가지다. '토아 ○○', '마타 ○○'라니……. 바이오니클에 열광하는 사람이라면 모를까 여간 헷갈리는 이름들이 아니다. 바로 이러한 이유로, 이 책에서는 바이오니클 중 10204 베존 앤 칼도스와 10204를 구성하는 3종의 작은 세트(8733 엑스온, 8734 브루타카, 8764 베존 앤 펜락)에 대해서만 다루기로 한다.

10204 베존 앤 칼도스는 바이오니클 중에서도 670피스로 구성된 '빅 대디' 같은 존재다. 가격도 2014년 기준으로 가장 높아 300달러 선에 달한다. 바이오니클 세트치고 레고 중고 시장에서 이 가격에 근접하는 것은 없다. 10204는 바이오니클 세트 전체를 통틀어 가장 크고, 가장 사악하며, 가장 비싼 모델이다.

10204 베존 앤 칼도스가 흥미로운 이유는 위에 언급된 3개의 작은 바이오니클 세트를 통해 조립하기 때문이다. 메인 헤드나 스컬 피스가 있어야 전체 모델을 완성할 수 있으며, 이것은 메인 세트에만 포함되어 있어 메인 세트인 10204 베존 앤 칼도스가 있어야만 총 4종의 바이오니클 세트를 만들 수 있다. 10204는 4개의 모델을 만들기 위해 4개의 조립 설명서를 포함하고 있는 종합 세트다. 바이오니클 세트는 더 작은 세트와 합체할 수 있는 창의적 옵션을 팬들에게 제공하고 있다. 2개의 바이오니클을 샀다면, 둘을 합쳐 더 큰 바이오니클 모델을 만들 수 있는 식이다. 서브 테마와 색채 배열에 있어 바이오니클 세트는 보통 서로 비슷한 편이고, 한 세트 안에 조립 설명서들이 같이 들어 있거나, 레고 사이트에서 온라인으로 구할 수 있다. 레고 사이트에 대한 관심과 참여를 높이는 아주 좋은 특징이기도 하고, 레고 팬들이 하나 이상의 바이오니클을 사도록 유도하는 좋은 마케팅 전략이기도 하다.

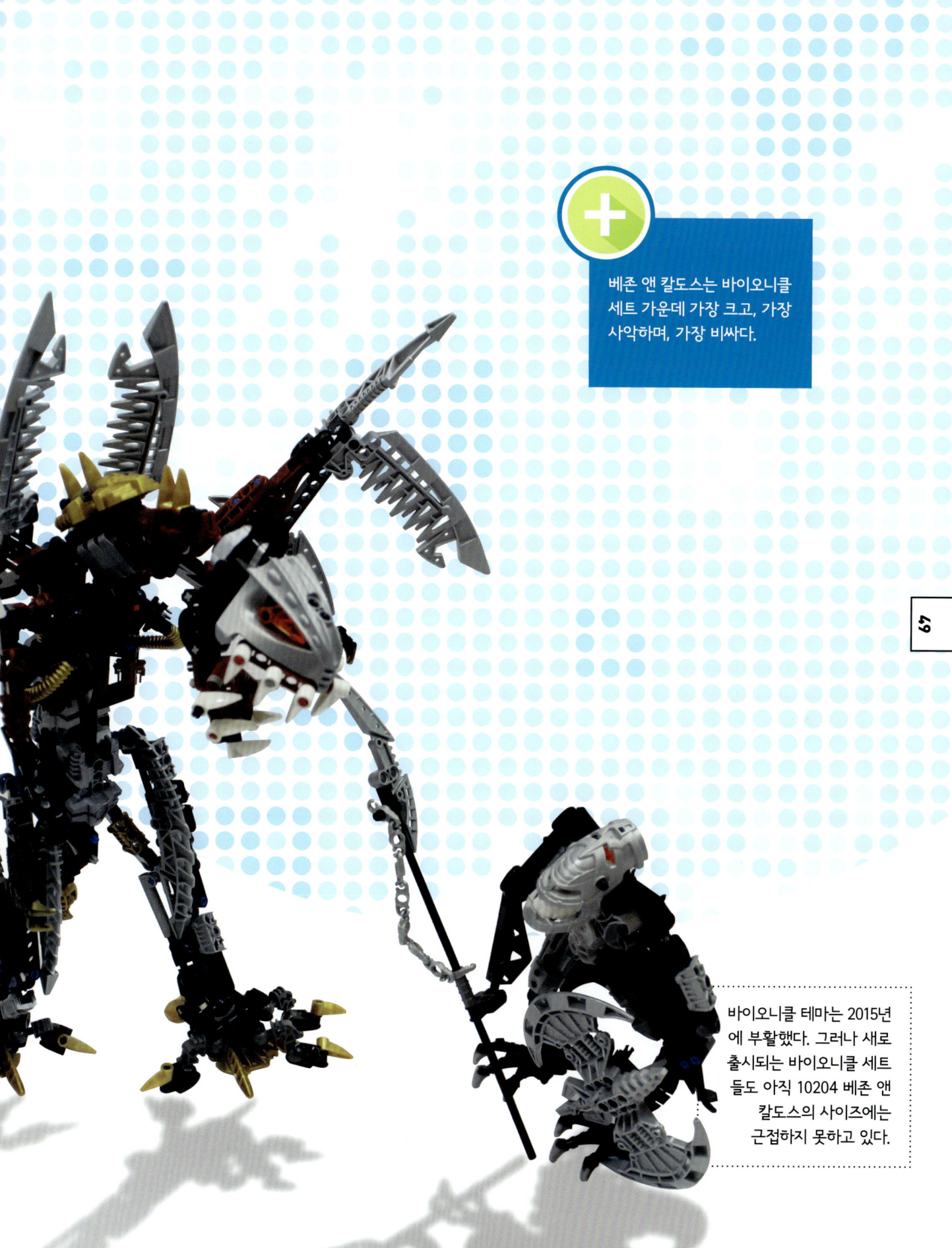

베존 앤 칼도스는 바이오니클 세트 가운데 가장 크고, 가장 사악하며, 가장 비싸다.

바이오니클 테마는 2015년에 부활했다. 그러나 새로 출시되는 바이오니클 세트들도 아직 10204 베존 앤 칼도스의 사이즈에는 근접하지 못하고 있다.

10204 베죤 앤 칼도스를 한번 완성하고 보면, 말 그대로 입이 떡 벌어질 정도다. 드래곤을 연상케 하는 칼도스의 어마어마한 입은 11개의 삐죽삐죽한 이빨이 드러나 있다. 칼도스는 거대한 손톱과 발톱, 날개, 길고 구불구불한 꼬리가 있어 실로 무시무시해 보이는 피겨다. 세트에 동봉된 모델은 칼도스와 마찬가지로 무시무시하지만 크기는 더 작은 베죤이다. 누더기 검정 망토와 낫을 가지고 있다. 전체적으로 볼 때 여타 바이오니클 모델과 마찬가지로, 전시성이 뛰어난 강렬한 비주얼과 사악한 인상의 모델로서 완구적인 특성도 갖추고 있다. 10204는 300달러 선에 정체되어 있는데, 지속적인 상승세를 이어갈 이유는 없다고 본다. 이후에도 대형 바이오니클 세트라면 한 번쯤 눈여겨볼 만하다.

저렴한 출고가와 출고된 뒤 이어온 견실한 수익성을 보면, 특히 대형 바이오니클이 귀하다는 것을 감안할 때, 수집 가치가 있는 대형 바이오니클에는 그 잠재 가치에 도전할 만하다.

8733 엑스온(Axonn)

- ▶ 출시 연도: 2006년
- ▶ 피스 개수: 196개
- ▶ 미니피겨: 없음
- ▶ 출고가: 19.99달러

▶ 신제품: 84달러　▶ 중고품: 52달러

8734 브루타카(Brutaka)

- ▶ 출시 연도: 2006년
- ▶ 피스 개수: 193개
- ▶ 미니피겨: 없음
- ▶ 출고가: 19.99달러

▶ 신제품: 94달러　▶ 중고품: 49달러

8764 베존 앤 펜락
(Vezon and Fenrakk)

- 출시 연도: 2006년
- 피스 개수: 281개
- 미니피겨: 없음
- 출고가: 29.99달러

▶ 신제품: 76달러 ▶ 중고품: 49달러

펜락은 커다란 악당 바이오니클로 베존을 따라다니는 선사시대 버전의 강아지 같은 인상이다. 대단히 멋있다!

검은 망토를 두른 바이오니클 스타일의 성전사!

마스크가 갖는 수집 가치

바이오니클 마스크 또한 수집가들의 주목을 받는 아이템이다. 예전 바이오니클 테마에서 생산된 '마스크 세트'는 가격이 꽤 오르기도 했다. 바이오니클 마스크는 얼굴/머리 피스에 덧씌우는 식으로 사용된다. 레고는 바이오니클의 마스크만 팬들에게 별도 판매하기도 했다. 8598-1: 카노히 누바와 카라나 팩, 8525-1: 마스크, 8599-1: 크라나-칼은 모두 1000퍼센트에 가까운 경이로운 투자수익률을 내기도 했다!

CHAPTER 5

캐슬
CASTLE

캐슬 세트는 가격 상승이 좀 느린 편이다. 하지만 완구로서의 가치가 높고 창작 레고 팬이라면 특수 브릭과 피스를 구하는 데 도움이 된다.

1970년대 이래로 캐슬 테마는 레고 생산 라인의 주축이었다. 대략 40년 전 내가 아이였을 때 첫 번째로 샀던 캐슬 세트는 375 노란 성이었다. 클래식한 캐슬 테마의 건물과 구조물을 표현하기에 레고 브릭만 한 완벽한 수단은 없다는 점을 감안하면, 캐슬 테마가 왜 이다지도 수많은 팬, 수집가, 조립가 사이에서 극찬을 받는지는 매우 자명하다.

캐슬의 서브 테마는 빌드와 디자인에 있어 모두 비슷하며, 전통적 브릭보다 훨씬 더 큰 대형 플레이트와 벽 같은 특별한 '캐슬 브릭'으로 구성된 경우가 많다. 오랜 시간을 거치는 동안 캐슬 테마의 색채 배합은 노랑, 회색, 파랑 계열에서 검정과 빨강 계열로 바뀌었다. 캐슬 세트에는 보통 방패, 헬멧, 검, 석궁으로 무장한 엄청나게 다양한 미니피겨가 들어 있다. 또한 35년이 넘는 시간 동안 제작된 다양한 말과 드래곤의 맥스피겨들은 앞으로도 더욱 다양해질 가능성이 높다.

캐슬 세트는 MOC 창작가들에게는 다양한 특수 브릭과 피스의 공급원이다. 캐슬 테마의 구성 요소들은 도개교, 램프, 나무, 투석기, 마차 바퀴와 같은 목제품을 본뜬 것이라 캐슬의 브릭들은 오래된 골동품 느낌이 나도록 만들어졌다. 성벽을 만드는 플레이트는 돌을 표현한 스톤 스티커와 페인트로 장식되어 어딘지 녹슨 느낌을 준다.

캐슬 세트의 피스당 가격 비용은 그리 높지 않은 편이다. 중대형 캐슬 세트는 대부분 ABS 플라스틱 군대를 포함하고 있다. 캐슬 세트는 대체로 아이들에게 인기가 있으며, 멋진 창작 레고로 캐슬과 요새를 만드는 성인 팬들도 점점 더 캐슬 세트에 관심을 보이고 있다. 캐슬 테마의 가격은 확실히 오르고 있지만, 속도는 빠르지 않아 느리다고 느낄 수도 있겠다. 캐슬 세트는 대체로 갖고 놀기 위한 것이지, 어른의 취향을 위한 것은 아니다. 대체로 연령대가 낮은 층에서 인기가 있는 편이고, 중고 시장에서는 최고가를 기록하는 경우가 많지 않다. 왕과 기사, 성과 요새를 좋아하고 굳이 최고의 투자만을 고집하는 게 아니라면 캐슬 세트를 추천한다.

375 노란 성은 세대를 아우르는 레고의 고전이며, 40년 전 필자도 무척 좋아했던 아이템이다.

경첩이 달린 성벽은 여닫기가 가능하며 세 곳에서 성의 내부로 접근할 수 있도록 설계되었다.

375 노란 성(Yellow Castle)

- ▶ 출시 연도: 1978년
- ▶ 피스 개수: 767개
- ▶ 미니피겨: 14개
- ▶ 출고가: 해당 없음

세대를 아우르는 고전인 캐슬 세트 375 노란 성은 구판 레고의 최고 스타일을 보여준다. 나는 1978년 출시된 이 세트를 열 살 때 샀다. 그야말로 가장 레고에 미치는 시기가 아니겠는가! 레고의 매력에 푹 빠지게 해준 세트 중 하나가 바로 375 노란 성이었다. 노란색 브릭들은 창작 레고를 만들 때에도 매우 유용했다. 767 피스로 구성될 뿐이지만 당시에는 대형 세트에 속했다. 오늘날의 대형 어드밴스 시리즈와 대등한 급이라 볼 수 있을 것이다.

미니피겨는 14개나 들어 있는데, 이는 오늘날까지도 굉장한 개수다. 물론 노란 성 세트는 대단히 오래되었고, 출고가조차 존재하지 않는다. 당시 신제품에 대한 이렇다 할 리스트도 없는 상태다. 375 노란 성 세트의 신제품은 찾기 힘들고, MISB 상태의 노란 성이 있다면 아마도 수천 달러를 호가할 것이다. 하지만 누가 사겠냐고? 어린 시절에 갖고 싶었던 노란 성을 다시 조립하고 싶은 돈 많은 레고 팬이나 수집가들일 것이다. 레고 세상에서는 이런 일이 일상적으로 일어나기에 중고 시장의 경제와 활력이 유지된다.

▶ 신제품: 1347달러 ▶ 중고품: 153달러

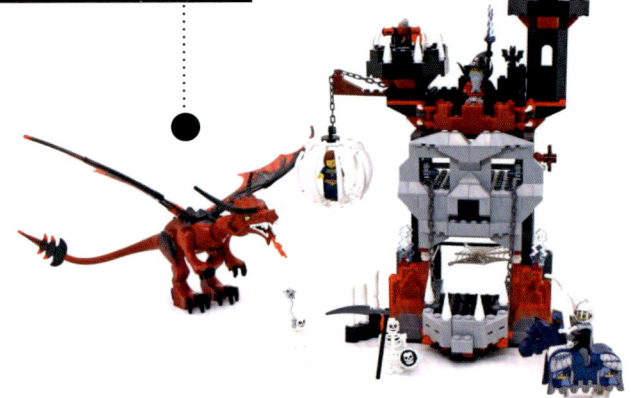

드래곤 맥스피겨는 캐슬 세트의 수집 가치에 중요한 역할을 하며, 드래곤이 있는 세트는 단연 가격 상승률이 높다.

7094 왕의 성(King's Castle Siege)

- ▶ 출시 연도: 2007년
- ▶ 피스 개수: 973개
- ▶ 미니피겨: 10개
- ▶ 출고가: 99.99달러

현재 7094 왕의 성은 캐슬 테마의 가격 정보 중 가장 비싼 가격으로 올라와 있다. 973피스로 구성된 7094 왕의 성은 2007년에 99.99달러에 출고되었다. 캐슬 세트의 정수에 해당하는 7094 왕의 성은 캐슬 세트가 갖추어야 할 모든 미덕을 갖추고 있다. 도개교, 말, 기사, 용, 왕은 물론 해골부대까지! 그렇다, 해골부대! 레고 세트에 있어 인기 비결 중 하나는 해골, 좀비, 닌자 등의 등장이다. 이들을 적절히 포함시키면 아이들과 부모들의 지갑을 털 수 있는 매력적인 모델이 된다. 닌자고를 위시한 다양한 테마에서 이런 법칙이 확인됐다. 7094 왕의 성은 캐슬 테마의 당당한 대표 아이템이다. 세트의 가치도 높고, 보통 수준이지만 가격 상승도 괜찮다.

- ▶ 신제품: 276달러 ▶ 중고품: 151달러

7093 마법사의 성 (Skeleton Tower)

- ▶ 출시 연도: 2007년
- ▶ 피스 개수: 398개
- ▶ 미니피겨: 5개
- ▶ 출고가: 49.99달러

7093 마법사의 성은 투자수익률 기준 최고 수준의 세트 중 하나다. 2007년 출시되었고, 2008년에 단종된 이후 300퍼센트 넘는 수익률을 보이고 있다. 398피스로 구성된 7093 세트는 49.99달러에 출고되었으며, 미니피겨 5개, 맥스피겨 1개를 갖추고 있다. 레고 중고 시장에서의 현재 가치는 200달러가 족히 넘는다. 생산기간이 비교적 짧았고, 그 때문에 가격 상승이 빨랐다. 해골, 뼈, 이빨, 드래곤이 들어 있는 멋진 세트인 7093 마법사의 성은 판타지물이 캐슬 테마와 얼마나 잘 어울리는지 보여준다. 최근의 캐슬 테마는 '빛나는 갑옷을 입은 기사'(구세주라는 의미의 표현—옮긴이)의 시대로 회귀하는 듯하지만, 판타지의 요소가 들어간 캐슬 세트가 팬들의 인기를 더 얻는 듯하고, 따라서 더 나은 투자 대상이 되는 것 같다.

- ▶ 신제품: 223달러 ▶ 중고품: 82달러

10193 중세 마을
(Medieval Market Village)

- ▶ 출시 연도: 2009년
- ▶ 피스 개수: 1601개
- ▶ 미니피겨: 8개
- ▶ 출고가: 99.99달러

10193 중세 마을 세트는 경험 있는 레고 수집가와 투자자들도 이해할 수 없는 세트 중 하나다. 1601개라는 피스 개수도 후하지만, 꼼꼼한 디테일로 중세 시대를 정확히 재현하고 8개의 미니피겨를 갖추었음에도 출고가는 99.99달러에 출발한 아주 멋진 세트다. 이해할 수 없는 점은 왜 이토록 멋진 세트가 단종된 지 오래된 지금도 150달러 수준밖에 안 되는가 하는 것이다.

10193 중세 마을은 박스 아트와 빌드도 아름다운 세트다. 레고의 디자이너들은 튜더 양식의 오래된 주택들을 멋지게 재현해 냈다. 1600피스가 넘는 크기에 비해 99.99달러라는 합리적 가격에 출고되었다.

다른 테마의 비슷한 사이즈의 완성도 높은 세트들은 훨씬 더 높은 수익률을 보였다. 성장률이 이렇게 정체된 이유 중 하나는 긴 생산기간을 들 수 있다. 보통의 레고 세트들은 생산기간이 2~3년이며, 3년은 상대적으로 길게 여겨지는 편이다. 이 세트는 5년 동안 생산되었고, 따라서 수천 명의 투자자, 수집가, 리셀러들이 이미 소장하고 있으므로 중고 시장에서도 공급 과잉 종목인 듯하다. 앞으로 생산기간이 긴 레고 세트가 또 나타난다면, 투자자로서는 10193 중세 마을의 교훈을 기억해야 할 듯하다.

 ▶ 신제품: 155달러 ▶ 중고품: 120달러

수 많은 캐슬 테마들

캐슬 테마는 매년 수 많은 버전과 서브 테마를 발전시켰다.

- 블랙 나이트
- 블랙 팔콘
- 울프팩 레니게이드
- 드래곤 마스터즈
- 로열 나이트
- 다크 포레스트
- 프라이트 나이트
- 포레스트맨
- 라이온 나이트
- 나이트 킹덤
- 캐슬(2007)
- 킹덤
- 캐슬(2013)

CHAPTER 6

시[자동차, 배, 트럭, 비행기] 티
CITY

시티 테마는 오랫동안 레고의 중심이었고 매년 수백만 명의 아이들을 레고의 세계로 끌어들였지만, 수집품으로서는 투자자들의 관심을 받지 못하고 있다. 그러나 시티 세트 역시 앞으로의 잠재 가치를 생각해볼 수 있다.

시티 테마는 레고 그룹의 초창기 테마 중 하나다. 1978년에 출시된 시티 테마의 세트들은 많은 팬들이 사랑하는 최초의 전통 레고다. 도시의 일상생활을 표현한 시티 세트들은 일상에서 볼 수 있는 다양한 일과 직업을 모티프로 하며, 때때로 지구촌을 소재로 한다. 남녀노소 다양한 사람이 등장하는 시티 테마를 통해 경찰관이 무슨 일을 하는지, 소방차가 어떻게 생겼는지 등을 알 수 있다. 모든 팬들에게 공감을 얻는 것은 물론이다.

캐슬 테마와 함께 시티 테마는 그리 높지 않은 가격이지만 미니피겨와 부품이 풍부한 특징이 있다. 수집용 가치는 평균에 못 미치는 편이며, 지속적으로 리메이크된다. 레고의 경찰서나 소방서는 늘 구매 가능한 상태인 것으로 보인다. 매년 새로운 버전의 세트가 출시되지만 대부분 예전 버전과 유사하다. 매년 새로운 어린 팬들이 레고를 사러 오기 때문이며 레고 그룹은 새 팬들이 이전의 아이템을 언제나 살 수 있길 원한다.

다른 투자 수단보다 나은 수익률을 보이는 서브 테마는 적지만 분명히 존재한다. 우리는 그것을 시티 테마 중 주요한 사례의 범주화를 통해 분석하고자 한다. 시티 테마에서는 동네에서 흔히 보는 차고에서부터 제대로 만든 로켓 발사대까지, 운송 수단이 중요한 역할을 하는 것처럼 보인다. 트럭, 자동차, 보트, 비행기에 열광하는 아이들을 위한 테마이니 당연하다. 결론적으로, 매일 가지고 놀기에는 훌륭한 선택이나 수집품으로서는 훨씬 더 좋은 레고 세트들이 존재함도 사실이다.

> 레고 해안경비대는 시티 테마 중 수익률이 높은 축에 속하며, 4210 해안경비대 플랫폼이 그중 하나다.

4210 해안경비대 플랫폼
(Coast Guard Platform)

- ▶ 출시 연도: 2008년
- ▶ 피스 개수: 468개
- ▶ 미니피겨: 4개
- ▶ 출고가: 49.99달러

▶ 신제품: 226달러 ▶ 중고품: 84달러

시티 해안경비대 세트와 비슷한 종류의 다른 세트인 북극 기지는 디자인이 모두 비슷하며, 베이스캠프, 보트, 헬리콥터, 비행기를 포함하고 있다. 나는 이들 세트를 시티 '어드벤처' 세트라 부른다. 4120 해안경비대 플랫폼과 7739 해안경비대 순찰정과 감시탑은 둘 다 2009년 단종된 이후 가격이 현격히 올랐다. 이들 다용도 세트는 레고 팬들에게 다양하게 가지고 놀 수 있는 옵션을 제공해 인기를 얻었다. 레고 시티 세트들이 다 그렇듯 리메이크 버전이 나올 가능성이 항상 있고, 해안경비대 세트도 리메이크가 출시되었다. 그럼에도 불구하고 구 버전의 해안경비대 세트는 출고가의 2~3배를 호가한다. 다양성을 원한다면 시티 '어드벤처' 세트가 재미와 돈을 동시에 잡는 기회가 될 것이다.

7739 해안경비대 순찰정과 감시탑
(Coast Guard Patrol Boat and Tower)

- ▶ 출시 연도: 2008년
- ▶ 피스 개수: 444개
- ▶ 미니피겨: 4개
- ▶ 출고가: 59.99달러

▶ 신제품: 195달러 ▶ 중고품: 69달러

오 센터 시티 시리즈는 경찰서, 소방서, 병원/의사 세트로 구성도 되어 있다. 이러한 세트들은 해마다 나은 버전으로 출시되지만 항상 1차 소매점에서 구할 수 있다. 시티 테마의 기초 세트들은 항상 공급이 되기 때문에 단종 후 희귀하고 독특한 아이템이 되는 경우가 없다. 시티 시리즈 세트의 세 가지 사례를 보자. 7744 경찰본부는 출고가 89.99달러에서 2배를 약간 넘는 가격까지 올랐다. 단종된 지 4년이 흘렀으나 새 버전으로 나온 60047 경찰서와 경쟁해야 하는 상황이라, 가격 상승이 정체되어 있다. 7945 소방서의 경우도 마찬가지다. 60004 소방서가 리메이크로 출시되어, 단종된 지 몇 년이나 지났지만 구 버전인 7945 세트는 출고가의 2배 수준에 머무르고 있다. 7892 병원은 출고가 49.99달러에서 4배나 오른 200달러까지 도달해 최고의 수익률을 보이고 있다. 대체 버전이 출시되지 않아 현재 주요 레고 시장에서 병원 레고 세트를 판매하지 않기 때문이다. 그러나 새로운 병원 세트가 출시된다면 아마 이런 가격 강세도 곧 바뀔 것이다.

7945 소방서(Fire Station)

- ▶ 출시 연도: 2007년
- ▶ 피스 개수: 600개
- ▶ 미니피겨: 4개
- ▶ 출고가: 59.99달러

$ ▶ 신제품: 116달러 ▶ 중고품: 66달러

1970년 이래 레고 소방서는 최소 14개 버전으로 출시되었다.

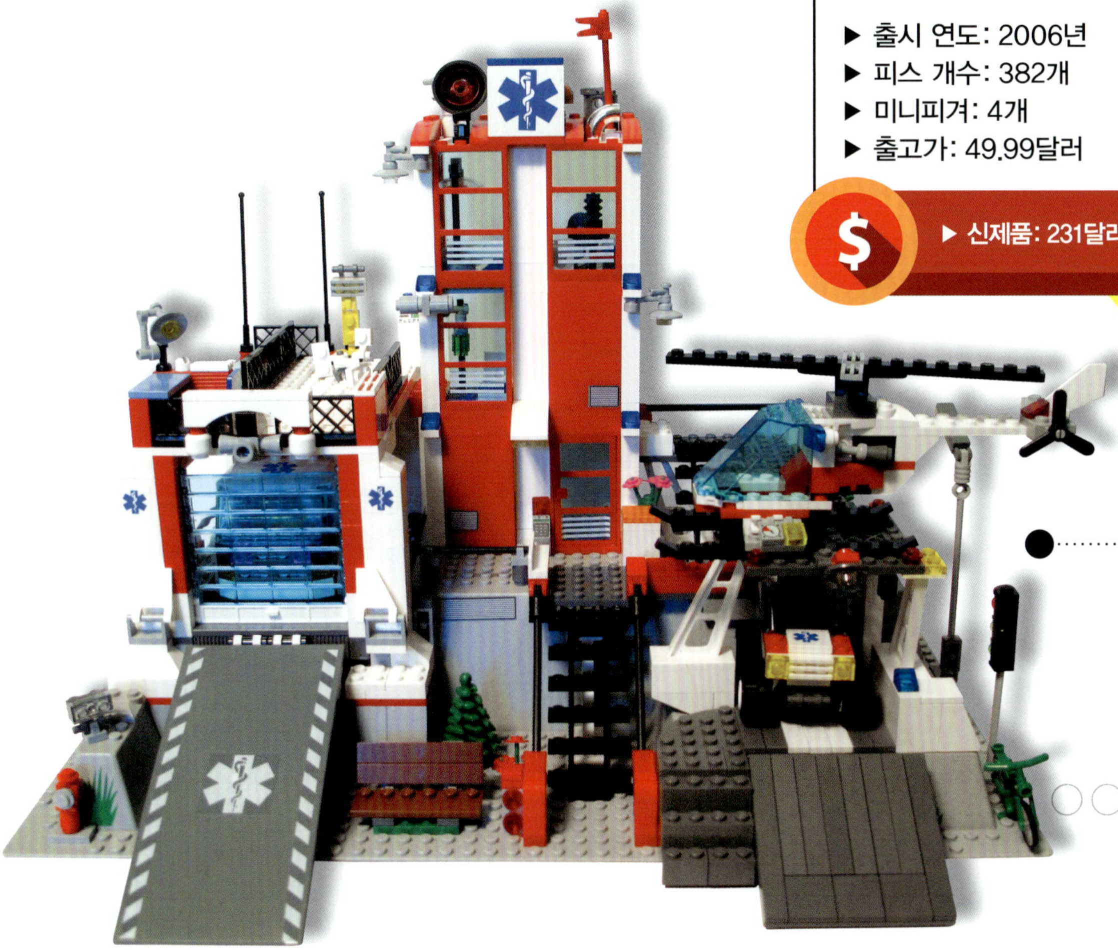

7892 병원(Hospital)

- ▶ 출시 연도: 2006년
- ▶ 피스 개수: 382개
- ▶ 미니피겨: 4개
- ▶ 출고가: 49.99달러

▶ 신제품: 231달러 ▶ 중고품: 78달러

7892 병원 세트는 시티 테마 중 가장 높은 수익률을 기록했다.

7744 경찰본부 (Police Headquarters)

- ▶ 출시 연도: 2008년
- ▶ 피스 개수: 953개
- ▶ 미니피겨: 7개
- ▶ 출고가: 89.99달러

▶ 신제품: 211달러 ▶ 중고품: 81달러

소방서, 경찰서, 병원은 레고 시티와 타운 테마의 오랜 근간이었다. 이들은 많은 어린이 팬들을 레고에 입문하게 만드는 결정적 역할을 해왔다.

3182 공항(Airport)

- ▶ 출시 연도: 2010년
- ▶ 피스 개수: 703개
- ▶ 미니피겨: 5개
- ▶ 출고가: 99.99달러

 ▶ 신제품: 275달러 ▶ 중고품: 163달러

7898 디럭스 화물열차 (Cargo Train Deluxe)

- ▶ 출시 연도: 2006년
- ▶ 피스 개수: 856개
- ▶ 미니피겨: 5개
- ▶ 출고가: 149.99달러

레고 기차 세트는 가장 확실한 수집 가치가 있는 아이템들이며, 시티 테마의 기차 세트도 예외가 아니다. 가장 비싼 시티 세트 중에도 기차 세트가 여러 종 있다. 레고는 기찻길 세트에서 파워 기능과 리모트 컨트롤에 이르기까지 대단히 많은 기차 세트의 옵션도 제공했다. 7898 디럭스 화물열차는 2006년에 149.99달러에 출고된 856피스짜리 세트로, 출시 이후 가격이 2배 오른 뒤에도 좀 더 상승했다. 이 외에도 비슷한 수익성을 보이는 시티의 기차 시리즈가 여러 종 있다. 특히나 멋진 일은 이들 기차 세트가 모두 상호 호환되는데다, 레고의 기찻길이 서로 연결 가능하다는 것이다.

▶ 신제품: 352달러 ▶ 중고품: 212달러

7893 여객기(Passenger Plane)

- ▶ 출시 연도: 2006년
- ▶ 피스 개수: 401개
- ▶ 미니피겨: 4개
- ▶ 출고가: 39.99달러

공항과 비행기 또한 레고 시티 팬들에게 확실히 인기 있는 수집품이다. 3182 공항과 7893 여객기는 둘 다 단종된 이후 강력한 성장세를 보였다. 3182 공항은 2006년에 99.99달러로 출시되었으나, 현재 중고가는 300달러를 호가한다. 401피스로 구성된 7893 여객기는 시티 세트치고는 폭발적인 성장률을 보여 현재 300달러에 근접하고 있다. 7893 여객기는 출고가 39.99달러로 출발해, 수익률 면에서 거의 600퍼센트에 도달했다. 비행기가 인기 있는 것은 방에서 상상하며 손에 들고 노는 재미가 있기 때문인 것 같다. 또한 레고 비행기를 구성하는 부품들은 크고 비싼 종류여서 시티 테마 중에서도 차별화되는 편이다. 이렇게 보면 날거나, 뜨거나, 굴러가는 것은 늘 가격이 오르는 듯하다.

7905 타워 크레인(Building Crane)

- ▶ 출시 연도: 2006년
- ▶ 피스 개수: 701개
- ▶ 미니피겨: 3개
- ▶ 출고가: 69.99달러

7905 타워 크레인은 시티 테마의 건축 카테고리 중 가장 정점에 있는 세트다. 2006년에도 또 하나의 완성도 높은 세트가 출시되었으나, 7905 타워 크레인은 721피스 구성으로 출고가 69.99달러에서 400퍼센트 상승했다. 대단히 독보적인 세트로, 아직 중고 시장에서 이에 비견할 만한 경쟁 상품은 없다. 높이 2피트에 이르는 대형 타워 크레인의 정교한 복제품이며 조작이 가능하다. 전반적으로 독특한 세트로서, 레고 건축 카테고리의 팬이라면 반드시 소장할 아이템이다. 시티 테마의 팬이 아니더라도 전시성과 완구성, 디자인적 특성은 감탄할 만한 수준이다.

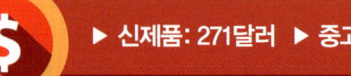 ▶ 신제품: 271달러 ▶ 중고품: 119달러

 ▶ 신제품: 349달러 ▶ 중고품: 194달러

CHAPTER 7

크리에이터
CREATOR

확장성이 좋은 크리에이터 테마의 세트들은 거의가 평균적 수익률을 갖고 있지만, 이 중 몇 가지는 강한 성장률을 보이고 있다. 전시성보다는 장난감으로 디자인된 세트가 대부분이다.

크리에이터 테마는 다양한 레고 세트와 창작물을 포함한다. 크리에이터 시리즈는 라이선스물이 아니며, 비행기, 거미, 공룡, 건물 등 온갖 종류의 사물을 디자인하고 있다.

크리에이터 세트는 현실 세계에 집중해, 판타지나 초자연적인 아이템을 포함하지 않는다. 작게는 20피스짜리 폴리백부터 어드밴스 모델처럼 3000피스짜리 큰 제품도 있다. 중대형급 모듈러 빌딩과 어드밴스 모델이 크리에이터 종류에 속하게 되었지만, 이런 변화는 오래되지 않았으므로 이 책의 목적상 카테고리를 묶지 않기로 한다. 우리는 난이도나 가격 면에서 크게 상위는 아니지만 시티나 듀플로 세트보다는 높은 수준으로, 레고 세트 중 중간급이라 할 수 있는 크리에이터 세트에 집중하기로 했다.

크리에이터 테마 중 인기를 모으는 것은 3-in-1 세트다. 동일한 피스를 통해 1세트를 구매해도 세 가지 모델을 조립할 수 있게 되어 있다. 예를 들어, 5892 소닉붐 크리에이터 세트는 동일한 피스를 이용해 전투기, 프로펠러로 가는 비행기, 제트 보트를 조립할 수 있다. 이런 특성 때문에 일부 크리에이터 세트는 완구성이 뛰어나다. 이 책에서 다루는 기본적인 크리에이터 세트들은 대체로 전시성보다는 완구성이 높다. 중대형급 크리에이터 세트의 경우 신제품 레고 박스에 'Expert(전문가용)'라 표시되어 있고, 어드밴스 모델로 분류된 것들은 전시성에 초점을 두고 있다. 크리에이터 세트의 수익률은 대체로 보통 수준이나 몇몇 뛰어난 아이템들도 있다.

완구 가치의 극대화

4957 페리스 휠(Ferris Wheel)

- ▶ 출시 연도: 2007년
- ▶ 피스 개수: 1063개
- ▶ 미니피겨: 없음
- ▶ 출고가: 69.99달러

4957 페리스 휠은 3-in-1 세트로, 페리스 휠이 중심이지만 대형 페리스 휠과 크레인, 도개교의 세 가지 모델을 조립해볼 수 있다. 2007년 69.99달러에 출시된 페리스 휠은 그만큼 대단한 가치가 있다. 생산기간은 1년으로 짧은 편이어서 희소성을 높이는 데 도움이 된다. 현재 시장가는 350달러 선으로, 소매가 대비 400 퍼센트가 넘는 수준이다. 새 버전의 10247 페리스 휠(2015년 출시)은 구 버전보다 더 크고 더 좋게 디자인되었을 것이다. 레고는 현재 놀이공원 테마를 진행 중이며, 새로운 10247 페리스 휠은 1746피스 10244 페어그라운드 믹서와 결합하게 될 것으로 알고 있다. 앞으로 놀이기구를 기반으로 한 세트들이 더 많이 출시되어 하나의 큰 놀이공원을 조성할 수 있을 것이다.

▶ 신제품: 357달러 ▶ 중고품: 184달러

4954 모델 타운 하우스 (Model Town House)

- ▶ 출시 연도: 2007년
- ▶ 피스 개수: 1174개
- ▶ 미니피겨: 없음
- ▶ 출고가: 69.99달러

4954 모델 타운 하우스는 1174피스로 구성된 아름다운 세트다. 세 가지 주택 디자인을 조립할 수 있는 3-in-1이다. 보통의 하우스 세트와 달리, 네 면의 벽과 지붕이 있는 완전한 집의 형태로 디자인되었다. 정교한 외양으로 인해 타운이나 시티 시리즈를 모으는 수집가에게 가치 있는 아이템이 될 것이다. 자동차와 차고를 포함하고 있으며, 미니피겨는 없지만 미니피겨 호환이 가능한 것으로 보인다. 4954 모델 타운 하우스는 2007년 69.99달러에 출고되었고, 1년이라는 짧은 생산기간을 끝으로 단종되었다.

4958 몬스터 공룡(Monster Dino)

- ▶ 출시 연도: 2007년
- ▶ 피스 개수: 792개
- ▶ 미니피겨: 없음
- ▶ 출고가: 89.99달러

4958 몬스터 공룡은 끝내주게 멋진 만큼 돈도 끝없이 잡아먹는 세트라 하겠다. 2007년도에 792피스의 세트로 출시된 후 1년 동안 생산되었다. 레고 테크닉의 피스와 평범한 브릭이 섞여 있으며, 파워 기능과 공룡 소리를 내는 사운드 브릭이 포함되어 있다. 파워 기능을 통해 팔다리가 움직이며, 리모트 컨트롤로 조작이 가능하다. 89.99 달러치고는 꽤 많은 것을 즐길 수 있는 데다 3-in-1 크리에이터 세트여서 공룡, 거미, 악어 같은 다른 모델 조립도 가능하다. 4958 몬스터 공룡은 200달러 선을 뛰어넘어 출고가의 2.5배 가까이 가격이 올랐다.

> 리모트 컨트롤로 조종하는 걷고 물어뜯는 공룡이 어둠 속에서 형광 빛까지 난다니! 이보다 더 완벽한 레고는 없다!

▶ 신제품: 220달러 ▶ 중고품: 143달러

강력한 가격 상승을 통해 300달러를 넘어섰고, 투자수익률은 300퍼센트가 넘는다. 현존하는 레고 중 크리에이터의 '하우스' 시리즈는 인기 높은 품목이 꽤 있으며, 부담 없는 가격과 중간 수준의 난이도로 인해 어린이 팬들에게 엄청난 인기를 모으고 있다. 크리에이터 테마의 집들은 투자 대상으로서도 실속 있는 편이다.

▶ 신제품: 318달러 ▶ 중고품: 209달러

CHAPTER 8

디노
DINO

레고와 공룡은 천생연분이다. 디노 시리즈는 판매 실적도 좋았고 단종된 후 가격도 제법 상승했다. 영화 〈쥬라기 월드〉의 개봉은 디노 테마에 대한 주의를 환기시키는 역할을 했다.

내가 가장 좋아하는 세트 중에도 디노 세트가 꽤 있다. 나는 한때 미국에서 티라노사우루스 렉스(Tyrannosaurus Rex)의 철자를 쓸 줄 아는 유일한 초등학교 1학년이었다. 《쥬라기 공원》 소설이 나오기 전부터 공룡 마니아였기에 내가 가장 좋아하는 두 가지, 그러니까 레고와 공룡이 결합되었을 때, 집중할 수밖에 없었다.

디노 테마는 80~793피스 정도로 크기가 작고, 7종에 불과하다. 생산기간은 1년 정도였다.

지난 수년간 공룡 관련 테마는 여러 가지가 있었다.

- 공룡섬(2000)
- 공룡(2001)
- 디노 습격(2005)
- 디노 2010(2010)
- 디노(2012)

위의 각 테마는 종류도 적지만, 생산기간도 짧다. 후기에 나온 모델들은 서로 비슷비슷하다. 공룡 맥스피겨는 2000년도 공룡섬 테마의 기본 공룡들 이후 더욱 생생한 모습을 재현하고 있다.

현재의 디노 테마는 다른 테마에 비해 눈부신 매출을 기록했다. 7개 세트 모두 2013년 단종된 후 가격이 많이 올랐다. 초기의 공룡 테마는 실적이 좋지 않았지만, 현재 디노 테마의 세트는 대단히 놀라울 정도로 성공적이다. 5887 공룡 방어 본부는 793피스로 같은 테마 내에서 가장 크기가 크며, 중고 시장가격도 가장 높아 출고가 99.99달러의 3배인 300달러 수준이다. 거대한 티라노사우르스 렉스 맥스피겨는 하나의 예술작품과도 같으며, 5887 공룡 방어 본부를 특별하게 만드는 요인이다. 디노 테마의 모든 세트는 최소 1개의 커다란 맥스피겨가 포함되어 있어 같은 테마 내 다양한 사이즈의 세트 가치를 높여준다. 예를 들어, 5882 기습 공격은 출고가 11.99달러밖에 안 되는 작은 세트지만 300퍼센트에 가까운 수익률을 올리고 있다. 레고 맥스피겨는 늘 관심의 대상이며, 새로운 모델과 분리해 세트 자체의 가격과 맞먹는 가격으로 거래되는 경우가 많다. 말도 안 되는 것 같지만, 그게 레고 중고 시장의 일상이다. 빌드 측면에서 보자면 5887은 기본 조립 기법으로 완성 가능한, 재미와 완구성이 뛰어난 세트다.

레고는 2015년 개봉한 〈쥬라기 공원〉의 새로운 영화 〈쥬라기 월드〉와 라이선스 계약을 체결했고, 쥬라기 공원을 모티프로 한 세트들을 출시할 예정이다. 2016년 현재 8개가 출시된 상태다. 디노 테마와 비슷하게 세트의 종류가 적은 테마가 될 것으로 보인다. 이로 인해 새로운 공룡 세트들이 출시되어 디노 테마의 가격이 보합세에 들어설 수 있다는 점을 수집가와 리셀러들은 주지해야 할 것이다. 쥬라기 공원의 새로운 테마의 좋은 점은 공룡 소재의 세트를 구매할 새로운 기회가 생긴 것과 이전에도 그랬듯 아이들에게 좋은 선물임은 물론 단종된 후 가치가 오를 모델들일 것이라는 점이다.

> 5887 공룡 방어 본부는 디노 테마 중 가장 가치 있다.

맥스피겨가 들어 있는 소형 세트는 수집 가치가 높은 경우가 많다.

티라노사우르스 렉스 맥스피겨는 레고 중고 사이트에서 100달러에 거래되고 있다.

5882 기습 공격(Ambush Attack)

- ▶ 출시 연도: 2012년
- ▶ 피스 개수: 80개
- ▶ 미니피겨: 1개
- ▶ 출고가: 11.99달러

▶ 신제품: 45달러　▶ 중고품: 15달러

5887 공룡 방어 본부 (Dino Defense Headquarters)

- ▶ 출시 연도: 2012년
- ▶ 피스 개수: 793개
- ▶ 미니피겨: 4개
- ▶ 출고가: 99.99달러

▶ 신제품: 291달러　▶ 중고품: 179달러

CHAPTER 9

프 렌 즈
FRIENDS

프렌즈 테마는 성 역할에 대한 고정관념을 준다는 논란에도 불구하고, 최근 가장 잘 팔리는 테마 중 하나다.

레고 프렌즈 테마는 2012년 1월에 출시되자마자 엄청난 논란에 휘말렸다. 여자아이들을 주요 대상으로 제작된 프렌즈 테마가 성 역할에 대한 편견을 심어준다는 비판이 거세게 일어난 것이다. 레고 그룹에서는 프렌즈 테마가 상당한 연구를 거친 결과물이고 여자아이들이 조립하며 놀 만한 세트를 만들어달라는 부모들의 요청에 따라 제작한 것이라며 반박했다. 레고 그룹의 연구에 따르면 남자아이들은 모델의 외적 특성에 집중하는 경향이 있으나, 여자아이들은 내적인 특성에 집중하는 경향을 보인다고 한다. 프렌즈 테마의 세트들은 건물의 내부를 중심으로 디자인이 개발되었고, 역할놀이에 초점을 두었다. 논란거리가 되자 프렌즈 테마에 대한 관심은 더욱 높아졌고, 프렌즈 시리즈는 가장 잘 팔리는 레고 중 하나가 되었다. 레고 그룹이 세계 1위의 장난감 메이커가 되는 데에도 한몫을 톡톡히 한 데 이어, 프렌즈 테마는 매출 신장세도 계속 이어갈 것으로 보인다.

프렌즈 테마는 가상공간인 하트레이크 시티에서 에마, 올리비아, 스테파니, 미아, 안드레아, 다섯 주인공이 살아가는 이야기를 모티프로 삼고 있다. 다른 미니피겨들과 비슷한 사이즈이지만 프렌즈의 미니피겨는 체형과 이목구비가 더 부드럽고 현실적이다.

프렌즈의 세트들은 대체로 건물이나 운송 수단의 형태를 띠고 있지만, 다채로운 색깔을 띤 브릭으로 만들어진다. 프렌즈 테마를 위한 색채 조합은 기존 제품들과 완전히 다르며 분홍, 아쿠아, 보라, 노랑, 파랑으로 이루어져 있다. 프렌즈의 가볍고 밝은 색채 조합은 창작 레고를 만드는 팬들 사이에 인기가 좋다. 실제로도 개별 부품을 파는 많은 레고 사이트에서 프렌즈의 브릭은 프리미엄이 붙어 거래된다. 색다른 색채 조합 외에도 말, 사슴, 고양이, 개, 돌고래와 같은 작은 동물들을 포함해 프렌즈 다섯 친구들의 애완동물이자 친구로 갖고 놀 수 있게 되어 있다. 프렌즈 테마는 완구성을 최고 가치로 하지만, 각 모델들은 단순명쾌한 디자인으로 어린이들이 조립할 수 있게 구성되었다.

건물의 안쪽을 중심으로
개발된 프렌즈 테마는
역할놀이를 위한 세트들이다.

렌즈 세트는 레고 수집가들 사이에서 차별성을 갖는다. 디자인과 모양이 비슷비슷하기에, 여간 꼼꼼하게 프렌즈 테마를 뜯어보지 않은 사람이라면 당연히 비슷한 세트 사이에서 헷갈릴 수밖에 없다. 색깔도 다를 게 없어서, 프렌즈 테마의 모든 세트는 흰색, 분홍, 파랑, 자주, 보라나 파스텔 컬러로 되어 있다.

그럼에도 불구하고 프렌즈 테마의 세트 중 유독 가격이 잘 오르는 것들이 있다. 3187 버터플라이 뷰티 숍은 출고가 24.99달러에서 4배나 뛰었다. 221개의 피스로 이루어졌고 생산기간은 고작 11개월에 불과하다.

41023 아기사슴의 숲은 가격이 잘 오르는 소형 폴리백 세트 중 하나다. 이 세트는 4.99달러에 출고된 뒤 현재 중고 시장에서 20달러에 거래되고 있다. 어떤 테마가 되었든, 같은 테마 내에서 가장 큰 세트는 가장 가치 있는 수집품이 될 가능성이 높다. 중대형급 프렌즈 세트도 마찬가지다.

1080피스의 3185 승마캠프, 1115피스의 41058 하트레이크 쇼핑몰, 695피스의 3315 올리비아의 집, 612피스의 41015 돌핀 크루저는 모두 단종된 후 꽤 선전할 것으로 보인다.

41015 돌핀 크루저(Dolphin Cruiser)

- ▶ 출시 연도: 2013년
- ▶ 피스 개수: 612개
- ▶ 미니피겨: 3개
- ▶ 출고가: 69.99달러

▶ 신제품: 63달러 ▶ 중고품: 54달러

3187 버터플라이 뷰티 숍
(Butterfly Beauty Shop)

- ▶ 출시 연도: 2012년
- ▶ 피스 개수: 221개
- ▶ 미니피겨: 2개
- ▶ 출고가: 24.99달러

 ▶ 신제품: 104달러 ▶ 중고품: 41달러

41023 아기사슴의 숲
(Fawn's Forest)

- ▶ 출시 연도: 2013년
- ▶ 피스 개수: 35개
- ▶ 미니피겨: 없음
- ▶ 출고가: 4.99달러

 ▶ 신제품: 20달러 ▶ 중고품: 해당 없음

올리비아의 집은 프렌즈 테마 중에서도 수집 가치가 높은 편이다.

3315 올리비아의 집
(Olivia's House)

- ▶ 출시 연도: 2012년
- ▶ 피스 개수: 695개
- ▶ 미니피겨: 3개
- ▶ 출고가: 74.99달러

▶ 신제품: 70달러 ▶ 중고품: 46달러

3185 승마 캠프 (Summer Riding Camp)

- ▶ 출시 연도: 2012년
- ▶ 피스 개수: 1112개
- ▶ 미니피겨: 4개
- ▶ 출고가: 99.99달러

▶ 신제품: 177달러   ▶ 중고품: 94달러

프렌즈 세트는 수집 가치가 높은 아이템은 아닌 듯하다. 수집 가치가 뛰어난 레고는 개수가 많지 않고, 전시성이 좋고, 성인 팬들을 위한 제품들이다. 프렌즈 시리즈는 이 중 어디에도 부합하지 않는다. 프렌즈 시리즈는 대부분 평범한 소재로 구성되어 있다. 프렌즈 테마 자체는 엄청난 인기를 누리고 있으나, 이는 단기적인 현상에 가깝다. 다시 말해 프렌즈 세트들은 중고 시장에서 선방했지만, 이는 단지 리셀러들에 의한 단기적인 재고 부족 현상 때문이었다. 이런 현상은 특히, 크리스마스 시즌에 프렌즈처럼 인기 있는 테마에 일어난다.

어떤 테마이든 테마 중 가장 큰 세트가 중고 시장 가격 상승률이 가장 높다. 3185 승마 캠프와 41058 하트레이크 쇼핑몰도 예외가 아닐 것이다.

장기적으로 볼 때, 프렌즈 세트는 이름이나 약간의 디테일만 바뀐 형태로 리메이크 출시될 것이다. 시티 테마와 마찬가지로 프렌즈 테마는 레고 그룹에게 있어 어린 팬들, 특히 여자아이들을 지속적으로 끌어들이는 역할을 해야 하기 때문이다. 레고 그룹은 지속적으로 인기 있는 중소급의 '핵심' 세트들을 1~2년마다 리메이크해 시리즈의 일관성을 유지하고 있다.

그러나 프렌즈 테마가 지난 10년간 가장 잘 팔린 테마 중 하나라는 데에는 이견의 여지가 없다. 프렌즈 세트는 재미, 창의성, 컬러, 조립성이 여자아이의 취향에 잘 맞을뿐더러 남자아이들도 좋아하는 시리즈다. 중고 가격이 고점을 찍는 경우는 없지만, 프렌즈 시리즈의 가격 상승은 중상 정도 수준은 된다. 프렌즈 테마가 당초 '수집 가치'를 염두에 두고 만든 시리즈라 생각하진 않는다. 그러나 월등한 성장률로 투자자를 놀라게 하는 제품은 늘 있기 마련이니, 프렌즈 테마도 언젠가는 높은 수치를 찍을 수도 있겠다.

41058 하트레이크 쇼핑몰 (Heartlake Shopping Mall)

- ▶ 출시 연도: 2014년
- ▶ 피스 개수: 1120개
- ▶ 미니피겨: 4개
- ▶ 출고가: 109.99달러

▶ 신제품: 104달러   ▶ 중고품: 80달러

CHAPTER 10

해리 포터
HARRY POTTER

유명한 〈해리 포터〉 영화 시리즈에 기반을 둔 이 테마는 항상 1차 시장과 중고 시장 모두에서 성공을 거둔 편이다. 오리지널 세트 다수가 확실한 투자 수익을 거두었고, 최근 출시된 세트들도 가치가 상승하고 있다.

2000년대 초, 레고 그룹은 스타워즈 테마와 같은 라이선스 테마를 출시하는 데 열을 올리기 시작했다. 사실 스타워즈 테마는 가장 인기 있는 테마는 아닐지라도 시대를 통틀어 가장 인기 있는 시리즈 중 하나가 되었다. 그다음으로 주요한 라이선스 테마로는 J. K. 롤링의 동명 소설에 기초한 〈해리 포터〉 영화를 모티프로 하는 해리 포터 테마가 있다.

레고의 해리 포터 테마는 두 가지로 생산되었다. 2001부터 2007년 사이에 나온 테마와 2010년부터 2012년 사이에 나온 테마가 있다. 몇 가지 예외는 있지만 두 번째로 나온 해리 포터 테마는 기본적으로 2001년부터 2007년까지 첫 번째 해리 포터 테마를 본뜬 모델들이다.

현재까지 출시된 해리 포터 테마 레고 세트의 수
50개

전체 50개의 해리 포터 세트가 출시되었고, 그 외에도 프로모션 폴리백 제품이 여러 개 나왔다.

해리 포터 테마는 1차 시장과 중고 시장 모두에서 비교적 성공을 거두는 테마 중 하나로 자리 잡았다. 오리지널 세트들이 견실한 수익률을 내고 있고, 최근 출시된 많은 세트들도 꾸준히 가격이 오르고 있다.

이들 세트의 레고로서의 완성도는 매우 높으며, 특히 미니피겨와 조형물 몇 가지는 탁월한 작품성을 갖는다. 정교하고 창의성이 뛰어난 세트들이 많이 출시되어 있으며, 독특한 피스와 미니피겨도 포함되어 있다. 외적인 디자인이 매력적이며, 조립 난이도가 높지 않다.

중소형급 세트의 가격 상승이 중대형급보다 더 빠른 것도 같다. 아마도 해리 포터 첫 번째 테마 가운데 중소형급의 일부는 새로운 제품으로 리메이크되지 않고 단종 모델이 된 반면, 크기가 큰 것들은 대부분 리메이크가 출시된 것도 하나의 요인일 것이다.

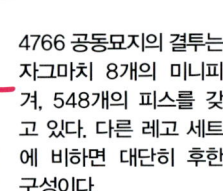

4766 공동묘지의 결투는 자그마치 8개의 미니피겨, 548개의 피스를 갖고 있다. 다른 레고 세트에 비하면 대단히 후한 구성이다.

4767 해리와 헝가리안 혼테일
(Harry and Hungarian Horntail)

- ▶ 출시 연도: 2005년
- ▶ 피스 개수: 265개
- ▶ 미니피겨: 3개
- ▶ 출고가: 29.99달러

4766 공동묘지의 결투
(Graveyard Duel)

- ▶ 출시 연도: 2005년
- ▶ 피스 개수: 548개
- ▶ 미니피겨: 8개
- ▶ 출고가: 29.99달러

4767 해리와 헝가리안 혼테일은 지난 10년간 가격이 잘 오른 중소형급 레고 세트 중 하나다. 4766 공동묘지의 대결과 마찬가지로, 4767 해리와 헝가리안 혼테일은 2005년에 출고가 29.99달러에 출시되었다. 265피스 구성에 3개의 미니피겨, 1개의 드래곤 맥스피겨를 갖추고 있다. 2개의 미니피겨는 4767 한정 제품이다. 드래곤 맥스피겨인 헝가리안 혼테일도 4767세트 한정이며, 당시 출시된 레고 맥스피겨 중에서도 가치를 인정받는 축에 속한다. 4766 공동묘지의 결투와 함께, 이 세트는 지난 10년간 폭발적으로 가치가 증가해 300달러 점을 찍었다. 이는 출고가의 열 배에 가까운 수치로, 사이즈에 상관없이 레고 제품 전체를 통틀어 놀라운 기록으로 남았다. 이처럼 크기가 작은 레고라도 맥스피겨가 있다면 훌륭한 수집품이 된다.

4766 공동묘지의 결투는 작은 포장에 위대한 것들이 들어 있다. 4766의 놀라운 부분은 8개의 미니피겨가 들어 있는데 그중 무려 6개가 한정이라는 것이다. 29.99달러짜리 레고에 미니피겨가 8개나 있다는 것은 제품의 가치를 상당히 높이는 일이며, 그중 6개가 제품 한정이라는 것은 전대미문의 일이라 하겠다. 호러 아이템과 몬스터를 포함하는 레고 세트는 가격이 잘 오르는 편이며, 4766 공동묘지의 결투도 예외가 아니다. 출고가의 10배가 뛰어 300달러에 이르고 있다. 중소형 레고 세트가 얼마나 환상적인 수집 가치와 투자가치를 갖는지 보여주는 좋은 사례라 하겠다.

 ▶ 신제품: 285달러 ▶ 중고품: 141달러

$ ▶ 신제품: 278달러 ▶ 중고품: 185달러

4841 호그와트 익스프레스
(Hogwarts Express)

- ▶ 출시 연도: 2010년
- ▶ 피스 개수: 646개
- ▶ 미니피겨: 5개
- ▶ 출고가: 79.99달러

▶ 신제품: 253달러 ▶ 중고품: 162달러

10132 전동 호그와트 익스프레스
(Motorized Hogwarts Express)

- ▶ 출시 연도: 2004년
- ▶ 피스 개수: 708개
- ▶ 미니피겨: 4개
- ▶ 출고가: 119.99달러

▶ 신제품: 599달러 ▶ 중고품: 352달러

타워즈 시리즈라면 모를까, 기차 없이 레고 테마의 완전성을 논할 순 없다. 우주를 모티프로 하는 테마라면 늘 기차 세트가 포함되기 마련이다. 해리 포터 팬들에게는 4841 호그와트 익스프레스가 바로 그런 존재다. 영화 속 기차 그대로 정교하고 멋지게 재현한 4841 호그와트 익스프레스는 646피스 규모의 세트로 5개의 미니피겨를 갖추고 있으며 이 중 3개는 세트 한정이다. 4841 호그와트 익스프레스의 가격은 최근 250달러까지 올라 평균 수준의 성장률을 보이고 있다. 수익률로 보자면 200 퍼센트를 웃돈다. 10132 전동 호그와트 익스프레스는 2004년에 출시된 또 하나의 수작으로, 파워 기능과 액세서리를 통해 4841 호그와트 익스프레스에 움직임을 가미했다.

10132 익스프레스를 타려고 기다리는 미니피겨들.

4842 호그와트 성(Hogwarts Castle)

- ▶ 출시 연도: 2010년
- ▶ 피스 개수: 1290개
- ▶ 미니피겨: 11개
- ▶ 출고가: 129.99달러

 ▶ 신제품: 378달러 ▶ 중고품: 275달러

뒤에서 본 모습

4867 호그와트 전투
(Battle for Hogwarts)

- ▶ 출시 연도: 2011년
- ▶ 피스 개수: 466달러
- ▶ 미니피겨: 7개
- ▶ 출고가: 49.99달러

4842 호그와트 성은 해리 포터 시리즈의 상징적인 아이콘인 호그와트 성의 네 번째 버전이자 최신작일뿐더러 크기도 가장 크다. 1290피스 구성에 11개의 미니피겨를 포함하는 4842의 미니피겨 4개는 세트 한정이며, 129.99달러라는 다소 부담 없는 가격에 출고되었다. 4842는 우수한 완성도와 뛰어난 전시성을 자랑하는 세트다. 4867 호그와트 전투 세트를 4842에 연결하면 큰 성을 만들 수도 있다. 4842 호그와트 성은 현재가 400달러에 근접한 상태이며, 200퍼센트에 가까운 투자수익률을 보이고 있다. 해리 포터 테마 전체를 통틀어 크기가 크고 작품성도 높은 세트로 꼽히는 4842는

> 4842 호그와트 성은 다양한 종류의 완구적 가치를 갖췄을 뿐만 아니라, 4867 호그와트 전투와 잘 어우러지는 세트로서, 2세트를 합쳐 거대한 성을 만들 수도 있다.

새로 영화가 개봉하고 호그와트 성이 새 버전으로 리메이크되기 전까지는 지속적인 오름세를 보일 것으로 예상된다.

10217 다이애건 앨리(Diagon Alley)

- ▶ 출시 연도: 2011년
- ▶ 피스 개수: 2025개
- ▶ 미니피겨: 12개
- ▶ 출고가: 149.99달러

10217 다이애건 앨리는 해리 포터 테마 중 가장 큰 세트이며, 2025피스로 구성되어 있다. 미니피겨도 12개나 되며, 이 중 절반은 세트 한정이다. 10217 세트는 멋지다. 영화 속 다이애건 앨리를 멋지게 재구성했으며, 풍부한 미니피겨의 개수는 가히 최고라 할 수 있다. 2013년 1월 단종되기 전, 생산기간 2년 동안 레고 투자자들과 수집가들에게 높은 평가를 받았다. 팬들의 사랑을 한 몸에 받았음에도 불구하고 세트의 성장이 부진하다는 것이 놀라울 뿐이다. 단종된 후 가격은 2배 올랐지만, 이런 멋진 디테일과 위상을 가진 레고 세트가 이 정도밖에 오르지 않다니 믿기 힘들다. 굳이 이유를 찾아보자면, 아마도 비축된 사전 매출량이 워낙 높기 때문에 가격 상승이 더딘 게 아닐까 한다.

 ▶ 신제품: 314달러 ▶ 중고품: 242달러

▶ 신제품: 176달러 ▶ 중고품: 107달러

CHAPTER 11

히어로 팩토리
HERO FACTORY

뇌를 빨아먹는 에일리언, 레이저, 로켓, 불꽃 외에도 다양한 매력을 갖추고 있는 히어로 팩토리 테마는 아이들의 취향을 겨냥한 것이지만, 수집가에게도 보통 수준의 수익은 안겨준다.

히어로 팩토리와 바이오니클 테마는 거의 동일하다. 히어로 팩토리는 바이오니클 테마를 대체하기 위해 2010년 출시되었다. 2015년 바이오니클 테마가 부활해 히어로 팩토리를 대체했으므로 히어로 팩토리의 세트, 디자인, 피스는 모두 바이오니클 테마와 중복된다. 둘 다 테크닉 부품이 상당한 비중을 차지하는 컨스트랙션 유형의 세트다. 한 가지 차이가 있다면 캐릭터와 테마를 뒷받침하는 스토리가 다르다는 점이다. 히어로 팩토리는 어느 소행성의 마쿠 히어로 시티라는 도시에 사는 로봇 캐릭터들에 대한 이야기다. 마쿠 히어로 시티의 중심에는 다양한 악당 로봇과 생물체로부터 이곳에 사는 로봇들을 보호하는 로봇 '히어로'들이 생산되는 거대한 공장이 있다. 히어로들은 불을 비롯해 뇌를 빨아먹는 에일리언에 이르기까지 적들에 대항하는 다양한 능력과 무기를 갖고 있다.

바이오니클 테마와 함께 히어로 팩토리는 액션피겨와 레고 세트를 갖고 놀기 좋아하는 남자아이들을 대상으로 한다. 히어로 팩토리는 레고 그룹에 성공적인 매출 실적을 가져왔고, 수집가와 리셀러에게도 중간 정도의 수익을 가져다주었다. 도대체 히어로 팩토리 테마는 매년 왜 이렇게 비슷비슷한 세트를 그리 많이 출시하는지 이해할 수 없겠지만, 케이블 TV에서 히어로 팩토리를 애청하는 8세짜리들에겐 전혀 그렇지 않을 것이다. 히어로 팩토리 세트들은 생산기간이 짧다. 매년 새로운 캐릭터가 출시되고, 오래된 캐릭터들은 사라진다. 패키징은 커다랗고 멋진 폴리백이며, 반복해서 여닫을 수 있도록 씰 처리가 되어 있다. 물론 크기가 큰 세트는 전통적인 레고 박스에 포장되기도 하다.

히어로 팩토리 세트는 중고 시장에서 중수익을 내는 종목이다. 아이들에게도 인기가 높지만 나 같은 성인 팬도 많다. 괴기스럽고, 멋지고, 창의적인 히어로 팩토리 세트 중 몇 개는 대단히 극악무도한 악당이 포함되어 있다. 그런 점에서 히어로 팩토리와 바이오니클 세트는 프렌즈 테마 세트의 정반대의 위치에 있다고 할 수 있다. 이 테마에서 귀여운 토끼나 강아지 따위는 찾아볼 수 없다. 불꽃, 이빨, 레이저, 대포, 칼, 창 등 남자아이 취향의 아이템이 득시글하다. 히어로 팩토리 테마 중 가장 크고 가장 악당스러운 세트인 6203 블랙 팬텀과 2283 위치 닥터가 투자가치가 가장 높다.

> **소름끼치도록 서슬 퍼런 창의력이 번뜩이는 테마**

6203 블랙 팬텀(Black Phantom)

- ▶ 출시 연도: 2012년
- ▶ 피스 개수: 124개
- ▶ 미니피겨: 없음
- ▶ 출고가: 19.99달러

6203 블랙 팬텀은 124피스로 만드는 히어로 팩토리 서사의 사악한 악당이다. 그러나 블랙 팬텀이야말로 히어로 팩토리의 최고봉이라 할 수 있다. 출고가 19.99달러로 시작, 현재 100달러를 넘어선 가격에 거래되고 있다. 투자수익률이 500퍼센트에 달하는 셈이다. 이처럼 가격 상승이 폭발적이었던 이유는 다른 모델에 비해 9개월에 불과했던 짧은 생산기간 때문이다.

> 레고 테마의 종류를 불문하고, 악당은 가격 상승률이 높다. 6203 블랙 팬텀도 이 법칙을 잘 증명하는 사례 중 하나다.

2283 위치 닥터(Witch Doctor)

- ▶ 출시 연도: 2011년
- ▶ 피스 개수: 331개
- ▶ 미니피겨: 없음
- ▶ 출고가: 29.99달러

> 위치 닥터는 히어로 팩토리 테마 중 가장 큰 캐릭터이며 가장 나쁜 악당이기도 하다.

히어로 팩토리 시리즈 중 나머지 하나의 악당으로 양대 축을 이루는 캐릭터는 2283 위치 닥터다. 331피스로 구성되어 있으며, 히어로 팩토리 세트 중 가장 크다. 약 30센티미터 높이로 무시무시한 분위기를 내는 이 세트를 전시해둔다면 그야말로 '사악한' 기운이 넘칠 것이다. 해골머리와 지팡이, 오싹하리만큼 삐죽삐죽한 스파이크만 봐도 위치 닥터의 악마적 주술에 압도될 지경이다. 수집 가치로 봐도 단연 훌륭하다. 단종된 후, 출고가 29.99달러의 4배 가까이 올랐다. 비용대비 효과가 높으며 가격 부담이 없는 수집품이자 투자 수단이라는 점을 다시 한 번 확인시켜주는 세트라 하겠다.

$ ▶ 신제품: 116달러 ▶ 중고품: 52달러

$ ▶ 신제품: 115달러 ▶ 중고품: 59달러

CHAPTER 12

아이디어/쿠소
IDEAS/CUUSOO

이 사랑스러운 테마의 제품들은 레고 팬들이 직접 디자인한 것으로, 재기와 창의성이 번뜩이는 수작들이다. 과학적이고 기술적인 성격을 가지며, 수집가와 투자자에게는 매력적인 수익원이기도 하다.

레고 아이디어 테마는 나를 포함해 많은 다양한 팬들이 좋아하는 테마다. 아이디어 테마는 원래 레고 쿠소(LEGO Cuusoo)라는 테마로 시작되었던 테마로서, 사람들이 제품화될만한 새로운 아이디어를 제안하던 한 일본 웹사이트를 기반으로 탄생했다. 일본어로 쿠소는 '상상' 혹은 '환상'을 의미한다.

간단히 말해 MOC 작품이나 맞춤형 모델 디자인을 아이디어 프로그램에 제출하는 식으로 제안이 이루어진다. 제안된 모델이 팬들로부터 1만 표 이상 승인을 얻으면 레고 그룹에서 심층 리뷰를 진행한다. 이 리뷰를 통과하면 제안된 창작품은 생산에 들어가고 정규 레고 소매점에서 판매된다. 제안자는 한 제품이 판매될 때마다 1퍼센트의 로열티를 받게 된다. 이 아이디어 프로그램이 레고 디자인의 전반적인 수준에 끼친 영향은 실로 놀라울 뿐이다. 맞춤형 창작 레고는 레고 커뮤니티 전체에 새 바람을 불러왔다. 웹사이트에는 지금도 팬들의 승인을 기다리는 수백 개의 재기 넘치는 창작물들이 대기 중이다. 대부분의 제안은 생산 라인에 들어가지 못하겠지만, 넘치는 아이디어들은 전통 레고에 보이지 않는 방식으로 영향을 미치고 있다. 아이디어 테마는 레고 그룹의 생산 승인을 받은 제품들로, 그 자체가 대단히 독특하며 어떤 테마나 카테고리로 묶을 수 없는 것들이 많다. 레고의 세계에서는 대단한 틈새시장에 해당하는 모델들이다. 이 글을 쓰는 시점에서 이미 생산이 되었거나 앞으로 생산 예정인 쿠소/아이디어 세트의 목록은 다음과 같다.

- 21101 하야부사
- 21102 마인크래프트 마이크로월드
- 21103 백 투 더 퓨처 들로리안 타임머신
- 21104 화성 탐사 로봇 큐리오시티 로버
- 21108 고스트버스터즈 30주년 기념 엑토-1
- 21109 엑소 수트
- 21110 연구소
- 21301 레고 새
- 빅뱅 이론
- 월-E
- 닥터 후와 동료들

보다시피 아이디어 테마는 과학과 기술을 소재로 한 것이 많다. 이는 레고가 이런 소재만 선호하기 때문이 아니라, 팬들에게 사랑받는 분야이기 때문이다. 내가 이야기를 나눠본 성인 레고 팬들은 대단히 똑똑하고 교육 수준이 높았으며 공학, 컴퓨터, 회계 쪽 종사자가 많았다. 아마 그래서 이러한 종류에 관심이 많은 것으로 생각된다. 틈새시장의 상품인 아이디어 테마는 대단한 인기를 몰고 왔을 뿐 아니라, 투자와 수집 가치에 있어서도 상당히 성공적이다.

21100 신카이 6500 서브마린
(Shinkai 6500 Submarine)

- ▶ 출시 연도: 2010년
- ▶ 피스 개수: 412개
- ▶ 미니피겨: 없음
- ▶ 출고가: 49.99달러

412피스로 구성된 21100 신카이 6500 서브마린은 최초로 제품화된 쿠소 세트이며, 일본 시장에만 출시되어 한정 모델로서의 가치를 더했다. 유인 잠수함 중 심해 잠수 세계기록을 갖는 신카이 6500 서브마린은 21100 모델로 재현되어 폭발적인 성장세를 보였으며, 출고가 49.99달러(일본 시장 한정) 대비 투자수익률 700퍼센트를 기록하며 400달러에 거래되고 있다. 실로 놀라운 기록이다. 일본 외 지역의 수많은 레고 투자자들은 중고 시장이 아니면 구할 수 없는 21100 세트를 무시했지만, 잠재 가치를 알아본 사람들은 이 세트를 구하기 위한 수고를 마다하지 않았고 그만큼 두둑한 보상을 받았다.

> 21100 신카이 6500 서브마린은 일본에서만 출시되었고 아주 구하기 힘든 세트다.

▶ 신제품: 400달러 ▶ 중고품: 225달러

21101 하야부사 (Hayabusa)

- ▶ 출시 연도: 2012년
- ▶ 피스 개수: 369개
- ▶ 미니피겨: 1개
- ▶ 출고가: 49.99달러

21101 하야부사는 현재 단종된 제품이며, 출고가 49.99달러에서 2배가량 가격이 올랐다. 쿠소 1호인 21100만큼 빠른 성장세는 아니지만 마찬가지로 건실한 성장세를 보였다. '하야부사'는 '송골매'라는 뜻으로, 지구 가까이에 있는 소행성 25143 이토카와의 토질, 지형, 회전, 밀도 및 기타 과학 데이터를 수집하기 위해 개발된 일본의 무인 우주 탐사선이다. 21101은 유럽과 미국 전역에 출시되어 희소가치는 없다.

> 레고 쿠소/아이디어 세트는 기술적 디자인을 모토로 하며, 21101 하야부사는 기술과 공학의 정점을 보여주는 모델이다.

▶ 신제품: 109달러 ▶ 중고품: 62달러

21104 화성 탐사 로봇 큐리오시티 로버
(Mars Science Laboratory Curiosity Rover)

- ▶ 출시 연도: 2014년
- ▶ 피스 개수: 295개
- ▶ 미니피겨: 없음
- ▶ 출고가: 29.99달러

21104 화성 탐사 로봇 큐리오시티 로버는 레고 숍앳홈에서 사라진 지 얼마 되지 않아 출고가 29.99달러의 3배가 넘는 100달러까지 치솟았다. 생산기간이 6개월에 불과했고 레고 숍과 웹사이트에서만 판매되었던 모델이다. 중고 시장에서는 비교적 희귀한 편이며, 저렴한 가격이지만 독보적인 수집 가치와 멋진 전시성을 갖는 세트 중 하나다.

 ▶ 신제품: 99달러 ▶ 중고품: 67달러

21102 마인크래프트 마이크로 월드
(Minecraft Micro World)

- ▶ 출시 연도: 2012년
- ▶ 피스 개수: 480개
- ▶ 미니피겨: 없음
- ▶ 출고가: 34.99달러

아이디어 테마에 대한 사람들의 관심을 일으키게 되었던 최초의 쿠소/아이디어 테마 세트 중 하나가 바로 21102 마인크래프트 마이크로 월드다. 엄청난 인기를 구가했던 마인크래프트 게임을 모티프로 만든 마인크래프트 테마의 최초 세트인 데다 아이디어 세트로도 볼 수 있다. 21102 세트는 몇 년 전 크리스마스를 앞둔 재고 부족으로 큰 관심을 불러일으켰다. 레고 리셀러들은 이 기회를 적절히 활용해 출고가 34.99달러보다 3배 이상 높은 가격에 판매했다. 그 이후 21102의 가격은 보통 수준에 가깝게 돌아왔다. 현재 마인크래프트 마이크로 월드와 미니피겨 스케일 세트는 13개가 존재한다. 어린이와 청소년들 사이에 인기가 있는 듯하니, 장차 괜찮은 수집 아이템이 될 것이다.

 ▶ 신제품: 46달러 ▶ 중고품: 25달러

21110 연구소
(Research Institute)

최근 21110의 출시 직후 재고 부족 사태가 있었다. 레고가 생산기간을 짧게 계획하고 있다는 소문이 돌았고, 수집가와 리셀러들이 앞을 다퉈 사재기를 하는 바람에 재고가 금세 바닥나버린 것이다. 수요를 지나치게 낮게 예측했던 레고 그룹에서는 제품의 재생산에 들어갔지만, 재생산된 제품이 소매점에 닿기 전에 이미 21110은 출고가 19.99달러의 5배에 팔리고 있었다. 짧은 기간이었지만 21110은 100달러가 넘는 가격에 거래되었고, 이후 가격은 40달러로 되돌아왔다.

21103 백 투 더 퓨처 들로리안 타임머신
(Back to the Future Delorean Time Machine)

▶ 출시 연도: 2013년
▶ 피스 개수: 401개
▶ 미니피겨: 2개
▶ 출고가: 34.99달러

21103 백 투 더 퓨처 들로리안 타임머신도 최근 품절 사태를 겪은 제품 중 하나다. 401피스로 구성된 이 제품의 현재 성장률은 미미하지만, 아직 단종된 지 얼마 되지 않았음을 기억해야 할 터다. 마티 맥플라이와 닥 브라운의 미니피겨가 포함된 폼 나는 세트로, 앞으로 출고가인 34.99달러보다 훨씬 높은 가격을 기록하게 될 것이다.

> 현재까지 출시된 쿠소/아이디어 테마의 세트들은 중소형 위주로, 가장 큰 세트의 피스도 500개 남짓한 수준이다.

이제까지 보았듯이 쿠소/아이디어 세트들은 대체로 작은 편이다. 많은 레고 팬들은 쿠소에 제안된 중대형급 MOC 창작물이 생산 라인에 들어갈 수 있기를 바라고 있다. 그럼에도 불구하고 아이디어 테마는 계속 변화하고, 소재의 다양성은 무한대로 확장되고 있다. 아이디어 테마는 생산될 제품을 고를 때 나오는 레고 팬들의 의견들 때문에 레고 그룹에서 가장 중시하는 테마다.

쿠소/아이디어 세트의 전망은 밝다. 세트 자체로도 수집 가치가 높아 모든 레고 수집가들이 눈여겨봐야 할 테마다.

 ▶ 신제품: 45달러 ▶ 중고품: 32달러

CHAPTER 13

인디아나 존스
INDIANA JONES

이 테마는 영화 〈인디아나 존스〉의 가장 신나는 장면들과 소품들에 대한 오마주다. 인디아나 존스 세트들은 대체로 중간 정도의 수익을 냈다. 2019년, 새로운 영화가 개봉하게 된다면 팬들의 관심이 더욱 커질 것으로 보인다.

레고의 라이선스 테마는 중고 시장에서 가격이 좋은 편이며 인디아나 존스도 수익률이 괜찮은 테마 중 하나다.

인디아나 존스는 스케일이 큰 테마는 아니다. 2년여의 기간 동안 고작 18개의 세트가 출시되었다. 단종된 지 5년이 지나고, 인디아나 존스에 대한 관심을 재조명할 만한 새 영화도 없었기에, 수집가와 투자자들은 다른 세트로 관심을 돌렸다. 그럼에도 불구하고 그동안 인디아나 존스 세트들은 꾸준한 수익률을 보였다. 이 테마는 영화 인디아나 존스 4편을 모두 다루고 있다. 1편 〈레이더스: 잃어버린 성궤를 찾아서〉, 2편 〈인디아나 존스와 미궁의 사원〉, 3편 〈인디아나 존스와 최후의 성전〉, 4편 〈인디아나 존스: 크리스탈 해골의 왕국〉에 나오는 중요한 장면, 차량, 건물 등이 세트 디자인에 모두 녹아 있다.

18종의 세트는 굴러오는 거대한 바위, 브레이크가 고장 난 채 달리는 광산 카트, 조종사가 없는 비행기 등 '인디아나 존스' 시리즈의 극적인 장면들로 구성되어 있다.

인디아나 존스 테마는 꾸준하면서도 중간적 성격을 갖는다. 인디아나 존스의 세트들은 지난 5년간 대체로 평균 이상의 성장을 보였다. 놀라운 점은 대형 세트보다 중소형 세트의 실적이 더 좋았다는 것이다. 중대형 세트들이 덜 인기 있는 영화를 소재로 했기 때문에 중고 시장에서 영향을 받았을 수도 있고, 큰 세트에 대한 수집가들의 관심이 덜했기 때문일 수도 있다.

인디아나 존스 테마의 잠재력은 머지않은 미래에 인디아나 존스의 새 영화가 개봉할 것이라는 데에 있다. 그렇게 되면 오래된 인디아나 존스 테마의 세트들이 새 생명을 찾을 가능성이 상당히 높다.

7199 템플 오브 둠은 투자수익률 150퍼센트 정도로 200달러 수준에 거래된다. 그리 나쁘지 않은 수익률이지만, 단종된 지 5년이 지났음을 감안하면 뛰어난 편은 아니다.

인디아나 존스 테마 중 가장 큰 세트인 7627 크리스탈 해골의 사원의 실적은 더 안 좋았다. 현재 150달러에 거래되는 7627 세트는 단종된 지 5년이 지났는데도 수익률이 100퍼센트에 못 미친다. 정말 보잘것없는 수준이다.

7627 크리스탈 해골의 사원
(Temple of the Crystal Skull)

- ▶ 출시 연도: 2008년
- ▶ 피스 개수: 929개
- ▶ 미니피겨: 10개
- ▶ 출고가: 79.99달러

▶ 신제품: 149달러 ▶ 중고품: 91달러

7199 템플 오브 둠(Temple of Doom)

- ▶ 출시 연도: 2009년
- ▶ 피스 개수: 652개
- ▶ 미니피겨: 6개
- ▶ 출고가: 89.99달러

▶ 신제품: 227달러 ▶ 중고품: 157달러

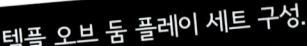

템플 오브 둠 플레이 세트 구성.

악당들을 따돌리는 인디아나 존스.

7620 인디아나 존스 오토바이 추격(Indiana Jones Motorcycle Chase)

- ▶ 출시 연도: 2008년
- ▶ 피스 개수: 79개
- ▶ 미니피겨: 3개
- ▶ 출고가: 9.99달러

$ ▶ 신제품: 55달러 ▶ 중고품: 31달러

인디아나 존스 테마의 소형 세트는 중고 시장에서의 수익률이 더 나은 편이다. 7620 인디아나 존스 오토바이 추격과 7624 정글의 결투는 둘 다 출고가가 9.99 달러였지만, 투자수익률은 400퍼센트를 넘어 50달러 이상으로 거래된다.

7624 정글의 결투 (Jungle Duel)

- ▶ 출시 연도: 2008년
- ▶ 피스 개수: 90개
- ▶ 미니피겨: 3개
- ▶ 출고가: 9.99달러

$ ▶ 신제품: 53달러 ▶ 중고품: 34달러

➕ 매입가

매입가란 레고 수집가, 투자자, 리셀러가 세트를 구매하는 가격을 말한다. 보통 1차 시장의 소매점과 웹사이트에서 판매되는 동안 레고 세트의 가격이 할인되는 시점이 있다. 이 책과 브릭픽커닷컴 사이트의 투자수익률은 출고가를 기준으로 하지만, 1세트를 출고가 미만의 가격으로 구매한다면, 투자수익률은 가격 정보에 나온 것보다 높을 수 있고, 마찬가지로 매입가가 출고가보다 높을 경우, 투자수익률은 가격 정보에 나온 것보다 낮을 수 있다.

CHAPTER 14

키마의 전설
LEGENDS OF CHIMA

이 테마에는 엄청나게 다양한 세트들이 존재한다. 수집 가치로는 최고가 아닐 수 있지만 가격 상승이 기대되는 모델들이다. 키마 세트의 재미는 즐기면서 운이 닿으면 투자 수익도 노려볼 수 있다는 사실!

2013년 1월, 레고 그룹은 키마의 전설 테마를 출시하면서 키마의 전설 애니메이션 시리즈를 카툰 네트워크에 방영하기 시작했다. 어린이들을 위해 디자인된 키마 시리즈는 원래는 닌자고 테마를 대체할 목적으로 출시되었다.
스토리 라인은 사자, 거미, 고릴라 등 동물의 모습을 띤 인간 같은 캐릭터의 종족들을 다루고 있다. 각 세트는 부족별로 동물의 모습을 하고 있다. 예를 들어 '사자' 종족의 세트라면 차량이나 건축물이 사자와 같은 황금색을 띠며, 갈기와 커다란 이빨 같은 사자의 특성을 갖고 있다. 다른 동물의 종족들도 동물을 모티프로 디자인되었다.
키마 시리즈는 어린이들이 열광하는 테마임이 분명하다. 키마의 전설, 닌자고, 프렌즈, 바이오니클, 히어로 팩토리, 시티 시리즈는 특히나 성인 팬이나 수집가를 염두에 둔 상품이 아

동물의 모습을 하고 인간처럼 행동하는 키마 캐릭터들

니다보니, 각 테마의 모티프를 살린 평범한 디자인이 많다. 레고 세트가 수집 가치를 갖기 위해서는 디자인의 고유성과 더불어 어느 정도 희소성을 가져야 하며, 성인 팬들을 주요 타깃으로 해야 한다. 키마의 전설과 같은 테마는 레고 중고 시장에서 가치를 인정받는다 해도 대개 한정적이다. 1차 소매점에서 재고가 부족해 꼬맹이 티미가 크리스마스 선물로 아무리 사 달라 해도 구할 수가 없어 부모가 이베이에서 사야 한다면 이들 세트의 가치는 올라간다. 키마 시리즈는 유통 단계 초기에는 강세를 보이다가 2~3년이 지나면 급격히 열기가 식어버리는 경우가 많다. 물론 항상 예외가 있는지라 최고가를 기록하는 키마 세트도 존재하지만, 수집 가치가 있는 레고 세트를 원한다면 다른 테마를 찾아보는 게 좋겠다. 키마의 전설 테마는 시장의 재고 부족을 틈타 돈을 벌리는 단기 리셀러와 플리퍼를 위한 것이니까.

1258피스로 구성된 70010 사자의 키 신전은 키마 시리즈 중 가장 높은 수익률을 자랑한다.

70010 사자의 키 신전
(The Lion Chi Temple)

▶ 출시 연도: 2013년
▶ 피스 개수: 1258개
▶ 미니피겨: 7개
▶ 출고가: 119.99달러

▶ 신제품: 146달러 ▶ 중고품: 94달러

키마의 전설 테마는 인간들처럼 걷고, 말하고, 기계를 만들어 사용하는 20가지 동물 종족들로 이루어져 있다.

70147 팽거의 얼음 요새
(Sir Fangar's Ice Fortress)

▶ 출시 연도: 2014년
▶ 피스 개수: 677개
▶ 미니피겨: 5개
▶ 출고가: 69.99달러

▶ 신제품: 109달러 ▶ 중고품: 65달러

70146 불사조 불의 신전의 멋진 정문 모습. 신전 자체는 분리해서 방 안에서 날리면서 갖고 놀 수 있지만, 이 부분은 움직일 수 없다.

70145 마울라의 아이스 매머드 스톰퍼(Maula's Ice Mammoth Stomper)

- 출시 연도: 2014년
- 피스 개수: 604개
- 미니피겨: 6개
- 출고가: 89.99달러

- 신제품: 129달러
- 중고품: 해당 없음

70146 불사조 불의 신전
(Flying Phoenix Fire Temple)

- ▶ 출시 연도: 2014년
- ▶ 피스 개수: 1301개
- ▶ 미니피겨: 7개
- ▶ 출고가: 119.99달러

▶ 신제품: 108달러 ▶ 중고품: 86달러

불사조 신전을 내려다본 모습.

70146은 7개의 미니피겨 중 리엘라를 포함한 6개가 세트 한정이다.

70014 악어의 늪지 은신처
(The Croc Swamp Hideout)

- ▶ 출시 연도: 2013년
- ▶ 피스 개수: 647개
- ▶ 미니피겨: 5개
- ▶ 출고가: 69.99달러

$ ▶ 신제품: 129달러 ▶ 중고품: 47달러

개인적으로 가장 좋아하는 세트인 70006 크래거의 악어 전함 공격은 희귀한 올리브그린 색의 브릭으로 인해 잠재 가치가 더욱 높은 세트다.

70006 크래거의 악어 전함 공격
(Cragger's Command Ship)

- ▶ 출시 연도: 2013년
- ▶ 피스 개수: 609개
- ▶ 미니피겨: 6개
- ▶ 출고가: 79.99달러

$ ▶ 신제품: 61달러 ▶ 중고품: 43달러

CHAPTER 15

레고 무비
THE LEGO MOVIE

레고의 첫 번째 스크린 출격! 영화 〈레고 무비〉의 주요 장면과 소품을 이용한 테마다. 수집 가치를 논하기엔 아직 이른 감이 있지만, 재미거리와 장난감으로서의 가치는 높은 편이다.

레고 그룹은 2000년대 들어 바람직한 변화를 많이 만들어냈다. 2000년 전까지 레고는 흑자 전환에 어려움을 겪고 있었다. 2000년이 막 되던 시점, 《포천》은 레고 브릭을 일컬어 '세기의 장난감'이라 하기도 했지만, 레고는 명성에 걸맞은 부를 창출하지는 못하고 있었다. 그러나 2000년대 초반, 레고 그룹의 핵심 철학과 사업 모델이 혁신적으로 바뀌었다. 먼저, 스타워즈 시리즈나 해리 포터 시리즈 같은 영화의 라이선스 계약을 통해 관련 테마를 만들기 시작했다. 또 성인 레고 팬들과 조립가, 창작가를 겨냥한 보다 디테일하고 복잡한 세트를 개발하기 시작했다. 이렇게 도입된 테마 중에는 액션 피겨에 레고 브릭을 함께 구성한 바이오니클도 있었다. 바이오니클과 DC 코믹스, 마블 슈퍼 히어로와 같은 다른 인기 있는 테마들은 TV 프로그램과 비디오 게임으로도 출시되었다. 2014년 2월 7일은 레고의 첫 번째 대형 스크린 프로젝트인 〈레고 무비〉를 개봉한 날로, 이전에 볼 수 없던 대담한 시도로 기억된다.

〈레고 무비〉는 비평가들로부터 호평을 받았을 뿐 아니라, 전 세계적으로 큰 성공을 거두어 500만 달러에 가까운 수익을 올렸다. 〈레고 무비〉는 골든글러브상 애니메이션 부문 후보에 오르기도 했고, 테마 송인 〈모든 것이 멋져〉도 아카데미상 주제가 부문 후보에도 올랐다. 〈레고 무비〉의 개봉에 맞춰 레고 그룹은 30여 개의 관련 세트와 프로모션 아이템을 출시했다. 라이선스 아이템들이 대부분 그렇듯이 레고 무비 세트는 영화의 중요 장면, 캐릭터, 소품을 소재로 한다. 영화 팬들이 열광할 만한 다양한 세트들을 보면, 레고 디자이너들은 〈레고 무비〉와 영화 속 소품을 활용해 우리가 상상할 수 있는 보통 수준의 창의성을 훌쩍 뛰어넘은 것 같다. 특정 테마의 세트들이 어느 정도 수집 가치를 갖는지, 수익 전망은 어떨지, 가격과 데이터를 분석하기에는 수집 사이클로 볼 때 그 시기가 많이 이르다. 지금도 대부분의 세트들은 1차 소매점에서 구매가 가능한 상태다. 70810 메탈비어드의 함선은 레고 한정으로 있는 유일한 세트이며, 아직도 다른 대형 레고 상점에서 판매되고 있다. 70810 세트는 장난감으로 가지고 놀기에도 좋다. 2018년에 〈레고 무비〉 두 편이 나온다는 소문이 있으니, 초기 레고 무비 세트에 대한 관심이 다시 높아질 수도 있다.

70810 메탈비어드의 함선은 압도적 비주얼을 갖는 스팀펑크(Steampunk, 산업혁명 시대를 배경으로 증기기관 등을 등장시키는 SF의 한 장르-옮긴이) 스타일의 모델이다.

70810 메탈비어드의 함선
(Metalbeard's Sea Cow)

- 출시 연도: 2014년
- 피스 개수: 2741개
- 미니피겨: 4개
- 출고가: 249.99달러

70810 메탈비어드의 함선은 확실히 레고 무비 세트 중 수집 가치가 가장 높은 세트다. 이제까지 생산된 중 가장 큰 세트 중 하나로 2741개의 피스 개수를 자랑한다. 70810은 스팀펑크 스타일의 분위기와 디자인이 독특한 모양의 범선이다. 판타지와 SF를 결합한 스팀펑크 스타일을 좋아하는 팬들이 절대다수는 아니지만, 열광하는 팬들이 분명 존재한다. 어쨌든 디테일과 상상력이 뛰어난 이 세트는 디자인 면에서 이제껏 출시된 제품 중 최고라 할만하다. 레고 용어로 이 세트의 그리블(Greebles, 세밀한 디테일)은 최고 수준이다. 함선의 날개 달린 보우 스피릿부터 엄청난 장식으로 점철된 선장실까지 세트 전체가 촘촘한 장식으로 가득하다.

수집 가치로 보자면, 나는 이 세트를 매우 선호한다. 출고가가 249.99달러로 높긴 하지만, 가격만큼 많은 구성품을 받을 수 있다. 앞으로의 성장성은 2018년 개봉할 새로운 〈레고 무비〉에 달렸다. 이 세트가 그때까지 단종되고, 리메이크가 나올지 주시할 필요가 있다. 폭발적인 성장도 가능한 세트로 보인다. 〈레고 무비 2〉는 레고 무비 테마 오리지널 버전의 가치를 한층 높여줄 것이다. 수집가에게 강력 추천하는 세트다.

70816 베니의 우주선, 우주선, 우주선!
(Benny's Spaceship, Spaceship, Spaceship)

- 출시 연도: 2014년
- 피스 개수: 939개
- 미니피겨: 7개
- 출고가: 99.99달러

나는 이 세트를 사랑한다……, 사랑한다……, 사랑한다! 내가 지금 사랑한다고 말했던가! 70816 베니의 우주선, 우주선, 우주선!은 고전 우주 테마로의 회귀다. 497 갤럭시 익스플로러와 6980 갤럭시 커맨더와 같은 세트들은 내가 어려서부터 최근까지 가장 아끼는 모델들이다. 토요일이나 일요일 오후면 나는 70816 베니의 우주선처럼 생긴 우주선들을 모두 모아 조립하곤 했다. 내가 만든 창작물들은 이 세트처럼 정교하거나 창의적이지는 않았다. 당시의 나는 레고 '마스터 빌더'가 아니었으니 말이다. 이 세트를 보면서 말도 안 되는 과한 디자인이라고 비웃을 레고 팬들도 있겠지만 나처럼 오래된 팬들이나 수집가들은 이 멋진 디자인의 의미를 이해하며 감상할 것이라 생각한다. 이 세트는 고전 우주라는 레고의 멋진 테마를 반추하는 오마주이기 때문이다. 빌드와 가격 측면에서 이 세트는 정공법을 쓰고 있다. 940 피스에 미니피겨 7개(6개는 세트 한정)를 포함한 구성이 99.99달러! 만약 새로 개봉할 레고 영화에서 70816 베니의 우주선이 등장한다면 이 세트의 수집 가치는 더욱 높아질 것이다. 어쨌거나 70816 세트는 과거를 추억하는 아이템이고, 오랜 시간 레고를 아껴온 수집가들이라면 기꺼이 하나쯤 소장할 만하다.

▶ 신제품: 85달러 ▶ 중고품: 70달러

▶ 신제품: 234달러 ▶ 중고품: 191달러

70816 베니의 우주선은 고전 우주 비행선의 오마주다.

CHAPTER 16

반지의 제왕
THE LORD OF THE RINGS

'반지의 제왕' 시리즈는 소설과 영화로 많은 사랑을 받았지만, 레고 버전으로는 그다지 성공을 거두지 못했다. 하지만 이 책에서 다루는 반지의 제왕 세트들은 가치 있는 소장품이 될 잠재력이 크다.

J. R. R. 톨킨의 《반지의 제왕》과 《호빗》은 지금까지 나온 소설 중 가장 잘 팔리는 두 가지 작품이며, 6편의 영화로 제작되었다(〈반지의 제왕〉, 〈반지의 제왕: 두 개의 탑〉, 〈반지의 제왕: 왕의 귀환〉, 〈호빗: 뜻밖의 여정〉, 〈호빗: 스마우그의 폐허〉, 〈호빗: 다섯 군대 전투〉).
이 판타지 소설/영화 시리즈는 역사상 가장 인기를 끌고, 가장 큰 수익을 벌어들인 작품 중 하나다. 그러나 레고 세트의 인기는 책과 영화의 유명세를 따라가지 못했다.
반지의 제왕 테마에 대한 판단은 여전히 1차 소매점에서 구할 수 있다는 점 때문에 아직도 유보적이지만, 단종되거나 품절된 세트들의 성장세로 보면 수집가나 투자가들이 혈안이 될 정도는 아니다. 이 정도의 세트들이면 좀 더 성공을 거두었어야 한다고 생각한다. 그러나 건물이나 탈것보다는 미니피겨를 중심으로 설계된 반지의 제왕 세트들은 감동을 주는 위엄이 없다. 레고의 세계에서는 하나의 테마 안에 다양한 세트가 있는 것이 좋다. 현재의 라인업에서 빠져 있는 다수의 상징적 건물과 장면들은 사실 더 멋지고 기념할 만한 작품이 될 수도 있었다. 테마에 포함되진 않았지만 스타워즈 UCS의 미나스 티리스도 경이로운 작품이 될 수 있었다. 체스 세트는 또 어떨까? 그럼에도 불구하고 반지의 제왕 시리즈는 시간이 더 흐르면 중간 이상의 성공을 거둘 수도 있을 것이다. 소설이나 영화 시리즈의 인기가 왜 레고 버전으로는 이어지지 않았는지 정확한 이유를 파악하긴 정말 어렵다. 아마도 영감을 주는 디자인이 아니었을 것이다. 영화 속 상징적 장면들 다수가 레고 브릭으로 재현하기는 어려운 면이 많다. 건물과 각종 조형물들이 워낙 거대하다보니 정교하게 축소하기가 거의 불가능하다.
레고 캐슬 시리즈는 잘 팔리지만, 반지의 제왕에 있는 성들은 전통적인 아더왕이나 레고 성 테마의 성들과 같지 않다. 반지의 제왕에 나오는 성들은 매우 불규칙하며 비정형적이고, 주변 환경을 성의 디자인에 추가하는 식으로 구성되어 있다. 거대한 규모의 MOC 모델을 만들지 않는 이상, 이 성들을 레고 브릭으로 해석하기는 어렵다.
한 가지 희망이 있다면 이 테마의 맥스피겨와 미니피겨들이다. 스마우그 드래곤 맥스피겨는 이제껏 나온 레고의 맥스피겨 중 단연 최고라 할 만하다. 어떤 레고 세트이든 미니피겨는 중요한 아이템이다. 반지의 제왕 시리즈는 아직 시간을 더 두고 지켜볼 대상이다.

79003 뜻밖의 만남
(An Unexpected Gathering)

- 출시 연도: 2012년
- 피스 개수: 652개
- 미니피겨: 6개
- 출고가: 69.99달러

빌보와 프로도의 고향인 백 엔드를 멋지게 재현한 652피스의 세트는 조립과 감탄의 기쁨이 넘친다. 이 세트는 1차 시장에서 사라진 지 얼마 안 되며, 레고 팬들이 가장 좋아하는 세트로서 강력한 성장세를 기대해볼 만하다. 대단히 정교하고 디테일이 살아 있는 세트이며 완구로서의 장점도 크다. 반지의 제왕과 호빗을 사랑하는 레고 팬이라면 반드시 소장해야 할 세트다.

마이크로 스케일 백 엔드는 79903의 미니어처 버전이다. 한정판인 이 제품은 2013년 샌디에고 코믹 컨벤션에서 39.99달러에 판매되었다. 현재는 MISB 세트가 100달러 넘는 가격에 팔린다.

- ▶ 신제품: 66달러 ▶ 중고품: 47달러

79018 외로운 산
(The Lonely Mountain)

- 출시 연도: 2014년
- 피스 개수: 866개
- 미니피겨: 5개
- 출고가: 129.99달러

이 세트는 이 책을 쓰는 시점인 2014년에 출시되었다. 79018 세트 가격이 129.99 달러인데 스마우그 드래곤 맥스피겨만 중고 시장에서 이미 70달러 넘는 가격에 팔리고 있으니 이것만으로도 가치가 인정된다. 할인을 받을 수 있다면 더 큰 가치가 있으리라 본다. 이제까지 생산된 맥스피겨 중 최고라 하는 스마우그 드래곤 외에 세트에 포함된 피스 중에도 희귀한 것들이 많다.

스마우그 드래곤에게 불꽃 세례를 받는 불쌍한 빌보 배긴식 스마우그 드래곤 맥스피겨는 79018 세트의 가치를 높여주는 아이템이다.

- ▶ 신제품: 128달러 ▶ 중고품: 107달러

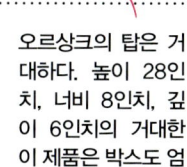

오르상크의 탑은 거대하다. 높이 28인치, 너비 8인치, 깊이 6인치의 거대한 이 제품은 박스도 엄청 크다.

10237 오르상크의 탑 (Tower of Orthanc)

▶ 출시 연도: 2013년
▶ 피스 개수: 2359개
▶ 미니피겨: 5개
▶ 출고가: 199.99달러

2359피스, 출고가 199.99달러에 최대 크기를 자랑하는 이 세트는 2016년 현재 단종되었다. 거대한 사이즈와 뛰어난 전시 효과 때문에 반지의 제왕 시리즈 중 가장 수집 가치가 높은 아이템이다. 10237 세트는 무시무시한 비주얼이 멋진 모델이며, 반지의 제왕과 호빗을 사랑하는 사람이라면 강력 추천하는 아이템이다.

오르상크의 탑이 지닌 빛나는 위용은 반지의 제왕 테마 전체에서 가장 가치 있는 요소가 된다.

 ▶ 신제품: 237달러 ▶ 중고품: 182달러

어떤 창의적인 레고 팬들은 9474 세트 2개와 미니피겨들을 합쳐 거대한 요새와 군대를 만들기도 한다.

9474 세트의 뒷면 모습.

헬름 계곡의 전투는 꾸준히 가치가 오를 것으로 예상되는 세트다.

9474 헬름 계곡의 전투
(Battle of Helm's Deep)

- ▶ 출시 연도: 2012년
- ▶ 피스 개수: 1368개
- ▶ 미니피겨: 8개
- ▶ 출고가: 129.99달러

9474 헬름 계곡의 전투는 1368 피스로 구성되어 있으며 129.99달러에 출고되어 단종 후 가격이 서서히 오르고 있다. 출고가에 정가 구매한 수집가나 투자자들에 비한다면, 과거 한때 이 세트를 대단히 낮은 할인가에 구매했던 많은 사람들의 입장에선 그리 높지는 않은 현재 가격 150달러도 꽤 괜찮은 수익률을 줄 수 있다. 게다가 8개의 미니피겨가 포함된 캐슬 시리즈와 비슷한 인기 좋은 이 세트는 계속해서 미래의 가치 상승을 기대해볼 수 있는 장점이 있다.

세오덴 왕 미니피겨는 9474 헬름 계곡의 전투 세트에만 한정된다.

▶ 신제품: 150달러 ▶ 중고품: 135달러

CHAPTER 17

몬스터 파이터
MONSTER FIGHTERS

뱀파이어나 좀비처럼 밤에 마주칠까 무서운 존재들로 가득한 몬스터 파이터 시리즈는 레고 중고 시장에서 맹위를 떨치는 라이선스 테마가 아니면서 성공 사례를 쓴 세트 중 하나다.

중고 시장에서의 가치를 이야기할 때, 인터넷 레고 게시판에서는 레고 테마를 위대하게 만드는 요소는 무엇인가 하는 질문이 자주 거론된다. 해리 포터와 스타워즈 같은 라이선스 테마들이 프렌즈나 아틀란티스처럼 라이선스 테마가 아닌 것들보다 투자성이 좋은가? 아니면 라이선스 여부는 중요하지 않은가? 내 생각엔, 라이선스든 아니든 잘되는 세트와 그렇지 않은 세트가 있지만, 몬스터 파이터 테마는 라이선스 테마가 아닌 대표적 성공 사례라고 본다.

몬스터 파이터는 2013년 5월 출시된 뒤 2014년 말경 '준단종' 상태에 들어간 10228 유령의 집을 끝으로 더 이상 제품이 출시되지 않고 있다. 공식적으로 현재 10228 세트는 단종되었다고 할 수 없지만, 실질적으로는 단종된 것으로 보는 게 맞다.

어린이들을 겨냥한 많은 레고 테마들과 마찬가지로 몬스터 파이터 시리즈도 스토리 라인이 있다. 대략의 줄거리는 다음과 같다. 주인공인 로드 뱀파이어는 그의 아내를 행복하게 해주려고 신비로운 힘이 있는 마법의 돌 문스톤을 획득한다. 전설에 따르면 이 문스톤 6개를 모으면 달이 태양을 가려 암흑과 몬스터들이 지구를 장악한다고 한다. 이에 로드니 래스본 박사라는 인물이 '몬스터 파이터'라는 팀을 짜서 몬스터를 소탕하러 나선다. 레고 홈페이지에서 몬스터 파이터 비디오에 나오는 래스본 박사의 일기를 찾아 그의 몬스터 소탕 작전에 대해 더 자세한 내용을 읽어볼 수 있다.

이야기 자체는 흥미진진하고 재미있지만, 레고 팬들 대부분은 이런 이야기가 존재하는지조차 알지 못한다. 그러나 잘 알고 보면 몬스터 파이터 테마에 개별 세트와 미니피겨가 왜 이렇게 많은지, 세트를 구성하는 부품이 왜 이렇게 많은지 이해할 수 있을 것이다. 전체적으로 볼 때 9개의 정규 세트와 4개의 폴리백으로 구성된 몬스터 파이터 시리즈는 규모가 작은 편에 속하지만 중고 시장에서 꽤나 선전하고 있다. 할로윈용으로도 대단히 인기가 좋아, 매년 10월 몬스터 파이터 세트를 사려는 팬들이 새롭게 생겨나고 있으니 수집과 투자용으로 확실한 선택이라 본다.

스포트라이트

10228 유령의 집
(10228 Haunted House)

- ▶ 출시 연도: 2012년
- ▶ 피스 개수: 2064개
- ▶ 미니피겨: 6개
- ▶ 출고가: 179.99달러

10028 유령의 집은 세트 전체를 열어 귀신과 유령들이 있는 내부 모습을 볼 수 있게 되어 있다. '악령들의 인형의 집'이라는 별칭도 있다.

몬스터 파이터 테마는 그동안 많은 팬들의 심금을 울렸다. 어린 시절 토요일 오후에 보던 '몬스터 영화'를 소재로 만든 이들 세트는 무섭고 폼 나며 창의적이다. 특히 10228 유령의 집은 몬스터 파이터 테마의 꽃이라 할 수 있다. 2012년 9월에 출시된 10228 유령의 집은 이제껏 본 레고 세트 중에서도 가장 독특한 세트 중 하나이며, 종종 초자연적 '인형의 집'이라는 느낌이 들기도 한다. 10228 유령의 집은 네 면의 벽을 가진 건물이지만 경첩으로 연결된 가운데 부분을 열어 내부의 방과 소품들을 볼 수 있다. 이 자체가 인형의 집다운 독특한 느낌을 주며, 부엌, 침실, 축음기 등을 갖춘 흥미진진한 공간을 보며 아이와 어른이 이야기를 나눌 수도 있다. 더불어 건물의 네 면 각각에서 세세한 디테일을 보는 재미도 있다. 수집가라면 내부 장식을 추가할 수도 있을 것이다. 30201 고스트나 5000644 몬스터 파이터 프로모션 팩을 소장하고 있다면 괴기스러우면서도 특별한 인테리어에 더 멋진 장식을 추가할 수 있을 것이다. 인테리어의 디테일이 워낙 뛰어나지만, 진짜로 빛나는 것은 건물의 외부 모습이다. 10228 유령의 집은 샌드그린 컬러의 희귀한 브릭으로 이루어져 있어 외관에서 이미 '유령에 홀린 듯한' 분위기를 잘 살리고 있다. 녹색의 벽에 불규칙하게 섞인 황갈색 브릭은 벽돌 질감을 품고 있다. 이러한 기법들은 유령의 집답게 무너져가는 낡은 느낌을 잘 살리며 무시무시한 분위기를 더한다. 이 세트의 빌드는 단순하며 재미있다. 10228 유령의 집에는 모든 연령대에 걸쳐 누구나 즐거운 시간을 보낼 수 있는 번뜩이는 괴기 아이템들이 다수 포함되어 있다.

▶ 신제품: 322달러   ▶ 중고품: 235달러

레고 세트에 좀비 피겨가 포함되어 있다면 인기는 '따 놓은 당상'이라 할 수 있다.

박스 앞면은 좀비 아포칼립스의 레고 버전을 보여준다.

9465 좀비 (The Zombies)

- ▶ 출시 연도: 2012년
- ▶ 피스 개수: 447개
- ▶ 미니피겨: 4개
- ▶ 출고가: 39.99달러

세트 구성이 적을수록 가치가 올라가는 경우가 있다. 바로 9465 좀비가 그렇다. 일반인의 관점에서 9465는 정말 보잘것없어 보인다. 어느 해나 출시되는 수백 개의 레고 세트와 다를 게 없어 보이기 때문이다. 그러나 현재 180달러인 중고 가격은 놀라울 것이다. 2년이라는 시간 내에 350퍼센트의 투자수익률 낸 비결은 무엇일까? 답은 좀비, 그리고 짧은 생산기간이다.
이 세트의 핵심인 좀비 미니피겨는 레고 수집가들 사이에서는 '플라스틱으로 된 금'과 같다. 좀비만 들어 있다면 폴리백이라도 가격이 굉장히 잘 오른다. 이 세트에 포함된 3개의 미니피겨 중 좀비 신랑과 신부 2개가 세트 한정이다. 나머지 1개의 좀비 미니피겨는 운전수인데, 다른 4종의 세트에도 포함된 미니피겨이기에 가치는 없는 편이다. 9465 좀비는 2012년 7월에 출시된 후 같은 해 10월경에는 이미 단종되거나 생산이 종료되었다. 이 제품은 생산기간이 유난히 짧고, 미국에서는 대형 할인점인 타깃에서만 판매한 한정판이어서 무척이나 구하기 힘든 세트다. 현재 9465 좀비의 상승세는 상당히 주춤하긴 했지만 꾸준히 오르고 있다. 테마 전체를 모으는 전작주의 레고 팬이라면 몬스터 파이터 테마의 완성을 위해 손에 넣고 싶어 할 만한 세트다.

▶ 신제품: 179달러　▶ 중고품: 134달러

박스 뒷면에는 성의 비밀 장소들이 조목조목 표시되어 있다.

9468 뱀파이어 캐슬(Vampyre Castle)

▶ 출시 연도: 2012년
▶ 피스 개수: 949개
▶ 미니피겨: 7개
▶ 출고가: 99.99달러

9468 뱀파이어 캐슬은 949피스로 구성되어 몬스터 파이터 테마 중 두 번째로 크기가 크다. 1차 소매점에서 사라진 지 얼마 되지 않아 다른 레고 세트들처럼 단종 후 가격 상승이 있을 것으로 생각된다.

9468 뱀파이어 캐슬은 오랫동안 변치 않는 사랑을 받아온 성을 테마로 한 브릭과 부품을 사용해 예전 레고 캐슬 시리즈의 고전적인 디자인을 연상기키며 좀 더 어둡고 그만큼 무서운 느낌을 더하고 있다. 빌드는 단순하며 7~8세 이상의 레고 팬들이면 충분히 조립할 수 있도록 디자인했다. 뱀파이어 캐슬의 내부에는 유령의 성에서 발견함직한 숨겨진 장소와 소품이 가득해서, 가지고 놀기에 대단히 아기자기한 재미가 있다. 가운데를 펼쳐서 인테리어를 노출시키거나 다시 안쪽으로 접어 전시용으로 쓸 수도 있다. 매년 할로윈마다 인기를 모으는 세트다. 미니피겨는 7개이며, 이 중 인간박쥐 2개가 세트 한정이다. 뱀파이어 캐슬에는 문스톤을 올려놓는 자리가 있고, 미라 문스톤을 빼고는 전체가 투명한 브릭들이 세트에 포함되어 있다. 재미 요소를 더하기 위해 모든 연령대가 좋아하는 자동차도 들어

→ 인간박쥐

이 세트에는 미니피겨가 총 7개 있는데, 그중 2개가 세트 한정이다. (인간박쥐)

있다. 어린이들은 장난감으로 좋아하고, 어른들은 할로윈 시즌마다 인기를 끄는 호러 아이템으로서의 장식 효과를 좋아한다. 레고 팬들, 수집가들, 투자자들이 모두 좋아하는 이 세트는 소장하는 사람들에게 확실한 투자 아이템이 될 것이다.

▶ 신제품: 137달러   ▶ 중고품: 99달러

9467 몬스터 기차(Ghost Train)

- 출시 연도: 2012년
- 피스 개수: 741개
- 미니피겨: 5개
- 출고가: 79.99달러

기차는 레고 열성팬들의 상상력을 자극하는 데가 있는 듯하다. 아마도 레고 브릭이 기차 복제판을 만드는 훌륭한 수단이거니와, 일반 기차 장난감이든 레고 기차든 모두 실제 모델의 축소 복제판이기 때문인 듯하다. 이유가 무엇이든 간에 레고 기차는 인기가 엄청 좋다. 9467 몬스터 기차도 예외가 아니다.

2012년 5월 출시된 9467 몬스터 기차는 79.99달러에 출고되었다. 9467 세트는 741피스로 구성되며, 당시 가격도 피스당 가격 기준으로 저렴하지 않았다. 9467 몬스터 기차는 18개월의 생산기간 동안 대단히 할인되어, 수집가와 투자자들에게 좋은 기회가 되었다. 9467 몬스터 기차 세트는 어둠 속에서 빛나는 형광 부품, 기차 부품, 폼 나는 고무바퀴와 같은 독특한 소품들을 갖추고 있다. 또한 다른 레고 기차와 달리 9467은 굴러가는 고무바퀴를 사용해 장난감으로서의 가치가 더욱 높다. 이 세트는 보통의 기차 바퀴로 대체할 수도 있으나 중고 시장에서 따로 구해야만 한다. 또한 브릭의 창의적 활용이 뛰어난 소품들이 있어 조립하는 재미가 있다. 9467 세트는 몬스터 파이터에 등장하는 2명의 파이터인 앤 리와 프랭크 락을 갖추었지만 이들은 세트 한정이 아니다. 대신 3개의 유령 미니피겨가 세트 한정으로 들어 있어 할로윈 시즌 아이템으로 가치가 높다.

9467의 현재 가치는 100달러에 근접하고 있으며, 지속적으로 성장세를 이어갈 것으로 보인다. 9467 몬스터 기차는 어떤 몬스터 파이터 세트와도 잘 어울리는 멋진 세트다. 완구성과 전시성 모두 뛰어나며, 군데군데 유머 코드를 발견하는 재미도 쏠쏠하다. 무엇보다, 다른 어떤 레고와도 차별되는 모델이다. 레고의 세계에서 '다르다'는 것은 항상 좋은 일이다.

▶ 신제품: 97달러 ▶ 중고품: 61달러

테마 종류를 막론하고 기차란 인기를 끌기 마련이다. 몬스터 테마의 기차도 예외가 아니다.

유령, 놀랄 것 없다니까!

레고 수집가들은 밤길에 마주칠까 봐 무서운 것들에 대해 약해지는 경향이 있나 보다. 중고 시장에서는 좀비가 들어 있는 세트들이 항상 높은 인기와 투자성을 보여 왔는데, 이는 좀비뿐 아니라 유령 미니피겨도 마찬가지다. 30201 고스트 폴리백을 예로 들 수 있다. 이 33피스짜리 폴리백 세트는 3.50달러에 출고되었으나 현재 중고 시장에서 25달러 정도 찍어 출고가의 600퍼센트가 넘는 수익성을 보이고 있다. 30201 세트는 〈볼 앤 체인〉이라는 고전 유령 영화의 유령 미니피겨와 몬스터 파이터 테마의 중대형 빌딩 어디에도 잘 어울릴 법한 폼 나는 뻐꾸기시계 레플리카가 들어 있다. 가격도 적당하면서 수집 가치가 높은 레고 세트의 완벽한 일례다.

CHAPTER 18

닌자고
NINJAGO

닌자고 같은 테마의 세트는 단기에 가격 상승이 가능하며, 실제로 수익성이 좋은 모델이 많다. 그러나 장기적 관점에서의 잠재 가치는 좀 불확실하다. 하지만 워낙 재미가 넘치는 테마이니 소장 목록을 다양화하기에는 좋을 것이다.

닌자고…… 스핀짓주(Spinjitzu, 내면의 힘으로 토네이도를 일으키는 등의 기술을 사용하는, 레고에 나오는 무술의 일종—옮긴이)의 마스터들. 실로 다양한 플랫폼이 있는 레고 테마다. 닌자고 테마의 브릭 외에, 닌자고 시리즈는 카툰 네트워크에서 방영되기도 하고, 비디오 게임으로도 즐길 수 있다. 2001년 출시된 닌자고 TV 시리즈와 레고 테마는 2014년에 종료될 예정이었다. 이후 키마의 전설 테마와 관련 TV 프로그램으로 대체될 계획이었으나 변경되었다. 새로운 닌자고 영화가 2017년에 개봉될 예정이고, 2018년과 2019년에도 하나씩 나온다고 한다.

닌자와 각종 몬스터, 드래곤이 등장하는 닌자고 테마는 파워레인저를 연상시키는 면이 있다. 초기의 닌자고 테마들과 달리, 요즘 나오는 닌자고 테마는 현대 기술과 디자인을 잘 배합하고 있다. 탱크, 기계, 제트기 등이 일본의 전통 건축이나 장식미와 보기 좋게 조화를 이룬다. 이러한 조합은 레고 디자이너들에게 창의성의 지평을 확장해주었다. 닌자, 드래곤, 스네이크, 좀비, 칼, 로켓, 우주선과 그 이상의 것들로 말이다. 이처럼 닌자고 테마는 독특한 소품과 미니피겨로 특별한 재미를 안겨준다.

키마의 전설 테마처럼 닌자고 테마는 어린 소년들을 주요 대상으로 한다. 대량생산된 닌자고 세트는 타깃, 월마트, 토이저러스에서 팔리기 때문에 성인 팬들의 진지한 관심을 받는

닌자, 몬스터, 드래곤의 세계

중요한 수집 아이템은 아니다. 그러나 몇 년 전 애니메이션이 출시되면서 인기가 높아진 덕에 크리스마스 시즌에는 재고 부족을 겪었다. 이에 따라 중고 시장에서의 가격도 올랐다. 리셀러들은 재고 부족을 기회로 활용해 출고가보다 높은 가격에 세트들을 방출하곤 하기 때문이다.

닌자고 테마가 아이들에게 인기 있는 테마일 뿐이라고 생각한다면, 닌자고 세트들은 대체로 평균 이하의 수익을 주는 수집 아이템인 것을 깨닫게 될 것이다. 중고 시장에서 가격이 오른 닌자고 세트들은 세트 자체가 구하기 힘들거나 독특하기 때문이 아니라, 아이들을 위해 부모들이 비싼 값을 지불하기 때문이다. 이 글을 쓰는 시점에도 닌자고 세트가 중고 시장에서 200달러를 호가한 적은 없다는 점이 이를 증명해준다. 2521번개 드래곤 전투와 2507 불의 신전이 가장 이 가격에 가깝지만 190달러 수준에 그치고 있다. 단종된 지 3년이나 지났고 200달러 선을 넘지 못하는 것으로 볼 때 닌자고 테마의 장기적인 전망은 그리 밝지 않다.

그러나 단기적으로 볼 때 닌자고 세트는 대체로 가격이 잘 오르는 편이며 수익률도 좋은 편이다. 지난 몇 년간 2260 아이스 드래곤 어택, 30083 드래곤 파이트, 2509 어스 드래곤 디펜스와 같은 닌자고 세트들은 300퍼센트 수준의 수익을 거두었다.

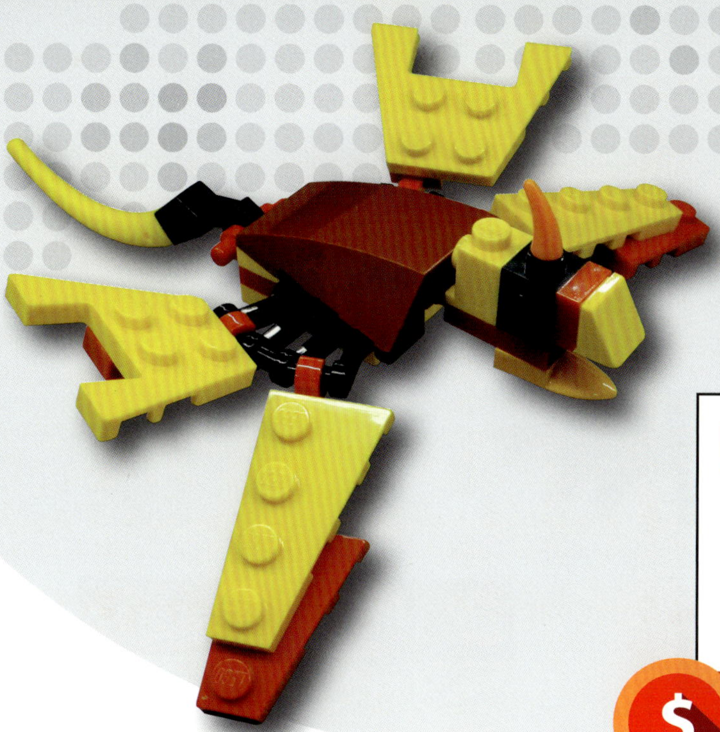

30083 드래곤 파이트의 작은 폴리백도 가격이 많이 올랐다.

30083 드래곤 파이트(Dragon Fight)

- ▶ 출시 연도: 2011년
- ▶ 피스 개수: 31개
- ▶ 미니피겨: 1개
- ▶ 출고가: 3.49달러

▶ 신제품: 14달러 ▶ 중고품: 6달러

드래곤을 포함하는 레고 세트는 대체로 가격이 오른다.

클로즈 업

2507 불의 신전(Fire Temple)

- ▶ 출시 연도: 2011년
- ▶ 피스 개수: 1174개
- ▶ 미니피겨: 8개
- ▶ 출고가: 119.99달러

▶ 신제품: 191달러 ▶ 중고품: 144달러

뾰족뾰족한 흰 이빨이 있는 2260 아이스 드래곤에서 보듯이, 드래곤들의 다양한 머리 부분은 닌자고 아이템 중 가장 가치 있는 브릭들이다.

2260 아이스 드래곤 어택
(Ice Dragon Attack)

- ▶ 출시 연도: 2011년
- ▶ 피스 개수: 158개
- ▶ 미니피겨: 2개
- ▶ 출고가: 19.99달러

▶ 신제품: 95달러 ▶ 중고품: 41달러

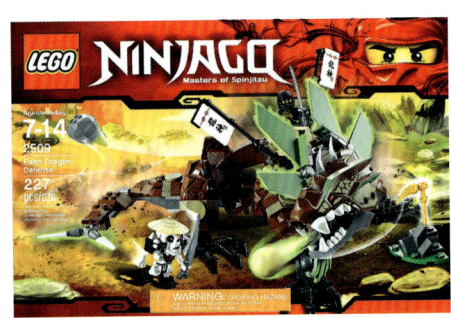

2509 어스 드래곤 디펜스
(Earth Dragon Defense)

- ▶ 출시 연도: 2011년
- ▶ 피스 개수: 227개
- ▶ 미니피겨: 2개
- ▶ 출고가: 34.99달러

▶ 신제품: 127달러 ▶ 중고품: 58달러

2521 번개 드래곤 전투는 닌자고 테마의 드래곤에 대한 인기에 불을 붙였다.

2521 번개 드래곤 전투
(Lightning Dragon Battle)

- ▶ 출시 연도: 2011년
- ▶ 피스 개수: 645개
- ▶ 미니피겨: 4개
- ▶ 출고가: 79.99달러

▶ 신제품: 193달러 ▶ 중고품: 110달러

CHAPTER 19

해적,
그리고 캐리비안의 해적들
PIRATES & PIRATES
OF THE CARIBBEAN

해적 테마의 세트를 건너뛴 수집가들이라도 한 번쯤 다시 생각해보길 바란다. 범선이 포함된 세트는 꽤 높은 가격 상승과 확실한 투자 수익을 노릴 수 있다는 점을! 게다가 배는 조립해두면 전시 효과가 높고, 좋은 대화의 소재가 된다.

어이, 친구! 레고 해적 테마의 세계에 들어온 걸 환영한다! 편의상 캐리비안의 해적 시리즈도 해적 테마에 포함시키기로 한다. 오리지널 레고 해적 테마는 1989년에 시작되었고 이후 다양한 변종 모델이 출시되었다. 가장 유명하고 인기가 좋았던 해적 테마는 테마파크 디즈니 월드에서도 가장 상징적인 놀이기구 매직 킹덤을 모티프로 영화화한 〈캐리비안의 해적들〉을 본뜬 2011년판 캐리비안의 해적 테마다. 레고의 해적 테마에는 어린이 팬과 성인 팬 모두 열광한다. 인터넷상에는 해적과 해적선의 커스텀 MOC에 관련된 수많은 동호회, 레고 유저 그룹들이 있다. 이 책에서는 해적이나 범선, 항해용 배가 포함된 레고 해적 테마의 주요 세트들에 대해 다루기로 한다. 육지를 기반으로 하는 해적이나 캐리비안의 해적 세트는 그 정도의 매력이나 흥미를 갖추었다고 보기 힘들어 제외했다.

해적 테마의 범선은 꽤 높은 수준의 가격 상승과 확실한 투자가치를 갖는 아이템이다. 시대를 통틀어 가장 인기가 많은 레고 테마라고 할 순 없지만, 해적 테마의 배와 관련된 세트들을 사랑하는 마니아층이 존재한다. 많은 수집가들이 해적 테마를 가볍게 여기지만, 치명적 실수가 될 수도 있다. 해적 세트와 캐리비안의 해적들 세트는 컬렉션을 다양화하는 좋은 선택이며, 고급스러운 사무실이나 주거 공간에서 전시 효과가 뛰어나고 유용한 대화의 소재가 될 수 있다.

마지막으로, 배가 포함되지 않은 중소형급의 해적과 캐리비안의 해적들 세트는 이 테마의 고려사항이 아니다. 이런 세트들의 가격도 오르지만, 투자를 고려한다면 다음 장에 나오는 4종의 큰 돛대가 있는 범선 세트가 더 나은 선택일 듯하다.

레고 디자이너들은 기차, 우주왕복선, 범선에 특히 뛰어난 재능을 보이는 것 같다. 위의 세트들은 서로 극과 극에 있는 모델들이다. 첫눈에 보아도 흰색과 검은색, 영웅과 악당의 대조 구도가 선명히 드러나지만, 한 가지 공통점을 갖는다. 진열했을 때 아주 멋진 레고 세트이며, 어느 공간에서든 시선을 확 잡아끄는 전시물이라는 점이다.

10210 임페리얼 전함
(Imperial Flagship)

▶ 출시 연도: 2010년
▶ 피스 개수: 1664개
▶ 미니피겨: 9개
▶ 출고가: 179.99달러

해적 테마 중에서 가장 큰 배인 10210 임페리얼 전함은 1664피스로 이루어졌고, 9개의 미니피겨를 포함하고 있다. 10210 임페리얼 전함은 위풍당당한 전시물의 가치를 갖는다. 레고 중고 시장에서 500달러가 넘는 이 세트는 해적이나 캐리비안의 해적 세트로서는 가장 높은 시장가에 거래된다. 10210은 최근 최고가를 기록한 듯하며, 단종된 지 3년도 넘은 걸 감안하면 투자수익률이 200퍼센트에 못 미친다해도 우습게 볼 일이 아니다. 그렇다고 해서 레고 수집품 중 프리미엄 수준에 속하는 세트는 분명 아니다.

 ▶ 신제품: 521달러 ▶ 중고품: 400달러

4184 블랙 펄(The Black Pearl)

▶ 출시 연도: 2011년
▶ 피스 개수: 804개
▶ 미니피겨: 6개
▶ 출고가: 99.99달러

804개의 피스로 구성된 잭 스패로우 선장의 배 4184 블랙 펄은 주요 범선 중 가장 크기가 작다. 미니피겨의 수는 6개이며, 그중 5개가 세트 한정이다. 4184 블랙 펄은 가장 작은 크기에다 출고가 99.99달러로 가장 낮은 가격에 출발했지만, 현재 가격은 가장 높은 수준으로 300달러를 훌쩍 넘는다. 투자수익률로는 200퍼센트를 넘는 셈이다. 이 테마의 다른 배들과 가장 다른 부분은, 다른 배 세트들의 가격은 더 이상 변화가 없는 상태이지만, 4184 블랙 펄의 가격은 꾸준한 상승세라는 점이다. 전시성이 뛰어난 이 멋진 배는 특히 4195 앤 여왕의 복수와 함께 두면 잘 어울린다.

▶ 신제품: 309달러 ▶ 중고품: 202달러

좋아하는 품목도 꼽을 수 있겠지만, 해골 깃발과 빨강과 흰색의 명랑한 디자인의 돛은 어딘지 안 어울린다고 생각한다.

10040 카리브 해적선
(Black Seas Barracuda)

- ▶ 출시 연도: 2002년
- ▶ 피스 개수: 906개
- ▶ 미니피겨: 8개
- ▶ 출고가: 89.99달러

1989년 버전 6285 카리브 해적선의 리메이크인 10040의 별칭은 '다크 샤크'다. 6285와 10040 두 버전은 900개가 넘는 피스와 8개의 미니피겨를 갖춤으로 구성이 거의 동일하다. 해적에 열광하는 팬들이 해적 테마의 가장 전형적인 해적선을 이야기할 때 언급되는 세트가 바로 카리브 해적선이다. 출고가는 89.99달러였으나 현재 400달러가 넘는 가격에 거래되어 투자수익률이 400퍼센트 이상이다. 오래되었지만 상징적 의미가 큰 레고 세트이기에 가능한 견실한 실적이다.

 ▶ 신제품: 649달러 ▶ 중고품: 172달러

4195 앤 여왕의 복수
(Queen Anne's Revenge)

- ▶ 출시 연도: 2011년
- ▶ 피스 개수: 1097개
- ▶ 미니피겨: 9개
- ▶ 출고가: 119.99달러

레고로 만드는 아름다운 배이자, 캐리비안의 해적 세트 중 가장 크기가 큰 4195 세트는 출고가 119.99달러치고는 1000피스가 넘는 규모에 미니피겨가 9개나 들어 있어 거래하기 괜찮다. 사실, 단종되기 전에 여러 번 할인 판매가 되었다. 내가 구매한 가격은 90달러였던 걸로 기억한다. 4195에 포함된 브릭들은 특이하고 구하기 쉽지 않은 종류들이다. 앤티크풍의 배 MOC와 커스텀 모델에는 아주 중요한 종류의 브릭들이다. 이 세트의 가격은 300달러 점을 찍어 단종된 지 2년 만에 150퍼센트가 넘는 수익률을 기록했다. 해적 테마 중 개인적으로 가장 좋아하는 세트인 4195

앤 여왕의 복수는 붉은 루비색 돛과 앤티크풍의 디테일로 인해 더욱 돋보이는 전시 세트라 할 수 있다.

▶ 신제품: 306달러 ▶ 중고품: 204달러

CHAPTER 20

시즌널
SEASONAL

시즈널 세트들은 가격이 상승하는 수집용 레고 중 단연 최고라 할 수 있다. 매년 새로운 세트들이 출시되고, 오래된 세트들은 빨리 단종된다. 시즌 세트들은 크기가 아주 작은 편이며, 가격 상승 폭에 제약이 있다. 하지만 그만큼 적은 예산으로 큰 가치를 기대할 수 있는 세트들이기도 하다.

제목에서 말해주듯, 시즈널 테마는 초소형에서부터 보통 크기의 폴리백까지 크기가 작은 편이다. 서브 테마로서 레고 윈터 빌리지 '컬렉션'이 있는데, 그것은 겨울철 시골 마을의 아기자기한 집과 건물들을 본떠 만든 비교적 큰 세트들로 이루어져 있다. 이 세트들은 어드밴스 모델 테마에 포함된 경우가 많지만, 나는 이들을 윈터 빌리지 테마로 분류한다. 상점에서 구매하는 레고 세트와 다른 시즈널 세트들은 구매 총액이 일정 한도 이상 될 경우 VIP에게 주는 프로모션 상품이기도 하다.

전체적으로 보자면, 시즈널 테마는 팬과 수집가들에게 즐거움을 주는 테마다. 시즌 상품은 살 만한 가격에 출고되고, 이후 가격 상승도 큰 폭은 아니지만 괜찮은 편이다. 윈터 빌리지 서브 테마는 시즈널 테마의 먹이사슬에서 가장 상위에 있으며, 특히 쇼핑 시즌에 재고가 부족할 때 수집가와 리셀러들에게 인기를 끈다. 그러니 소장 목록에 윈터 빌리지 세트를 몇 가지 추가할 것을 강력 추천한다. 타이밍을 잘 맞춰 구매하고 레고 VIP 이벤트를 적절히 활용하면 세트 하나 정도는 선물로 받을 수도 있다.

40106 엘프 작업장 (Elves' Workshop)

- ▶ 출시 연도: 2014년
- ▶ 피스 개수: 107개
- ▶ 미니피겨: 2개
- ▶ 출고가: 3.99달러

$ ▶ 신제품: 27달러 ▶ 중고품: 18달러

ㅋ기가 작은 시즈널 테마들은 대부분 가파르게 가격이 오른다. 40029 밸런타인데이 박스와 40053 부활절 토끼와 바구니는 단기간에 4배나 올라 출고가 4.99달러에서 20달러에 가깝게 되었다. 시즈널 테마는 대체로 높은 가격을 기록하진 않지만 4배까지 오르는 상품도 꽤 있어 예산에 예민한 레고 수집가들에게 유용한 선택이 된다. 공짜로 나눠주는 프로모션 아이템이 얼마나 훌륭한 수집품이 되는지 보여주는 일례가 바로 40106 엘프의 작업장이다. 구매 총액이 일정 수준을 넘은 레고 VIP 멤버들에게 2014년 시즌 특별 상품으로 제공된 프로모션 아이템이었던 이 세트의 가격은 현재 30달러에 가깝다. 이처럼 시기를 잘 맞춘 계획적인 구매로 핫 딜과 사은품까지 노릴 수 있는 점은 고려해볼 만하다. 이렇게 작은 시즈널 테마들은 수백 가지나 된다. 산타클로스, 부활절 토끼, 할로윈 고스트, 고블린을 메인 캐릭터로 하는 수많은 시즌 상품들이 있다. 이들은 대부분 단기에 가격이 빠르게 오른다. 가격 최대치는 낮은 편이지만 귀엽고, 창의적이고, 아기자기한 재미가 있다.

> 나의 멋진 아내 제인이 오래전 밸런타인데이에 준 선물. 그때 내가 준 선물은 다이아몬드였던 것 같은데…….

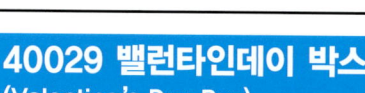

40029 밸런타인데이 박스
(Valentine's Day Box)

- ▶ 출시 연도: 2012년
- ▶ 피스 개수: 51개
- ▶ 미니피겨: 없음
- ▶ 출고가: 4.99달러

$ ▶ 신제품: 19달러 ▶ 중고품: 10달러

40053 부활절 토끼와 바구니
(Easter Bunny with Basket)

- ▶ 출시 연도: 2013년
- ▶ 피스 개수: 96개
- ▶ 미니피겨: 없음
- ▶ 출고가: 4.99달러

$ ▶ 신제품: 18달러 ▶ 중고품: 0달러

잘나가는 윈터 빌리지 세트들

수집 가치로 보자면, 윈터 빌리지 서브 테마야말로 바로 행동으로 옮겨야 할 아이템이다. 2009년에 출시된 윈터 빌리지 테마는 매년 새로운 세트를 출시해왔다. 지금까지 6개의 세트가 출시되었고, 모두 높은 소장 가치를 지니고 있다. 세트끼리 서로 잘 어울리며, 크리스마스 시즌에 크리스마스트리나 테이블 장식용으로 수집하는 사람들이 많다. 시간이 지나면서 새로운 윈터 빌리지 세트가 출시될 때마다 예전의 세트들은 전 세계 수집가들의 관심을 더 받게 될 것이다.

윈터 빌리지 세트들 자체도 눈처럼 하얀 컬러의 요소들과 창의적인 디자인 소품이 잘 어우러져 너무나 사랑스럽다. 이 세트들은 단종 후 상당히 가격이 올랐으며, 일부는 단종된 후에도 크리스마스 시즌 전 재고 부족으로 인한 가격 폭등 등으로 인해 계속 오름세에 있다. 윈터 빌리지 세트 중 몇 가지는 출고가의 3~4배까지 가격 상승을 경험하기도 했다.

10216 겨울 마을 빵집
(Winter Village Bakery)

- 출시 연도: 2010년
- 피스 개수: 687개
- 미니피겨: 7개
- 출고가: 54.99달러

▶ 신제품: 161달러 ▶ 중고품: 128달러

10229 눈 덮인 작은 집
(Winter Village Cottage)

- 출시 연도: 2012년
- 피스 개수: 1490개
- 미니피겨: 8개
- 출고가: 99.99달러

▶ 신제품: 191달러 ▶ 중고품: 148달러

10235 겨울 마을 축제
(Winter Village Market)

- 출시 연도: 2013년
- 피스 개수: 1261개
- 미니피겨: 9개
- 출고가: 99.99달러

▶ 신제품: 139달러 ▶ 중고품: 66달러

이 글을 쓰던 2014년 시점에는 10245 산타의 작업장을 소매점에서 구할 수 있었으나, 현재는 중고 시장에서 찾아보기조차 어려운 상태다.

10245 산타의 작업장
(Santa's Workshop)

- 출시 연도: 2014년
- 피스 개수: 883개
- 미니피겨: 6개
- 출고가: 69.99달러

▶ 신제품: 108달러 ▶ 중고품: 48달러

윈터 빌리지 테마의 세트들은 10199 겨울 장난감 가게처럼 피스당 가격이 좋으며, 다른 테마에 비해 많은 수의 미니피겨를 포함하고 있다. 투자 대비 얻는 게 많은 세트랄까!

10199 겨울 마을 장난감 가게
(Winter Village Toy Shop)

- 출시 연도: 2009년
- 피스 개수: 815개
- 미니피겨: 7개
- 출고가: 59.99달러

▶ 신제품: 230달러 ▶ 중고품: 171달러

 10222 눈 덮인 마을 우체국은 비교적 수익성이 좋은 윈터 시리즈 중 하나로, 몇 년 동안 출고가 69.99달러에서 3배나 뛰어 200달러를 넘어섰다. 대단한 수익성이다!

10222 눈 덮인 마을 우체국
(Winter Village Post Office)

- 출시 연도: 2011년
- 피스 개수: 822개
- 미니피겨: 7개
- 출고가: 69.99달러

▶ 신제품: 215달러 ▶ 중고품: 158달러

크리스마스 캘린더

레고 크리스마스 캘린더는 많은 수집가들에게 있어 특정 테마의 일부로 분류된다. 레고 시티 크리스마스 캘린더는 시티 세트, 스타워즈 크리스마스 캘린더는 스타워즈 세트 등으로 여겨진다. 그러다보니 차라리 테마별 크리스마스 캘린더를 시즈널 테마에 넣는 게 좋지 않겠냐고 할 수도 있겠다. 어차피 크리스마스 시즌 한정이니까 말이다.

레고 크리스마스 캘린더는 흥미롭고 기다리는 재미가 있다. 이미 꽤 오랫동안 해마다 크리스마스 전에 출시되어온 레고 크리스마스 캘린더는 '25일간의 크리스마스'를 기리는 오랜 풍습으로, 크리스마스까지 며칠이나 남았는지 표시하며 날짜를 셀 때마다 볼 수 있는 특별한 박스나 미니 세트, 미니피겨가 추가되기도 한다. 일반 크리스마스 캘린더라면 캔디나 장식품이었겠지만, 레고 크리스마스 캘린더에는 미니피겨와 미니 세트가 있는 셈이다. 7958 스타워즈 크리스마스 캘린더는 레고 팬들이 가장 좋아하는 아이템으로, 다스 베이더 산타 미니피겨는 당연 대단한 가치를 갖는 수집품이 될 것이다.

CHAPTER 21

스 페 이 스
S P A C E

유니트론   익스플   로리언   마스 미션
스피리우스   UFO   갤럭시   스콰드
아이스 플래닛   2002   스페이스 폴리스 I, II, III
블랙트론 락 레이더스   라이프 온 마스 인섹토이드
클래식   스페이스   블랙트론   퓨처   제너레이션
에일리언 컨퀘스트 로보포스 엠-트론 스페이스(시티)

내가 레고 스페이스 테마를 처음 알게 된 건 36년 전이다. 497/928 갤럭시 익스플로러를 만나 이 테마의 매력에 풍덩 빠져버렸다. 클래식 스페이스 테마의 기발한 피스들을 보며 당시 9살이던 나는 완전히 압도당했다. 그리고 나서 무려 40년 동안 레고를 찾는 여정에 발을 들여놓았다. 스페이스 테마의 정말 재미있는 부분은 수년간 다양한 버전과 서브 테마가 나왔지만, 그다지 변한 게 없다는 점이다. 스페이스 테마의 다양한 버전의 목록은 다음과 같다.

스페이스 테마는 레고 매출의 중심이자 30년 넘게 형성되어 온 레고 팬 커뮤니티의 주축이다. 시티/타운, 캐슬 테마와 함께 레고는 수백만 어린이와 어른 팬들에게 단순하면서도 재미있는 스페이스 테마를 판매해왔다. 가장 최근에 나온 갤럭시 스콰드 서브 테마는 예전의 스페이스 세트에 대한 향수를 불러일으킨다.

스페이스 테마의 세트들은 아이들을 위한 것이기 때문에 가격 상승이 빠르지 않고, 그만큼 수집 가치가 가장 약한 세트다. 그럼에도 크기가 작은 세트가 더 잘 나가는 경향이 있다. 이런 것들을 감안할 때, 스페이스 테마는 그저 즐기는 게 좋겠다. 아이를 위해서든 나를 위해서든 세트를 구매한 뒤 과거의 향수를 음미해보라. 조립하고, 비행기처럼 날리며 놀고, 방에서 바퀴를 굴려보자. 전시용이 아닌, 놀이를 위한 테마이니까!

- 클래식 스페이스
- 블랙트론
- 퓨처론
- 스페이스 폴리스 1, 2, 3
- 엠-트론
- 블랙트론 퓨처 제너레이션
- 인섹토이드
- 라이프 온 마스
- 마스 미션
- 갤럭시 스콰드
- 아이스 플래닛 2002
- 스피리우스
- 유니트론
- 익스플로리언
- UFO
- 로보포스
- 락 레이더스
- 스페이스(시티)
- 에일리언 컨퀘스트

MISB 컨디션의 487 세트는 수천 달러를 호가한다.

487 스페이스 크루저 (Space Cruiser)

- ▶ 출시 연도: 1978년
- ▶ 피스 개수: 170개
- ▶ 미니피겨: 2개
- ▶ 출고가: 9.99달러

$ ▶ 신제품: 70달러 ▶ 중고품: 68달러

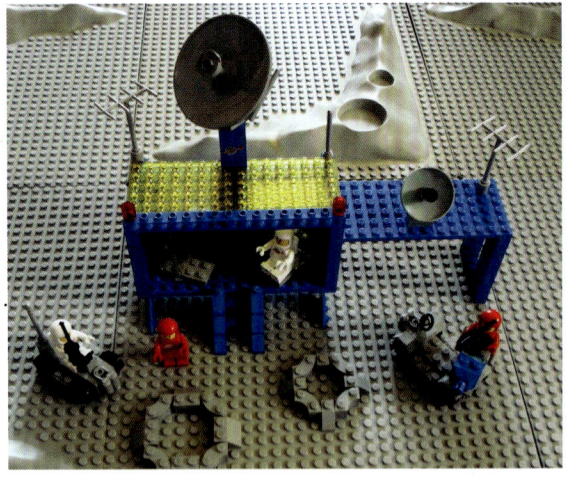

493 커맨드 센터 (Command Center)

- ▶ 출시 연도: 1978년
- ▶ 피스 개수: 189개
- ▶ 미니피겨: 4개
- ▶ 출고가: 0달러

$ ▶ 신제품: 57달러 ▶ 중고품: 53달러

스페이스 테마의 세트들은 어린이들을 위해 제작된 것이다. 나와 같은 성인 팬들이 수집품으로서 관심을 갖고 즐기기도 하지만, 스페이스 테마는 레고 세트 중에서 가장 잘나가지 않는 세트들이기도 하다. 이들 세트도 가격이 오르긴 하지만, 다른 테마에 비하면 속도가 느리다. 497/928 갤럭시 익스플로러, 487 스페이스 크루저, 493 커맨드 센터와 같은 클래식 스페이스 세트를 MISB 상태로 소장 중이라면, 희소가치 때문에 수천 달러를 벌 수도 있겠지만, 대부분의 스페이스 테마는 200달러 선을 넘지 못한다. 갤럭시 스콰드 서브 테마의 70709 갤럭시 타이탄은 단종된 스페이스 세트 중 가장 크기가 크지만, 출고가에도 못 미치다가 단종 전 큰 폭의 할인 행사로 인해 출고가로 돌아왔다. 오히려 스페이스 테마 중 작은 시리즈들은 괜찮은 가격 상승세를 보였다. 마스 미션 서브 테마의 5619 크리스탈 호크와 같은 세트는 출고가 3.99달러에서 20달러가 되어 400퍼센트나 성장했지만, 이 수준이 되기까지 6년이란 시간이 걸렸다.

레고 중고 시장에서 스페이스 테마의 성장세를 보면 안타까움을 느낀다. 스페이스 테마의 많은 세트들이 이전에 나온 서브 테마와 세트들의 리메이크들이지만, 이 정도밖에 팬들의 관심을 못 끌다니 놀라울 지경이다. SF 팬이라면 스페이스 테마보다는 스타워즈에 끌리기 때문일 거라 생각해보지만, 중고 시장의 더 큰 문제는 스페이스 세트의 할인 폭이 지나치게 크다는 것이다. 최근 단종된 갤럭시 스콰드의 세트 중 다수가 50퍼센트 가까운 할인가에 판매되었다. 그러나 구매가가 출고가보다 낮을 경우 우리가 제시하는 가격 정보의 실제 수익률은 더 높을 수 있다는 점을 생각하면, 큰 폭의 할인이 수집가들에게 유리한 기회가 될 수도 있다.

497/928 갤럭시 익스플로러
(Galaxy Explorer)

- ▶ 출시 연도: 1979년
- ▶ 피스 개수: 338개
- ▶ 미니피겨: 4개
- ▶ 출고가: 31.99달러

▶ 신제품: 280달러　▶ 중고품: 219달러

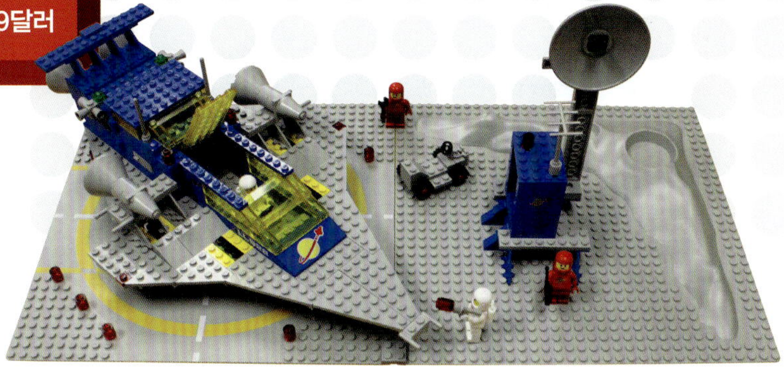

받침대 브릭에 노란 톤의 투명한 창문. 스페이스 테마의 전형적인 색상이다.

▶ 497/928 갤럭시 익스플로러는 필자를 레고의 세계에 중독시킨 모델이다. 40년 전 소년 시절에 그전의 세트로는 할 수 없었던 모든 종류의 우주선과 탈것들을 이 세트에 들어 있는 새로운 '스페이스' 브릭을 이용해 만들 수 있었다.

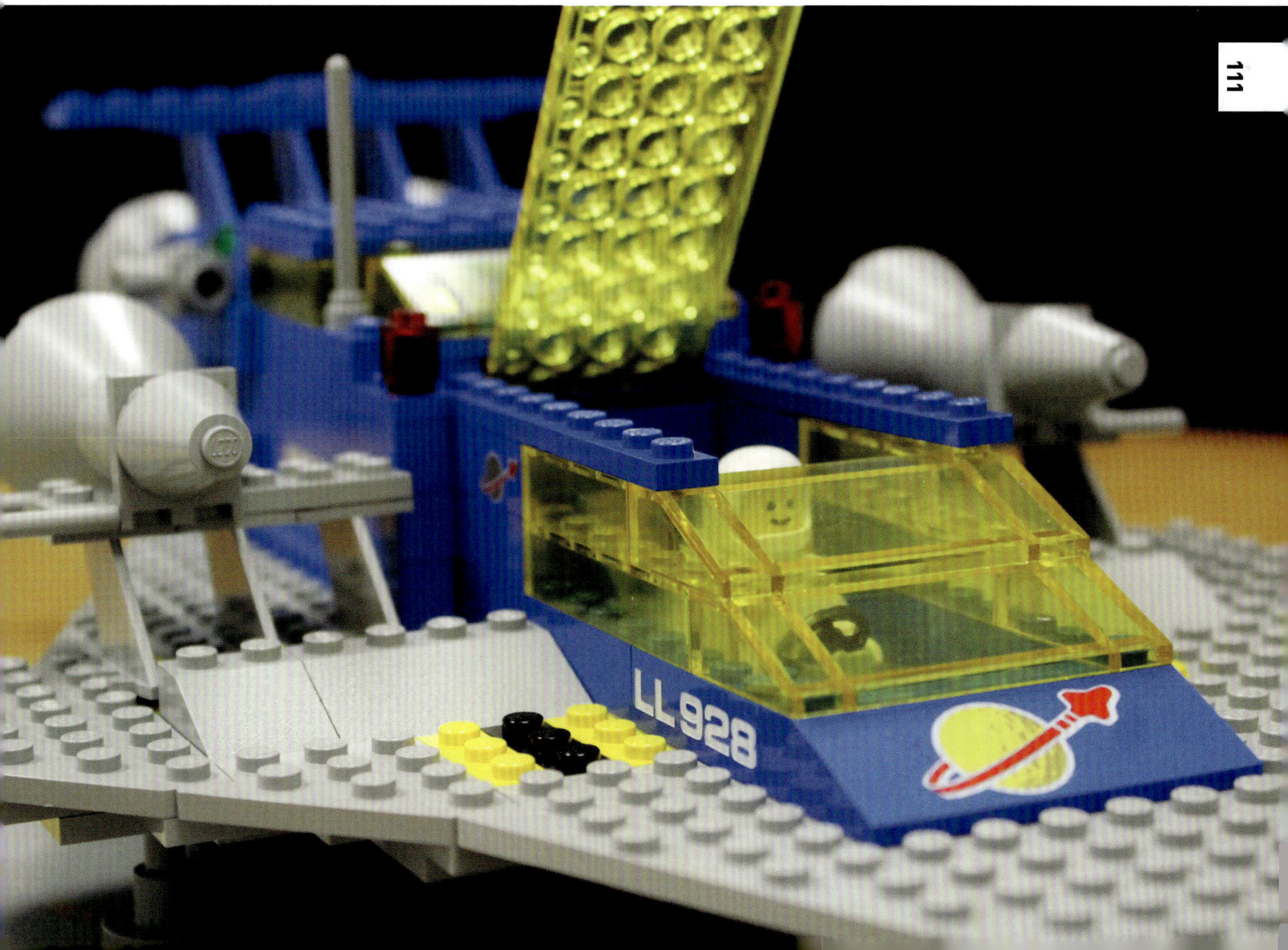

작은 폴리백이 출고가의 3~4배까지 가격이 오르기도 한다. 이 세트가 바로 그런 경우다.

5619 크리스탈 호크
(Crystal Hawk)

▶ 출시 연도: 2008년
▶ 피스 개수: 26개
▶ 미니피겨: 1개
▶ 출고가: 3.99달러

▶ 신제품: 19달러 ▶ 중고품: 9달러

박스 뒷면에는 제품을 가지고 노는 방법이 설명되어 있다.

70709 갤럭시 타이탄은 스페이스 테마 중 가장 크기가 큰 세트이며, 가격이 시간을 두고 상승할 듯하다. 스페이스 세트는 수집 가치로 볼 때 가격 상승이 빠르진 않지만, 재미는 어느 것에도 뒤지지 않는다.

70709 갤럭시 타이탄
(Galactic Titan)

▶ 출시 연도: 2013년
▶ 피스 개수: 1012개
▶ 미니피겨: 5개
▶ 출고가: 99.99달러

▶ 신제품: 85달러 ▶ 중고품: 74달러

CHAPTER 22

스타워즈
얼티미트 컬렉터 시리즈

STAR WARS ULTIMATE COLLECTOR SERIES

성인 레고 팬들의 취향, 능력, 예산에 걸맞은 세트를 개발하겠다는 레고 그룹의 새로운 철학은 스타워즈 UCS 세트를 필두로 시작되었다. 스타워즈 시리즈는 지난 15년간 엄청난 매출을 가져왔고, 중고 시장의 성장을 견인하는 테마로 떠올랐다.

레고의 암흑기: 레고 팬들이 레고에 대한 관심이 시드는 시기. 이 시기는 보통 사춘기와 청소년기에 시작되고 이후 특정 세트나 테마를 다시 마주하면서 이 작은 플라스틱 조각에 대한 애정에 다시 불이 붙곤 한다.

어른이 된 레고 팬들은 아마 이런 경험이 있을 것이다. 시들했던 레고에 대한 관심이 다시 불붙은 건, 어느 날 제프와 함께 인터넷을 서핑하다 이베이에 올라온 스타워즈 10030 임페리얼 스타 디스트로이어를 우연히 발견했을 때였다. 나는 3피트 길이에 300달러의 가격, 초창기 스타워즈 영화에서 나온 환상적인 세트인 스타 디스트로이어를 3000피스의 브릭으로 재현한 놀라운 세트에 감탄을 금치 못했다. 반드시 이 세트를 가져야만 했다! 나는 산타 할아버지에게 그해 크리스마스 선물로 임페리얼 스타 디스트로이어를 달라고 기도했고, 산타 할아버지는 내 기도를 들어주셨다. 38살에, 평생 손에 꼽을 만한 행복한 일이 일어난 것이다. 이 스타워즈 세트를 손에 넣음으로써 나의 레고에 대한 열정은 수집과 그에 따른 투자의 열정으로 되살아났.

스타워즈 UCS의 세트는 수집과 투자에 빠져들게 하는 경향이 있다. UCS는 현재까지 22개 세트가 출시된 중대형급 스타워즈 시리즈의 서브 테마 중 하나다. 이 책의 목적과 세트의 특수성을 감안해 UCS를 하나의 테마로 분류하기로 한다. 스타워즈 UCS 테마에는 이제껏 출시된 목록 중 가장 비싸고 가치 있는 세트들이 꽤 많다. 현재의 UCS 모델은 이제까지 생산된 세트 중 가장 인기가 많은 세트들이다.

UCS 테마는 2000년에 시작되었고, 첫 번째 출시된 세트는 7191 UCS X-윙 전투기였다. 7191과 그 이후의 UCS 세트들은 조립 난이도와 정교한 디자인이 초기의 스타워즈 세트들을 비롯해 이제껏 생산된 거의 모든 다른 레고 세트를 월등히 넘어서는 수준이기에 더욱 특별하다. UCS 시리즈는 20대와 전 세계 모든 성인 팬들을 위해 제작되었다. 스타워즈의 팬이 아니라도 UCS 시리즈의 기계공학적 설계와 디자인을 보면 감탄할 수밖에 없을 것이다.

UCS 세트는 규모도 최대이지만 가격도 가장 높은 축에 속한다. UCS 시리즈는 레고 그룹이 성공적으로 흑자 전환을 하면서 세계 1위의 장난감 메이커로 올라서게 한 1등 공신이라 해도 손색이 없다.

> 가장 널리
> 사랑받는
> 인기 절정의
> 시리즈

10179 밀레니엄 팔콘
(Millennium Falcon)

- ▶ 출시 연도: 2007년
- ▶ 피스 개수: 5192개
- ▶ 미니피겨: 5개
- ▶ 출고가: 499.99달러

박스 아트 좌측 하단의 작은 마크를 주목할 것. 10179 밀레니엄 팔콘의 '첫 번째 에디션'! 2만 개밖에 만들어지지 않은 최초의 에디션 중 하나임을 표시하고 있다.

가까이 하기엔 너무 먼 당신이랄까. 밀레니엄 팔콘은 세대를 통틀어 최고의 레전드급 영화시리즈인 스타워즈 시리즈에 나오는 상징적인 우주선이다. 스타워즈 세계를 창조한 조지 루카스는 햄버거를 보고 밀레니엄 팔콘의 디자인을 생각했다고 한다. 조종석은 햄버거 옆면의 올리브에서 아이디어를 가져왔다. 밀레니엄 팔콘은 매끈하지 않지만 사랑스럽고 독특한 디자인으로 인해 스타워즈 팬들에게는 광적인 추종의 대상이 되었고, 영화에 등장하는 주연급 인물처럼 여겨질 정도다. 밀레니엄 팔콘에 대한 관심과 애정만으로도 이 세트는 이제껏 생산된 레고 세트 중 가장 위대한 모델이 될 자격을 충분히 갖추었다.

2007년, 레고 그룹은 스타워즈 영화 탄생 30주년을 기념해 10179 밀레니엄 팔콘을 출시했다. 레고 제품 전체를 통틀어 10179는 2007년의 스타로 등극했다. 사실 10179는 이제껏 출시된 모든 레고 제품을 통틀어 전무후무한 불변의 스타 제품이라 해도 손색이 없다. 단순히 사이즈와 무게만 보더라도 밀레니엄 팔콘은 사상 최대의 레고 세트다. 5192개의 피스로 구성되어 5922개인 타지마할을 제외하면 피스의 수도 가장 많다. 레고 세트의 사이즈와 가치는 ABS 플라스틱이 1세트에 얼마나 들어가는지에 따라 결정되는데, 10179 밀레니엄 팔콘은 플라스틱 무게 기준 22파운드가 조금 넘어 대략 9.8킬로그램 정도 되는 최고 중량을 자랑한다. 완성된 모델은 약 97.5센티미터로 작은 탁자 정도의 크기로서, 레고 세트치고는 엄청나게 큰 편이다.

빌드 측면에서 보자면 10179 밀레니엄 팔콘은 완성에 엄청나게 시간이 오래 걸리는 제품이다. 조립 설명서는 실제로 팸플릿이라기보다는 하나의 책과 같다. 평균적인 조립가를 기준으로 여러 날이 소요되며, 5000개가 넘는 피스를 분류하려면 거대한 식탁 전부가 필요하다. 조립 후 제품은 완구적 가치는 거의 없고, 오로지 전시를 위한 세트다. 완성된 모델의 외부는 어마어마한 디테일과 세밀한 그리블로 덮여 있고 내부는 이렇다 할 공간이 없다. 하지만 츄바카, 프린세스 레아, 오비완 케노비, 루크 스카이워커 그리고 물론 한 솔로까지 5개의 미니피겨가, 있다. 초기 UCS 세트에는 미니피겨를 갖춘 경우가 많지 않은데, 새로 출시되는 UCS 세트들은 점차 더 많은 미니피겨를 포함하는 것 같다. 10179의 경우 오비완 케노비 미니피겨만이 세트 한정이다. 전체적으로 총평하자면, 밀레니엄 팔콘은 영화에 나오는 우주선을 레고 브릭으로 만든 것이지만 너무나 역동적으로 잘 표현되어 레고 세트임을 알아채기 어려울 정도다. 10179는 희귀하고 비싼 브릭들이 포함되어 있기에, 웬만한 거금을 투자하지 않고는 중고 시장에서 새로이 만드는 것이 불가능하다. 마지막으로 큼직한 UCS 스펙이 적힌 명판을 설치하면 전시 준비는 끝난다. 10179 밀레니엄 팔콘은 3000달러 기록을 세운 최초의 레고 세트다. 당초 출고가인 499.99달러도 일반 대중에게 판매되는 레고 세트 중에서 가장 비싼 가격이었다. 세트의 커다란 사이즈와 엄청난 피스 개수 외에도 10179 세트에는 몇가지 매력 요인이 있다. 첫째, 레고 스타워즈 30주년 세트인만큼 특별한 선물이 들어있다. 보너스로 포함된 골드 크롬 코팅 쓰리피오 미니피겨 폴리백이 그것. 2007년 출시 당시 세트에 무작위로 포함된 보너스 폴리백은 단 1만 개만 생산되었다. 현재 이 쓰리피오는 중고 시장에서 300달러가 넘는 금액에 거래되고 있다. 두 번째, 퍼스트 에디션 밀레니엄 팔콘 세트 2만 개에는 일련번호가 매겨진 '정품 인증서'와 '퍼스트 에디션'임을 알리는 레고 그룹의 메시지가 들어 있어 더욱 각별한 느낌을 준다. 퍼스트 에디션인 2만 개 세트는 일반적인 10179 세트보다 300~400달러 더 높은 가격에

"뭐 이런 쓰레기가 다 있어!"

영화 〈스타워즈 에피소드 4 : 새로운 희망〉에서 루크 스카이워커가 밀레니엄 팔콘을 처음보고 한 솔로에게 한 말.

조종석의 한 솔로와 츄바카 미니피겨 확대 사진.

초광속 엔진의 뒷모습을 보면 '우주에서 가장 빠른 고철덩어리'라던 한 솔로의 말을 이해할 수 있게 된다.

10179 밀레니엄 팔콘.

거래된다.

이 세트의 가격은 출고가의 600퍼센트가 넘는 눈부신 상승세를 보였고, 앞으로도 이 추세를 이어갈 것으로 보인다.

또 앞으로도 새로 개봉하는 스타워즈 영화들이 10197 밀레니엄 팔콘에 어떤 영향을 미칠지 주목해야 한다. 밀레니엄 팔콘이 새 영화에 등장할 것이라는 소문이 사실이라면(2015년 개봉한 〈스타워즈 에피소드 7: 깨어난 포스〉에서 등장—옮긴이), 10179 밀레니엄 팔콘의 새 버전이 출시될 가능성이 상당히 높다. 새 버전이 더 작으면서 더 만들기 쉽다면 10179 세트의 가격 상승은 지속될 것이다. 반대로 밀레니엄 팔콘의 리메이크가 출시되었는데 오리지널 버전과 조립 난이도와 피스 개수가 비슷하다면, 예전 버전의 가치에 부정적 영향이 있을 수 있다. 이러한 일들은 시간이 지나야만 알 수 있다. 그럼에도 불구하고 10179는 이제껏 만들어진 레고 세트 중 가장 위대한 세트이며, 따라서 제대로 된 레고 수집가라면 하나쯤 소장할 만하다.

▶ 신제품: 3450달러   ▶ 중고품: 2064달러

10143 데스 스타 2 (Death Star II)

- ▶ 출시 연도: 2005년
- ▶ 피스 개수: 3441개
- ▶ 미니피겨: 없음
- ▶ 출고가: 269.99달러

10143 데스 스타 2는 〈스타워즈 에피소드 6: 제다이의 귀환〉에 나오는 데스 스타 2를 모델로 만들었지만 데스 스타에 대한 이야기를 하려면 아래의 고전적인 대화가 먼저 나오는 게 맞다. 이 또한 대형 사이즈의 맏형 격인 UCS 레고 세트의 하나로, 3500여 개의 피스로 이루어져 있다. 10143은 파손된 부분을 보수 중이나 여전히 제 기능을 온전히 수행하고 있는 복제판 데스 스타다. 10030 임페리얼 스타 디스트로이어와 마찬가지로, 이 세트는 회색 계열의 레고 브릭 덩어리다. 전통의 UCS 명판과 데스 스타 2의 적도를 따라 도는 슈퍼스타 디스트로이어 이제큐터가 보너스로 들어 있다. 이 세트의 조립은 복잡하고 오래 걸린다. 숙련된 레고 조립가라야 완주가 가능한 난이도다. 비슷한 기능의 회색 브릭이 엄청나게 많아 미숙한 조립가는 실수하기 쉽고, 그러다 보면 레고 조립 과정이 즐겁기보다는 머리를 쥐어뜯는 스트레스가 될 수도 있다. 그럼에도 불구하고 완성된 전시품은 대단히 멋지다. 어느 레고 소장품과 함께 놓아도 단연 돋보이는 보석 같은 세트다. 이 세트의 가격은 실로 천문학적인 수치를 기록하는데 최근 1500달러라는 경이로운 숫자를 찍었다. 2005년의 출고가 269.99달러는 3500피스치고는 출고가로 괜찮은 가격이었다. 지난 1년간 투자수익률은 400퍼센트를 훌쩍 넘어섰다. 이 세트에 집중되는 새로운 관심은 아마도 2020년까지 예정된 새로운 스타워즈 영화들의 개봉 소식 때문일 가능성이 상당히 높다.

▶ 신제품: 1481달러   ▶ 중고품: 767달러

> **오비완 케노비:** 달이 아니야. 그건 우주정거장이야.
> **한:** 우주정거장이라기엔 너무 커.
> **루크:** 어쩐지 예감이 안 좋은데.
> 〈스타워즈 에피소드 4: 새로운 희망〉

10030 임페리얼 스타 디스트로이어는 길이 91.44센티미터, 무게 9킬로그램의 위용을 자랑한다.

10030 임페리얼 스타 디스트로이어
(Imperial Star Destroyer)

- ▶ 출시 연도: 2002년
- ▶ 피스 개수: 3096개
- ▶ 미니피겨: 없음
- ▶ 출고가: 299.99달러

스타워즈의 팬이라면 누구나 영화 〈스타워즈 에피소드 4: 새로운 희망〉 첫 번째 액션 장면을 잊지 못할 것이다. 스타워즈 하면 대표적으로 떠오르는 은하계 사진을 배경으로 노란색 글자의 띠가 지나고 나면 흰색과 빨간색 우주선이 혜성과 같이 등장한다. 바로 반군 블라케이드 러너다. 70년대 중반에는 대단한 액션 장면이었고, 엄청난 특수 효과였다. 하지만 반군 블라케이드 러너를 추격하며 뒤에 등장한 임페리얼 스타 디스트로이어는 훨씬 더 강렬한 인상을 주었다. 당시 임페리얼 스타 디스트로이어는 스타워즈 우주선 중에서도 '빅 대디' 격이었다. 레고 세트 중에도 막강한 우월함을 자랑하는 세트다. 2002년 10030 임페리얼 스타 디스트로이어는 소매점에서 판매된 제품들 중 가장 큰 레고 세트로, 3096피스로 이루어져 레고 세트 중에서도 단연 '빅 대디'가 되었다.

전시성을 놓고 보자면 이 세트는 크기에서 먼저 압도적이다. 길이 91.44센티미터로 다른 세트와 비교가 불가하다. 10030 임페리얼 스타 디스트로이어는 완성된 모델 표면 전체에 걸쳐 수없이 많은 그리블로 뒤덮여 있어 그야말로 정교함의 정점을 보여준다. 또한 사이즈, 엔진 종류, 무기에 대한 스펙을 인쇄해놓은 UCS 명판이 포함되어 있다. 마지막으로, 같은 비율로 축소한 소형 레플리카 반군 블라케이드 러너가 들어 있어 완성된 조립품에 스타일을 더한다.

이 제품은 출고가 299.99달러에서 시작해 역사적인 수준에 도달하고 있다. 2014년 기준으로 거래가는 1500달러로, 레고 중고 시장에서 거래된 가장 비싼 세트 중 하나이며, 원래의 출고가를 4배 뛰어넘은 가격이다. 10030 세트는 개인적으로도 가장 좋아하는 세트 중 하나이며, 내가 레고 수집을 다시 시작하게 된 계기가 되었다.

$ ▶ 신제품: 1527달러 ▶ 중고품: 783달러

스포트라이트

7191
X-윙 파이터
(X-Wing Fighter)

- ▶ 출시 연도: 2000년
- ▶ 피스 개수: 1300개
- ▶ 미니피겨: 1개
- ▶ 출고가: 149.99달러

때는 2000년, 당시 레고 그룹은 적자에 허덕이고 있었다. 어린이들 사이에서 제품에 대한 인기는 날로 높아졌지만, 2000년대 초반에는 성공적인 사업으로 이어지지 않았다. 변화가 필요했다. 레고 그룹은 조립하기 복잡하면서 정교한 디자인을 가진 레고 세트를 만들어 성인 팬에게 어필하기로 사업 방향을 바꿨다. 이에 따라 얼티미트 컬렉터 시리즈 서브 테마가 만들어졌고, 여기에는 스타워즈 영화의 유명한 상징적인 소품과 캐릭터들이 포함되었다. 종전의 레고 세트보다 크기도 크고 훨씬 비싼 가격의 제품들이 생산되기 시작했다. 7191 X-윙 파이터는 이렇게 해서 새로이 시작된 UCS 세트의 최초 모델이다.

스타워즈의 팬이라면 〈스타워즈 에피소드 4: 새로운 희망〉의 마지막 전투 장면을 기억할 것이다. 루크 스카이워커가 알투디투를 부조종석에 태우고 X-윙 파이터를 재빠르게 조정해 위압적인 데스 스타를 결정적인 한 발로 폭파시키던 장면 말이다. X-윙 파이터 또한 레고 디자이너들의 천재성이 돋보이는 세트 중 하나라 생각한다. 1300개 피스로 구성된 X-윙은 출시 당시 일반 소비자에게 판매된 레고 세트 중 7번째로 큰 세트였으며, 세련된 검은색의 박스와 X-윙 파이터의 뒷모습은 누구라도 매료될 만했다. 레고에서 박스에 메시지를 포함시킨 것도 이 세트가 처음이었다. 초기 박스와 세트의 밝은 색상과 아동 취향의 상상의 세계는 가고, 새롭고 성숙해진 레고 시대가 열린 것이다.

출시 당시, 7191 X-윙 파이터의 조립 난이도는 시대를 앞선 감이 있었다. 완성된 제품은 원래 영화에 등장하는 우주선의 축소 버전에 가까웠다. 이전의 스타워즈 레고 시리즈와 달리 이 세트는 겉모습과 색채 사용에 있어 실제와 완벽하게 똑같았다. 고전적인 'X' 자 모양으로 종래의 닫힌 모양에서 날개를 움직일 수 있도록 했던 것은 내부의 테크닉 기어를 통해 가능했고, 이를 통해 다른 많은 UCS 세트들이 갖지 못하는 조작성을 가진 세트가 탄생했다. 그러나 UCS 세트는 '전시용' 세트로 봐야 맞다. 애초에 사무실, 작업실, 침실에 전시할 목적으로 제작되었기 때문이다.

보통은 특정 배나 캐릭터의 이름과 스펙을 적은 UCS 특별 명판을 포함하기 마련인데, 이 세트는 종과 호각을 포함하고 있다. 그 때문에 책상 위의 멋진 진열품 역할을 하면서도 슝- 효과(Whoosh-effect)를

7191 X-윙 파이터는 미니피겨를 포함하는 최초의 UCS 세트였다. 사진에 나온 세트는 알투디투 미니피겨를 포함하고 있다.

> X-윙 파이터는 레고의 세계에서는 최고의 비행 효과를 낼 수 있는 세트다.

> X-윙 파이터는 첫 번째 UCS 스타워즈 세트다.

내며 갖고 놀 수 있어 장난감으로서도 매력 요소가 크다. '슝—효과'가 무엇이냐고? 레고 세트(아니면 어떤 탈것 장난감이라도)를 들고 방을 돌아다니면서 엔진 소리를 내며 상상 속의 무기를 발사하면서 갖고 노는 것을 말한다. 5세짜리 레고 팬들도, 55세의 노인 팬들도 그렇게 논다. 7191 X-윙 파이터는 입으로 소리를 내면서 가지고 놀기에 최고의 효과를 갖는 레고 세트다. 세트의 구성을 보면 미니피겨로 알투디투가 포함되어 있다. 이는 초창기 UCS 세트에서 흔히 보기 힘든 요소였다.
7191 X-윙 파이터는 지난 14~15년 동안 좋은 실적을 보였다. 출고가 149.99달러로 시작한 7191 X-윙 파이터는 꽤 오랫동안 900달러 선을 유지해왔다. 투자수익률로는 500퍼센트가 넘는 수준이다. 흥미로운 점은 7191이 생산된 순서로도, 리메이크된 순서로도 최초의 UCS 세트라는 것이다. 2013년에는 조금 더 큰 X-윙이 더 높은 가격에 출시되었다. 바로 10240 레드 파이브 X-윙 스타파이터다. 다른 건 다 차치하더라도, 10240은 7191 X-윙과 동일한 기본 세트였다. 통상 새 버전이 출시하기 직전이나 직후에는 이전 버전 레고의 가격이 떨어지기 마련이다. 7191 X-윙은 이런 법칙을 깨뜨리고 리메이크 버전인 레드 파이브 X-윙 스타파이터가 출시된 이후로도 오랫동안 가치가 오르고 있다.

이런 긍정적인 가격 상승을 보더라도 7191의 원래 디자인이 얼마나 훌륭한 것인지 알 수 있다. 15년이라는 세월이 흐른 지금도, 비슷한 모델을 200달러에 살 수 있는데도 불구하고 레고 세트 하나에 900 달러씩이나 지불할 용의가 있는 사람들이 존재하니 말이다.

$ ▶ 신제품: 970달러 ▶ 중고품: 305달러

 7191 X-윙 파이터는 리메이크가 나온 최초의 UCS 오리지널 세트다. 10240 레드 파이브 X-윙 스타파이터는 조금 더 크고 더 비싼 세트이지만, 전체적으로 볼 때 2세트는 거의 동일한 모델이다. 리메이크 버전은 오리지널 버전의 가격을 낮추거나 가격 상승세를 주춤하게 만들곤 한다. 하지만 7191 레드 파이브 X-윙 스타파이터의 경우는 다르다. 오리지널 버전인 7191은 10240 레드 파이브 X-윙이 출시된 이후 이전 기록보다는 약세를 보이지만 지속적인 성장세를 이어가고 있다.

> 레이무스 안틸러스: 이건 영사 우주선이야.
> 우린 외교 임무를 수행하러 온 거라고.
> 다스 베이더: 영사 우주선이라면, 대사는 어디 있나?
> 〈스타워즈 에피소드 4: 새로운 희망〉

10019 반군 블라케이드 러너는 반란군 함대에서 가장 날렵한 함선은 아니지만, 11개의 이온 터빈 엔진을 가진 빠른 우주선이다.

10019 반군 블라케이드 러너
(Rebel Blockade Runner)

▶ 출시 연도: 2001년
▶ 피스 개수: 1747개
▶ 미니피겨: 없음
▶ 출고가: 199.99달러

스타워즈 팬이라면 〈스타워즈 에피소드 4: 새로운 희망〉에서 화면 속으로 폭발하며 사라지던 첫 번째 우주선을 기억할 것이다. CR90 코렐리안 코르벳 혹은 일반적으로 반군 블라케이드 러너로 불리는 11개의 거대한 이온 터빈 엔진을 달고 빨간색이 드문드문 보이는 날렵한 흰색의 우주선을 말이다. 이 우주선의 공식 명칭은 탄티브 4였다. 맨 위에 인용한 심각한 대화는 다스 베이더가 오리지널 3부작에 최초로 등장해 탄티브 4 내부에서 나눈 것이다. 앞으로 다스 베이더가 보여줄 선과 악에 대한 고뇌와 액션으로 가득한 시리즈 전반의 복선을 깔고 있다.

레고 제품으로 보자면 10019 반군 블라케이드 러너는 2001년에 출고가 199.99달러로 출시되었다. 1747피스로 이루어졌으며, 당시 출시된 레고 세트 중 가장 큰 세트 중 하나였다. 스타워즈 UCS 세트가 그러하듯, 10019 반군 블라케이드 러너는 미니피겨가 없는 반면 전통적인 UCS 명판이 포함되어 있다. 특수 브릭이 많고, 다른 세트에서 볼 수 없는 색채가 많으며, 부서지기 쉬운 구조를 가졌다. 살짝만 건드려도 11개의 이온 터빈 엔진이 부서질 것만 같은 이 모델도 역시 다른 UCS 세트처럼 조작성보다 전시성을 목적으로 기획되었다. 이 세트의 가격은 1000달러 선에 머무르고 있으며, 중고 시장에서 10년 이상 시간이 흐른 지금까지도 꾸준히 상승하고 있다.

▶ 신제품: 1232달러 ▶ 중고품: 589달러

10129 반군 스노우스피더
(Rebel Snowspeeder)

- ▶ 출시 연도: 2003년
- ▶ 피스 개수: 1455개
- ▶ 미니피겨: 없음
- ▶ 출고가: 129.99달러

스노우스피더의 흰 동체 위 오렌지색 스트라이프는 얼음 행성 호스의 눈을 배경으로(아마도 당신의 책상 위에서도!) 선명하게 시선을 잡아끈다.

〈스타워즈 에피소드 5: 제국의 역습〉에 나오는 얼음 행성 호스의 설경 속 전투 장면은 스타워즈 시리즈 전체에서도 가장 상징적인 장면 중 하나로 회자되고 있다. 이는 우주가 아닌 지구와 비슷한 환경에서 본격적으로 반군과 제국군이 맞닥뜨리는 최초의 전투 장면이다. 반군 연합의 유일한 희망은 T—47 에어스피더이며, 레고 세트 명칭으로는 '반군 스노우스피더'이다.

반군 스노우스피더는 이후 에피소드에서는 중요한 역할을 하지 않지만, 많은 팬들과 레고 수집가들이 이 우주선을 각별히 사랑하므로 1000달러가 넘는 가격이 되었다. 2003년 출고 당시 129.99달러로 출발한 반군 스노우스피더는 1400개가 넘는 피스로 구성되었으며, 레고 수집가와 투자자들에게는 좋은 투자 수단으로 이미 그 가치를 증명했다. 이 세트는 지난 10년간 700 퍼센트의 투자수익률을 보였으며, 스타워즈의 세계에서는 전체 가격과 투자수익률 면에서 거의 최고 기록을 보유하고 있다. 반군 스노우스피더의 겉모습은 매우 정교하며, 조작성 또한 뛰어나다. 실내에서 '슝—' 하고 10129 세트를 가지고 놀 수도 있으니 소장하면 재미가 배가 될 것이다. 10129 세트는 UCS 명판과 함께 진열하면 더욱 빛난다. 결론적으로, 이 세트는 화려하지 않아 레고 자유게시판에서 레고 투자자들로의 관심을 거의 받지 못하지만 대단한 수익을 창출한다. 레이더망에 걸리지 않는 투자를 위한 완벽한 레고 세트라 할 만하다.

 ▶ 신제품: 1084달러　▶ 중고품: 593달러

10134 Y—윙 어택 스타파이터
(Y-Wing Attack Starfighter)

- ▶ 출시 연도: 2004년
- ▶ 피스 개수: 1473개
- ▶ 미니피겨: 1개
- ▶ 출고가: 119.99달러

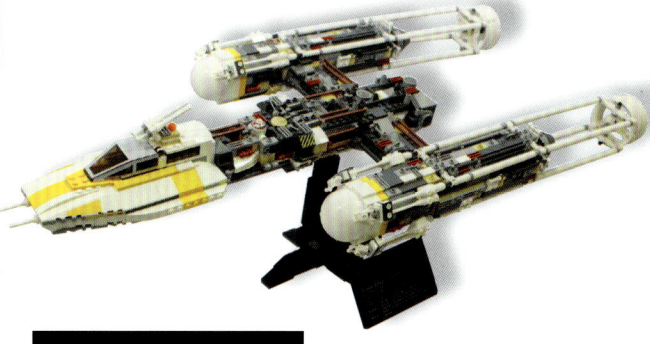

10134 Y—윙 어택 스타파이터는 2004년 출고가 119.99달러에 출시되었고, 최근 10년간 가격이 꽤 상승했다. 10134는 최근 800 달러 선에 달했고, 신제품의 경우 500퍼센트가 넘는 수익률을 거둘 수 있다. 사실 10134는 인기가 좋은 7191 X—윙 파이터와 비교할 때 더 높은 투자수익률을 보여 왔다. 7191 X—윙 파이터의 경우, 리메이크인 10240이 출시되면서 수익률이 좀 낮아진 것으로 설명이 가능하다. 때때로 어떤 세트에서 리메이크가 나오면 이전 버전의 가격이 더 이상 오르지 않거나 낮아지곤 한다. 7191 X—윙 파이터는 레드 파이브 버전이 나온 뒤에도 가격 상승세가 주춤하거나 하락세로 돌아서지 않았지만, 전반적으로 오름세가 늦춰질 가능성이 있다. 7191, 10129 반군 스노우스피더, 7181 타이 인터셉터, 그리고 유사한 다른 UCS 세트와 마찬가지로 10134는 진열 가치와 조작성이 뛰어나다. 이 중 어떤 하나라도 집어 들고 방에서 '슝—' 소리를 내며 재미있게 놀 수 있다. 1400 피스로 이루어진 이 세트에는 UCS 스탠더드 명판도 포함되어 있다. 조립은 전반적으로 단순하지만 엔진 부분은 약간 까다로울 수 있다. 결론적으로, 견고한 조립성과 투자 가치를 갖는 제품이라 하겠다.

10134는 7191 X—윙 파이터에 비해 관심을 못 받고 있지만, 중고 시장에서 비슷한 성장세를 보여 왔다.

▶ 신제품: 842달러　▶ 중고품: 465달러

> 나는 이 이글거리는 오렌지색 반투명 플라스틱 눈동자와 마주칠 때마다 오싹해진다.

10018 다스 몰(Darth Maul)

- ▶ 출시 연도: 2001년
- ▶ 피스 개수: 1868개
- ▶ 미니피겨: 없음
- ▶ 출고가: 149.99달러

2001년에 출시된 10018 다스 몰은 이제껏 나온 레고 세트 중 가장 독특한 모델이라 생각한다. 10018은 가장 눈에 띄면서 가장 사악한 스타워즈 캐릭터 중 하나인 다스 몰을 실물 크기 레고 흉상으로 제작한 세트다. 이렇게 거대한 사이즈로 인물의 흉상을 제작하거나 디자인한 것은 다스 몰이 유일하다. 1800피스가 넘는 이 레고 세트는 시각적 존재감이 대단하다. 검정과 빨강의 강렬한 대비, 여러 개의 뿔, 이글거리는 오렌지색 눈은 그야말로 사악한 기를 뿜는 작품이다. 어린아이들이 있는 집에 설치하기에는 너무 무서운 모델일 수도 있다. 10018 다스 몰은 전통적인 UCS 세트가 아니다. 10018은 운송 수단이 아니고, 다른 많은 UCS 세트가 갖추고 있는 특별 보너스인 UCS 명판이 없다. 다스 몰은 세트 한정인 작은 '로고 브릭'을 포함하고 있으나, 세트의 스펙이나 이름을 적어놓은 명판의 성격은 아니다. 조립 측면에서 보면 대단히 난이도가 높은 세트다. 다른 레고 세트의 조립 설명서는 측면 관점에서 만들어졌지만, 다스 몰은 위에서 내려다본 조감도 관점으로 설명서를 제공하고 있다. 대조적인 브릭 유형과 색깔(대부분 검은색)이 없다는 점을 포함해 조감도 관점의 설명서를 보고 조립해야 한다는 면에서 볼 때 조립 난이도가 상당히 높아 성인 레고 팬이라야 완성할 만한 제품이다. 가격 면에서 보자면 10018 다스 몰은 출고가 149.99달러로 시작해 700달러 선을 넘어서는 강력한 상승세를 보이고 있다.

> 10018 세트는 조립 난이도가 상당히 높고 실물감이 넘치는 레고 흉상이다. 검정과 빨강, 단 두 가지의 컬러가 극렬한 대비를 이루고 있으며, 위에서 내려다본 관점의 조립 설명서로 인해 조립 과정이 까다롭다.

$ ▶ 신제품: 836달러 ▶ 중고품: 454달러

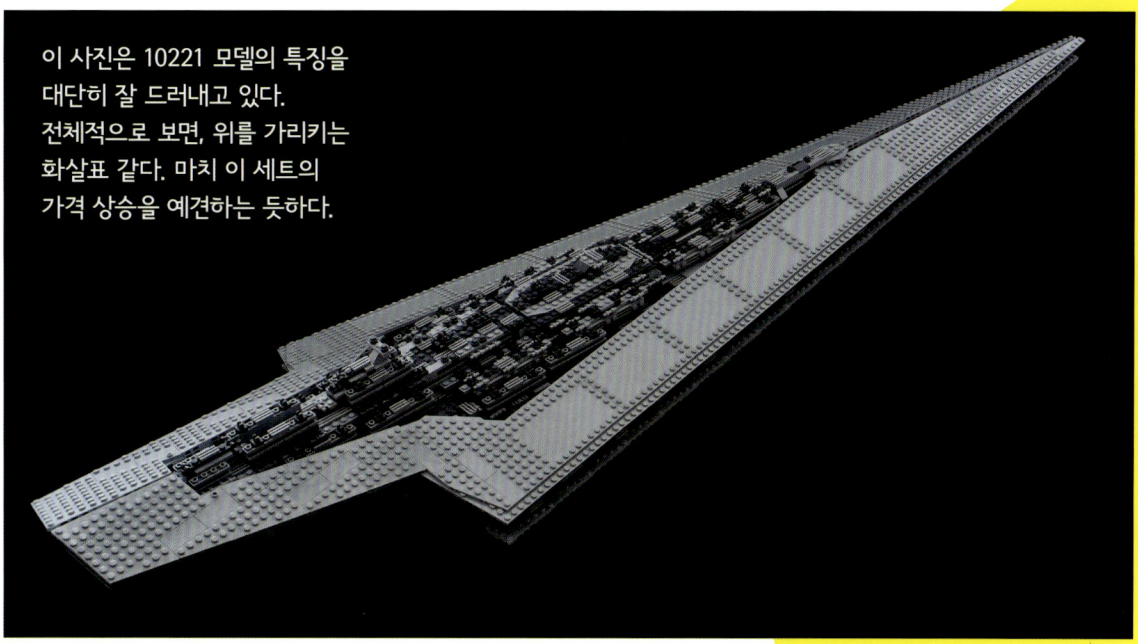

이 사진은 10221 모델의 특징을 대단히 잘 드러내고 있다. 전체적으로 보면, 위를 가리키는 화살표 같다. 마치 이 세트의 가격 상승을 예견하는 듯하다.

10221 슈퍼스타 디스트로이어
(Super Star Destroyer)

- ▶ 출시 연도: 2011년
- ▶ 피스 개수: 3152개
- ▶ 미니피겨: 5개
- ▶ 출고가: 399.99달러

슈퍼스타 디스트로이어. 이름만으로도 가슴이 벅차고 실물로 보면 더욱 가슴이 뛴다. 이제큐터(Executor)라고도 부르는 이 우주선은 스타워즈 영화에 등장하는 2000종이 넘는 무기를 장착하고 있으며 30만 명에 가까운 승조원이 탑승한다. 겉모습의 위용만으로도 대단한 이 우주선은 다스 베이더가 개인 기함으로 사용하는 제국 해군의 제1지휘함선이다.
영화 속의 슈퍼스타 디스트로이어가 뛰어난 비주얼을 자랑하는 우주선인만큼 10221 슈퍼스타 디스트로이어도 위풍당당한 풍모를 자랑하는 레고 세트다. 날렵하고 스타일 넘치는 이 레고 세트는 3152개나 되는 피스가 필요하며, 완성 후 길이가 122센티미터에 달한다. 슈퍼스타 디스트로이어는 레고 피스 중에서도 가장 큰 종류인 대형 플레이트와 테크닉 빔을 사용한 탓에 무게가 약 6.8킬로그램이다. 이 세트의 특별 보너스면서 오래된 UCS 세트와 차별되는 점은 미니피겨가 5개나 포함되어 있고, 그중 3개가 세트 한정이라는 것이다. 여기에는 다스 베이더, 보스크, 덴가(10221 버전, 세트 한정), IG-88(10221 버전, 세트 한정), 피에트 제독(세트 한정)이 해당된다. 이들은 슈퍼스타 디스트로이어 함체 상단부에 숨겨진 특수 '통제실'에 위치한다. 축척에 정확히 맞지는 않지만 미니피겨를 세트 디자인에 포함시킨 것은 창의성이 돋보이고, 역동적인 진열품으로서 완구적 가치도 살리고 있다.
10221 슈퍼스타 디스트로이어는 세트 중 비교적 최근에 단종된 모델에 해당된다. 최초 출고가는 399.99달러로, 이제까지 나온 전통적 레고 세트 중 10179 밀레니엄 팔콘을 제외하면 가장 높은 가격으로 출고되었다.

> 10221 슈퍼스타 디스트로이어는 완성품으로는 122센티미터지만, 영화 속에서는 수 킬로미터에 달하는 거대한 우주선이다.

놀라운 것은 단종된 지 18개월이 지났으나 출고가의 2배 가까운 가격으로 올랐다는 점이다. 10179 밀레니엄 팔콘이나 10030 스타 디스트로이어 같은 초기 슈퍼 사이즈 레고 세트와 비슷한 상승세로 이어진다면, 이 세트의 가치는 천정부지로 치솟을 수도 있다.

$ ▶ 신제품: 648달러 ▶ 중고품: 510달러

> 7191 X-윙 파이터와 7181 타이 인터셉터는 성인 팬들의 취향에 맞춘 세밀하고 정교한 스타워즈 시리즈의 새로운 지평을 열었다.

> 다른 타이 시리즈처럼 유명하진 않지만, 타이 인터셉터는 강렬한 인상을 남기는 우주선이다.

7181 타이 인터셉터(TIE Interceptor)

- ▶ 출시 연도: 2000년
- ▶ 피스 개수: 703개
- ▶ 미니피겨: 없음
- ▶ 출고가: 99.99달러

7181 타이 인터셉터는 7191 X-윙 파이터와 함께 UCS 시리즈가 처음 시작되던 2000년에 출시된 모델이다. 99.99달러에 출고된 703피스 구성의 7181 타이 인터셉터 세트는 스타워즈 UCS 팬들의 관심을 제일 못 받은 편이다. 스타워즈 영화에서 이렇다 할 활약을 한 우주선이 아니기 때문인 듯하다. 인기가 더 좋은 타이 파이터나 인지도가 높은 다스 베이더의 타이 어드밴스드 파이터와 달리, 타이 인터셉터들은 〈스타워즈 에피소드 6: 제다이의 귀환〉에서 더 자주 등장한다.

이 세트의 디자인과 빌드는 단순해서 특이할 만한 것이 없다. 진열 가치가 뛰어나지만, 개인적으로 파랑과 검정의 색채 조합은 정교한 느낌이 없다고 생각한다. 내 생각에 이 색채들은 각지고 뾰족한 날개를 한 날카로운 우주선의 전체적인 분위기를 망쳐놓는 주범이다. 7181 타이 인터셉터는 600달러가 넘게 올라 수익률이 500퍼센트가 넘지만, 가격이 올랐음에도 불구하고 레고 수집가들의 관심을 많이 받지 못하는 세트 중 하나이다. 7181 타이 인터셉터는 리메이크된 적이 없고 UCS의 형태로는 리메이크 버전이 나오지 않을 가능성이 높아 그만큼 희소성과 고유성이 있다고 간주된다. 이에 따라 새로운 스타워즈 영화 시리즈는 7181에 대한 수집가들의 관심을 환기시킬 수 있을 듯하다. 클래식한 멋과 전문적인 느낌이 어우러지는 뛰어난 박스 아트 또한 제품 가치를 높이는 데 도움이 되고 있다. 결론적으로, 중대형 화려한 모델들에 가려 다소 빛을 못 보고 있지만, 실속 있는 UCS 세트라 하겠다.

▶ 신제품: 679달러 ▶ 중고품: 179달러

10175 베이더의 타이 어드밴스드의 조종석에 다스 베이더는 빠졌다. 불행히도 다스 베이더 미니피겨는 수정을 하지 않고는 끼울 수가 없다.

우주선의 전력을 제공하는 태양전지판이 비스듬히 정렬된 모습이 멋지다.

10175 다스 베이더의 타이 어드밴스드
(Darth Vader's TIE Advanced)

- 출시 연도: 2006년
- 피스 개수: 1212개
- 미니피겨: 없음
- 출고가: 99.99달러

〈스타워즈 에피소드 4: 새로운 희망〉의 클라이막스 장면인 야빈 전투에서 다스 베이더는 타이 어드밴스드 스타파이터를 타고 극적인 등장을 한 뒤, 한 솔로가 지휘하는 밀레니엄 팔콘호의 공격을 받고 결국 우주로 사라진다. 타이 어드밴스드 스타파이터는 제국 함대의 전통적인 타이 파이터를 교체하기 위해 새롭게 만들어진 타이 파이터의 원형이었다. 업그레이드된 무기, 엔진, 태양전지판을 장착한 타이 어드밴스드 스타파이터는 제국 해군 스타파이터 군단의 자부심이다.

레고 그룹은 2006년 1212피스 규모의 10175 다스 베이더의 타이 어드밴스드를 통해 영화에 나온 전투기의 모습을 그대로 재현했다. 7191 X—윙과 10129 반군 스노우스피더 같은 UCS 파이터들과 마찬가지로, 10175 다스 베이더의 타이 어드밴스드는 진열품뿐만 아니라 장난감으로서의 가치도 뛰어나다. '슝— 효과'가 좋은 것은 물론, 조립 후 전반적으로 정교하며 완성도도 매우 높다. UCS 세트라면 늘 포함되는 UCS 명판은 화룡점정과 같은 느낌을 준다.

10175 다스 베이더의 타이 어드밴스드는 그동안 꽤 괜찮은 가격 상승을 보여 왔다. 출고가 99.99달러에서 출발해 5배에 이르렀으며, 지금은 500달러 선이지만 계속 오르는 추세다. 속속 개봉하고 있는 새로운 스타워즈 영화의 소식도 스타워즈 레고 시리즈의 성장에 좋은 영향을 주고 있는 듯하다.

 ▶ 신제품: 523달러　▶ 중고품: 262달러

7194 요다(Yoda)

- ▶ 출시 연도: 2001년
- ▶ 피스 개수: 1075개
- ▶ 미니피겨: 없음
- ▶ 출고가: 99.99달러

7194 요다 세트는 2001년에 출시된 매우 색다른 제품이다. 전설의 제다이 기사인 요다의 전신을 재현했다. 1000개가 넘는 피스로 구성되어 30센티미터가 조금 넘는 7194 요다는 진열성이 좋아 스타워즈 레고 팬들에게 지대한 관심을 받고 있다. 7194 요다는 스타워즈 영화의 요다를 멋지게 재현하고 있으며, 10225 알투디투 리메이크와 함께 두면 더욱 잘 어울린다. 7194 요다는 통상적인 UCS 명판을 포함하지 않지만 그렇다고 해서 전반적인 진열 가치가 떨어지지는 않는다. 회전이 가능한 머리 부분을 제외하면 조작 가능한 부분은 없다.

7194 요다는 출고가 기준 300퍼센트 수익을 내며 400달러 선에 도달했다. 투자 대비 괜찮은 성과이지만, 다른 UCS 세트와 비교한다면 하위 50퍼센트의 성적이다. 그러나 다른 UCS 세트 대비 미약한 성장세로 인해 더욱 요다 캐릭터의 매력을 느끼게 될 수도 있다. 스타워즈 팬이라면 모두 요다를 좋아하고 보는 것만으로도 즐거워할 거라 생각하지만, 가장 좋아하는 캐릭터를 하나 고르라면 대체로 다스 베이더, 루크, 한 솔로, 혹은 드로이드 중 하나일 것이다. 레고 세트도 마찬가지이다. 7194 요다를

요다 세트는 머리 부분의 회전과 까다로운 귀 부분 조립 때문에 수직 설계도를 보며 진행하는 고난이도의 스킬이 필요하다.

좋아하지만, 실제로 돈을 쓰는 건 더 인기 좋은 UCS 세트가 될 것이다. 결론적으로, 7194 요다는 시대를 아우르는 가장 유명한 영화 캐릭터 중 하나를 레고의 관점으로 멋지게 재현한 제품이다.

 ▶ 신제품: 451달러 ▶ 중고품: 195달러

수집가들은 미니피겨 호환 가능 세트를 좋아해

수많은 레고 팬들과 수집가들에 따르면, 초기 UCS 세트의 가장 큰 단점 중 하나는 미니피겨와 축소 비율이 맞지 않는다는 점이었다. 간단히 말하자면, 완성된 조립품은 조종석에 미니피겨 파일럿을 앉힐 수 없었다는 얘기다. 미니피겨와 비율이 맞지 않는 세트들은 다음과 같다.

- 10175 다스 베이더의 타이 어드밴스드
- 7191 X-윙 파이터
- 7181 타이 인터셉터
- 10129 반군 스노우스피더
- 10134 스타파이터
- 10215 오비완의 제다이 스타파이터
- 10227 B-윙 스타파이터
- 10240 레드 파이브 X-윙 스타파이터

7191 X-윙 파이터와 10240 레드 파이브 X-윙 스타파이터는 둘 다 알투디투 미니피겨를 포함하고 있지만, 조종석에 반군 파일럿을 갖추고 있지는 않다. 위에 언급된 UCS 세트들의 축척이 조금 달라 미니피겨를 완성된 모델의 조종석에 앉힐 수 없다.

대부분 높은 수익률을 보이고 있는 것으로 보아, 축척의 불일치는 위에 언급된 UCS 세트의 중고 시장가격에 있어 중대한 걸림돌은 아니다. 그렇게 볼 때, 레고는 75060 슬레이브 1에서는 이 문제를 해결하고 있는 듯하다. 불명예의 보바 펫 미니피겨가 75060 슬레이브 1의 조종석에 탑승하고 있으니 말이다.

축척 단위를 제대로 일치시킨 미니피겨를 포함하는 레고 UCS 모델을 출시하는 새로운 전략은 미니피겨가 '통화'의 역할을 하는 레고의 중고 시장에서 앞으로 나올 세트들에게 유리하게 작용할 것이다. 미니피겨는 오래된 레고 세트의 가치를 올려주는 중요한 존재다. 미니피겨가 포함된 레고 세트는 출고가가 더 높다는 게 정설이다. ABS 플라스틱으로 만든 이 작은 사람들이 레고 팬들에겐 '사랑'이다.

10212 임페리얼 셔틀.

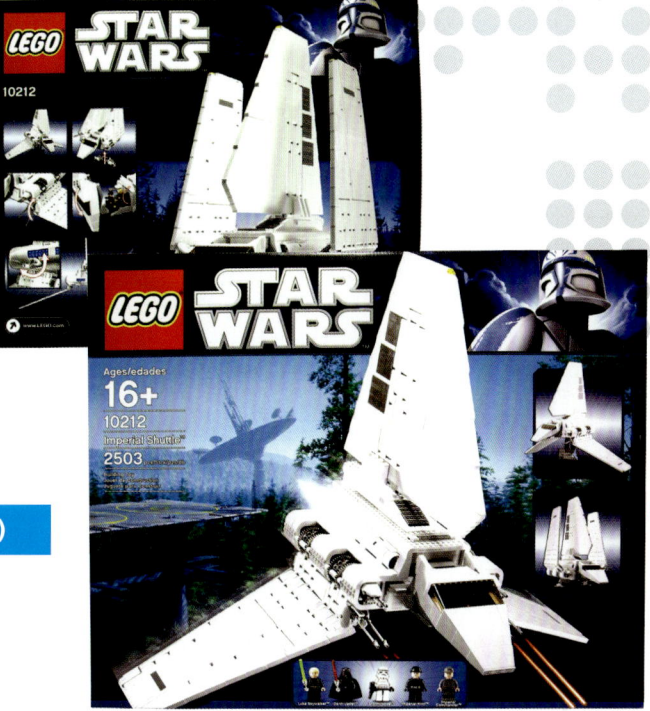

10212 임페리얼 셔틀(Imperial Shuttle)

- ▶ 출시 연도: 2010년
- ▶ 피스 개수: 2503개
- ▶ 미니피겨: 5개
- ▶ 출고가: 259.99달러

10212 임페리얼 셔틀의 공식 명칭은 람다급 T-4a 셔틀이다. 스타워즈 영화 시리즈에서 전투나 액션 장면에 등장해 맹활약을 하는 유명한 비행선은 아니지만, 이 매력적인 우주선의 존재감은 무시할 수 없는 수준이다. 다스 베이더 혹은 제국의 군주가 타고 다니는 이 우주선은 영화 속에서 기품 있게 날개를 접으며 착륙하는 멋진 모습을 보여주었다.

레고로 만든 임페리얼 셔틀도 대단한 볼거리다. 개인적으로 백조의 모습을 떠올리게 하는 멋진 모델이라 생각한다. 이 복제판은 설치 받침대가 상당히 높아, 이륙이나 착륙 시 접이식 날개가 완전히 펼쳐질 수 있게 해준다. 임페리얼 셔틀은 UCS 받침대와 명판을 사용할 수 있고 랜딩 기어를 부착할 수 있어 스타 디스트로이어나 엔도의 달 착륙대에서처럼 설치할 수도 있다. 임페리얼 셔틀의 또 한 가지 멋진 특징은 레고 테크닉 기어 드라이브를 통해 날개를 접고 펼치는 대단히 유용하고 창의적인 기능을 구현한다는 점이다.

10212 임페리얼 셔틀은 조종석에 꼭 맞는 미니피겨를 포함하고 있으며, 이 중에는 다스 베이더, 스톰트루퍼, 루크 스카이워커(제다이 기사, 세트 한정), 제국군 장교(임페리얼 셔틀 장교, 세트 한정), 제국군 조종사(세트 한정)가 있다.

앞서 언급했듯이, 세트에 포함된 미니피겨 중 3종이 세트 한정이다. 미니피겨치고 엄청난 인기를 끄는 종류는 아니지만, 중고 시장의 세트 가격을 받쳐주는 무시하지 못할 역할을 한다. 재판매 가치를 놓고 볼 때, 10212 임페리얼 셔틀은 과거 수년간 중간 수준의 성적을 보여주었다. 단종된 지 2년여의 시간이 지나고

10212 임페리얼 셔틀의 박스 앞면에는 '비행' 모드로 날개를 펼친 모습이, 뒷면에는 날개를 접고 착륙하는 모습이 있다.

400달러 선이니, 출고가 259.99달러를 생각하면 그리 나쁘지 않은 성적이다. 포장 박스는 세트 크기에 비해 매우 작아, 레고 투자자들과 리셀러들은 비용 대비 가치에 대해 고민할 수도 있다. 완성된 모델은 대단히 크고 웅장하지만, 오프라인 레고 숍에서 팔리는 세트들이 대체로 그렇듯 박스는 그리 거대하지 않다. 결론적으로, 이 세트는 전시 가치가 대단히 높은 웅장한 세트로서 가지고 놀 만한 조작성도 포함하고 있다. 가치 상승은 느리지만 꾸준히 지속될 것으로 보이며, 특히나 2015년 말 새 영화 출시를 통한 특수 효과도 기대할 만하다(2016년 현재 영화 개봉 이후 고공행진을 이어가던 중 단종—옮긴이).

$ ▶ 신제품: 453달러 ▶ 중고품: 333달러

10026 스페셜 에디션 나부 스타파이터의 크롬 브릭은 희소가치가 대단해 세트 가격 상승을 이끄는 재료가 된다. **출고가의 10배는 기본!**

10026 스페셜 에디션 나부 스타파이터
(Special Edition Naboo Starfighter)

- ▶ 출시 연도: 2002년
- ▶ 피스 개수: 187개
- ▶ 미니피겨: 없음
- ▶ 출고가: 39.99달러

2002년 출시된 10026 스페셜 에디션 나부 스타파이터는 UCS 세트라 해서 다 크고 비싸고 수천 개의 브릭으로 이루어진 것은 아니라는 사례를 보여준다. 브릭 수는 187개에 불과하지만 희귀성과 스타일로 인해 그 가치를 충분히 인정받는다. 이 세트는 나부 스타파이터에만 볼 수 있는 많은 특수 브릭들이 있고, 이 중 대부분은 크롬 코팅이 되어 있다. 특수 브릭이 아니더라도, 나부 스타파이터의 차가운 크롬과 강렬한 노란색 브릭은 작지만 확실한 고전미를 뽐내는 진열품이다. 전통적인 UCS 명판 또한 완성미를 더해주는 요소가 된다. 스타워즈 팬의 책상이나 사무실에 편안한 만족을 줄 만한 아이템이다.

나부 파이터가 출고가 39.99달러에 출시된 초기에는 더 크고 유명한 여타의 탈것이나 캐릭터 레고들로 인해 팬들의 관심 밖으로 밀려나 있었다. 하지만 이제 350달러까지 가격이 올라 단종 후 수익률이 700퍼센트를 넘어선 시점에서는 대다수 팬들에게 큰 아쉬움을 남겨줄 듯하다. 이 세트는 투자 금액에 비해 탁월한 성적을 냄으로써 레고 세트가 모양과 사이즈를 불문하고 언제든 중고 시장의 스타가 될 수 있다는 점을 보여준 좋은 사례라 하겠다.

▶ 신제품: 350달러 ▶ 중고품: 159달러

UCS 표준 명판이 포함되어 있지 않지만, 커스텀 버전의 명판을 이베이에서 구할 수 있다.

75059 샌드크롤러는 내부 디자인을 볼 수 있는 여러 개의 문과 비밀 공간들이 있다.

75059 샌드크롤러(Sandcrawler)

- ▶ 출시 연도: 2014년
- ▶ 피스 개수: 3296개
- ▶ 미니피겨: 14개
- ▶ 출고가: 299.99달러

75059 샌드크롤러는 2014년 출시된 제품으로 현재는 단종된 제품이다. 75059 샌드크롤러는 3296피스로 이루어졌으며, 미니피겨 14개 중 9개가 세트 한정이다.

스타워즈 오리지널 3부작의 〈에피소드 4: 새로운 희망〉에 나오는 초대형 운송 수단으로 자와족이 이용하는 샌드크롤러를

9개가 세트 한정인 14개의 미니피겨가 포함되어 있다.

멋지게 재현한 레플리카이며, 조작도 가능하다. 75059는 훨씬 더 적은 1699 피스로 구성된 초기의 10144 샌드크로러 모델의 리메이크 버전이다. 10144 샌드크롤러는 300달러를 넘어섰다가 260달러로 하락했다. 리메이크나 새 모델이 출시되면 레고 세트는 가치를 잃는다는 점을 기억하기 바란다.

그러나 75059 샌드크롤러는 앞날이 창창한 세트다. 아직 소매점에서 판매 중이지만, 수익성이 있을 법한 레고 수집품을 구매할 기회가 있다고 해석할 수 있다. 가까운 시일 내에 샌드크롤러의 새로운 모델이 제작될 가능성은 낮으므로, 수집가 입장에서는 대형급인 299.99달러짜리 UCS 세트를 산다면 새 모델이 출시되어 수집품의 가치를 낮아질 걱정은 더는 셈이 된다. 대부분의 UCS 세트는 진열품으로서만 유용하다. 크기가 큰 데다 자칫 잘못하면 부서지기 때문이다. 하지만 75059 샌드크롤러는 크기가 크면서도 완구로서 활용할 수 있다. 더구나 미니피겨가 많아서 가지고 노는 재미가 있다. 개인적으로는 보통 UCS 세트에 포함되는 명판이 없다는 점이 아쉽지만, 이베이에서 창의적인 사람들이 만든 스티커를 팔고 있으니 커스텀 명판을 만들 수는 있다. 이 거대한 갈색의 세트는 분명 언젠가는 흐뭇한 수익을 가져다줄 것이다. 하나쯤 소장하길 추천한다.

▶ 신제품: 303달러 ▶ 중고품: 250달러

10174 임페리얼 AT-ST 박스 앞면과 뒷면 사진.
겉멋을 부리지 않은 소박한 디자인이다.

10174 임페리얼 AT-ST
(Imperial AT-ST)

- ▶ 출시 연도: 2006년
- ▶ 피스 개수: 1068개
- ▶ 미니피겨: 없음
- ▶ 출고가: 79.99달러

AT-ST란 All Terrain Scout Transport(전 지형 정찰 수송선)의 약자로서, 특유의 새 같은 전체 모습과 닭 같은 걸음걸이 때문에 '닭다리 워커'라는 별칭도 있다. 제국군 AT-ST는 본래 제국 부흥을 위한 병기로 제작되었고, 클론 전쟁과 은하내전 등 수많은 전투에서 중요한 역할을 했다. 빅 브라더 격인 AT-AT(전 지형 무장 수송 차량)처럼 극악무도하거나 위험하지는 않지만, 임페리얼 AT-ST는 엔도 전투에서 이웍족과 싸우는 등 다수의 유명한 전투에 등장했다.

임페리얼 AT-ST의 레고 버전은 상대적으로 저평가된 UCS 세트 중 하나라고 생각한다. 출고가 79.99달러에 1000피스가 넘는 구성을 가진 이 제품은 가성비가 꽤 괜찮다. 10174 임페리얼 AT-ST는 현재 300달러 수준이고, 2006년 출시 이후 250퍼센트 넘는 수익률을 기록하고 있다. 일단 겉모습으로도, 영화 속 AT-ST를 대단히 정교하게 재현한 모델이다. 그러나 불행히도 10174 임페리얼 AT-ST에는 그리블이 없다. 10174 임페리얼 AT-ST의 조종석은 거의 없는 거나 다름없다. 임페리얼 트루퍼나 임페리얼 파일럿을 끼울 공간이 충분하고,

이런 미니피겨들이 포함되었다면 중고 가치가 더 높았을 텐데 아쉽기만 하다. 대부분의 UCS 세트처럼 10174 임페리얼 AT-ST에도 UCS 명판이 포함되어 있다.

▶ 신제품: 291달러 ▶ 중고품: 160달러

수직, 수평, 회전각 등 기체의 비행 모드 변환에 맞추어 조종석 회전이 가능하다.

10227 B-윙 스타파이터
(B-Wing Starfighter)

- 출시 연도: 2012년
- 피스 개수: 1487개
- 미니피겨: 없음
- 출고가: 199.99달러

B-윙 스타파이터라고도 하고 반군 조종사들은 '칼날 윙(Blade Wing)'이라 부르기도 하는 반군 함대에서 가장 큰 중무장 비행선 중 하나다. 수직 비행 모드일 때 우주 공간을 칼날처럼 가로질러가는 것처럼 보인다 해서 이런 별명을 얻었다.

겉모습부터 심상치 않은 위엄이 있는 10227 B-윙 스타파이터는 영화 속 전투기를 대단히 아름답게 재현한 모델이다. 명판이 있는 받침대 위에 약간 기울어지게 설치하는 대형 레고 세트이며 조종석은 영화 버전에서처럼 회전이 가능하다. 조립 완성도가 떨어지고 완성 후에 잘 부서진다는 불만이 제기되기도 했지만, 개인적으로 경험한 적은 없다. 대부분의 UCS 세트는 출시 후 최소 2년은 소매점에서 구매가 가능한 편이나 10227 B-윙 스타파이터에 대한 팬들의 관심 부족은 세트의 1년 내 단종으로 이어졌다. 또한 10227 B-윙 스타파이터는 레고 숍앳홈에서 출고가 199.99달러의 반값인 99.99달러에 판매되었다. 놀랍지 않은가? 1500피스급 UCS 세트를 50퍼센트 할인하다니! 레고 숍앳홈에서 본 것 중 최고의 할인이었다.

10227은 레고 중에서도 박스 아트의 완성도가 최고인 모델이라 생각한다. 엄청난 크기, 뛰어난 품질, 그리고 무엇보다도 저 아름다운 그래픽을 보라!

현재 이 모델의 가격은 200달러 수준으로, 거의 출고가에 다다랐다. 하지만 1년쯤 전에 반값에 팔리던 것을 생각하면 99.99달러라는 놀라운 가격에 이 제품을 구매했던 사람은 '제대로' 수익을 챙긴 셈이다. 내 생각에 이 모델이 갖는 두 가지 단점은 미니피겨와 세트의 축소 비율이 맞지 않는다는 것과 조립 과정이 까다로운 데 비해 '슝-효과'가 작다는 점이다.

10227 B-윙 스타파이터는 많은 사람들이 관심을 두지 않고 지나쳐버려 레이더망에 걸리지 않은 고품질의 세트다. 앞으로 3년에서 7년을 내다본다면 느리지만 꾸준히 가격이 오를 거라 생각한다.

▶ 신제품: 209달러 ▶ 중고품: 155달러

10225 알투디투(R2-D2)

- ▶ 출시 연도: 2012년
- ▶ 피스 개수: 2127개
- ▶ 미니피겨: 1개
- ▶ 출고가: 179.9달러

수개월 전 10225 알투디투의 단종 기미가 나타났지만, 많은 수집가와 리셀러들은 2015년 새 영화가 개봉할 때까지는 적어도 소매점에서 구할 수 있을 거라 주장했다. 그러나 10225 알투디투는 결국 단종되는 운명을 맞이했다. 2014년 10월 기준으로 10225 알투디투는 중고 시장에서 180달러에 거래되었다. 출고가 179,99달러 정도다. 이후 4개월을 건너뛰어 2015년 1월 당시 알투디투 가격은 280달러로 폭등했다. 4개월 동안 무려 60퍼센트가 오른 것이다! 레고 수집의 매력을 잘 보여주는 완벽한 모델이라 하겠다. 잘 선택한 레고라면 단종 후 중고 시장가격이 이렇게 폭등할 수 있다는 점을 잘 기억해야 할 것이다. 그렇다면 큰 수익을 내는 세트, 혹은 이익을 많이 남길 수 있는 '잘 선택한' 레고의 조건에는 어떤 게 있을까? 뛰어난 디자인, 뛰어난 전시성, 뛰어난 조작성, 특유의 매력, 두터운 팬층이 필요하다. 희소성도 조건 중 하나가 될 수 있겠지만, 구하기 쉬운 레고 수집품들 중에도 완성도가 뛰어나면서 단종된 후 수익이 짭짤한 경우도 많다. 어떤 수집품이든 일반적인 경로를 통해 더 이상 구할 수 없게 되면 수집 가치가 오르기 마련이다. 레고도 마찬가지다. 레고 수집가들은 단종 직전의 '시기를 재느라' 좋은 레고의 구매 시점을 늦추곤 한다. 하지만 이런 세트들은 예상을 뛰어넘어

알투디투 미니피겨는 명판의 측면으로 설치하게 되어 있다. 센스 만점!

눈 깜짝할 사이에 단종되기도 하니, 구매를 미루었던 수집가들은 결국 출고가보다 높은 가격에 구매할 수밖에 없는 경우가 왕왕 있다. 예산이나 공간의 제약으로 인해 조기 구매를 할 수 없는 레고 수집가와 리셀러들이 10225 알투디투를 사기 위해 대기하는 경우도 이해는 간다. 워낙 특별한 세트이니 말이다. 알투디투는 스타워즈 영화의 상징적인 캐릭터다. 스타워즈 영화를 모르더라도, 워낙 여기저기 사용되는 알투디투의 사진만으로도 충분히 이 드로이드와 사랑에 빠질 수 있다. 레고로 만든 알투디투는 그 자체로 경이롭다. 2100개의 피스로 조립한 10225 알투디투는 영화 속 전설적인 드로이드를 그대로 재현한 작품이다. 머리는 회전되고 전면의 발과 다리, 팔, 블레이드를 접어 넣을 수 있다. 10225 알투디투를 손에 넣을 기회가 있다면 반드시 소장하기 바란다. 2015년 말과 그 이후 개봉하게 될 스타워즈 영화들을 생각해보면, 10225 알투디투를 소장하고자 하는 새로운 팬들은 계속 나타날 것으로 보인다.

$ ▶ 신제품: 254달러 ▶ 중고품: 179달러

10240 레드 파이브 X-윙 스타파이터
(Red Five X-Wing Starfighter)

- ▶ 출시 연도: 2013년
- ▶ 피스 개수: 1558개
- ▶ 미니피겨: 1개
- ▶ 출고가: 19.99달러

10240 레드 파이브 X-윙 스타파이터는 초창기 버전인 전설의 7191 X-윙 파이터(2000년 출시)의 리메이크다. 레고의 X-윙 스타파이터에 대한 애정은 1999년 이래로 14개의 버전이 만들어진 걸 보면 알고도 남는다.

10240 레드 파이브 X-윙 스타파이터 레고 모델 자체는 전신인 7191 X-윙 스타파이터보다 살짝 큰 사이즈로, 아름답고 정교하다. 조작이 가능한 날개와 개폐가 가능한 조종실도 훌륭하지만, '숭-효과'가 대단히 뛰어나 완구로서의 가치도 높다. 미니피겨를 태울 수 있는 비율이었다면 대단히 좋았을 것이나, 루크 스카이워커의 X-윙 부조종사 역할로 자주 등장하던 알투디투가 있는 점은 플러스 요인이다. 현재는 단종된 상태다. 10240은 레고 수집품으로서 대단히 훌륭한 아이템이며, 전작인 7191 X-윙 파이터(900달러) 수준까지 올라준다면 많은 수집가와 투자자들이 더할 나위 없이 행복할 것이다.

$ ▶ 신제품: 213달러   ▶ 중고품: 157달러

10240 레드 파이브 X-윙 스타파이터는 전작인 7191 X-윙 스타파이터보다 약간 더 크다. 전체적으로 볼 때, 약간 더 나은 리메이크이지만 단점이 있다면 조종실 스티커를 부착하기 좀 까다롭다.

10186 그리버스 장군
(General Grievous)

▶ 출시 연도: 2008년
▶ 피스 개수: 1085개
▶ 미니피겨: 없음
▶ 출고가: 89.99달러

그리버스 장군은 4개의 팔로 광선검을 휘두르는 사이보그로, 스타워즈의 팬이라면 강렬한 인상을 받을 수밖에 없는 캐릭터다. 반은 드로이드, 반은 파충류형 휴머노이드인 칼리 행성 출신의 그리버스 장군은 카운트 두쿠의 수제자이며 무차별하고 야만적인 야수다. 그러나 전술의 천재이기도 해서, 멜레볼런스라는 이름의 기함을 타고 많은 세계를 정복하기도 했다. 2008년, 레고는 그리버스 장군 세트의 출시를 통해 이 잔인하고 비인간적인 캐릭터를 기념했다. 10186 그리버스 장군은 전통적인 레고 부품과 테크닉 브릭을 결합한 1000 피스 규모의 세트다. 출고가는 89.99달러이며, 1년간 생산된 후 단종되었다. 겉모습으로 보자면 그리버스 장군의 유사 레플리카이면서, 장식적인 받침대와 UCS 명판을 가진 훌륭한 진열품이기도 하다. 하지만 견고하지는 않아서 광선검이 휘청거릴 수도 있다. 언뜻 액션피겨처럼 보일지 모르지만 조작성은 제한적이다. 10186 그리버스 장군의 가격은 2배 오른 200달러 선이다. 가격 상승은 대체로 최근에 와서야 이루어졌는데, 아마 영화 개봉설에 힘입은 것으로 보인다. 보통 생산기간이 짧으면 세트의 중고 가격이 오르기 마련이지만, 그리버스 장군의 경우 매출 실적이 워낙 약해서 단종 결정이 이루어졌을 수 있다. 스타워즈 프리퀄 3부작의 레고 세트는 때때로 중고 가격이 흥행 성적에 못 미친다. 그럼에도 불구하고 10186 그리버스 장군은 독특한 디자인의 모델이며, 높지 않은 가격을 감안할 때 앞으로도 가격 상승의 여지가 있다.

> 그리버스 장군은 전통 브릭과 테크닉 브릭의 창의적인 만남이라 할 수 있다.

▶ 신제품: 189달러 ▶ 중고품: 91달러

75060 슬레이브 1(Slave I)

- 출시 연도: 2015년
- 피스 개수: 1996개
- 미니피겨: 4개
- 출고가: 199.99달러

잊을 만하면 한 번씩 정말로 대단히 잘 만들어진 레고 세트가 나올 때가 있고, 이에 팬들과 수집가들이 열광하는 걸 볼 수 있다. 최근의 기억을 되살려보면 단종 후 홈런이 될 것이라고 수집가들이 점치던 환상적인 레고 세트 중 하나가 텀블러였다. 75060 슬레이브 1도 그 대열에 넣을 수 있다. 2015년 초에 출시된 75060 슬레이브 1은 많은 사람들이 사고 싶어 안달 나게 하는 모델이다. 1996개의 피스로 이루어져 있으며, 현재 1차 소매점에서 199.99달러에 판매되고 있다. 75060 슬레이브 1은 기체 표면의 낡은 모습부터 배 아랫면의 그리블까지 꼼꼼한 디테일이 살아 있어 대단히 정교하다. 조작성이 있는 몇 안 되는 UCS 세트 중 하나로, 축척이 일치하는 미니피겨가 4개나 들어 있다는 점도 중요한 특성이라 하겠다. UCS 세트들은 당초 완구로 만들어지지는 않았지만, 75060 슬레이브 1은 움직이는 부품과 구획이 많아 다른 UCS 시리즈와 차별점을 갖는다. 보바 펫은 조종석에 꼭 들어맞고, 한 솔로와 탄소냉동장치가 실릴 만한 칸도 있다. 75060 슬레이브 1은 조립 후 내구성이 좋아 '슝— 효과'가 높은 완구로서도 훌륭하며, 튼튼한 받침대와 명판이 있어 진열하기도 좋다. 결론적으로 스타워즈 팬이라면 반드시 소장해야 할 역동적인 UCS 세트다.

 ▶ 신제품: 208달러 ▶ 중고품: 177달러

스타워즈 오리지널 3부작 vs 프리퀄

이제까지 출시된 22개의 UCS 레고 세트 중에서, 4개만이 프리퀄 3부작을 기반으로 한다.

- 10018 스페셜 에디션 나부 스타파이터
- 10186 그리버스 장군
- 10215 오비완의 제다이 스타파이터

7194 요다와 10225 알투디투는 전체 6편의 영화에 나오는 캐릭터를 소재로 만들어졌다. 왜 이렇게도 다를까? 간단히 말해 스타워즈의 팬들은 프리퀄보다 오리지널 3부작의 가치를 더 높게 평가하며, 레고 디자이너들에게도 오리지널 3부작이 더 큰 영향을 미친 것으로 보인다. 따라서 오리지널과 프리퀄 사이에 만들어진 UCS 세트의 수가 이렇게도 차이가 나는 것이다. 오리지널 시리즈와 관련 레고 세트에 대한 인기가 느는 것도 오리지널 에피소드에 기초한 레고 세트들이 전반적으로 프리퀄 세트보다 수익성이 좋다는 사실에서 연유한다.

레고의 매출과 중고 시장에서의 세트의 인기는 1차 소매점에서의 매출과 인기에 정비례할 때가 많다. 특정 레고 세트가 중고 시장에서 잘 팔린다면, 단종되기 전에 오프라인 소매점에서도 아마 잘 팔렸을 것이다. 레고 그룹도 팬들이 원하는 디자인과 세트를 만들지, 상점 진열대에서 먼지나 쌓일 제품을 만들지는 않을 것이다. X-윙, 타이 파이터, AT-ST, 밀레니엄 팔콘이 끊임없이 새로운 버전으로 만들어지는 것도 마찬가지의 이유라 생각한다. 잘 팔리니까!

프리퀄 3부작	오리지널 3부작
〈스타워즈 에피소드 1: 보이지 않는 위험〉(1999)	〈스타워즈 에피소드 4: 새로운 희망〉(1977)
〈스타워즈 에피소드 2: 클론의 습격〉(2002)	〈스타워즈 에피소드 5: 제국의 역습〉(1980)
〈스타워즈 에피소드 3: 시스의 복수〉(2005)	〈스타워즈 에피소드 6: 제다이의 귀환〉(1983)

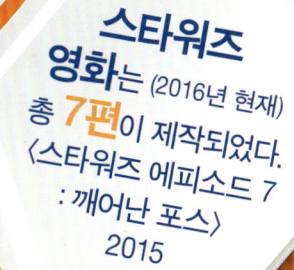

스타워즈 영화는 (2016년 현재) 총 7편이 제작되었다. 〈스타워즈 에피소드 7: 깨어난 포스〉 2015

10215 오비완의 제다이 스타파이터
(Obi Wan's Jedi Starfighter)

▶ 출시 연도: 2010년
▶ 피스 개수: 676개
▶ 미니피겨: 없음
▶ 출고가: 99.99달러

UCS 세트는 시대를 통틀어 가장 상징적인 세트이며, 이 중 다수는 이미 높은 가격임에도 계속해서 상승세를 타고 있다. 하지만 이러한 사슬에도 약점이 있기 마련인데, 바로 10215 오비완의 제다이 스타파이터가 그렇다.

프리퀄 3부작에 등장했던 오비완 케노비의 델타 7 이텔스프라이트 경요격기를 본떠 만든 10215 오비완의 제다이 스타파이터는 2010년 출고가 99.99달러에 출시된 제품이다. 676피스로 구성된 이 세트는 피스당 가격이 0.15달러 정도로 다른 레고 세트보다 높은 편이다. 1차 소매점에서는 거의 빛을 보지 못한 세트로, 70~80달러까지 할인가에 나오기도 했다. 그러나 이 가격도 많은 팬과 수집가들의 이목을 끌기엔 비쌌던 걸로 보인다. 고품질의 희귀한 브릭들이 꽤 포함되어 있지만 수집가와 투자자들은 보통 이 세트의 부품을 떼어 다른 곳에 사용하고 있다. 적갈색과 라임그린의 브릭은 흔치 않은 레고 브릭이며 중고 시장에서 프리미엄을 얹어 거래된다. 희귀한 색깔 조합으로 인해 유니크한 조립품을 완성할 수 있으며, 완성 후의 모습은 정교하고 매력적이다. 10215 오비완의 제다이 스타파이터는 UCS 시리즈마다 딸려오는 명판을 포함하고 있다.

10215의 현재 가격은 100달러를 약간 넘지만, 단종 후 여러 해가 지났음을 감안할 때 출고가보다 많이 높아진 것은 아니다. 단종 전의 할인 가격을 감안하더라도 수익률은 약한 편이다. 여기에는 이유가 여러 가지 있다. 피스당 가격이 높다는 점, 프리퀄 시리즈의 세트가 상대적으로 실적이 낮다는 점, 미니피겨가 없다는 점을 들 수 있겠다. 10215는 10221 슈퍼 스타디스트로이어, 10225 알투디투, 10212 임페리얼 셔틀과 같은 유명세를 떨치는 대형 세트에 가려 빛을 못 보고 있는지도 모른다. 레고 팬들과 수집가들이 이 우주선 혹은 이 세트 자체를 안 좋아하는 것일 수도 있다. 하지만 단종된 후 5~10년이 지나 이렇게 관심을 못 받던 레고 세트가 제 가치를 찾을 가능성도 있다. 초기 몇 년간 가격이 잘 오르지 않던 (혹은 가격이 내려가던) 다른 레고 세트들 중에는 시간이 지난 뒤 가격이 껑충

완성된 모델은 길이 약 47센티미터, 너비 23센티미터이며 라임그린과 암적색, 그리고 흰색 브릭의 선명한 대조가 돋보인다.

10215 제품의 날개에 기체 조종을 돕는 R4-P17 아스트로멕 드로이드가 탑승하고 있다.

띈 사례도 없지 않다. 스타워즈의 새 에피소드들이 극장에서 개봉하면 이렇게 관심을 못 받던 낮은 가격의 UCS 세트들이 새로운 관심사로 떠오를 수도 있다.

 ▶ 신제품: 113달러 ▶ 중고품: 77달러

부품 때문에 가치가 있는 세트들

중고 레고 세트는 MISB나 NIB 컨디션의 완전한 상태에서만 가치 있는 것이 아니다. 세트에 포함된 피스들과 미니피겨들 개별 존재만으로도 전체 상품보다 높은 가치를 지니는 경우가 많다. 중고 시장에서도 대단히 붐을 일으키고 있는 분야 중 하나가 바로 새로운 세트를 분리해서 개별 브릭의 재판매로 돈을 버는 것이다. 재기 넘치는 부지런한 레고 팬들, 수집가, 리셀러들은 레고와는 완전 별개의 커다란 산업을 형성하고 있다. 수천 가지의 레고 브릭을 목록에 올려 놓은 영세 규모의 리셀러들은 온라인상에서 '브릭 스토어'를 통해 판매하고 있다.

레고 그룹의 사업은 완전한 세트와 다양한 액세서리 제품을 파는 것이며, 개별 브릭은 판매하지 않는다. 따라서 현재 생산 중이거나 과거에 생산되었던 수천 종의 레고 브릭을 대량으로 사고자 하는 팬들과 수집가들에게는 소매점을 통해 구매할 수 있는 방법이 없다. 레고 오프라인 상점에서 고객을 위해 '픽 어 브릭'을 제공하고는 있지만, 여기서 구할 수 있는 브릭은 40~50종의 브릭과 색채 조합으로 대단히 제한적이고 중구난방이다. 레고는 적은 양의 브릭을 구매하거나 빠진 브릭을 교체할 수 있는 기회는 제공하고 있으나, 대규모로 브릭을 판매하지는 않는다.

벌크 레고를 왜 구매하려는 걸까? 커스텀 모델, 그러니까 레고 전문 용어로 말하자면, MOC, 즉 창작 레고를 만들기 위해서다. MOC는 레고 중고 시장에서 엄청난 규모를 차지하고 있다. 재능 넘치는 레고 디자이너와 조립가들은 수없이 많아서, 스스로의 창작 레고를 완성하기 위해 엄청난 양의 레고 브릭을 필요로 하기 때문이다. 이베이, 브릭 클래시파이드, 브릭 링크, 브릭 아울 등의 사이트에 올라와 있는 '브릭 스토어'는 50년 이전에 출시된 레고 브릭을 구매하고자 하는 팬들, 조립가들의 수요에 맞춰 움직이고 있다.

CHAPTER 23

UCS 외의 스타워즈 시 리 즈

STAR WARS NON UCS [ULTIMATE COLLECTOR SERIES]

어떤 레고의 테마도 마찬가지겠으나, 스타워즈 세트에서는 특히 미니피겨와 그 디자인이 중요하다. 앞서 소개된 얼티미트 컬렉터 시리즈가 아닌 스타워즈 시리즈에도 몇몇 최고 인기를 누리는 아이템들이 있다. 레고 중고 시장에서 일반 스타워즈 미니피겨들은 수백 달러를 호가하기도 한다.

레고 그룹과 루카스필름은 1999년 라이선스 계약을 체결했고, 이로써 레고 스타워즈 테마 시리즈의 생산이 시작되었다. 레고와 루카스필름은 2022년까지 계약을 연장한 것으로 알려져 있다. 또한 월트디즈니가 2012년 루카스필름을 인수함에 따라 많은 라이선스 세트들에 월트디즈니의 로고가 들어가게 될 것이다. 2015년부터 디즈니는 스타워즈의 새로운 영화들을 줄줄이 개봉할 예정에 있었고, 이에 따라 레고의 스타워즈 시리즈도 계속해서 큰 비중을 차지하게 될 것으로 보인다.

스타워즈 테마는 레고 라이선스 테마 중 단연 인기 1위를 달리는 베스트셀러다. 지난 16년간 400개가 넘는 스타워즈 테마 세트를 만든 레고 그룹에게 스타워즈 테마는 매출 성장과 영업 이익에 성공을 가져온 황금 알을 낳는 거위이자 세계 1위의 장난감 메이커로서의 자리를 굳히게 해준 효자상품이다.

스타워즈 팬들은 스타워즈와 관련된 상품들에 열띤 관심을 가지고 있으며, 거기에는 레고 팬들 또한 상당수 포함된다. 때문에 스타워즈와 연관된 모든 것, 특히 에피소드 4~6에 관련된 아이템에 대한 관심이 증폭되면서 스타워즈를 테마로 한 오래된 세트들이 중고 시장에서 새로운 붐을 일으키고 있다. 오리지널 3부작의 전설적 캐릭터들로서 루크 스카이워커, 레아 공주, 한 솔로와 함께 오리지널 버전과 리메이크 버전의 레고 세트들은 앞으로 몇 년간은 입이 떡 벌어질 수준의 수익을 내며 전성기를 누릴 것이다.

레고의 스타워즈 시리즈는 기본적으로 4가지 카테고리로 나눌 수 있다.

먼저, 최고의 위상을 누리는 얼티미트 컬렉터 시리즈(UCS) 시리즈가 있다. 성인 팬들을 위해 진열 목적으로 만든 세트로서 크기가 크고 정교한 디테일이 특징이다. UCS의 특별함에 대해서는 앞서 설명해두었다.

두 번째로는, UCS가 아닌 스타워즈 시리즈가 있다. 기본적으로 대부분의 세트라 보면 되겠다. 스타워즈 영화 전체를 모티브로 하는 세트들이며 100피스에서 2000피스급까지 다양하게 출시되어 있다.

세 번째 카테고리는 폴리백과 미니 세트이며, 네 번째로 꼽을 만한 카테고리는 스타워즈 테크닉 세트가 있다.

레고 스타워즈 세트의 가격대는 몇 달러 선에서 몇 천 달러까지 이르며, 수익성도 천차만별이다. 매년 수많은 스타워즈 세트가 출시되며, 그중 대다수는 이전에 나온 모델의 리메이크라는 점을 감안할 때, 특출한 수익률을 기대하긴 어려워 보인다. 독특한 레고 세트를 보는 심미안이 있고 스타워즈 캐릭터와 우주선, 병기 등에 대한 지식이 있는 레고 팬이라면 수집하는 재미와 가치를 동시에 누릴 수 있는 게 스타워즈 시리즈라 생각한다.

일반 스타워즈 시리즈 및 폴리백이 아닌 미니 세트

보바 펫

한 솔로

보바 펫 미니피겨는 팔다리에 특수 프린트가 있어 중고 시장에서 200달러가 넘는 가격에 팔린다.

10123 클라우드 시티(Cloud City)

- ▶ 출시 연도: 2003년
- ▶ 피스 개수: 698개
- ▶ 미니피겨: 7개
- ▶ 출고가: 99.99달러

미니피겨의 중요성은 앞서 이미 언급했거니와, 10123 클라우드 시티야말로 이에 적합한 사례라 하겠다. 2003년에 99.99달러에 출시된 이 세트는 698피스에 불과한 모델이지만 미니피겨가 7개나 된다. 〈스타워즈 에피소드 5: 제국의 역습〉의 클라우드 시티에서 일어나는 중요한 장면을 재현한 세트다. 좀 어수선해 보일 수 있지만 완구로서의 가치가 대단히 높다. 놀라운 것은 현재 중고가가 거의 1000달러에 근접한다는 점이다. 도대체 어디가 그렇게 특별한 걸까? 바로 중고 시장에서 수백 달러를 호가하기도 하는 미니피겨들 때문이다. 랜도 캘리시언 미니피겨(우측 제품 박스의 맨 오른쪽 아래)는 100달러가 넘는 가격에 거래되며, 보바 펫 미니피겨는 200달러를 훌쩍 넘어섰다.

랜도 캘리시언

10123 클라우드 시티에 포함된 4개의 미니피겨는 모두 세트 한정으로서 매우 가치가 높다.

레아 공주 미니피겨만 해도 50달러가 넘는다. 10123은 영화에서 상징성 높은 공중 도시를 레고로 구현해냈다는 점에서도 가격 상승의 이유가 충분하다.

 ▶ 신제품: 975달러 ▶ 중고품: 566달러

일반 스타워즈 시리즈 및 폴리백이 아닌 미니 세트

7283 얼티미트 스페이스 배틀에는 오비완 케노비와 아나킨 스카이워커 미니피겨와 2개의 버즈 드로이드, 2대의 제다이 스타파이터, 2개의 벌처 드로이드가 포함되어 있다

7283 얼티미트 스페이스 배틀
(Ultimate Space Battle)

- ▶ 출시 연도: 2005년
- ▶ 피스 개수: 567개
- ▶ 미니피겨: 2개
- ▶ 출고가: 49.99달러

이 세트는 탈것이 여러 개 들었고, 영웅과 악당이 함께 있다는 점에서 독특하다. 대부분의 스타워즈 세트에는 1개가 들어 있지만, 7283 얼티미트 스페이스 배틀에는 4개의 탈것이 포함되어 있을뿐더러 드로이드와 미니피겨가 다수 포함되어 있어 장난감으로서의 가치가 대단하다. 7283 얼티미트 스페이스 배틀은 토이저러스 한정판이어서 더욱 완구적 가치가 높게 디자인된 것 같다. 토이저러스는 종종 레고 모델 여러 개를 하나의 한정판 박스에 넣어주는 '합본 세트'를 출시할 때가 있다. 출고가 49.99달러에서 출발한 이 합본 세트는 눈부신 성장세를 보여 왔다. 300달러를 훌쩍 넘은 가격에 거래되며 수익률이 500퍼센트를 넘는다. 7283에 포함된 개별 세트들은 그리 특별할 게 없지만, '부분의 합'은 늘 기대 이상을 하는 것 같다. 레고 팬들과 수집가들은 이런 합본 세트의 가치를 잘 알고 있다. 레고 그룹도 눈여겨봐야 할 것이다.

 ▶ 신제품: 340달러 ▶ 중고품: 120달러

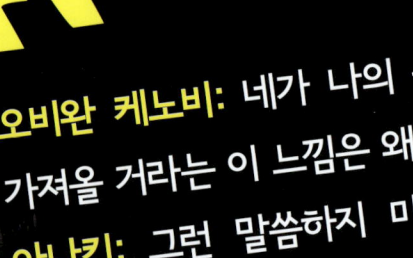

오비완 케노비: 네가 나의 죽음을 가져올 거라는 이 느낌은 왜지?
아나킨: 그런 말씀하지 마십시오. 스승님은 저에게 아버지와도 다름 없는 분이니까요.
〈스타워즈 에피소드 2: 클론의 습격〉

일반 스타워즈 시리즈 및 폴리백이 아닌 미니 세트

> 10178 모터라이즈드 워킹 AT-AT는 스타워즈 시리즈 중 유일무이하게 모터가 달린 세트로, 이제껏 만들어진 AT-AT 중 가히 최고의 수작이다.

10178 모터라이즈드 워킹 AT-AT
(Motorized Walking AT-AT)

- ▶ 출시 연도: 2007년
- ▶ 피스 개수: 1137개
- ▶ 미니피겨: 4개
- ▶ 출고가: 129.99달러

스타워즈 시리즈를 통틀어 유일하게 모터가 달린 세트가 있다. 바로 10178이다. 다양한 창작 레고를 통해 파워 기능을 장착한 커스텀 레고 세트가 있어왔지만, 생산 당시에 모터를 달고 출시된 스타워즈 레고 세트는 전무후무하다. 10178 모터라이즈드 워킹 AT-AT는 특유의 거대한 몸체가 덜커덩거리며 삐걱삐걱 소리가 나는 걸음걸이를 잘 구현해냈다. 이 세트는 2007년에 출시되었고, 1137개의 피스와 4개의 미니피겨로 구성되어 있다. 이제까지 출시된 AT-AT 중 가장 크고 가장 정교한 디테일을 담고 있는 버전인 10178은 출고가 129.99달러로 시작한 뒤, 중고 시장에서 엄청난 가격 상승을 통해 3배 오른 450달러 선에 거래되고 있다. 이후 75054 AT-AT라는 새로운 버전이 출시되긴 했지만 아직까지도 구 모델인 10178 AT-AT가 디자인 면에서 앞서며, 파워 기능이 추가되어 더 많은 재미와 조작성이 돋보인다. UCS 시리즈의 AT-AT가 개발 중이라는 소문이 있지만, 이 글을 쓰는 시점에서 보면 아직 루머에 불과한 것 같다. 그러나 소문에 조금이라도 진실성이 있다면, 엄청난 인기를 불러일으킬 세트임에는 의심의 여지가 없다.

▶ 신제품: 446달러 ▶ 중고품: 231달러

7662 무역 연합 MTT
(Trade Federation MTT)

- ▶ 출시 연도: 2007년
- ▶ 피스 개수: 1330개
- ▶ 미니피겨: 21개
- ▶ 출고가: 99.99달러

이 세트는 2007년 99.99달러에 출시되었고, 피스는 1330개인데 미니피겨가 무려 21개나 된다. MTT는 Multi Troop Transport(다중 보병 수송차량)의 약자로서, 실제로도 7662 무역 연합 MTT는 드로이드 군단을 태우고 이동할 수 있는 창의적 구조를 잘 갖추고 있다. 2000년에 들어선 이후 MTT는 다양한 버전으로 개발되었지만, 7662 무역 연합 MTT 야말로 가장 크고 비교 불가한 1위라 생각한다. 75058 MTT가 새로이 출시되었으나 레고 수집가들은 아직도 7662 MTT를 사고 있으며, 7662의 가격은 천천히 올라 400달러에 근접하고 있다. 7662 무역 연합 MTT는 레고 중고 시장에서 세트의 잠재 가치를 평가할 때 가장 중요한 요소는 완성도와 디자인이라는 교훈을 여실히 보여주는 일례라 하겠다.

7662 무역 연합 MTT는 새로운 버전인 75058 MTT보다 훨씬 크고 더 많은 미니피겨를 포함하고 있다.

▶ 신제품: 385달러 ▶ 중고품: 185달러

일반 스타워즈 시리즈 및 폴리백이 아닌 미니 세트

> 10188 데스 스타(왼쪽)과 10143 UCS 데스 스타(오른쪽)의 사진. 두 데스 스타 세트는 크기와 모양으로 볼 때 유사하지만, 딱 그 정도만 비슷할 뿐이다.

> 이 제품은 스타워즈 버전의 '인형의 집'과 같다. 시대를 통틀어 레고 세트 중 가장 인기 있고 가장 오래 팔리는 제품 중 하나다.

10188 데스 스타(Death Star)

- ▶ 출시 연도: 2008년
- ▶ 피스 개수: 3803개
- ▶ 미니피겨: 24개
- ▶ 출고가: 399.99달러

이 세트는 방이 여러 개 있는 구조와 완구로서의 재미 때문에 스타워즈 버전의 '인형의 집'이나 '디오라마'라는 별칭으로 불리기도 한다. 그러나 수집가와 투자자들이 더 선호하는 별칭은 '라이브 스타'다.

10188 데스 스타의 소매점 판매 기간은 7년 정도 되었으니 꽤 긴 셈이다. 대부분의 레고 세트가 2~3년 후 단종되는 관행을 생각하면 7년은 레고 세트로서는 놀랄 만큼 긴 생산기간이다. 이 세트의 높은 인기와 매출을 보면 공식적인 단종의 가능성을 멀리 하기 위해 그런 게 아닐까 싶을 정도다. 온라인 레고 게시판에는 이 세트의 단종 시기를 점치는 논의가 늘 있어왔지만, 현실은 절대 단종되지 않고 있다. 솔직히 레고 그룹이 왜 이 세트를 단종시키지 않는지, 팬들이 왜 이렇게 열광하는지 이해는 된다. 10188은 대단히 가치가 높은 환상적인 세트이기 때문이다. 399.99달러라는 높은 출고가에도 불구하고, 이 제품은 충분히 제값을 한다. 피스 개수만 대략 4000개에 미니피겨는 전무후무하게 24개나 있다. 많은 사람들이 이 세트를 산 뒤, 구매가보다 높은 가격에 분리 판매하고 있다. 경제적 가치 유무를 별도로 하더라도 이 세트는 재미로 가득하며, 내가 아는 어떤 레고 세트보다 완구로서의 가치가 뛰어나다. 어린이와 스타워즈 성인 팬들의 인기를 끌어 모으는 게 당연하다. 진열 효과 또한 대단히 크다. 거대한 크기를 한번 보라! 수집가와 팬들에게 강력하게 추천한다.

 ▶ 신제품: 490달러 ▶ 중고품: 326달러

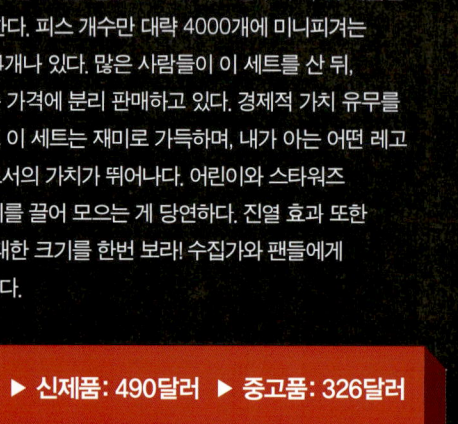

10188 데스 스타는 스타워즈 세트 역사상 가장 많은 미니피겨의 개수를 자랑한다. 무려 24개의 미니피겨를 포함하고 있으며 그중 4개는 세트 한정이다.

일반 스타워즈 시리즈 및 폴리백이 아닌 미니 세트

7255 그리버스 장군 추적
(General Greivous Chase)

- ▶ 출시 연도: 2005년
- ▶ 피스 개수: 111개
- ▶ 미니피겨: 2개
- ▶ 출고가: 19.99달러

보가 바라틸 맥스피겨는 이 세트의 출고가보다 높은 가격에 팔리는 대단히 독특한 아이템이다.

이 세트는 중고 가격이 형성될 때 세트 한정 미니피겨와 맥스피겨의 영향력이 얼마나 큰지 잘 보여준다. 2005년 19.99 달러에 출고된 이 중소형 세트는 111피스로 구성되어 있지만, 2개의 세트 한정 미니피겨를 포함하고 있다. 오비완 케노비와 이 세트에서만 볼 수 있는 특별 망토까지 갖춘 인기 절정의 그리버스 장군 미니피겨다. 또 세트 한정 미니피겨 2종 외에도 그리버스 장군을 추적할 때 오비완 케노비가 사용하는 거대한 네발 달린 파충류인 보가 바라틸이 세트 한정 맥스피겨로 들어 있다. 세트 한정 미니피겨 2종과 맥스피겨 보가로 인해 이 세트는 출고가 대비 7배가 뛴 가격인 150달러에 다다르고 있다. 투자수익률 600퍼센트를 넘는 수준이다. 단종한 지 오랜 시간이 지났다고는 하지만 600퍼센트라는 수익률은 무시할 만한 것이 아니다.

 ▶ 신제품: 144달러 ▶ 중고품: 40달러

8039 베네터급 공화국 공격 왕복선
(Venator-class Republic Attack Cruiser)

- ▶ 출시 연도: 2009년
- ▶ 피스 개수: 1170개
- ▶ 미니피겨: 5개
- ▶ 출고가: 119.99달러

베네터급 스타 디스트로이어라 불리기도 하는 8039 베네터급 공화국 공격 왕복선은 스타워즈 세계관에서 내가 가장 좋아하는 우주선의 하나이기도 하다. 임페리얼급 스타 디스트로이어가 개발되기 전 공화국과 은하제국이 주로 사용하던 우주선이었다. 8039 베네터급 공화국 공격 왕복선은 2009년 119.99달러에 출시된 1179피스짜리 세트로 5종의 미니피겨를 포함하고 있다. 현재 중고가는 300달러 선이고, 투자수익률로는 150 퍼센트 정도다. 그리 나쁘지 않은 수익률이지만 레고 세트 중 상위권에 들기 어렵다. 불행히도 UCS 시리즈가 아닌 일반 스타워즈 시리즈이다 보니 디자인과 디테일, 사이즈에서 약간 밀리는 건 사실이다. 60센티미터 되는 3000피스급 모델로 업그레이드된다면 수집가들이 대단히 열광하지 않을까. 아마도 말이다.

 ▶ 신제품: 295달러 ▶ 중고품: 151달러

8039 베네터급 공화국 공격 왕복선을 사랑하는 많은 팬들은 UCS급의 새 버전이 나오기를 고대하고 있다는 사실!

일반 스타워즈 시리즈 및 폴리백이 아닌 미니 세트

9516 자바 팰리스의 자바 더 헛 맥스피겨는 이전 모델인 4480 세트보다 훨씬 더 정교하다. 자바의 얼굴과 몸에 색을 입혀 표정이 살아 있고 크기도 약간 더 크다.

9516 자바 팰리스(Jabba's Palace)

- ▶ 출시 연도: 2012년
- ▶ 피스 개수: 717개
- ▶ 미니피겨: 9개
- ▶ 출고가: 119.99달러

$ ▶ 신제품: 149달러 ▶ 중고품: 121달러

단종된 두 세트 9516 자바 팰리스와 75005 랭커 피트는 함께 짝을 이룬다. 별도로 조립해서 진열해도 되지만 이 두 세트가 제대로 빛을 보려면 어느 하나의 위에 올려놓는 게 좋다. 기본적으로 9516 자바 팰리스를 75005 랭커 피트 위에 설치하면, 자바 팰리스의 바닥에 있는 슬라이딩 도어를 열어 힘없는 레고 미니피겨들을 랭커 피트로 떨어뜨리고 무시무시한 랭커가 뜯어 먹게 할 수 있다. 9516은 2개의 세트를 결합하면 완구로서의 즐거움이 배가되는 대단히 창의적인 세트다. 더 좋은 점은 2개의 세트 모두 환상적인 맥스피겨를 포함한다는 점으로 9516에는 자바 더 헛, 75005 랭커 피트에는 랭커 몬스터가 있다. 9516 자바 팰리스는 717피스로 구성된 세트로 9종의 미니피겨를 갖추고 있다. 2012년에 119.99달러에 출시되었다. 75005 랭커 피트는 380 피스 규모로 4종의 미니피겨를 포함하고 있으며, 2013년 59.99달러에 출시되었다. 75005 랭커 피트는 최근에서야 1차 소매점에서 사라졌으니, 가격이 아직 많이 오르지는 않았다. 9516 자바 팰리스는 중고 시장에서 150달러까지 올랐다. 앞을 내다보는 투자자라면 잠재 가치를 최대한 얻기 위해 2세트를 같이 구매하는 게 좋겠다.

일반 스타워즈 시리즈 및 폴리백이 아닌 미니 세트

(왼쪽부터) 울라, 빕 포투나, 부시는 9516 자바 팰리스에 세트 한정으로 포함되어 있다.

75005 랭커 피트 (Rancor Pit)

- ▶ 출시 연도: 2013년
- ▶ 피스 개수: 380개
- ▶ 미니피겨: 4개
- ▶ 출고가: 59.99달러

$ ▶ 신제품: 47달러 ▶ 중고품: 32달러

75005 랭커 피트는 9516 자바 팰리스 밑에 끼워 활용하기에 안성맞춤이다. 2세트 모두 독립적으로 진열할 수도 있지만, 장차 재판매 가격을 생각한다면 2개를 함께 묶음으로 두는 게 상책일 것이다.

일반 스타워즈 시리즈 및 폴리백이 아닌 미니 세트

AT-OT 워커는 공화국의 드롭십에서 분리 가능하며, 클론 트루퍼 6개와 클론 트루퍼 드라이버 1개를 태울 수 있다.

10195 공화국 우주선과 AT-OT 워커(Republic Dropship and AT-OT Walker)

- ▶ 출시 연도: 2009년
- ▶ 피스 개수: 1758개
- ▶ 미니피겨: 8개
- ▶ 출고가: 249.99달러

조작성이 대단히 뛰어난 대형 모델인 10195 공화국 우주선과 AT-OT 워커는 일반 스타워즈 시리즈 중에서도 가장 큰 세트 중 하나다. 이 세트의 특별한 점은 2개의 완전히 다른 탈것으로 이루어졌다는 것이다. 공화국 우주선과 전 지형 개방형 수송수단인 AT-OT 워커는 합체하거나 각각으로도 가지고 놀 수 있다. 249.99달러에 1700피스가 조금 넘는 이 세트는 출고 당시 가격이 비쌌다. '클론' 차량은 인기가 높으며, 이 세트에는 하나의 클론 트루퍼 부대 전체(미니피겨 8개)가 포함되어 있다. 이 독특한 세트의 진정한 가치를 발견한 수집가는 많지 않은 것 같다. 하지만 레고 그룹에서 스타워즈 세트를 출시하기 시작한 이래로 이 세트와 비슷한 세트가 나온 적이 없는 걸로 보아, 대단히 높은 수준까지 가격이 오를 가능성이 상당히 높다. 현재 중고 시장 가격은 이미 500달러에 근접하며, 단종된 것에 비하면 수익률은 90퍼센트 정도라 그다지 특별하지 않은 수준이다. 그러나 10195 세트는 2015년 말부터 개봉하는 새로운 스타워즈 영화 시리즈로 인해 관심이 높아지면서 새로운 투자자들의 레이더에 걸려들 가능성이 높다.

$ ▶ 신제품: 470달러 ▶ 중고품: 328달러

공화국 우주선의 옆에 붙은 팔의 주요한 두 가지 기능은 AT-OT 워커의 균형을 잡는 것과, AT-OT 워커와 결합되지 않은 상태에서 랜딩 기어의 역할을 하는 것이다.

테크닉

서 브 테마인 테크닉에 대해서는 다음 두 페이지에 걸쳐 다루기로 한다. 테크닉 서브 테마는 스타워즈 사고관에 속한 작은 틈새 카테고리쯤 된다. 2000년 초입에 레고 그룹은 성인 팬들을 위한 제품을 시작하겠다는 결정을 내렸다. 그로 인해 스타워즈 테마를 포함한 다양한 테마의 난이도가 높아지고, 디자인에 고도의 디테일에 추가되었다. 레고 그룹은 이들 고가의 시리즈를 통해 보다 전문적인 조립가들과 취미 생활에 할애할 가처분 소득이 있는 팬들을 확보하고자 했다. 그러나 앞으로 언급할 테크닉 세트는 비싸지는 않지만 당시 다른 레고 세트들에 비하면 조립하기 복잡하고 어렵다. 2000년부터 2002년 사이에 출시되었고, 출고가는 19.99달러에서 49.99달러 수준이었다. 흔치 않은 독특한 브릭들을 많이 포함한 구성임에도 기존 레고 구매자들의 관심을 받지 못하는 경우가 종종 있다. 이제껏 출시된 중 가장 폼 나는 세트인데도! 정말 안타까운 일이다. 최고의 수집품이 아닌 것들도 섞여 있지만 이들 모두 가격이 올랐으며, 출고가의 3배가 넘게 가격이 오른 것들도 꽤 있다. 관심이 있다면 비교적 저렴한 가격에 품질도 괜찮은 스타워즈 테크닉을 이베이에서 중고로 구할 수 있다. 이들은 진열 가치도 대단히 뛰어난 세트들이다.

8000 피트 드로이드(Pit Droid)

- ▶ 출시 연도: 2000년
- ▶ 피스 개수: 223개
- ▶ 미니피겨: 없음
- ▶ 출고가: 19.99달러

 ▶ 신제품: 42달러　▶ 중고품: 22달러

테크닉

쓰리피오를 레고로 재현하기란 대단히 어려운 일이겠으나, 골드 브릭을 이용한 테크닉 세트는 그야말로 레고 디자이너들의 천재성이 돋보인다. 이 세트의 수익성도 대단한 성장률을 보였다.

8007 쓰리피오(C-3PO)

- ▶ 출시 연도: 2001년
- ▶ 피스 개수: 341개
- ▶ 미니피겨: 없음
- ▶ 출고가: 34.99달러

▶ 신제품: 82달러 ▶ 중고품: 33달러

스타워즈 테크닉 시리즈는 다 그렇지만, 8008 스톰트루퍼도 레고 로켓을 쏘는 총을 포함해 높은 조작성을 자랑하는 세트다.

8008 스톰트루퍼(Stormtrooper)

- ▶ 출시 연도: 2001년
- ▶ 피스 개수: 361개
- ▶ 미니피겨: 없음
- ▶ 출고가: 34.99달러

▶ 신제품: 57달러 ▶ 중고품: 23달러

테크닉

또 다른 정교한 복제판으로 8001 배틀 드로이드가 있다. 배틀 드로이드가 출연했던 〈스타워즈 에피소드 1: 보이지 않는 위험〉이 스타워즈 영화 시리즈 중 가장 인기가 없었던 만큼 8001도 고군분투하고 있다. 에피소드 1을 소재로 한 세트들은 대체로 수익성이 좋지 않다.

8001 배틀 드로이드(Battle Droid)

- ▶ 출시 연도: 2000년
- ▶ 피스 개수: 363개
- ▶ 미니피겨: 없음
- ▶ 출고가: 29.99달러

▶ 신제품: 63달러 ▶ 중고품: 26달러

전면 사진.

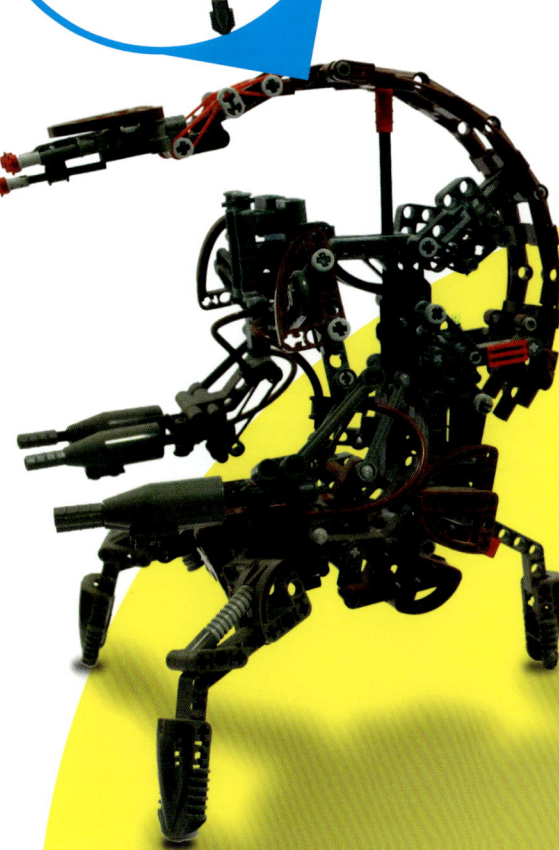

8002 디스트로이어 드로이드 (Destroyer Droid)

- ▶ 출시 연도: 2000년
- ▶ 피스 개수: 558개
- ▶ 미니피겨: 없음
- ▶ 출고가: 49.99달러

▶ 신제품: 145달러 ▶ 중고품: 75달러

8002 디스트로이어 드로이드는 대단히 멋진 레고 테크닉 세트로서 영화 속 기계 괴물을 정교하게 재현한 모델이다. 출고가 기준 3배 가격에 거래되었다. 8002 디스트로이어 드로이드는 작은 공처럼 접히며 펼치면 '전투' 자세를 갖추게 된다.

테크닉

8011 장고 펫(Jango Fett)

- ▶ 출시 연도: 2002년
- ▶ 피스 개수: 422개
- ▶ 미니피겨: 없음
- ▶ 출고가: 29.99달러

 ▶ 신제품: 63달러 ▶ 중고품: 30달러

악명 높은 보바 펫의 아버지인 장고 펫은 내가 가장 좋아하는 테크닉 세트 중 하나다. 프렌즈 테마가 아닌 보라색 레고 브릭은 대단히 귀하며, 밝은 파란색의 브릭과 멋지게 어울린다.

8010 다스 베이더(Darth Vader)

- ▶ 출시 연도: 2002년
- ▶ 피스 개수: 391개
- ▶ 미니피겨: 없음
- ▶ 출고가: 39.99달러

 ▶ 신제품: 115달러 ▶ 중고품: 50달러

8010 다스 베이더는 수집 가치가 높고 흔치 않은 멋진 세트지만 수익성은 기대에 못 미쳤다. 3배는 너끈히 올랐어야 할 텐데 아쉽다. 어떤 테크닉 세트들은 조립 난이도 때문에 수집가들이 기피하기도 한다.

테크닉

4481 헤일파이어 드로이드는 스타워즈의 테크닉 서브 테마의 일부는 아니지만, 그래야 맞는 듯하다. 레고 세트치고는 상당히 담대한 디자인을 가진 이 세트는 10퍼센트의 피스가 세트 한정이다. 8002 디스트로이어 드로이드와 잘 짝을 이룬다.

4481 헤일파이어 드로이드
(Hailfire Droid)

- ▶ 출시 연도: 2003년
- ▶ 피스 개수: 681개
- ▶ 미니피겨: 없음
- ▶ 출고가: 49.99달러

$ ▶ 신제품: 131달러 ▶ 중고품: 66달러

8009 알투디투 (R2-D2)

- ▶ 출시 연도: 2002년
- ▶ 피스 개수: 240개
- ▶ 미니피겨: 없음
- ▶ 출고가: 19.99달러

$ ▶ 신제품: 52달러 ▶ 중고품: 23달러

8012 슈퍼 배틀 드로이드
(Super Battle Droid)

- ▶ 출시 연도: 2002년
- ▶ 피스 개수: 379개
- ▶ 미니피겨: 없음
- ▶ 출고가: 34.00달러

$ ▶ 신제품: 52달러 ▶ 중고품: 23달러

또 하나의 영화 속 드로이드의 멋진 레플리카. 드로이드의 손에 있는 4개의 빨간 발사 장치가 전체를 구성하는 파란 브릭들과 대비되어 눈길을 잡아끈다.

폴리백과 미니 세트

가격 정보에서 여러 번 나왔듯이, 레고 세트 중에서도 가장 작은 세트들이 가장 높은 가격 상승률을 보이는 경우가 꽤 있다. 2000년부터 나온 이들 미니피겨 팩들이 좋은 예다. 영국에서만, 특정 레고 오프라인 숍에서만 판매되었던 한정 세트들이 그러하다. 기본 구성은 3개의 미니피겨가 들어 있는 박스로서, 미니피겨를 올려놓을 수 있는 작은 종이판 및 플라스틱 디오라마가 포함되어 진열성이 좋다. 이 미니 세트 컬렉션은 4종의 세트를 포함하며 4종 모두 중고 시장에서 대단히 가치가 높다. 3340 팰퍼틴 의장, 다스 몰, 다스 베이더로 이루어진 스타워즈 테마의 미니피겨 팩 1호는 출고가 기준 1500 퍼센트에 달하는 놀라운 투자수익률을 보이고 있다. 출고 당시 가격은 4.99달러였고, 현재 중고 사이트에서 80달러 선으로 거래된다. 3341 루크 스카이워커, 한 솔로, 보바 펫으로 이루어진 2호는 1호의 뒤를 바짝 뒤쫓는 인기를 구가해 수익률 1200퍼센트에 60달러 선을 넘어섰다. 이처럼 크기나 테마의 종류와 상관없이 구하기 어려운 독특한 레고 세트가 폭발적 수익률을 내는 사례가 종종 있다.

▲ 처음 6편의 스타워즈 영화에 등장한 '악당' 캐릭터인 다스 몰, 팰퍼틴 의장, 다스 베이더가 들어 있다. 3개의 클래식 미니피겨와 명판까지 포함해서 4.99달러라는 매력적인 가격!

3340 팰퍼틴 의장, 다스 몰, 다스 베이더 스타워즈 미니피겨 팩 1호
(Emperor Palpatine, Darth Maul & Darth Vader Minifig Pack *Star Wars #1*)

▶ 출시 연도: 2000년
▶ 피스 개수: 32개
▶ 미니피겨: 3개
▶ 출고가: 4.99달러

 ▶ 신제품: 79달러 ▶ 중고품: 35달러

3341 루크 스카이워커, 한 솔로, 보바 펫 스타워즈 미니피겨 팩 2호
(Luke Skywalker, Han Solo & Boba Fett Minifig Pack *Star Wars #2*)

▶ 출시 연도: 2000년
▶ 피스 개수: 22개
▶ 미니피겨: 3개
▶ 출고가: 4.99달러

 ▶ 신제품: 63달러 ▶ 중고품: 20달러

 폴리백과 미니 세트

3343 2개의 배틀 드로이드와 사령관 스타워즈 미니피겨 팩 4호
(2 Battle Droids & Command Officer Minifig Pack *Star Wars #4*)

- ▶ 출시 연도: 2000년
- ▶ 피스 개수: 30개
- ▶ 미니피겨: 3개
- ▶ 출고가: 4.99달러

 ▶ 신제품: 21달러 ▶ 중고품: 11달러

3342 츄바카와 2개의 바이커 스카우트 스타워즈 미니피겨 팩 3호
(Chewbacca & 2 Biker Scounts Minifig Pack *Star Wars #3*)

- ▶ 출시 연도: 2000년
- ▶ 피스 개수: 22개
- ▶ 미니피겨: 3개
- ▶ 출고가: 4.99달러

 ▶ 신제품: 37달러 ▶ 중고품: 8달러

폴리백과 미니 세트

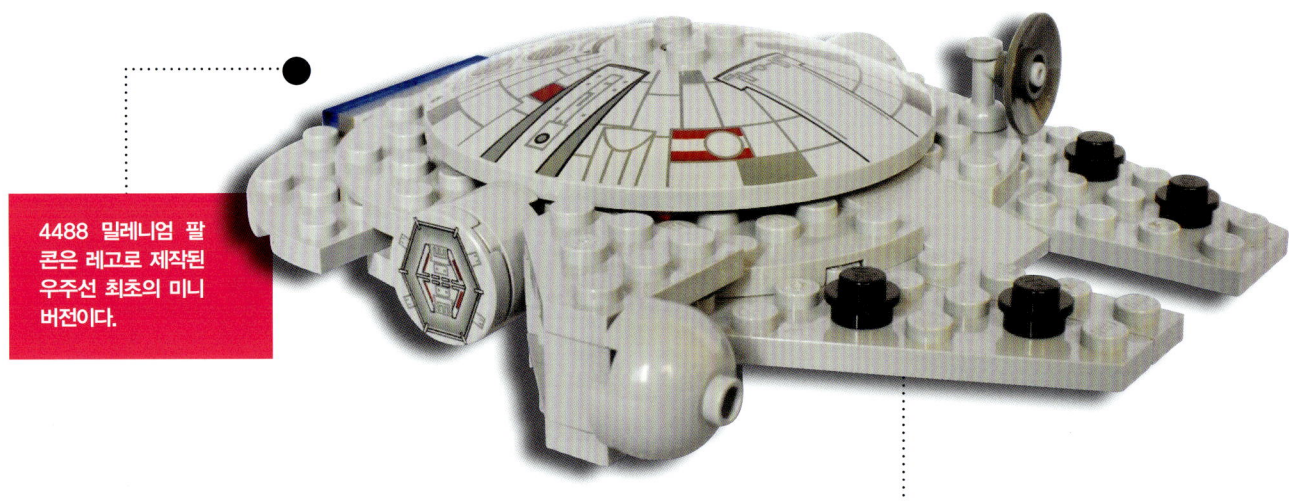

4488 밀레니엄 팔콘은 레고로 제작된 우주선 최초의 미니 버전이다.

4488 밀레니엄 팔콘
(Millennium Falcon)

▶ 출시 연도: 2003년
▶ 피스 개수: 87개
▶ 미니피겨: 없음
▶ 출고가: 6.99달러

▶ 신제품: 32달러   ▶ 중고품: 30달러

4486 AT-ST와 스노우스피더
(AT-ST & Snowspeeder)

▶ 출시 연도: 2003년
▶ 피스 개수: 76개
▶ 미니피겨: 없음
▶ 출고가: 3.99달러

▶ 신제품: 19달러   ▶ 중고품: 16달러

여기 2쪽에 걸쳐 다루는 4개의 세트는 2003년에 출시되었고, 근래에 나온 인기가 좋은 미니 세트의 1세대 격이다. 피스당 가격은 3.99달러, 현재 가격은 25달러 선이다. 이 미니 세트 4종의 차별점은 4종 모두 구매하게 되면 각 세트마다 들어 있는 여분의 피스로 임페리얼 타이 바머라는 다섯 번째 세트를 만들 수 있도록 구성되었다는 점이다. 다섯 번째 세트를 만들고 싶은 레고 팬이라면 4종 모두를 구매할 수밖에 없는 유혹적인 구성이다. 개인적으로는 이들 세트가 모두 대단히 멋지다 생각한다. 미니 세트의 첫 번째 버전으로서 정교성과 창의성을 고루 갖춘 이 4종의 세트는 레고 그룹에 홈런을 안겨주었다. 레고의 미니 세트와 폴리백은 지난 10년간 매출의 원동력이 되었고, 이러한 트렌드는 계속될 것으로 보인다.

폴리백과 미니 세트

4484 X-윙 파이터와 타이 어드밴스드(X-Wing Fighter & TIE Advanced)

- ▶ 출시 연도: 2003년
- ▶ 피스 개수: 76개
- ▶ 미니피겨: 없음
- ▶ 출고가: 3.99달러

$ ▶ 신제품: 21달러 ▶ 중고품: 12달러

4487 제다이 스타파이터와 슬레이브 1 (Jedi Starfighter & Slave I)

- ▶ 출시 연도: 2003년
- ▶ 피스 개수: 53개
- ▶ 미니피겨: 없음
- ▶ 출고가: 3.99달러

$ ▶ 신제품: 16달러 ▶ 중고품: 10달러

폴리백과 미니 세트

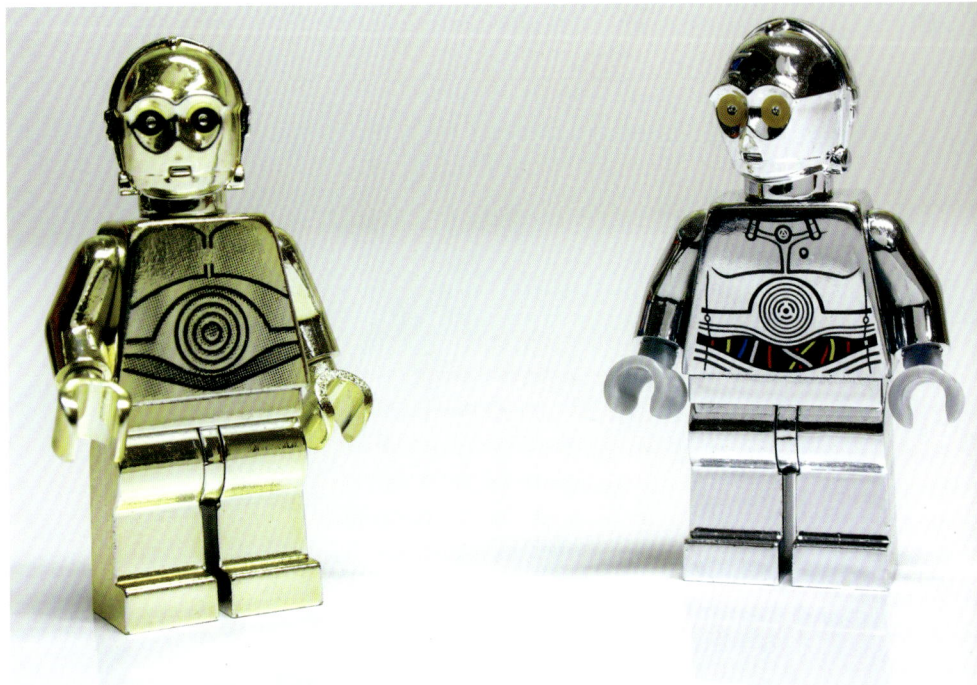

왼쪽: 가격은 차치하고라도 구경도 하기 어렵다는 4521221 골드 크롬 쓰리피오.

오른쪽: 실버 쓰리피오처럼 보이지만 여성성이 프로그래밍된 프로토콜 드로이드인 TC-14은 실버 도금 외에는 쓰리피오와 상당히 비슷한 모양을 가졌다. 2012년 '메이 더 포스(May the Fourth, 5월 4일이라는 의미지만 '포스가 함께하길(May the Force be with you)'이라는 제다이들의 인사말과 비슷한 발음을 이용한 일종의 언어유희—옮긴이)' 기념행사의 프로모션 아이템이었다.

4521221 골드 크롬 쓰리피오
(Gold Chrome-plated C-3PO)

- ▶ 출시 연도: 2001년
- ▶ 피스 개수: 1개
- ▶ 미니피겨: 1개
- ▶ 출고가: 0달러

4521221 골드 크롬 코팅 쓰리피오는 2007년 스타워즈 30주년을 기념해 1만 개의 레고 스타워즈 세트에 랜덤으로 포함시킨 프로모션 아이템이다. 4521221은 영화 속 모습처럼 골드 크롬을 쓰리피오에 입힌 모습이 특징적인 특별한 미니피겨 폴리백으로, 가격은 350달러에 달하고 있다. 이렇게 가격에 폭등하게 된 데에는 아이템 자체의 희소성이 주효했다. 1만 개밖에 출시되지 않았으니 말이다. 또 한 가지 이유로는, 엄청나게 멋있다! 30주년 기념 마크가 붙은 세트에 들어 있는 쓰리피오는 아직 많이 남아 있다.

좀 저렴한 MISB 컨디션의 2007년판 스타워즈 세트를 잘 찾아보면 운 좋게 엄청난 수집 가치를 갖는 이들 미니피겨를 건질 수도.

"축하합니다! 레고 쓰리피오 한정판 1만 개 중 하나를 찾으셨습니다!" 폴리백에 쓰인 메시지는 구매자가 특별 아이템을 획득했음을 알리고 있다.

▶ 신제품: 350달러   ▶ 중고품: 273달러

CHAPTER 24

슈퍼 히어로
SUPER HEROES

슈퍼맨　　배트맨　플래쉬　울버린
토르　원더우먼　헐크
아쿠아맨　　캡틴 아메리카　　아이언 맨
그린 랜턴　스파이더맨

레고로 나온 슈퍼 히어로들은 영화의 흥행 성적에 따라 폭발적 인기를 얻었다. 어떤 슈퍼 히어로 세트이든 미니피겨가 주인공이지만, 점차 탈것과 건물을 중심으로 디자인된 더 크고 더 다이나믹한 세트가 출시되는 경우가 많아지고 있다. 라이선스 테마 중 하나인 슈퍼 히어로 테마는 2011년에 출시되었고, DC와 마블 코믹스를 기반으로 하는 DC 유니버스와 마블 시네마틱 유니버스가 개봉하는 영화를 소재로 삼고 있다. 이들 제작사는 각각 다음과 같은 슈퍼 히어로 캐릭터를 보유하고 있다.

- DC 유니버스: 슈퍼맨, 배트맨, 그린 랜턴, 플래쉬, 원더우먼, 아쿠아맨
- 마블 시네마틱 유니버스: 스파이더맨, 아이언 맨, 울버린, 토르, 헐크, 캡틴 아메리카

이 책에서는 특별한 인기를 고려해 배트맨은 독립된 장에서 다루기로 한다. 레고 그룹은 배트맨을 2006~2008년까지 독립된 테마로 출시했고, 최근에서야 배트맨을 슈퍼 히어로 테마의 DC 유니버스 계열에 포함시켰다. DC 유니버스는 〈맨 오브 스틸〉과 〈다크 나이트〉 영화 라이선스의 권리를 가지고 있지만, 〈가디언즈 오브 갤럭시〉, 〈엑스맨〉, 〈어벤저스〉의 라이선스는 마블 시네마틱 유니버스 소유다.

76042 세트는 17개의 미니피겨를 포함하고 있으며, 이 중 12개가 미니피겨보다 작은 사이즈인 '마이크로피겨'다.

데크에 나란히 선 작은 마이크로피겨의 모습.

76042 쉴드 헬리캐리어
(Shield Helicarrier)

- ▶ 출시 연도: 2015년
- ▶ 피스 개수: 2996개
- ▶ 미니피겨: 5개
- ▶ 출고가: 349.99달러

슈퍼 히어로 테마는 연령을 불문하고 모든 팬들에게 인기를 모으고 있다. 단종된 후 고공 행진을 하지는 못했고, 일단 출시가 되면 판매기간이 긴 편이었다. 하지만 이러한 경향은 조금씩 바뀌기 시작했다. 단종된 슈퍼 히어로 세트 1세대가 조용히 꾸준하게 가격이 오르기 시작했다. 그렇다고 수집 가치가 떨어지는 레고 세트는 아니다. 아니 정반대로, 슈퍼 히어로 시리즈는 환상적인 디자인과 뛰어난 가치를 갖는 수집품이다. 슈퍼 히어로 세트 중 단종된 후 가격이 상당히 오른 사례들은 다음 페이지에서 다루도록 하겠다.
중대형급 슈퍼 히어로 세트 대부분은 배트맨을 소재로 하며, 이 책은 배트맨 관련 장에서 10937 배트맨: 아캄 어사일럼 탈출과 76023 텀블러를 다루고 있다. 76042 쉴드 헬리캐리어는 슈퍼 히어로 테마 중에서도 가장 크고 가장 수집 가치가 높은 세트일 것이다. 영화 〈어벤저스〉 시리즈를 소재로 한 76042는 3000피스급의 거대한 세트로 소매가 349달러다. 크기, 미니피겨, 마이크로피겨, 위풍당당한 스타일, UCS 명판 기타 등등의 장점으로 인해 단종 후 인기를 모을 세트로 평가된다.
불행히도 슈퍼 히어로 세트에는 앞서 언급한 3종 외에는 대형급이 없다. 또한 3종 세트 모두 멋진 세트임에는 의문의 여지가 없지만, 스타워즈 테마에 비교하자면 떨어지는 게 사실이다. 그러나 중소형급 슈퍼 히어로 세트는 대체로 가격 부담이 적고 조작성이 뛰어나다. '마블(Marvel)'이라는 이름에 걸맞게 경이로운 미니피겨도 풍성하게 들어 있으며 단종된 후 수익성도 좋다.

▶ 신제품: 378달러   ▶ 중고품: 289달러

컨스트랙션 세트인 4529 아이언 맨은 레고 수집가들의 관심을 모으지 못했던 아이템이다.

중

소형급 슈퍼 히어로 세트는 대부분 단종된 후 가격이 많이 오른다. 이들은 가격 부담이 크지 않으면서 조작성이 뛰어나고 '마블'이라는 이름처럼 경이로운 미니피겨들을 갖추고 있어 비용 효율성이 좋다. 이 장에서는 최근 단종된 슈퍼 히어로 세트 몇 가지를 소개한다.

5000022 헐크(The Hulk)

- ▶ 출시 연도: 2012년
- ▶ 피스 개수: 4개
- ▶ 미니피겨: 1개
- ▶ 출고가: 14.99달러

5000022 헐크는 2012년 5월에 배포된 프로모션 아이템이며, 미니 헐크라는 점이 대단히 독특하다. 현재 판매 중인 헐크 미니피겨들이 사실 모두 맥스피겨들이기 때문에 이 미니피겨는 더욱 희귀하다. 5000022를 손에 넣기 위해서는 레고 오프라인 숍이나 숍앳홈에 최소 1달러의 결제 내역이 있어야 한다. 지난 몇 년간 많은 레고 수집가들이 구매 시기를 전략적으로 고려한 이유는 이런 작은 폴리백이나 프로모션 아이템들을 공짜로 받기 위해서다. 이후 그것들의 기대 수익이 꽤 높기 때문이다. 5000022 헐크는 중고 시장에서 30달러가 넘는 가격에 거래되고 있다. 4피스짜리 폴리백이 30달러의 가치가 있다? 그렇다. 레고 수집가들은 프로모션 폴리백 제품들이 한정판이며, 중고 시장에서도 구하기 어렵다는 점을 주목한다. 많은 수집가들은 온라인/오프라인 레고 숍에서 그 달의 프로모션 아이템이 가치가 있을 경우에만 세트를 구매하곤 한다. 가치를 추정하기 위해 이들은 기본적으로, 한정판 폴리백이나 프로모션 세트의 가치는 알 수가 없으니 'X'라 하고, 프로모션 제품을 받을 수 있는 최소 결제 금액(보통 75달러나 100달러) 즉, 구매 총액에서 'X'를 제할 경우, 구매 제품의 출고가 대비 최종적으로 몇 퍼센트가 할인되었는지 계산하는 방식을 쓴다. 게임 속의 게임이라고나 할까, 장사의 스킬이라고 할까. 이러한 방식은 수집가들이 받을 수 있는 모든 할인과 프로모션의 기회를 활용해 수익을 올리기 위해 고안된 것이다.

4529 아이언 맨(Iron Man)

- ▶ 출시 연도: 2012년
- ▶ 피스 개수: 44개
- ▶ 미니피겨: 없음
- ▶ 출고가: 14.99달러

4529 아이언 맨은 레고의 세계에서 다소 독특한 유형의 세트다. 4529는 마블 슈퍼 히어로 시리즈의 서브 테마인 '컨스트랙션' 시리즈다. 테크닉, 히어로 팩토리, 마블 슈퍼 히어로의 하이브리드 격인 컨스트랙션 테마는 키마의 전설과 같은 다른 테마에서도 발견되지만, 슈퍼 히어로 컨스트랙션 테마야말로 전반적인 수준을 끌어올린 컨스트랙션 중에서도 최고의 가치를 갖는 서브 테마라 할 수 있다.

4529는 〈아이언 맨〉 영화의 인기에 힘입은 바가 크다. 4529 아이언 맨은 액션피겨와 레고를 결합한 형태로, 조작성이 좋으며 조립의 재미까지 가미했다. 아이언 맨의 레플리카인 이 세트가 출고가 14.99달러에서 4배가 뛴 데에는 이유가 있다. 조작성이 뛰어난 매력적인 세트라는 성공적인 레고 세트의 요건을 잘 갖추었기 때문이다.

- $ ▶ 신제품: 72달러 ▶ 중고품: 29달러
- $ ▶ 신제품: 31달러 ▶ 중고품: 19달러

울버린은 영화에서와 마찬가지로 ABS 플라스틱으로 만들어진 레고 버전으로도 여전히 인기를 누리는 캐릭터다.

레고 수집가들은 6866 울버린의 헬리콥터 결투의 다음 버전이 나오기만을 고대하고 있다. 이 세트의 출고가는 19.99달러이고, 훨씬 낮은 가격으로 할인되기도 했지만 현재가 80달러에 근접하고 있다!

6866 울버린의 헬리콥터 결투
(Wolverine's Chopper Showdown)

▶ 출시 연도: 2012년
▶ 피스 개수: 199개
▶ 미니피겨: 3개
▶ 출고가: 19.99달러

옛말 그른 것 없다더니, 최고는 작은 것에서 온다는 말은 6866 울버린의 헬리콥터 결투를 위한 것이었는지도 모른다. 199피스로 이루어진 이 세트는 출고가 19.99달러로 출고된 뒤 1년이 안 되는 시간 동안 70달러 선까지 치솟았다. 6866 세트를 특별하게 만드는 요소, 그래서 이 엄청난 가격 폭등을 가능케 한 요소는 세트 한정인 울버린, 매그니토, 데드풀 미니피겨다.

미니피겨 외에도 멋진 헬리콥터와 오토바이가 들어있으며 여분의 브릭도 포함되었다. 많은 수집가들이 이 여분의 브릭을 보너스처럼 여기고 있다.

▶ 신제품: 70달러   ▶ 중고품: 44달러

투자 팁

마블과 DC코믹스의 슈퍼 히어로 시리즈는 한정판 미니피겨를 구하기 좋은 세트들이다. 폴리백과 소형 세트에는 수집가들이 세트에서 분리해 세트 가격보다 더 높은 가격에 재판매하는 뛰어난 가치의 미니피겨들이 포함된 경우가 많다. 이를 보통 '분리 판매'라고 부른다. 분리 판매는 레고 중고 시장에서 수백만 달러 규모의 시장을 형성하고 있다. 이 책에서 앞서 언급했듯이, 미니피겨만 분리 판매되는 것이 아니다. 분리 판매의 대상은 매우 다양하다. 브릭링크닷컴(bricklink.com) 같은 온라인 사이트는 분리 판매 거래 금액이 수천만 달러 규모에 달한다. 브릭링크닷컴에서는 개인들이 수천 개의 영세 숍을 통해 세트나 부품을 분리 판매한다. 레고의 세계에서는 분리 판매 레고 브릭이야말로 창작 레고와 커스텀 모델의 핵심을 이룬다고 볼 수 있다. 세트를 분리 판매하는 팬들이 없다면 재기발랄한 수많은 커스텀 모델의 제작은 절대 불가능할 것이다.

CHAPTER 25

테크닉
TECHNIC

테크닉 세트의 디자인 창의성은 레고의 다른 어떤 테마와도 비교 불가다. 세트 가격이 고점에 도달하는 데는 시간이 걸릴지 모르지만, 테크닉 시리즈 가운데엔 이미 높은 가격에 이른 중대형급 세트도 제법 있다.

테크닉 테마는 레고로 표현 가능한, 최고의 진열품이다. 오토바이에서 헬리콥터, 덤프트럭, 레이스 카에 이르기까지, 탈것이나 기계류에서 상상할 수 있는 어떤 형태든 테크닉 브릭을 통해 재탄생한다. 더구나 이들 세트는 어떤 종류든 기능을 가지고 있다. 문이 열리고, 바퀴가 굴러가고, 헬리콥터의 프로펠러가 회전하고, 기중기는 들어올리며, 덤프트럭은 실어온 것을 투하한다.

테크닉 세트에서 볼 수 있는 디자인의 독창성은 다른 어떤 레고 테마보다도 뛰어나다. 물론 스타워즈의 탈것이나 해리 포터의 성과 비슷해 보일지도 모르지만, RC카나 트럭처럼 원격조종이 가능하다면? 테크닉 세트라면 못 만드는 게 없을 정도다.

수집 가치로 보자면, 이 테마의 기계공학적 요소에 열광하는 사람들이 있는 반면 많은 건물과 장비의 외형을 완벽하게 복제하고 있는 어드밴스 모델 테마에 비해 미적 가치와 완성도가 떨어진다고 여기는 사람들도 있다. 조립가들과 수집가들 사이에선 조립의 기술적 난이도가 높아 매력을 느끼는 사람들과 멀리하는 사람들로 나뉘는 것으로 보인다. 그럼에도 불구하고 테크닉 테마는 상당한 규모의 열성적인 팬들을 거느리고 있어 투자 가치와 수집 가치가 높다.

고점에 도달한 대형 테크닉 세트도 꽤 있다. 이들의 가격은 서서히 상승했고, 고점까지는 상당한 시간이 걸렸다. 테크닉 세트의 가장 좋은 점은 수집가와 투자자들의 사재기 대상이 아니어서 단종 후 수년간 품귀 상태를 유지했다는 것이다. 모든 테크닉 세트가 높은 가격, 높은 수익률을 기록하지 않겠지만, 몇 가지 테크닉 세트는 좋은 성적을 내고 있다. 물론 특출한 세트를 판별해내기란 어렵다. 구성과 기능이 서로 비슷한 편이라 진정한 수집 가치가 있는 테크닉 세트를 골라내기란 실력보다 운에 달렸다. 좋은 세트를 판별하는 눈을 가진 수집가라면 이 세트의 잠재적 수익성을 알아볼 것이다.

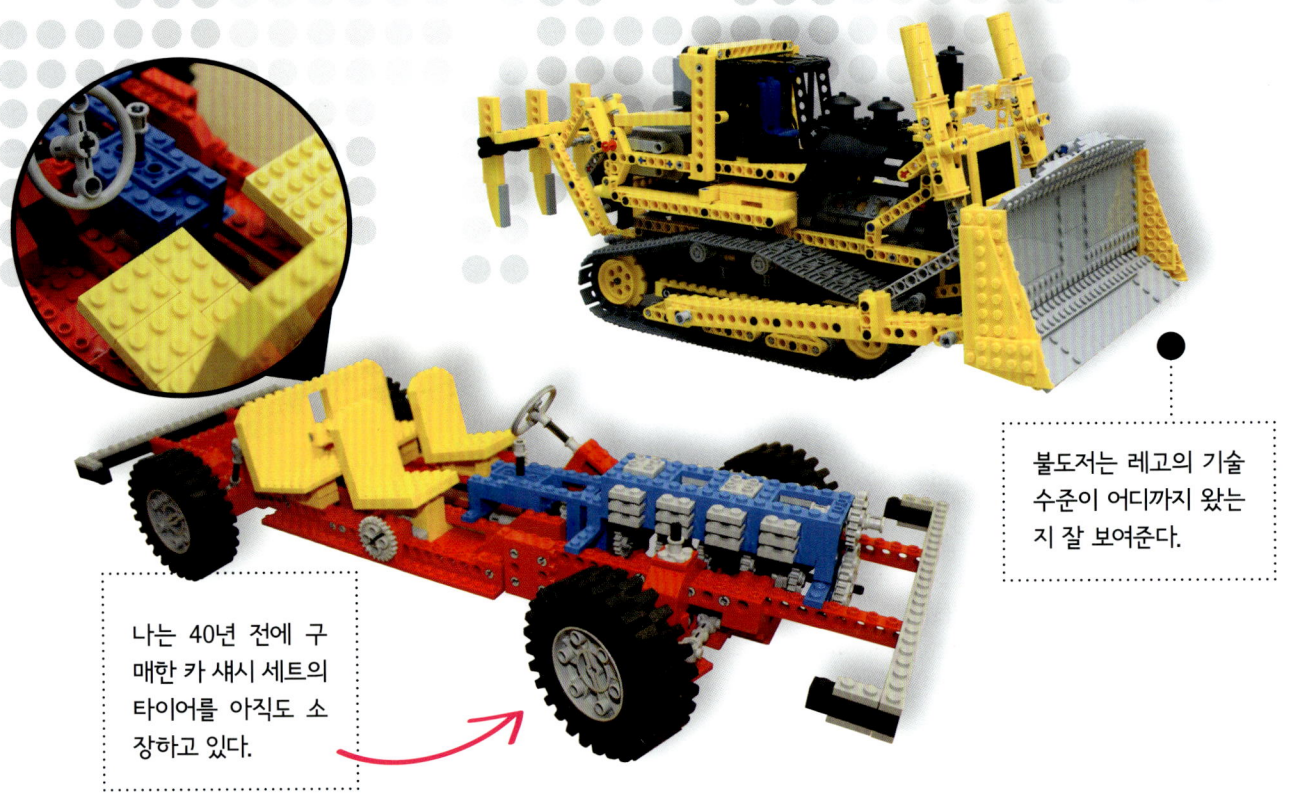

> 불도저는 레고의 기술 수준이 어디까지 왔는지 잘 보여준다.

> 나는 40년 전에 구매한 카 섀시 세트의 타이어를 아직도 소장하고 있다.

853/956 카 섀시(Car Chassis)

- 출시 연도: 1977년
- 피스 개수: 601개
- 미니피겨: 없음
- 출고가: 해당 없음

나는 이 책의 여러 장에 걸쳐 어린 시절인 70년대 초반에 열광하던 375/6075 노란 성과 497/928 갤럭시 익스플로러 같은 세트들을 언급했다. 이들은 나로 하여금 레고의 세계로 빠져들게 만든 주역들이다.

마찬가지로 내가 좋아했던 세트로 853/956 카 섀시를 꼽을 수 있다. 이 세트는 기본 차 프레임과 기계장치를 레고 브릭으로 재현한 것으로, 당시로선 획기적인 디자인이었다. 핸들도 제대로 작동하며 엔진 피스톤, 트랜스미션, 의자, 서스펜션의 조작이 가능하다. 1977년 당시 853/956 세트는 새로운 브릭들이 제작되었는데, 여기에는 기어, 액슬, 핀, 빔, 대형 타이어 및 기타 불규칙한 형태의 브릭들이 포함되어 있다. 이 새로운 세트는 테크니컬 세트라는 명칭으로 불리다가 1984년에 테크닉 세트로 바뀌었다.

 ▶ 신제품: 169달러 ▶ 중고품: 147달러

8275 모터라이즈드 불도저 (Motorized Bulldozer)

- 출시 연도: 2007년
- 피스 개수: 1384개
- 미니피겨: 없음
- 출고가: 149.99달러

8275 모터라이즈드 불도저는 테크닉 가격 테이블의 가장 상단에 위치한 세트로서, 중고 시장에서 700달러가 넘는 가격에 올라 있다. 2007년 149.99달러에 출고된 1384피스의 세트인 8275는 2008년 단종 이후 400퍼센트의 투자수익률을 보였다. 다른 대형 세트만큼 빠른 성장률을 보이진 않았지만, 테크닉 세트로서는 꾸준하면서도 눈부신 수익률을 보인다. 8275 모터라이즈드 불도저는 파워 기능을 포함하고 있어, 4개의 모터와 2개의 원격조종기를 통해 트레드, 전후면 기계식 블레이드와 리퍼의 동작을 제어할 수 있다. 8275 모터라이즈드 불도저는 실제 모델을 사실적으로 재현할뿐더러 조작성을 갖추고 있는 매력적인 세트다. 크기, 스타일, 정교함에 있어 중고 시장에서 이 세트를 따라올 다른 제품이 없을 정도니 어찌 보면 성공적인 수익률을 보장하는 것이 당연하다.

▶ 신제품: 761달러 ▶ 중고품: 327달러

8288 크롤러 크레인(Crawler Crane)

- ▶ 출시 연도: 2006년
- ▶ 피스 개수: 800개
- ▶ 미니피겨: 없음
- ▶ 출고가: 49.99달러

8288 크롤러 크레인은 레고 중고 시장에서 폭발적인 성장세를 보인 저가 테크닉 세트의 전형이다. 무려 700퍼센트나 올랐으니 말이다. 출고가 49.99달러로 출발했지만 이제 400달러 선에 거래되고 있다. 49.99달러짜리 세트치고는 800개나 되는 피스가 있어 가치가 높기도 하지만, 폭발적인 성장이 가능했던 데에는 세트 자체의 독특한 디자인도 한몫 거든 것 같다. 트레드와 크레인 메커니즘에 있어 이 제품과 유사한 모델을 본 기억이 없을 정도다. 레고 버전의 크레인은 다양하게 출시되어 있지만 대부분 바퀴만 달렸거나 사실상 고정된 모델이다. 이유가 무엇이든 간에 8288 크롤러 크레인은 중소형 사이즈 세트도 훌륭한 수집품이 될 수 있음을 잘 보여준다.

> 크롤러 크레인은 레고 역사상 가장 비용 효율성이 높은 제품일 수도 있다.

- ▶ 신제품: 400달러 ▶ 중고품: 219달러

8285 견인 트럭(Tow Truck)

- ▶ 출시 연도: 2006년
- ▶ 피스 개수: 1877개
- ▶ 미니피겨: 없음
- ▶ 출고가: 119.99달러

▶ 신제품: 704달러 ▶ 중고품: 272달러

트럭을 좋아하는 팬이라면, 이 세트의 아름다움에 압도될 것이다. 8285 견인 트럭은 1800개가 넘는 피스로 재현한 '빅 리그(Big Rig, 세미 트레일러 트럭—옮긴이)' 견인 트럭의 제대로 된 레플리카다. 8285는 겉모습만으로도 정교함이 빛나며, 검정 차체를 빨강과 은색으로 멋지게 장식하고 있다. 고도의 페인트 작업 착시를 불러일으키는 스티커도 대단히 많이 사용된다. 8285의 현재가는 출고가 199.99달러의 500퍼센트에 달하는 700달러를 넘어섰다. 파워 기능은 없지만 권양기와 6개의 실린더가 작동하는 엔진이 달려 있다. 8285 견인 트럭은 가격이 꾸준히 상승한 수집 세트로서, 시간을 두고 기다리면 높은 가격까지 오르는 테크닉 세트의 장점을 잘 보여주고 있다.

◀ 크롤러의 박스 아트는 레고 역사상 최고의 디자인을 자랑한다.

41999 사륜구동 크롤러 한정판은 고유의 차량 번호판을 달고 있다.

41999 사륜구동 크롤러 한정판
(4X4 Crawler Exclusive Edition)

- ▶ 출시 연도: 2013년
- ▶ 피스 개수: 1585개
- ▶ 미니피겨: 없음
- ▶ 출고가: 199.99달러

41999는 흥미로운 세트다. 2013년 8월에 출시되어 2만 개 한정 생산된 제품이다.

9398 사륜구동 크롤러를 모델로 한 이 세트는 차체 외각과 수집가를 의식한 박스 아트가 다르다. 파워 기능과 원격조종기를 통해 RC카나 트럭처럼 조작할 수 있는 대단히 멋진 제품이다.

더욱 놀라운 것은 이 세트에 대한 소문이 무성한 나머지 출시 한 달도 안 되는 기간에 품절되었다는 사실이다. 품절 이후 1~2달 뒤에 며칠 동안 다시 공급되었지만, 이제껏 나온 레고 세트 중 가장 유통기간이 짧은 제품 중 하나였다. 그럼에도 불구하고 중고 시장에서는 그다지 좋은 성적을 올리지 못했다. 뛰어난 디자인과 수집 가치를 갖춘 것에 비하면, 나를 포함한 많은 전문가들의 예상이 빗나가는 수익성이다. 테크닉 세트라는 특징 때문에 많은 사람들이 구매 의욕을 잃어버렸을 가능성도 상당히 있다. 그러나 이 세트는 대부분의 테크닉 세트가 그러하듯이 언젠가는 고점에 다다를 것으로 생각된다. 아마도 천천히, 차근차근 오를 걸로 예상된다. 41999는 아직도 400달러 미만의 가격에 구할 수 있다. 새내기 수집가들에게는 오르기 전 가격에 하나쯤 구비해둘 기회일 수도 있다. 시간이 흐르면 이 멋진 세트에 대한 관심은 오를 수밖에 없으므로.

장난감을 뛰어넘은 장난감

MIT 공대와 같은 명문대학에서는 로봇공학이나 기계공학을 가르치기 위해 레고 테크닉 세트를 사용하고 있다. 단순한 장난감을 넘어서 교육적 효과도 뛰어남을 여실히 보여주는 사례다.

 ▶ 신제품: 338달러   ▶ 중고품: 289달러

CHAPTER 26

기차
TRAINS

수백 년 전, 기차가 발명된 이래로 아이들과 어른들은 장난감 기차를 수집해왔다. 레고 브릭과 장난감 기차를 결합한다면 어떤 게 나올까? 정답은 수집 가치 높고 인기 넘치는 레고 세트!

기차는 레고의 가치가 특히 빛을 발하는 테마이며, 레고 브릭은 기차와 기찻길을 재현하기에 뛰어난 재료다. 레고의 기차들은 수집가들이 수십 년 동안 모아온 O게이지 클래식 전기기차와 사이즈가 비슷하다. 어떤 팬들은 레고 기차를 L게이지라 부르기도 한다. L게이지는 레고 기차들의 O, N, HO, G 스케일 등 다양한 사이즈와 급을 가리키는 표현이다.

레고 기차 시리즈는 1966년에 처음 출시된 단순한 '푸시' 방식의 열차였다. 그 뒤에는 4.5볼트 배터리로 움직이는 기차와 모터 세트가 출시되었다. 종국에는 금속선이 있는 특수 트랙과 변압기 및 스위치를 포함하는 12볼트, 9볼트의 움직이는 열차 시스템을 출시하기도 했다. 그 이후의 모델들을 건너뛰고 오늘날의 모델을 보면 레고는 이제 금속선이 없는 보다 단순하고 저렴한 기차 트랙과 새로워진 파워 기능, 적외선 원격조종장치를 통해 움직임과 불빛을 제어하는 모델을 만들고 있다. 원격조종장치는 파워 기능을 4개까지 제어할 수 있으며, 세트에 포함되어 있지 않다 해도 모든 레고에 파워 기능을 추가할 수 있어 조립가들에게 다양한 옵션을 제공하고 있다.

여기에서는 2000년 이후 출시된 레고 기차에 대해서만 다루기로 한다. 2000년 이전의 기차들은 4.5볼트에서 12볼트의 다양한 모델들이지만 구조가 단순하며 디자인이 투박하고 열차 운행 시스템의 일부분이라 정교성이 떨어진다. 레고 기차 테마의 디자인이 보다 사실성을 띠게 된 것은 9볼트짜리 기차가 만들어지면서부터다. 이 책이 제시하는 기차들은 다양한 테마에서 발견되는 것들로서, 열차 운행 시스템을 갖추어야 완전해 보이는 세트들이 아닌 독립형, 독창적 디자인의 모델들에 가깝다. 레고 기차를 9볼트 혹은 파워 기능 기차라 언급하고 있지만, 이 중에는 모터나 전동기를 포함하지 않는 것들이 대부분이다. 레고 세트의 추진력은 별도 팩이나 액세서리 팩을 통해 나중에 추가할 수 있다. 수집 가치로 볼 때 현재의 레고 기차들은 종류 불문하고 인기가 많아 가격 상승을 기대할 때 안전한 선택이다. 레고 테마마다 매년 최소한 1대의 기차를 선택할 수 있으니, 원한다면 기차를 모아 멋진 컬렉션을 구성할 수도 있다. 진열한 기차의 정지 모습이 싫증 난다면 해결책은 간단하다. 약간의 재능, 시간, 파워 기능 부품만 있다면 움직이는 기차로 변신이 가능하니 말이다.

뒷 모습.

10173 홀리데이 트레인(Holiday Train)

- ▶ 출시 연도: 2000년
- ▶ 피스 개수: 965개
- ▶ 미니피겨: 7개
- ▶ 출고가: 89.99달러

10173 홀리데이 트레인은 윈터 빌리지 시리즈의 첫 번째 세트인 10199 윈터 토이 숍의 출시 보다 3년 앞선 시점인 2006년에 출시되었다. 홀리데이 트레인은 965피스와 7개의 미니피겨로 구성되었고, 출고가 89.99달러는 꽤 괜찮은 편이다. 이 세트의 디자인은 실사에 가깝다기보다는 다소 동화책 분위기여서 판타지 느낌의 윈터 빌리지 세트와 멋지게 어울린다.

중고 시장에서의 가격은 700달러가 넘는다. 소매가에서 대략 700퍼센트 오른 것으로, 단순한 디자인을 가진 세트로서는 대단히 놀라운 성적을 보이고 있다. 여기에 산타클로스 미니피겨와 초록색 브릭, 크리스마스 선물 소품을 더한다면 마치 루돌프 사슴처럼 고공비행하는 크리스마스 수집품이 되는 마법을 경험할 수 있을 것이다.

 ▶ 신제품: 702달러 ▶ 중고품: 438달러

10194 에메랄드 나이트 (Emerald Night)

- ▶ 출시 연도: 2009년
- ▶ 피스 개수: 1085개
- ▶ 미니피겨: 3개
- ▶ 출고가: 99.99달러

10194 에메랄드 나이트는 아름다운 레고 모델이다. 진녹색의 브릭과 반짝이는 검정 및 황금빛 테두리는 세트를 우아하게 만든다. 증기기관차를 본떠 만든 10194는 흠잡을 데가 없는 디자인이라 생각한다. 객차와 승무원실을 몇 량 더 갖춰 더욱 큰 세트로 제작되었더라면 레고 세트의 불멸의 고전이 될 수도 있었을 텐데 하는 아쉬움도 든다. 개인적으로 종종 드는 생각인데,

워낙 팬층이 두터운 만큼 레고 기차 테마를 하나로 통합하고 서로 연결되는 새로운 차종의 기차를 매년 출시해도 멋질 듯하다. 매년 각종 기관차와 자동차를 출시해, 최고의 수집 가치를 갖는 테마를 만드는 것이다. 어쨌든, 레고에서 만들어주는 지금의 세트도 감수할 만하다. 10194 에메랄드 나이트는 고급 스킬을 필요로 하는 조립 난이도, 클래식한 디자인, 중고 시장에서의 눈부신 성장에 이르기까지 환상적인 제품이다.

현재 가격은 출고가 99.99달러에서 4배로 뛰어 투자수익률이 300퍼센트에 달하며, 강력한 상승세는 당분간 지속될 것으로 보인다.

 ▶ 신제품: 384달러 ▶ 중고품: 266달러

레고 머스크 시리즈가 모두 그렇지만, 머스크 특유의 '파랑' 브릭은 흔치 않은 것이라 눈길을 끌며 그만큼 가치도 높다. 10219 머스크 화물열차는 실물 기관차의 매력적인 레플리카다.

10219 머스크 화물열차
(Maersk Train)

- ▶ 출시 연도: 2011년
- ▶ 피스 개수: 1237개
- ▶ 미니피겨: 3개
- ▶ 출고가: 99.99달러

레고는 오랫동안 덴마크의 거대 선박 운수 그룹인 머스크 그룹과 라이선스 계약을 유지해왔고, 그동안 많은 종류의 머스크 컨테이너 선박과 트럭을 출시했지만, 머스크 기차는 2011년에야 제작하기 시작했다. 1200개가 넘는 피스, 3개의 미니피겨로 구성된 멋진 디자인의 10219 머스크 화물열차는 119.99달러라는 매력적인 가격에 출고되었다. 머스크 특유의 밝은 파란색과 회색으로 장식된 이 디젤기관차는 정교한 디테일과 눈에 부담을 주지 않는 디자인이 장점이다. 기관차 외에도 2대의 컨테이너 차량과 1대의 컨테이너 트럭이 포함되어 있고, 파워 기능을 따로 추가할 수도 있다. 생산기간은 18개월 가량이었고, 다른 머스크 시리즈도 마찬가지였다. 중고 가격은 출고가의 2배가 오른 300달러에 육박하고 있다. 레고 기차 시리즈를 모으는 사람이라면 10219 머스크 화물열차는 반드시 소장해야 할 제품이다. 다른 레고 기차의 패턴을 따른다면 아직도 가격 상승의 여지가 꽤 있다.

$ ▶ 신제품: 384달러 ▶ 중고품: 266달러

◀ 10194 에메랄드 나이트는 이제껏 생산된 레고 세트 중 가장 아름다운 세트 중 하나라 생각한다. 진녹색의 차체, 황금색 테두리, 세세한 디테일까지 이 기차의 진정한 가치는 직접 눈으로 봐야 알 수 있다.

타페 기차 서브 테마는 2002년에서 2005년 사이 출시된 비슷한 박스와 스타일을 갖는 세트를 말한다. 가격대는 34.99달러에서 39.99달러 선이고, 피스 개수는 400개 정도다. 산타페 세트 각각은 다른 세트와 호환이 가능하다. 특히 10025 산타페 카-세트 1과 10022 산타페 카-세트 2 모두 기차의 객차다. 10133 벌링턴 노던 산타페(BNSF)와 10020 산타페 슈퍼 치프 두 기관차 모두 디젤기관차를 멋지게 재현해냈다. 이들 산타페 세트들은 10219 머스크 화물열차와 겉모습, 사이즈, 구조가 비슷하기 때문에 함께 진열하면 멋진 장식품이 된다. 각 세트의 가격이 40달러 선이던 10년 전이면 괜찮았겠지만, 이제 10133 벌링턴의 경우 300달러를 넘어 투자수익률 기준 700퍼센트를 기록하고 있다. 10170 TTX 인터모달 더블스택 카만은 예외적으로 출고가가 39.99달러였지만, 투자수익률 200퍼센트를 약간 넘는 수준으로 3배 정도 가격이 올랐다. 나머지 4종의 산타페 세트가 500퍼센트 이상 오른 것과 대비되는 수준이다. 저렴한 가격에 구할 수 있는 멋진 레고 제품이 얼마나 성장성이 좋은지 보여주는 또 하나의 사례라 하겠다. 불행히도 새로 출시되는 제품들에서는 이들 5종 세트와 비슷한 수준의 출고가를 기대할 수 없을 것 같다. 요즘 나오는 정교한 '엑스퍼트' 수준의 세트들은 100달러에 가까운 가격표를 달고 있으니 말이다. 그럼에도 불구하고 산타페 서브 테마는 막강한 파워가 있는 시리즈다. 이들 5종 세트를 모조리 거머쥐는 행운을 누린 사람이라면 조립 과정도 특별했겠지만, 두둑한 이익도 기대할 수 있을 것이다.

▼ 이들 산타페 카 모델들(화물차-10025, 객차-10022)은 실사를 정교하게 재현했으며, 저비용 고효율 세트의 높은 수집 가치를 잘 보여주는 사례다.

10025 산타페 카-세트 1
(Santa Fe Cars-Set I)

- ▶ 출시 연도: 2002년
- ▶ 피스 개수: 326개
- ▶ 미니피겨: 없음
- ▶ 출고가: 34.99달러

 ▶ 신제품: 204달러 ▶ 중고품: 182달러

10022 산타페 카-세트 2
(Santa Fe Cars-Set II)

- ▶ 출시 연도: 2002년
- ▶ 피스 개수: 411개
- ▶ 미니피겨: 없음
- ▶ 출고가: 34.99달러

 ▶ 신제품: 273달러 ▶ 중고품: 192달러

산타페 기차

또 하나의 매력적인 레고 기차인 10133 벌링턴 노던 산타페 기관차는 노랑, 주황, 진녹색 브릭의 조합이 대단히 멋스럽다.

10133 벌링턴 노던 산타페 기관차
(Burlington Northern Santa Fe(BNSF) Locomotive)

- ▶ 출시 연도: 2004년
- ▶ 피스 개수: 407개
- ▶ 미니피겨: 2개
- ▶ 출고가: 39.99달러

▶ 신제품: 324달러 ▶ 중고품: 192달러

10170 TTX 인터모달 더블스택 카
(TTX Intermodal Double-stack Car)

- ▶ 출시 연도: 2005년
- ▶ 피스 개수: 366개
- ▶ 미니피겨: 없음
- ▶ 출고가: 39.99달러

▶ 신제품: 132달러 ▶ 중고품: 94달러

10020 산타페 슈퍼 치프
(Santa Fe Super Chief)

- ▶ 출시 연도: 2002년
- ▶ 피스 개수: 435개
- ▶ 미니피겨: 2개
- ▶ 출고가: 39.99달러

▶ 신제품: 265달러 ▶ 중고품: 203달러

CHAPTER 27

빈티지
2000년 이전의 세트들
VINTAGE　　　　PRE-2000

레고 수집품에 있어 오래된 모델이 반드시 더 가치 있는 것은 아니다. 새 모델이 빈티지 모델보다 가격이 더 잘 오르긴 하지만, 고점에 다다를 잠재력을 갖는 오래된 모델도 몇 가지 살펴보기로 한다.

제프와 내가 레고 가격 추이를 기록하기 시작했을 무렵, 우리는 최고가에 다다른 세트의 종류를 보고 놀란 적이 있다. 보통 가장 가치를 인정받는 레고 세트는 가장 오래된 모델일 거라고 생각하기 쉽다. 동전, 우표와 같은 수집품의 경우는 그럴지 모르지만, 조사 결과 레고의 경우 연한이 반드시 가치를 보장하지는 않았다.

이 책의 주된 목적은 2000년 이후 출시된 레고 모델이지만, 상당한 가치를 쌓은 오래된 모델도 많이 있다. 하지만 이들 빈티지 모델의 가격이 새 모델처럼 높은 가격까지 다다르지 못한 이유는 뭘까? 지난 50년간 출시된 레고의 종류는 1만 개가 넘는다. 이 중 대다수는 2000년 이후 출시되었고, 매년 훨씬 더 많은 양의 세트가 생산되고 있다. 예를 들어 1984년에는 82종의 레고 세트가 출시되었지만 시대를 건너뛰어 2014년을 보면 총 724종이 출시되었다. 30년이라는 시간을 두고 무려 10배 가까이 종류가 늘어난 것이다.

빈티지 모델이 새 모델의 성장세를 따라잡지 못하는 이유는 먼저, 워낙 오래되다 보니 MISB 컨디션의 세트를 구하기 쉽

> **지난 반세기 동안 1만 종이 넘는 레고가 출시되었다**

지 않아 정확한 가격을 매기기가 어렵다는 점을 들 수 있다. 빈티지 세트의 수량이 워낙 적다보니 거래 실적도 없고 거래 가격의 참고 기준도 없는 상황이기 때문에 수집가들은 빈티지 모델을 회피하는 경향이 있다. 때때로 MISB 컨디션의 빈티지가 시장에 나온다 해도, 적합한 구매자가 나타나기 전까지 오랜 시간을 기다려야 할 수도 있다. 적합한 구매자란 어린 시절 그 세트를 구매했던 사람이 추억의 세트를 원하는 경우일 가능성이 높다.

이유가 무엇이든 간에, 빈티지 모델에 최고가를 지불하는 사람들도 있지만, 높은 가격을 주고 산 빈티지 모델이 나중에 투자 가치를 회수할 수 있을지에 대한 불확실성이 높은 편이고 따라서 거래도 많지 않다. 오래되고 구하기 어려운 레고는 구매하고자 하는 사람이 지불할 용의 만큼의 가치를 갖는다. 이미 새로 출시된 세트들이 대단히 높은 수준까지 인기를 얻는 것을 감안하면, 40년 된 빈티지 세트에 큰돈을 투자하며 위험을 감수할 적합한 구매자를 찾는 것은 대단히 어려운 일이다.

6286 카리브의 해적선 2와 같은 세트에서 돛은 종종 문젯거리를 낳는다. 대체하기 어려운 데다 시간이 흐르는 동안 색이 바래고 헤지기 때문에, 이런 종류의 세트가 최고가를 받기 위해서는 반드시 돛이 최상 컨디션인지 확인해야 한다.

6286 카리브의 해적선 2
(Skull's Eye Schooner)

- 출시 연도: 1993년
- 피스 개수: 912개
- 미니피겨: 9개
- 출고가: 126.99달러

▶ 신제품: 885달러 ▶ 중고품: 286달러

2000년 이전의 레고 세트 중 최고가를 기록하는 건 두 가지 모델이다. 하나는 912피스의 6286 카리브의 해적선 2, 또 하나는 모델 팀 테마 중 하나인 1757피스의 5571 자이언트 트럭이다. 모델 팀 테마는 어드밴스 모델 시리즈의 초기 버전으로, 성인 팬들을 위해 제작되어 디테일이 세밀한 큰 사이즈의 세트들이었다. 6286과 5571 모두 800달러 고지를 넘어서, 투자수익률은 500퍼센트가 넘는다.

6286 카리브의 해적선 2는 오밀조밀한 디테일이 있으면서 꽤 큰 1990년대 해적선이며, 5571은 대형 디젤 트럭의 멋진 복제판이다. 해적과 모델 팀 테마는 상위 12개 중 5개에 해당된다. 빈티지 목록 중 다른 인기 테마로는 캐슬 테마, 구 버전의 타운/

시티 테마와 테크닉 시리즈 몇 종을 들 수 있다. 빈티지 세트의 문제는 대체로 디자인과 조립 완성도에 있다. 사이즈, 구조, 디자인, 정교성, 미니피겨의 수준 등 다양한 면에서 2000년 이후의 세트들과 비교 상대가 못 된다. 또 다른 이유는 팬들과 수집가들은 새로 출시된 모델에 더 관심을 갖는다는 점이다. 수집 취미에 있어, 레고 수집과 투자는 비교적 오래되지 않았다. 레고에 투자하고 수집하는 일은 이베이와 같은 온라인 경매 사이트가 생겨서야 가능해졌다. 이베이의 성장은 레고와 세트 디자인의 전략적 전환과 때를 같이했다. 오늘날의 수집가와 투자자들로서는 태어나기도 전에 출시된 오래된 세트에 관심을 갖기란 어려운 일이며, 이들은 스타워즈와 해리 포터에 열광할 뿐이다. 가격이 상당히 높은 수준까지 오른 빈티지 모델들은 대체로 요즈음의 세트와 빌드와 사이즈가 유사한 편이다. 이 책에서 다루는 모델들은 흥미로울뿐더러, 구매하는 사람의 기대를 저버리지 않는다.

5571 자이언트 트럭(Giant Truck)

▶ 출시 연도: 1996년
▶ 피스 개수: 1757개
▶ 미니피겨: 없음
▶ 출고가: 138.99달러

▶ 신제품: 880달러 ▶ 중고품: 308달러

8480 스페이스 셔틀(Space Shuttle)

▶ 출시 연도: 1996년
▶ 피스 개수: 1368개
▶ 미니피겨: 없음
▶ 출고가: 157.99달러

이 책에서 다루는 테크닉 세트 중 내가 가장 좋아하는 모델로 8480 스페이스 셔틀이 있다. 이제껏 생산된 테크닉 세트 중 8480을 최고로 꼽는 레고 팬들이 대단히 많다. 정말로 그런지는 논란의 여지가 있지만, 8480 스페이스 셔틀이 시대를 앞선 작품임은 틀림없다. 1996년에 157.99달러(이례적인 숫자가 아닐지?)에 출시된 8480은 당시 분위기에 비해 꽤나 신선한 디테일이 많은 디자인이었다. 기체의 엔진에 광섬유 라이트가 들어오는 기능, 캐나담과 위성을 제어하는 모터 등을 보면 알 수 있다. 1368피스로 구성된 스페이스 셔틀의 중고 가격은 400달러가 넘지만, 이 세트의 진정한 멋을 아는 사람들이 늘어난다면 더 높은 가격으로 오를 것이다.

8480 스페이스 셔틀은 광섬유케이블과 전력원을 사용해 3개의 로켓엔진에 불이 들어오게 되어 있다.

▶ 신제품: 424달러 ▶ 중고품: 230달러

6081 유령의 성
(King's Mountain Fortress)

▶ 출시 연도: 1990년
▶ 피스 개수: 435개
▶ 미니피겨: 8개
▶ 출고가: 57.99달러

▶ 신제품: 750달러 ▶ 중고품: 124달러

6085 흑룡성
(Black Monarch's Castle)

▶ 출시 연도: 1988년
▶ 피스 개수: 702개
▶ 미니피겨: 12개
▶ 출고가: 67.99달러

▶ 신제품: 735달러 ▶ 중고품: 153달러

1988년에서 1992년까지 가격 상승이 동시에 일어난 캐슬 세트 3종이 있다. 6081 유령의 성, 6085 흑룡성, 6086 비룡성, 이들 3종은 레고 중고 시장에서 모두 700달러 고지를 찍었다. 6081 유령의 성은 출고가가 57.99달러였는데 1200퍼센트나 올라 750달러까지 이르렀다.

캐슬 시리즈는 다른 시리즈에 비해 가격 상승 속도가 느리지만, 6081과 6085는 일정 시간이 지나면 높은 수준까지 가격이 오를 수 있는 빈티지 모델들이다.

수치상으로는 대단한 성적이지만 한 가지 기억할 게 있다. 단종된 지 25년이나 지났으니 25년 통산 1200퍼센트 수익률이라 해봤자 연간 수익률로 환산하면 그다지 특별하지 않다는 점이다. 많은 새 모델의 가격 상승률이 빈티지 세트보다 높은 연간 수익률을 기록하고 있는 걸 감안할 때, 투자 목적이라면 새 모델이 낫다는 나의 기본 입장에는 변함이 없다. MISB 컨디션의 빈티지를 어렵사리 구하는 행운을 누린다면 모를까, 수집가에게 최고의 가치를 줄 수 있는 모델은 역시나 2000년 이후 생산된 세트들이다.

올드 캐슬 시리즈 구성 중에서는 몰드 제작 플레이트도 가치를 갖는다. 모델은 기본 플레이트를 중심으로 디자인된 것이므로 특별 제작된 기본 플레이트가 없이는 세트를 완성할 수가 없다. 따라서 기본 플레이트는 25~50달러 혹은 그 이상에도 거래된다.

6086 비룡성
(Black Knight's Castle)

- 출시 연도: 1992년
- 피스 개수: 588개
- 미니피겨: 12개
- 출고가: 84.99달러

 ▶ 신제품: 700달러　▶ 중고품: 178달러

1992년 당시에도 커스텀 머스크 파란색은 머스크 레고의 어떤 세트에나 사용되곤 했다. 사진에 보이는 모델은 전체 선체가 밝은 파랑으로 몰드 제작되어 있다. 선체 자체는 뱃머리, 선미, 중앙 부분으로 여러 개의 섹션이 나누어 있다. 실제로 물에 뜨는 걸까?

빈티지 배의 가치

정규 가격 정보에 포함시키지 않기로 한 세트가 하나 있다. 바로 1974년 출시된 1650 머스크 라인 컨테이너선(Maersk Line Container Ship)이다. 이 제품 220개의 피스로 구성되었고 프로모션 아이템으로 소량 생산되었다. 이 제품이 제대로 거래된 케이스는 1건으로, 거래 가격은 1900달러였지만 단 1건의 거래이기 때문에 포함시키지 않는 게 좋다고 판단했다. 정말 희귀하긴 하지만 MISB 컨디션의 오래된 레고 세트가 이따금씩 엄청난 가격에 팔리는 경우의 예로서는 주목할 만하다. 혹시 다락방에 잊힌 보물이 있지는 않은지 찾아볼 일이다.

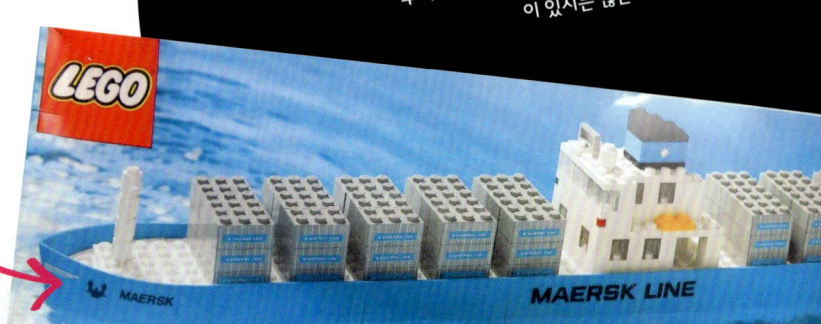

CHAPTER 28

기타 세트와 테마

MISCELLANEOUS SETS AND THEMES

규모가 작은 테마나 색다른 종류의 세트가 때로는 수집가의 최고 아이템이 되곤 한다. 매년 출시되는 세트 중 상당수는 두각을 드러내지 못하지만 투자가치와 수집 가치는 뛰어난 경우가 많다. 소규모 테마의 다수는 수집 가치를 인정받는 대형 세트들보다 좋은 성적을 보이고 있으니, 어떤 레고 세트이든 잠재력을 무시해서는 안 된다.

지금까지 언급했듯이, 지난 반세기 동안 출시되고 판매된 레고 세트의 종류는 1만 가지가 넘는다.
레고는 레고 숍앳홈, 레고 오프라인 스토어, 타깃, 아마존, 토이저러스, 월마트와 같은 1차 소매점에서 600종 이상의 세트를 매년 판매하고 있다.

이 엄청난 양의 세트를 추적해서 분석한다는 것은 책 한 권으로는 불가능한 일이다. 그러나 이 장에서는 테마로 분류되진 않았지만 주목할 만한 뛰어난 세트와 소규모 테마의 몇 가지 사례를 다루기로 한다.

에이전트 테마

이동 지휘 사령부는 내가 아는 어떤 세트보다도 놀거리가 풍부하다. 트랙터 트레일러와 사령부가 있고 로켓선과 ATV도 포함되어 있다. 제트스키와 보트를 추가한다면 더없이 멋질 것이다.

8635 이동 지휘 사령부
(Mobile Command Center)

- ▶ 출시 연도: 2008년
- ▶ 피스 개수: 1154개
- ▶ 미니피겨: 7개
- ▶ 출고가: 89.99달러

▶ 신제품: 230달러   ▶ 중고품: 118달러

8637 볼케이노 베이스
(Volcano Base)

- ▶ 출시 연도: 2008년
- ▶ 피스 개수: 718개
- ▶ 미니피겨: 6개
- ▶ 출고가: 69.99달러

▶ 신제품: 215달러   ▶ 중고품: 152달러

레고 에이전트 테마

에이전트 테마는 2008년에 시작되어 2009년까지 지속되었으며, 이후 2014년 '울트라 에이전트'라는 시리즈로 다시 브랜딩되었다. 오리지널 버전의 에이전트 테마와 정확히 겹치지는 않지만, 새로운 에이전트 시리즈가 이전 모델들에 영향을 줄 수도 있다. 이 테마는 스파이와 비밀 요원, 요원의 도구, 장비, 소품을 소재로 하고 있다. 색다른 디자인과 재미를 주는 세트이며, 중고 시장에서 좋은 가격을 인정받고 있다. 8635 이동 지휘 사령부는 출고가 89.99달러로 출발한 1154피스짜리 세트다. 중고 가격은 현재 200달러를 훌쩍 넘어섰다. 8635의 리메이크인 70165 울트라 에이전트 미션 본부가 이전 버전에 영향을 줄 수 있을지는 지켜봐야 알겠다. 에이전트와 울트라 에이전트 테마는 수집 가치가 그리 높진 않다고 생각한다. 이전 버전의 가치는 떨어지지 않더라도 시간이 지남에 따라 정체될 것이다. 결론적으로, 에이전트 테마는 특수 요원이나 007 같은 장난감을 좋아하는 성인들을 위한 것이다. 레고로서의 수집 가치는 아직 단정하기 이르다.

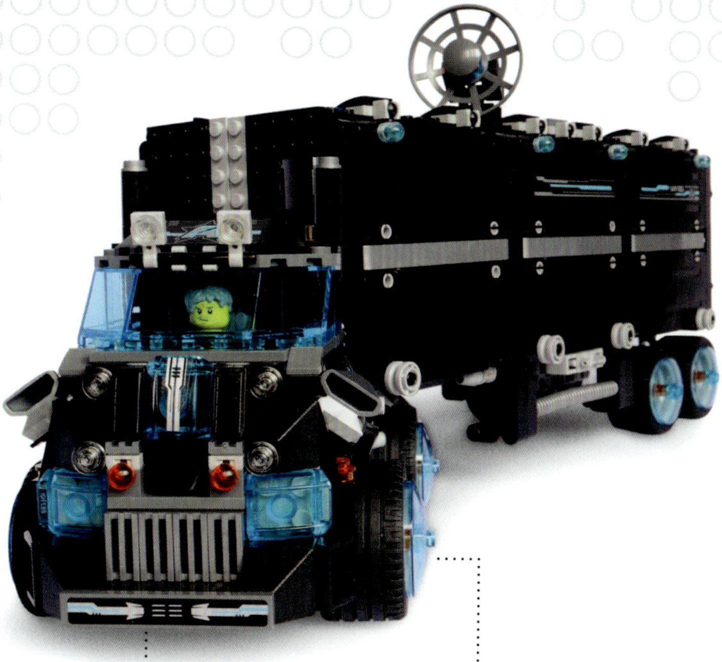

에이전트 테마

트레일러를 빼면 좀 더 작고 운전하기 쉬운 장비이며, 스파이 미션을 위한 잠입용 차량으로 가장할 수도 있다.

오리지널 에이전트 테마의 8635 이동 지휘 사령부와 비슷하게 만들어진 70165 울트라 에이전트 미션 본부는 여러 개의 차량과 미니피겨가 포함된 대형 플레이 세트다.

70165 울트라 에이전트 미션 본부
(Ultra Agents Mission HQ)

- ▶ 출시 연도: 2014년
- ▶ 피스 개수: 1060개
- ▶ 미니피겨: 5개
- ▶ 출고가: 99.99달러

$ ▶ 신제품: 126달러 ▶ 중고품: 77달러

본부 세트를 열면 거대한 사령부가 모습을 드러낸다. 악명 높은 테라바이트가 조종하는 '메크(Mech)' 몬스터가 포함되어 있다.

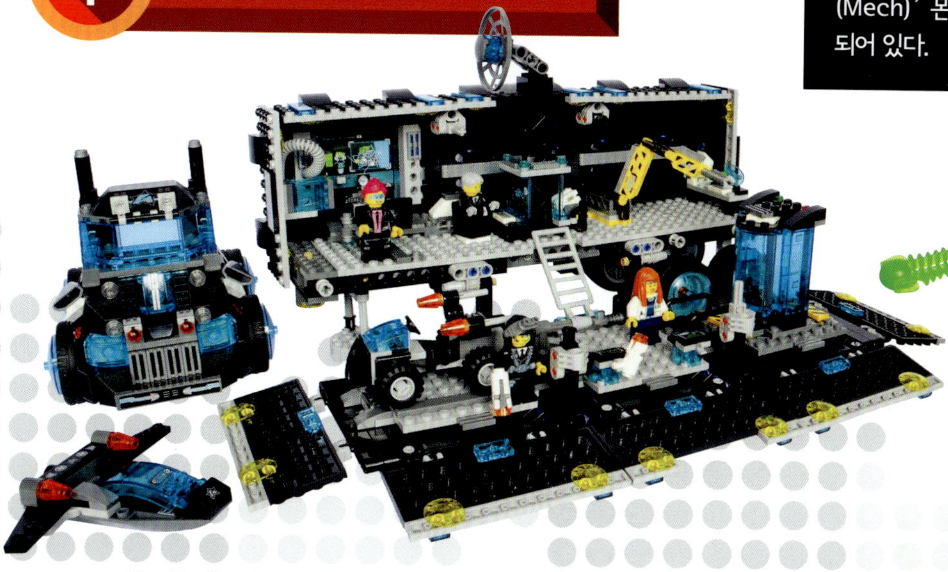

아틀란티스 테마

나는 디자이너의 발랄한 재치를 볼 수 있는 작은 디테일들을 사랑한다. 이 세트에는 자세히 보지 않으면 놓칠 법한 작은 '황금' 이빨이 포함되어 있다. 치과에 돈 좀 썼을 법한 물고기다.

7978 앵글러 어택(Angler Attack)

- ▶ 출시 연도: 2011년
- ▶ 피스 개수: 200개
- ▶ 미니피겨: 2개
- ▶ 출고가: 19.99달러

▶ 신제품: 38달러 ▶ 중고품: 16달러

심해의 괴물을 레고 브릭으로 이렇게 창의적으로 표현할 수 있다니! 눈에는 스페이스 세트의 돔이 사용되고, 지느러미는 박쥐 날개, 등지느러미는 미니어처 발 갈퀴로 표현했다.

아틀란티스 테마

나 같은 중증의 수집가나 투자자에게 아틀란티스 테마는 대단한 골칫거리다. 확실한 성공을 가져다주는 종목을 꼽을 때 나는 독특하고 호기심을 불러일으키는 디자인, 창의적인 미니피겨, 징그러운 미니피겨 등을 내세우는 편인데, 아틀란티스 테마는 이제껏 실망만 가져왔다. 해저 세계와 탐사 팀을 소재로 하는 아틀란티스 테마는 사악하고 멋진 바다 속 괴물과 미니피겨, 푸르고 깊은 바다 속을 탐사하는 인공 탐사 장비로 이루어져 있다. 설명만으로는 대단해 보이지만 세트들의 성적은 평균 미달이고 팬들의 관심도 형편없다. 그나마 언급할 만한 아틀란티스 세트의 최고 사례는 7978 앵글러 어택이 있다. 200피스로 이루어진 이 세트의 가격은 2배가량 뛰어 40달러에 달하며, 아틀란티스 테마치고는 선방했다 볼 수 있다.

7978 앵글러 어택은 부리부리한 눈과 이빨만으로도 어느 테마와 함께 진열해도 멋지다. 아틀란티스 테마에 투자하고 싶다면 신중하게 생각할 필요가 있다. 가격 상승이 계속 부진할뿐더러 비슷한 테마인 아쿠아 레이더스 해저 시리즈도 이보다 앞서 기대에 못 미치는 결과를 가져왔기 때문이다. 경고: 해저 세트는 물거품 투자가 될 수도 있음을 명심할 것!

배틀 팩 테마

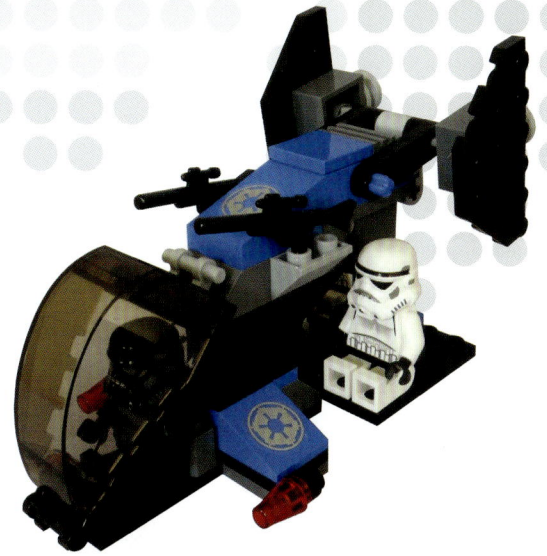

7667 공화국 우주선 배틀 팩
(Imperial Dropship Battle Pack)

- 출시 연도: 2008년
- 피스 개수: 81개
- 미니피겨: 4개
- 출고가: 9.99달러

$ ▶ 신제품: 48달러 ▶ 중고품: 28달러

7655 클론 트루퍼스 배틀 팩
(Clone Troopers Battle Pack)

- 출시 연도: 2007년
- 피스 개수: 58개
- 미니피겨: 4개
- 출고가: 9.99달러

$ ▶ 신제품: 44달러 ▶ 중고품: 30달러

레고 배틀 팩

배틀 팩은 하나의 독립된 테마는 아니지만, 다른 많은 주요 테마에서 발견되는 세트의 종류에 가깝다. 대체로 캐슬 테마와 스타워즈 테마에 등장한다. 배틀 팩은 평균 100개의 피스, 4~5개의 미니피겨를 포함하고 있는데 이 부분이 핵심이다.

수집가들은 대체로 배틀 팩을 '아미 빌더'라고 부르는데, 이는 저렴한 가격에 여러 개의 미니피겨를 손에 넣을 수 있기 때문이다. 리셀러나 분리 판매를 하는 사람들은 미니피겨를 종래의 배틀 팩 가격보다 높은 가격에 팔곤 한다.

평균적으로 레고 미니피겨는 개당 3~5달러 선에 거래되지만, 배틀 팩 미니피겨의 경우 팩당 12달러 선이니 그럴 만도 하다. 사실 배틀 팩은 때때로 엄청난 할인가에 구매할 수 있어, 더욱 구미가 당기는 장사다. 이들 배틀 팩 세트들은 중고 시장에서 검증된 수익률 높은 아이템들이다. 대체로 40달러 이상까지 가격이 오르기도 하며, 7655 클론 트루퍼스 배틀 팩의 경우도 그러했다. 7667 공화국 우주선 배틀 팩도 40달러 수준에 달했다. 이외에도 고공 행진을 한 배틀 팩의 사례는 매우 많다.

수집가와 리셀러라면 작지만 환상적인 가치를 가져다주는 배틀 팩을 주목할 필요가 있다. 수집품으로 소장하든 분리 판매를 하든, 여러모로 유용하기 때문이다.

> 배틀 팩은 수집가의 비밀 무기가 될 수 있다. 비용 부담이 크지 않으면서 재고 보관의 부담도 적고, 출고가의 4~5배까지 가격 상승을 노릴 수 있다.

체스 테마

853373 레고 킹덤 체스 세트
(LEGO Kingdoms Chess Set)

▶ 출시 연도: 2012년
▶ 피스 개수: 328개
▶ 미니피겨: 28개
▶ 출고가: 49.99달러

▶ 신제품: 102달러 ▶ 중고품: 41달러

체스 세트

10여 년 전쯤, 독특하고 가지고 놀 수도 있는 레고 세트로 여러 종의 체스 세트가 출시되었다. 수집 가치도 상당히 높다. 852293 캐슬 자이언트 체스와 853373 레고 킹덤 체스 세트가 그중에서도 단연 돋보인다. 852293 캐슬 자이언트 체스 세트는 2008년 199.99달러에 출고되었다. 내가 가지고 있는 최고의 레고 세트 중 하나다. 대단히 멋질뿐더러 2500피스에 31개의 미니피겨라니 가격도 훌륭하다. 심지어 총 31개 중 15개의 미니피겨가 세트 한정이다. 박스 아트도 레고 역사상 최고 수준이라 생각한다.

박스는 거대한 책처럼 날개를 젖히면 안에 숨겨져 있던 체스판이 펼쳐져, 투명 케이스를 통해 안쪽에 미니피겨가 도열된 모습을 볼 수 있다. 박스는 겉면에 세트의 이름이 수놓인 갈색 앤티크 스타일의 부드러운 플라스틱(오래된 가죽 판본을 의도한 듯하다)으로 만들어졌다. 물론 진정한 가치는 직접 눈으로 봐야 더욱 잘 느낄 수 있다.

완성된 852293 캐슬 자이언트 체스 세트는 말 그대로 하나의 예술 작품이다. 다양한 소품으로 장식되어 있는 31개의 미니피겨가 정렬된 장면은 대단히 인상적이다. 판타지 캐슬 테마를 기반으로 하고 있어 중요한 체스 말은 마법사, 트롤, 해골, 난장이, 기사, 공주로 이루어져 있다. 체스 판 또한 다양한 성의 구성 요소로 정교하게 장식되어 있으며, 이 모두를 레고 브릭을 통해 표현했다. 완성된 체스 판과 말은 사이즈가 상당히 크고, 고풍스러운 작업실이나 서재를 위한 최고의 진열품으로 손색이 없다. 수집 열풍을 피해간 아이템이라 재고가 많지 않으며, 수집 가치로 치면 아마 당대 최고 중 하나일 거라 생각한다. 앞으로 더 많은 사람들에게 알려질수록 이 멋진 세트의 가치는 훨씬 더 높아질 것이다.

체스 테마

이 체스 세트의 박스(박스라고 하기엔 너무 고급스럽지만)는 이제껏 디자인된 레고 박스 중에서도 단연 가장 독특하고 아름답다고 생각한다.

852293 캐슬 자이언트 체스 세트
(Castle Giant Chess Set)

- 출시 연도: 2008년
- 피스 개수: 2481개
- 미니피겨: 31개
- 출고가: 199.99달러

$ ▶ 신제품: 999달러 ▶ 중고품: 481달러

852293을 소장할 기회를 놓쳤던 사람이라면, 853373 레고 킹덤 체스 세트 정도도 괜찮다. 크기가 더 작고 디테일도 덜 풍성하긴 하지만, 미니피겨가 28개나 들어 있고, 이들 대다수가 세트 한정이다. 이 세트는 단종된 후 레고 중고 시장에서 100달러가 약간 넘는 선에 거래되고 있다. 이 세트는 몰드 제작된 거대한 플라스틱 판 위에 레고를 끼우는 형태이며, 클래식한 체스 판과 체스 말의 디자인을 잘 재현하고 있다. 이 2세트, 특히나 853373의 멋진 특징은 가격에 비해 미니피겨 수가 대단히 많다는 점이다. 가격 대비 미니피겨 수가 높은 세트들을 '아미 빌더'라고도 하는데, 853373이 아주 적절한 예가 될 것이다.

결론적으로, 테마와 상관없이 레고의 체스 세트는 가격 대비 가치가 높으며 재밋거리도 많다. 기존의 체스 세트처럼 활용할 수도 있어 투자 대비 효용성이 뛰어나며, 소장하려는 사람에게는 소장 가치도 뛰어나다. 체스 세트의 새 버전으로 40158 해적 체스 세트가 유럽에서 최근 출시되었다. 857개의 피스, 20개의 미니피겨 구성에 해적이 테마인 세트다. 미국에 출시될 소식이 있는지 주목하는 게 좋겠다. 그렇다면 미국 출시 버전과 이후 계속 출시될 관련 세트까지도 소장할 것을 강력하게 추천한다.

레이서 테마

실물은 엔초 페라리만큼의 인기를 구가하지는 않지만, 8145 페라리 599 GTB 피오라노 1:10은 레고 세상의 매력 덩어리다.

8653 엔초 페라리 1:10에 무슨 말이 더 필요하겠는가? 멋진 차, 멋진 레고 세트일 뿐! 2중 가스 배출구와 페라리 엠블럼이 있는 합금 바퀴가 매력을 더한다.

8145 페라리 599 GTB 피오라노 1:10 (Ferrari 599 GTB Fiorano 1:10)

- 출시 연도: 2007년
- 피스 개수: 1327개
- 미니피겨: 없음
- 출고가: 109.99달러

▶ 신제품: 533달러 ▶ 중고품: 249달러

8653 엔초 페라리 1:10 (Enzo Ferrari 1:10)

- 출시 연도: 2005년
- 피스 개수: 1360개
- 미니피겨: 없음
- 출고가: 99.99달러

▶ 신제품: 419달러 ▶ 중고품: 153달러

레이서 테마

레이서 테마는 제목 그대로 레이싱 카와 트럭을 소재로 하는 테마다. 2001년에 출시된 이 테마는 이후 출시된 각종 차와 트럭을 200종 넘게 레고로 재현했다. 차종만큼이나 사이즈도 다양해 피스 8개짜리 폴리백에서 대형 테크닉까지 나온다.

레이서 테마 내에서도 RC카와 페라리, 람보르기니 같은 라이선스 시리즈는 수집 가치가 가장 높은 종류에 속한다. 그중에서 가장 멋진 세트는 역시 8653 엔초 페라리 1:10으로, 2005년에 출시된 1360개 피스 세트로 출고가 99.99달러였다. 현재가 400달러를 넘어서 출시된 이래 300퍼센트가 넘는 성장률을 보이고 있다.

8653 엔초 페라리 1:10의 자매품처럼 보이는 8145 페라리 599 GTB 피오라노 1:10은 2007년에 출시되었고 1327피스로 구성되어 있다. 8145 페라리의 출고가는 109.99달러로 약간 높은 편이었으며, 현재 중고 시장에서 MISB 컨디션 제품의 경우 500달러가 넘는 가격에 거래된다. 8145도 페라리 합금 휠 및 타이어를 포함하며, '페라리 레드' 브릭으로 조립하고 테크닉 테마와 호환이 가능한 유사 테크닉 테마의 제품이다. 두 가지 페라리 세트 모두 운전대와 엔진 피스톤이 작동하며, 문과 후드가 열린다. 두 제품 모두 진열 가치가 높고 조작성이 뛰어나다. 레이서 테마 중 내가 가장 좋아하는 제품들이다.

레이서 테마

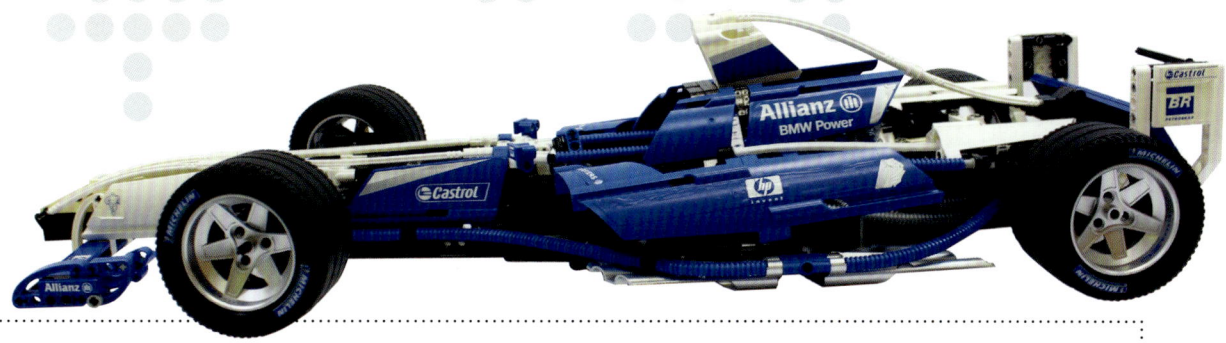

▲ 멋진 디테일이 가득한 8461 윌리엄스 F1 팀 레이서는 작동이 되는 파란색 레고 피스톤 10기통 엔진, 에어쇼크, 미슐랭 타이어로 더욱 실제 자동차같은 느낌이다.

8461 윌리엄스 F1 팀 레이서
(Williams F1 Team Racer)

▶ 출시 연도: 2002년
▶ 피스 개수: 1484개
▶ 미니피겨: 없음
▶ 출고가: 129.99달러

▶ 신제품: 401달러 ▶ 중고품: 273달러

수많은 팬과 수집가들의 애장품이자 내가 개인적으로 가장 좋아하는 세트이기도 한 8461 윌리엄스 F1 팀 레이서. 8461은 테마 중 가장 사이즈가 큰 세트로, 프랭크 윌리엄스 브리티시 포뮬라 원 레이싱 팀의 레이싱 카를 모델로 하고 있다. 흰색과 파란색의 테두리와 거대한 미슐랭 타이어를 통해 포뮬라 원 레이싱 카를 아름답게 재현했다. 움직이는 핸들과 10기통 엔진을 갖춘 완성 모델은 실물과 똑같아서 포뮬라 원의 팬이라면 반드시 소장해야 할 아이템이다. 현재 이 레이서 세트의 가격은 400달러를 넘지만, 세트의 희소성에 비하면 실망스러운 가격이다.

8214 람보르기니 폴리지아와 8169 람보르기니 갈라도 LP 560-4도 이 시리즈의 멋진 세트들이다. 8214 람보르기니 폴리지아는 이탈리아 경찰차로, 보통 보는 노란색 람보르기니 갈라도인 8169 람보르기니 갈라도 LP 560-4의 리메이크 버전이다. 8214와 8169 2세트

레이서 테마

모두 800피스급이며, 각각 2009년과 2010년에 출시되었다. 출고가는 둘 다 59.99달러였고, 현재가는 8169가 253달러, 8214가 그 절반 수준이다. 두 모델 모두 멋지지만, 두 가지를 함께 진열하면 더욱 멋진 전시품이 된다.

결론적으로, 레이서 테마는 중소형 세트가 굉장히 많지만, 다른 레고 테마와 비교할 때 대부분의 세트가 평균 이하의 성적을 보인다. 레이서 세트는 대부분 아이들 취향에 맞춰 디자인하기 때문에 수집 가치는 별로 없다.

위에 언급한 세트들 외에도 수집품으로서 훌륭한 다른 레이서 세트들이 있지만, 레이서 테마에 대한 열정이 넘치거나 새로운 대형 레이서 세트가 출시되지 않는 한 굳이 추천하지는 않겠다.

8214 람보르기니 폴리지아
(Larborghini Polizia)

- ▶ 출시 연도: 2010년
- ▶ 피스 개수: 801개
- ▶ 미니피겨: 없음
- ▶ 출고가: 59.99달러

▶ 신제품: 125달러 ▶ 중고품: 84달러

이탈리아 경찰들은 경찰차도 스타일이 넘친다!

8169 람보르기니 갈라도 LP 560-4
(Lamborghini Gallardo LP 560-4)

- ▶ 출시 연도: 2009년
- ▶ 피스 개수: 741개
- ▶ 미니피겨: 없음
- ▶ 출고가: 59.99달러

▶ 신제품: 253달러 ▶ 중고품: 93달러

오늘날의 차들은 흔히 휠 전체에 검정색을 사용하지만, 2009년에는 흔치 않은 디자인이었다. 8169 람보르기니의 커스텀 휠은 시대를 앞선 탁월한 선택이었다.

> 8964 티타늄 굴착기는 라임그린과 오렌지색으로 된 희귀하고 특이한 브릭을 많이 포함하고 있다.

파워 마이너 테마

> 8962 크리스탈 킹 세트의 락 몬스터와 맞닥뜨린 불쌍한 미니피겨.

8964 티타늄 굴착기 (Titanium Command Rig)

- ▶ 출시 연도: 2009년
- ▶ 피스 개수: 706개
- ▶ 미니피겨: 5개
- ▶ 출고가: 99.99달러

$ ▶ 신제품: 198달러 ▶ 중고품: 100달러

8962 크리스탈 킹 (Crystal King)

- ▶ 출시 연도: 209개
- ▶ 피스 개수: 168개
- ▶ 미니피겨: 2개
- ▶ 출고가: 19.99달러

$ ▶ 신제품: 79달러 ▶ 중고품: 38달러

파워 마이너 테마

파워 마이너 테마는 2009년에서 2010년까지 생산된 소규모 테마이며, 20종의 다양한 사이즈의 세트로 구성되어 있다. 레고 수집가들의 레이더망을 피해간, 잘 알려지지 않은 테마지만 이 테마를 간과한다면 치명적인 실수가 될 거라 생각한다. 파워 마이너 테마는 전체적으로 좋은 성적을 보여, 다른 인기 시리즈나 라이선스 시리즈보다 나은 결과를 기록했다. 지하 바위 드릴, 광부, 락 몬스터와 같은 소재를 다루는 파워 마이너 시리즈는 놀라울 정도로 좋은 성적을 보여 왔다. 8962 크리스탈 킹은 출고가 19.99달러로 출발해 4배 오른 80달러를 넘어섰으며, 파워 마이너 테마 중 가장 큰 세트인 706 피스의 8964 티타늄 굴착기는 출고가 99.99달러에서 2배가량 오른 200달러 선에 달하고 있다. 파워 마이너 테마의 세트들 다수가 이처럼 견실한 수익을 내고 있으며, 어린이를 위해 설계된 테마라고는 하지만 중고 시장에서 성인 팬들을 꽤 만나볼 수 있다.

999년, 레고는 조시 투카드와 존잡고 최초의 스타워즈 라이선스 테마를 출시했고, 이후에는 곰돌이 푸우 시리즈를 제작하기 위한 계약을 체결했다. 이로써 유명한 영화, TV 시리즈와 레고 그룹이 협력하는 라이선스 테마의 사업 형태가 갖춰지기 시작했다. 레고는 또한 미키마우스, 해리 포터, DC 코믹스, 마블 슈퍼 히어로, 인디아나 존스, 캐리비안의 해적, 페라리, NBA 농구, 스피드 레이서의 제작 계약도 연달아 체결했다. 유명하지 않은 라이선스 테마 중에도 언급할 만한 것들이 꽤 있다. 소규모 라이선스 테마들에도 수집 가치가 높은 것들이 꽤 있지만 대체로 생산기간이 짧고 대중의 구미에는 어필하지 못하는 경우가 많다. 라이선스 테마 중에는 열정적인 팬의 인기를 누리는 경우도 상당하지만 그렇지 않은 경우도 있다. 따라서 수집가와 투자자들은 수집품으로서의 라이선스 테마 구매 여부를 결정하는 게 상당히 어려울 수밖에 없다. 수집가와 투자자들의 구매 결정은 상식이나 객관적 데이터보다는 개인의 취향과 감성에 따라 좌우되기 때문이다. 이 페이지에서는 비인기 라이선스 테마의 예를 몇 가지 다루겠다.

디즈니 공주 시리즈

언급할 만한 가치가 있는 비교적 새로운 레고 테마 중 하나다. 디즈니 공주 테마는 레고 프렌즈 테마와 비슷하지만 좀 더 크고 좀 더 실제 모습에 가까우며 핑크, 아쿠아, 자주색 브릭이 주를 이룬다. 테마의 이름이 말해주듯, 유명한 디즈니 공주를 모델로 만들어진 세트다. 아리엘, 신데렐라, 잠자는 공주, 자스민, 라푼젤, 엘사가 다 있다. 디즈니 공주 테마는 중고 시장에서도 프렌즈와 비슷한 행로를 보인다. 장기적 수집 가치로 볼 때 공주 세트는 최고의 선택은 아니다. 하지만 단기적으로 재고 부족이 있을 때 가격이 폭등하곤 하니 수집을 고려할 만하다. 예를 들어 41062 엘사의 얼음 성은 영화 〈겨울왕국〉의 인기로 인해 지난 크리스마스 때 품귀 현상을 빚었고, 그에 따라 단종 상품이 아님에도 불구하고 엄청나게 가격이 폭등했다. 이처럼 프렌즈 같은 시리즈에서는 시즌마다 품귀 현상이 빚어지며 중고 시장에서 가격 폭등이 일어나곤 한다. 장기적 전망도 견실할까? 시간이 지나기 전까진 누구도 모를 일이다.

디즈니 공주 테마의 세트들은 모두 프렌즈 테마와 비슷한 박스 아트를 선보이고 있다.

41062 엘사의 얼음 성
(Elsa's Sparkling Ice Castle)

▶ 출시 연도: 2015년
▶ 피스 개수: 292개
▶ 미니피겨: 3개
▶ 출고가: 39.99달러

▶ 신제품: 63달러 ▶ 중고품: 32달러

비인기 라이선스 테마

41062 엘사의 얼음 성에 딸린 3개의 미니피겨.

〈겨울왕국〉의 폭발적 인기로 인해 엘사의 얼음 성은 몇 달 동안 구하기 힘든 인기 아이템이 되어 중고 시장가격이 상승했다.

비인기 라이선스 테마

스폰지밥 스퀘어팬츠

스폰지밥 스퀘어팬츠는 2006년에서 2012년 사이 14종의 세트가 출시되었다. 비교적 작은 테마에 속하지만 중고 시장에서 놀랄 만큼 좋은 성적을 거두고 있다. 미니피겨가 제법 훌륭해서 나도 이 중 몇 가지를 아주 좋아한다. 스폰지밥 스퀘어팬츠 세트 중에는 엄청난 수준까지 가격이 오른 모델은 없지만, 출고가 기준으로 다수의 모델이 가격 상승을 보이고 있다. 이 중 가장 큰 세트인 3827 비키니 보텀의 모험은 출고가 39.99달러에서 3배 이상 올랐다. 스폰지밥 시리즈 중 많은 세트가 비슷한 성적을 거뒀다. 이들 세트의 매출을 지속적으로 떠받치는 것은 스폰지밥의 인기 때문인 것 같다. 2015년 개봉한 영화 〈스폰지밥 3D〉와 더불어 이 테마에 대한 관심은 당분간 지속될 것으로 보인다.

3827 비키니 보텀의 모험
(Adventures in Bikini Bottom)

- 출시 연도: 2006년
- 피스 개수: 579개
- 미니피겨: 3개
- 출고가: 39.99달러

 ▶ 신제품: 137달러 ▶ 중고품: 50달러

스폰지밥의 집인 오렌지색 파인애플의 주소는 124 콘치 스트리트다. 3827 비키니 보텀의 모험에는 펼치면 속을 볼 수 있는 레고로 된 파인애플이 들어 있다.

8679 도쿄 인터내셔널 서킷 박스의 클로즈업 장면. 카 테마는 단종된 후 가격 상승이 느린 편이었지만 최근에는 빨라질 기미를 보이고 있다.

디즈니 카 테마

또 하나의 소규모 테마인 디즈니 카(Car) 테마는 2년 동안 생산되었으며 28종으로 구성되었다. 디즈니 카 테마는 영화 속 장면을 잘 구현한 매우 독창적이고 정교한 세트다. 카 테마에는 미니피겨가 없는 대신 자동차가 있다. 이 자동차들은 특수 브릭과 프린트된 브릭들로 조립한 영화속의 캐릭터 레플리카다. 카의 세트들은 다른 테마보다 나은 견실한 수익을 보이고 있다. 카 테마의 세트들이 최고의 가격을 기록하는 일은 아마도 없을 테지만, 새로운 디즈니 카 영화가 개봉되어 새로이 집중 조명되면 어떤 일이 일어날지 아무도 모르는 일이다. 디즈니 카 테마 중 가장 사이즈가 큰 8679 도쿄 인터내셔널 서킷, 8639 빅 벤틀리 탈출, 8487 플로우의 V8 카페 등은 2016년 혹은 2017년에 새 영화가 개봉할 것이라는 소문이 사실이라면 상당한 이익을 얻을 가능성이 높은 세트들이다.

디즈니 카 테마

8679 도쿄 인터내셔널 서킷
(Tokyo International Circuit)

- ▶ 출시 연도: 2011년
- ▶ 피스 개수: 842개
- ▶ 미니피겨: 없음
- ▶ 출고가: 89.99달러

▶ 신제품: 97달러 ▶ 중고품: 55달러

8487 플로우의 V8 카페
(Flo's V8 Cafe)

- ▶ 출시 연도: 2011년
- ▶ 피스 개수: 517개
- ▶ 미니피겨: 없음
- ▶ 출고가: 59.99달러

▶ 신제품: 94달러 ▶ 중고품: 50달러

> 디즈니 카 테마에는 미니피겨가 포함되어 있지 않다. 대신 영화 캐릭터들을 작은 레고 모델로 만든 '미니카'가 포함되어 있다.

8639 빅 벤틀리 탈출
(Big Bentley Bust Out)

- ▶ 출시 연도: 2011년
- ▶ 피스 개수: 743개
- ▶ 미니피겨: 없음
- ▶ 출고가: 69.99달러

▶ 신제품: 53달러 ▶ 중고품: 31달러

론 레인저 테마

79111 열차 추격 대작전
(Constitution Train Chase)

- ▶ 출시 연도: 2013년
- ▶ 피스 개수: 699개
- ▶ 미니피겨: 7개
- ▶ 출고가: 99.99달러

▶ 신제품: 102개 ▶ 중고품: 72개

79108 호송마차 탈출
(Stagecoach Escape)

- ▶ 출시 연도: 2013년
- ▶ 피스 개수: 279개
- ▶ 미니피겨: 5개
- ▶ 출고가: 29.99달러

▶ 신제품: 37달러 ▶ 중고품: 29달러

론 레인저 테마

론 레인저도 디즈니 관련 테마로, 8종의 멋진 세트가 포함된 테마다. 영화〈론 레인저〉가 흥행을 하지 못한 것은 대단히 안타까운 일이다. 론 레인저 레고 세트의 구성이 너무 훌륭하기 때문이다. 영화가 흥행에 참패했음에도 79111 열차 추격 대작전과 79108 호송마차 탈출은 모두 완성도가 뛰어난 만큼 중고 시장에서 좋은 성적을 거둘 것으로 기대된다. 79111 열차 추격 대작전은 699개의 피스와 7개 미니피겨로 구성된 기차 세트로, 출고가는 99.99달러다. 여타의 론 레인저 세트들처럼 이 제품도 상당히 저평가되어 있으므로 투자를 위해 더욱더 좋은 기회라 생각된다. 79108 호송마차 탈출은 고전적인 마차를 멋지게 재현한 데다, 덤으로 멋진 미니피겨도 포함하고 있다. 디자인이 다양한 론 레인저 세트는 웨스턴이나 카우보이/아메리카 원주민 테마를 좋아하는 레고 팬들에게 훌륭한 선택이 될 것이다. 이 테마에 포함된 세트는 8종에 불과한데, 이는 한 수집가가 8종을 모두 손에 넣을 가능성이 높다는 의미가 된다. 이는 레고 수집가의 세계에서 흔치 않은 일로, 대단한 장점으로 꼽힌다.

심슨 테마

71006 심슨 하우스
(The Simpsons House)

- ▶ 출시 연도: 2014년
- ▶ 피스 개수: 2523개
- ▶ 미니피겨: 6개
- ▶ 출고가: 199.99달러

 ▶ 신제품: 193달러 ▶ 중고품: 180달러

심슨 하우스는 레고 테마 제품 중 가장 거대한 세트다.

심슨 테마

닌자 거북이 테마와 유사한 심슨 테마는 호불호가 갈리는 시리즈다. 라이선스 테마의 경우 종종 일어나는 현상이기도 하다. 모든 팬들의 입맛에 맞출 수 없다면, 널리 사랑받는 다른 레고 세트와 테마들만큼의 장기적 가치를 담보할 수 없다. 심슨 테마는 바트 심슨부터 아푸 나하사페마페디션에 이르기까지 주요 캐릭터 16가지를 미니피겨로 출시하면서 시작되었다. 심슨 시리즈를 좋아하든 아니든, 이 세트의 수집 가치는 대단히 높다는 점에 주목하자. 독특함이 살아 있는 완성도 높은 이 세트는 심슨 원작 만화에 매우 충실하게 만들어졌다. 세트의 외관, 인테리어 모두 멋진 디테일로 가득하며, 사무실이나 작업실에 진열해두면 흥미로운 대화의 소재가 될 것이다. 2015년 후반에 새로운 심슨 세트 71016 퀵 이마트가 출시됨과 함께 심슨 테마에 대한 관심은 지속될 것으로 보인다.

토이 스토리 테마

레고 그룹과 디즈니사는 흥행작인 애니메이션 〈토이 스토리〉를 소재로 한 토이 스토리 테마를 포함해 다양한 디즈니 관련 레고 테마를 출시해왔다. 토이 스토리 테마는 초반에 그리 관심을 끌지 못했다. 꽤 많은 세트들이 최저의 성적을 거두었지만 조금씩 반등하는 모습을 보이기도 했는데, 7591 컨스트럭트 어 저그도 가장 낮은 성장률을 보인 세트 중 하나다. 개인적으로는 엄청나게 멋진 세트라 생각하기 때문에 왜 그런지 이유를 모르겠다. 토이 스토리 테마의 미니피겨는 모두 대단하다. 아마 레고 전체를 통틀어 가장 멋진지도 모른다. 하지만 팬들의 반응은 그에 못 미치는 것 같다. 토이 스토리 테마의 세트 중 가장 작은 세트(30071 아미 지프 폴리백)과 가장 큰 세트(7597 서부 열차 추격)는 상당히 긍정적인 수익의 가능성이 엿보인다. 한 가지 긍정적인 징후는 〈토이 스토리 4〉가 2017년 6월에 개봉할 것이라는 소식이다. 새 영화가 개봉하기 전에 이전 출시된 세트들을 사두면 좋겠다.

7591 컨스트럭트 어 저그
(Cosntruct-A-Zurg)

- 출시 연도: 2010년
- 피스 개수: 118개
- 미니피겨: 1개
- 출고가: 24.99달러

▶ 신제품: 16달러 ▶ 중고품: 10달러

7597 서부 열차 추격
(Western Train Chase)

- 출시 연도: 2010년
- 피스 개수: 584개
- 미니피겨: 6개
- 출고가: 79.99달러

▶ 신제품: 118달러 ▶ 중고품: 76달러

30071 아미 지프 폴리백
(Army Jeep Polybag)

- 출시 연도: 2010년
- 피스 개수: 37개
- 미니피겨: 1개
- 출고가: 2.99달러

▶ 신제품: 11달러 ▶ 중고품: 5달러

7597 서부 열차 추격 세트는 토이 스토리 테마 중 가장 큰 세트로, 긍정적 수익을 예상해볼 수 있다. 2017년 〈토이스토리 4〉 개봉에 맞춰 테마에 대한 관심이 증폭될 가능성도 있다.

닌자 거북이 테마

이 희귀한 레고 잠수함에는 비밀의 방과 같은 재밋거리가 가득하다.

79121 터틀 잠수함 바다 속 추격전
(Turtle Sub Undersea Chase)

- 출시 연도: 2014년
- 피스 개수: 684개
- 미니피겨: 5개
- 출고가: 59.99달러

$ ▶ 신제품: 52달러 ▶ 중고품: 해당 없음

79117 터틀 은신처 침공 작전
(Turtle Lair Invasion)

- 출시 연도: 2014년
- 피스 개수: 888개
- 미니피겨: 6개
- 출고가: 99.99달러

$ ▶ 신제품: 77달러 ▶ 중고품: 73달러

터틀 은신처 침공 작전은 닌자 거북이 테마 중 가장 큰 세트로, 닌자 거북이들이 빠른 탈출을 위해 사용하는 멋진 슬라이드 출구도 있다.

닌자 거북이 테마

닌자 거북이 테마는 2013년부터 출시되었고, 현재도 소매점에서 판매 중이다. 수집 가치를 논하기 어려운 레고 테마로서, 나처럼 닌자 거북이 애니메이션을 좋아하지 않았던 사람이라면 세트를 좋아할 이유가 없기 때문이다. 79121 터틀 잠수함 바다 속 추격전과 79105 백스터 로봇 소동과 같은 재기발랄한 세트도 있지만, 이 시리즈의 진가를 이해하기 위해선 닌자 거북이 영화와 TV 시리즈를 알아야 한다. 다른 세트를 다 제외하고라도 79117 터틀 은신처 침공 작전은 대체로 수집 가치를 인정받는 레고 세트다. 이 테마는 팬층이 두텁지만 실제로 가치 있는 수집품이 되려면 관망이 필요할 듯하다.

닌자 거북이 테마

79105 백스터 로봇 소동
(Baxter Robot Rampage)

- ▶ 출시 연도: 2013년
- ▶ 피스 개수: 397개
- ▶ 미니피겨: 5개
- ▶ 출고가: 39.99달러

💲 ▶ 신제품: 40달러 ▶ 중고품: 35달러

메크 몬스터와 거대 로봇은 어떤 레고 테마에서도 인기 품목이다. 이 세트도 예외가 아니다.

도나텔로가 악당 백스터 스토크맨으로부터 로봇 통제 장치를 빼앗은 장면 연출.

디스커버리 채널 테마

디스커버리 채널 테마

디스커버리 채널 테마는 우주선이나 장비를 소재로 한 6종의 세트를 포함하고 있다. 2003년에 출시된 이래 중소형의 이들 세트들은 좋은 상승세를 보여 왔다. 453피스로 구성된 10029 루나 랜더는 출고가 39.99달러에서 700퍼센트 넘게 올라 300달러 선을 훌쩍 넘었으며 7469 화성 탐사는 80달러 선이다.

전체적으로 볼 때 이들 세트는 디테일이 뛰어난 수작이다. 스케일은 각각 다르지만 함께 진열하면 잘 어울린다.

여러 측면에서 10029 루나 랜더와 7469 화성 탐사는 21104 나사 화성 탐사 로봇 큐리오시티 로버와 21101 하야부사를 닮았다. 나사의 장비와 우주선을 레고로 재현한 실물같은 모델들인 만큼 멋진 수집품이 될 것이므로, 앞으로 출시되는 유사 디자인의 세트에 주목할 일이다.

10029 루나 랜더(Lunar Lander)

- ▶ 출시 연도: 2003년
- ▶ 피스 개수: 453개
- ▶ 미니피겨: 2개
- ▶ 출고가: 39.99달러

▶ 신제품: 347달러 ▶ 중고품: 178달러

이 사진은 어느 레고 판매점에 멋지게 진열되어 있던 7469 화성 탐사 세트를 찍은 것이다. 배경 사진과 붉은색 토양을 보라.

7469 화성 탐사(Mission to Mars)

- ▶ 출시 연도: 2003년
- ▶ 피스 개수: 418개
- ▶ 미니피겨: 없음
- ▶ 출고가: 29.99달러

▶ 신제품: 83달러 ▶ 중고품: 49달러

페르시아의 왕자 테마

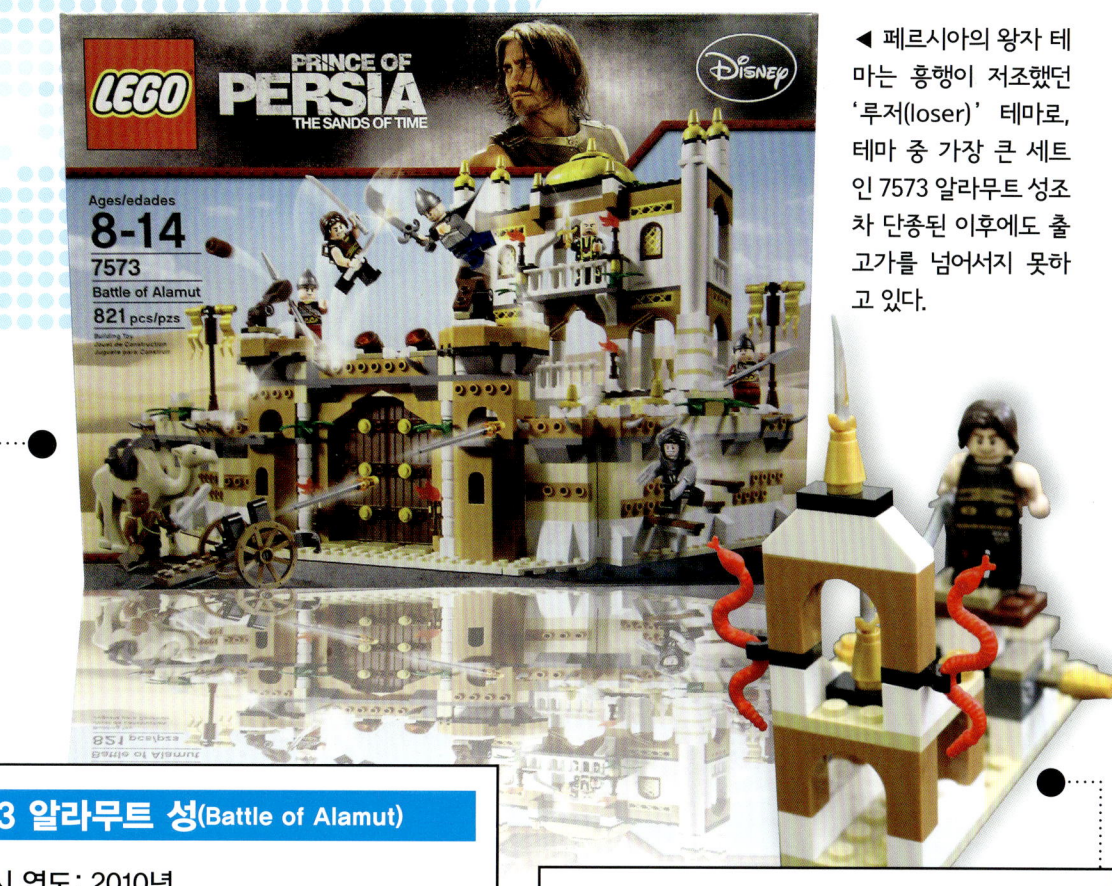

◀ 페르시아의 왕자 테마는 흥행이 저조했던 '루저(loser)' 테마로, 테마 중 가장 큰 세트인 7573 알라무트 성조차 단종된 이후에도 출고가를 넘어서지 못하고 있다.

7573 알라무트 성(Battle of Alamut)

- ▶ 출시 연도: 2010년
- ▶ 피스 개수: 821개
- ▶ 미니피겨: 7개
- ▶ 출고가: 79.99달러

▶ 신제품: 74달러 ▶ 중고품: 51달러

20017 브릭마스터 페르시아의 왕자 (Brickmaster Prince of Persia)

- ▶ 출시 연도: 2010년
- ▶ 피스 개수: 52개
- ▶ 미니피겨: 1개
- ▶ 출고가: 0달러

▶ 신제품: 9달러 ▶ 중고품: 5달러

페르시아의 왕자 테마

레고 역사를 통틀어 최악의 레고 테마는? 나라면 망설임 없이 페르시아의 왕자라 답하겠다. 페르시아의 왕자 세트 중 유일하게 20017 브릭마스터 페르시아의 왕자만이 가치가 0달러에서 9달러로 상승했다. 페르시아의 왕자 테마 중 가장 큰 세트인 7573 알라무트 성도 단종된 지 4년이 지났어도 출고가 79.99달러를 넘어서지 못한 상태다. 레고 수집의 블랙홀이라 하겠다.

"내 이름은 다스탄, 레고계의 루저이기도 하지!"

코믹 콘/토이 페어 세트

스타워즈 크리스마스 캘린더의 포장은 리본으로 포장한 선물 박스 같은 느낌을 준다.

레고 코믹 콘/토이 페어 세트

매년 미국 전역에서 열리는 코믹 콘은 코믹 북, TV 시리즈, 주류 영화 산업의 콘텐츠를 한 자리에 모아 볼 수 있는 일종의 홍보 축제다. 그 해 출시되는 새로운 장난감을 홍보하는 대형 토이 페어와 컨벤션도 물론 있다. 주로 소매 업체에 제품을 홍보하고 판매하려는 목적으로 대형 장난감 메이커들이 주관하는 행사다. 레고 그룹은 매년 열리는 이러한 다수 행사에 참여하므로, 그때마다 특별 세트나 한정판 제품을 볼 수 있다. 특별 초대권을 통해 운영하는 행사도 있지만, 일반인이 참여할 수 있는 행사도 많다. 코믹 콘과 토이 페어 테마의 구매는 경쟁이 대단히 치열해진 요즈음에는 상당히 어렵다. 운 좋게 행사에 참가한 사람이라면 이 말이 무슨 의미인지 알 것이다. 코믹 콘이나 토이 페어에 참가할 수 없는 경우라면, 인터넷 검색을 해보고 가까운 행사장을 찾아보는 게 좋다. 비교적 유명한 행사로 샌디에고 코믹 콘, 뉴욕시티 코믹 콘, 스타워즈 셀레브레이션 4~6, 뉴욕시티 토이 페어가 있다. 물론 나 같은 처지의 팬이라면 수집 가치도 높고 경쟁도 치열한 이 세트들을 사기 위해서 직접 행사장에 갈 필요 없이 온라인에서 비싸게 결제하면 된다.

이 특별한 세트들은 보고만 있어도 행복해진다. 일련번호가 붙은 한정판 제품이며, 재기발랄하고 그만큼 가치가 있는 작은 녀석들이다. 코믹 콘이나 토이 페어마다 적어도 1종의 특별판이 출시되며, 대부분 25~30달러 선에 거래된다. 지난 몇 년의 경험을 추리자면 다음과 같다.

2010년 코믹 콘에서 레고는 큐브 듀드 클론 워와 큐브 듀드 현상금 사냥꾼이라는 2종의 작은 스타워즈 세트를 출시했다.

2008년 샌디에고 코믹 콘 (COMCON003-1): 배트맨과 조커 (샌디에고 코믹 콘 2008년 한정)가 판매되었다. 현재 중고 시장에서 200달러 선에 거래되고 있다.

2010년 레고는 2개의 소형 세트를

코믹 콘/토이 페어 세트

2013년에 3개의 코믹 콘에서 각각 출시된 특별판 세 가지의 모습. 루크 스카이워커의 미니 랜드스피더 틴(2012년 뉴욕시티 코믹 콘), 다스 몰의 미니 시스 인필트레이터 틴(2012 샌디에고 코믹 콘), 보바 펫의 미니 슬레이브 1 틴(2012년 셀레브레이션 6 코믹 콘).

출시했는데 스타워즈 큐브 듀드 클론 워(2010년 샌디에고 코믹 콘 에디션)와 스타워즈 큐브 듀드 현상금 사냥꾼(2010년 샌디에고 코믹 콘 에디션)이라는 이름이었다. 2세트 모두 큐브처럼 생긴 캐릭터 5종을 선보인다. 현재 이베이에서 150달러 선에 거래되고 있다. 2011년 샌디에고 코믹 콘(COMICON015-1)에서 스타워즈 크리스마스 캘린더가 판매되었는데 멋진 '택배용' 종이 박스 포장이 되어 있었다. 중고 시장에서 현재 150달러 선이다. 2013년에는 3번의 행사를 통해 세 가지 종류의 특별판이 출시되었다.

- 스타워즈 루크 스카이워커의 미니 랜드스피더 틴(2012년 뉴욕시티 코믹 콘)
- 스타워즈 다스 몰의 미니 시스 인필트레이터 틴(2012년 샌디에고 코믹 콘)
- 스타워즈 보바 펫의 미니 슬레이브 1 틴(2012년 셀레브레이션 6 코믹 콘)

이 제품들은 모두 틴(주석)으로 된 캔에 들어있는데, 캔으로 된 제품 포장은 레고에서는 독특한 경우다. 보바 펫은 200달러 넘는 가격에 판매되나 나머지 두 가지 틴 제품은 중고 시장에서 150달러 선이다.

2013년에 출시된 코믹 콘/토이 페어 세트로는 마이크로 스케일 백 앤드(2013년 말 샌디에고 코믹 콘)과 미니 JEK 14 스텔스 스타파이터(2013년 샌디에고 코믹 콘)가 있다. 두 제품 모두 현재 125달러 선에 거래되고 있다. 2014년 샌디에고 코믹 콘 세트는 다음과 같다.

- 고스트 스타십(2014년 샌디에고 코믹 콘)

코믹 콘/토이 페어 세트

이들 고품질의 작은 제품들은 지난 몇 년간 특별판의 새로운 표준이 되어왔다. 포장마다 일련번호가 있는 한정판이다. 일련번호는 보통 1~1000번이다.

- 배트맨 클래식 TV시리즈 배트모빌(2014년 샌디에고 코믹 콘)
- 로켓 라쿤의 워버드(2014년 샌디에고 코믹 콘)

세 가지 모두 멋진 세트로, 1960년대 TV 시리즈 버전의 클래식 배트모빌과 배트맨은 물론 다른 캐릭터들도 포함되어 있다. 중고 시장에서 배트맨 세트는 현재 250달러, 로켓 라쿤의 워버드는 200달러, 고스트 스타십은 125달러 선이다.

결론적으로, 이들 코믹 콘/토이 페어 세트는 최초 구매자에게 가장 큰 수익을 안겨준다. 하지만 나처럼 중고 시장을 통해 구매한다면 한정판이지만 꽤 높은 가격에 샀을 테니 수익이 나기엔 시간이 좀 걸릴 것이다. 주의할 점은 절대 행사 직후에 구매하진 말라는 것! 왜냐하면 행사 직후에 나온 한정판일수록 가격이 비싸다. 인내심이 있다면 행사 열기가 잦아들 때까지 기다려서 보람을 찾기 바란다.

가격 정보

우리의 가격 정보는 세계 최대의 레고 중고 거래 시장인 이베이의 경매 거래를 토대로 한다. 마켓 리서치 펌인 테라피크가 이베이의 거래 완료 자료를 구매하면 우리, 브릭픽커닷컴이 데이터를 사들인다. 수천 건의 구매 완료 건을 받아 월별 가격 정보의 형태로 취합하는 것이다. 현재의 가격 정보는 5년치 데이터에 기반을 둔 수백 건의 경매 자료를 담고 있다.

이 책에서는 대표적인 레고 테마에 집중해 주요 세트를 목록으로 나타냈다. 물론 1만 종이 넘는 레고 세트 전체를 담을 수는 없었다. 레고 전체의 최신 가격을 보고 싶다면 웹사이트 브릭픽커닷컴을 방문하면 된다. 세트 종류만 해도 무척 다양하며 변종까지 거의 대부분 나와 있다. 가격 정보는 정확한 가격의 확인보다 일종의 지침서로 활용하기 바란다.

가격 정보는 레고 세트의 명칭, 모델 번호, 출시 연도, 피스 개수, 미니피겨 개수, 미국 달러로 표시한 현재의 신제품과 중고품 가격, 출고가, 출고가 대비 투자수익률(퍼센트)을 정리해놓았다. 신제품의 중고 시장가격은 MISB 컨디션을 전제로 하며, 중고 가격은 박스, 조립 설명서, 부품이 모두 있는 완전품에 해당한다.

주의: 이베이에서 중고로 판매된 적이 없는 신제품이나 새로운 가격에 판매된 적이 없는 빈티지와 희귀 세트는 '0달러'로 표시했다. 투자수익률이 표시되지 않은 경우는 세트가 프로모션 제품이어서 출고가가 없었기 때문이다.

모델 번호	세트 명칭	출시 연도	피스 개수	미니피겨	신제품 가격	중고품 가격	출고가	수익률
어드밴스 모델								
10024	Red Baron	2002	664	0	374	190.4	49.99	648.15
10124	Wright Flyer	2003	670	0	286.07	168.67	59.99	376.86
10152	Maersk Sealand Container Ship	2004	988	0	218.53	144.2	74.99	191.41
10155	Maersk Line Container Ship	2010	990	0	257.12	149.33	119.99	114.28
10177	Boeing 787 Dreamliner	2006	1197	0	544.13	243.47	79.99	580.25
10181	Eiffel Tower	2007	3428	0	1742.93	681.27	199.99	771.51
10182	Cafe Corner	2007	2056	3	1671.47	736.19	139.99	1093.99
10184	Town Plan	2008	1981	8	394.07	255.53	149.99	162.73
10185	Green Grocer	2008	2352	4	905.38	631.58	149.99	503.63
10187	Volkswagen Beetle	2008	1626	0	763.93	410.87	119.99	536.66
10189	Taj Mahal	2008	5922	0	2394.19	965.53	299.99	698.09
10190	Market Street	2007	1248	3	1539.47	666.13	89.99	1610.71
10196	Grand Carousel	2009	3263	9	2278	1215.07	249.99	811.24
10197	Fire Brigade	2009	2231	4	298.33	248.18	149.99	98.90
10211	Grand Emporium	2010	2182	7	229.74	183.2	149.99	53.17
10213	Shuttle Adventure	2010	1204	3	229.54	143.13	99.99	129.56

어드밴스 모델

모델 번호	세트 명칭	출시 연도	피스 개수	미니피겨	신품가	중고가	출고가	수익률
10214	Tower Bridge	2010	4287	0	244.49	187.24	239.99	1.88
10218	Pet Shop	2011	2032	4	168.53	132.71	149.99	12.36
10220	Volkswagen T1 Camper Van	2011	1332	0	125.01	88.53	119.99	4.18
10224	Town Hall	2012	2766	8	323.59	205	199.99	61.80
10226	Sopwith Camel	2012	883	0	164.78	70.4	99.99	64.80
10230	Mini Modulars	2012	1356	0	143.81	105.27	79.99	79.78
10231	Shuttle Expedition	2011	1230	3	254.58	159.6	99.99	154.61
10232	Palace Cinema	2013	2196	6	162.28	121.63	149.99	8.19
10234	Sydney Opera House	2013	2989	0	323.52	256.8	319.99	1.10
10241	Maersk Line Triple-E	2014	1518	0	188.21	150.5	149.99	25.48
10242	MINI Cooper MK VII	2014	1077	0	121.46	81.88	99.99	21.47
10243	Parisian Restaurant	2014	2469	5	151.86	135.13	159.99	-5.08
10244	Fairground Mixer	2014	1746	12	143.46	119.67	149.99	-4.35
3300001	Brickley	2011	197	0	30.82	24.78	14.99	105.60
3450	Statue of Liberty	2000	2882	0	2073.93	1054.73	198.99	942.23
3451	Sopwith Camel	2001	574	0	162.4	61.27	49.99	224.86
3723	LEGO Mini-Figure	2000	1849	0	400.3	237.6	148.99	168.68
3724	LEGO Dragon	2001	1530	0	476.71	253.73	98.99	381.57

에이전트

모델 번호	세트 명칭	출시 연도	피스 개수	미니피겨	신품가	중고가	출고가	수익률
70160	Riverside Raid	2014	88	2	14.09	0	11.99	17.51
70161	Tremor Track Infiltration	2014	241	2	23.75	0	19.99	18.81
70162	Infearno Interception	2014	313	2	44.37	22.67	29.99	47.95
70163	Toxikita's Toxic Meltdown	2014	429	4	44	0	39.99	10.03
70164	Hurricane Heist	2014	589	4	84.93	0	69.99	21.35
70165	Ultra Agents Mission HQ	2014	1060	5	126	77	99.99	26
8630	Gold Hunt	2008	352	3	60.8	23.67	29.99	102.73
8631	Jetpack Pursuit	2008	88	2	31.87	14.4	9.99	219.02
8632	Swamp Raid	2008	231	2	43.33	23.2	19.99	116.76
8633	Speedboat Rescue	2008	340	3	88.13	27	39.99	120.38
8634	Turbocar Chase	2008	498	3	109.6	62.73	49.99	119.24
8635	Mobile Command Center	2008	1154	7	230.35	118.2	89.99	155.97
8636	Deep Sea Quest	2008	520	4	46.42	54.2	49.99	-7.14
8637	Volcano Base	2008	718	6	229.53	137.67	69.99	227.95
8967	Gold Tooth's Getaway	2009	68	2	23.79	12.73	9.99	138.14
8968	River Heist	2009	203	3	37.22	18.73	19.99	86.19
8969	4-Wheeling Pursuit	2009	320	2	44.8	34	29.99	49.38
8970	Robo Attack	2009	414	6	89.82	41.33	49.99	79.68
8971	Aerial Defence Unit	2009	733	7	126.41	70.47	79.99	58.03

아키텍처

모델 번호	세트 명칭	출시 연도	피스 개수	미니피겨	신품가	중고가	출고가	수익률
21000	Sears Tower	2008	69	0	59.06	30.2	19.99	195.45
21000-2	Willis Tower	2011	69	0	21.96	14.25	19.99	9.85
21001	John Hancock Center	2008	69	0	114.56	60.27	19.99	473.09
21002	Empire State Building	2009	77	0	23.31	16.47	19.99	16.61
21003	Seattle Space Needle	2009	57	0	24.17	17.33	19.99	20.91
21004	Solomon Guggenheim Museum	2009	208	0	77.7	44.93	39.99	94.30
21005	Fallingwater	2009	811	0	118.73	78.28	99.99	18.74
21006	The White House	2010	560	0	52.46	36.29	49.99	4.94
21007	Rockefeller Center	2011	240	0	67.65	32.6	39.99	69.17
21008	Burj Khalifa-Dubai	2011	208	0	53.19	25.07	24.99	112.85
21009	Farnsworth House	2011	546	0	63.58	41.8	59.99	5.98

배트맨

모델 번호	세트 명칭	출시 연도	피스 개수	미니피겨	신품가	중고가	출고가	수익률
21010	Robie House	2011	2276	0	293.51	235.13	199.99	46.76
21011	Brandenburg Gate	2011	363	0	32.88	21.67	34.99	-6.03
21012	Sydney Opera House	2012	270	0	40	26.67	39.99	0.03
21013	Big Ben	2012	346	0	31.21	21.4	29.99	4.07
21014	Villa Savoye	2012	660	0	70.19	40.67	69.99	0.29
21015	The Leaning Tower of Pisa	2012	345	0	43.39	40.25	34.99	24.01
21016	Sungnyemun	2012	325	0	146.48	46	34.99	318.63
21017	Imperial Hotel	2013	1188	0	97.23	86.67	129.99	-25.20
21018	United Nations Headquarters	2013	597	0	49.62	28.8	49.99	-0.74
21019	The Eiffel Tower	2014	321	0	48.02	25.88	34.99	37.24
21020	Trevi Fountain	2014	731	0	53.63	30.4	49.99	7.28
21021	Marina Bay Sands	2013	602	0	536.87	299.99	49.99	973.95
21050	Architecture Studio	2013	1211	0	177.42	163.47	149.99	18.29
4000010	LEGO House	2014	250	1	69.58	0	150	-53.61

아틀란티스

모델 번호	세트 명칭	출시 연도	피스 개수	미니피겨	신품가	중고가	출고가	수익률
30040	Octopus	2010	42	0	7.34	5.6	3.99	83.96
30042	Mini Sub	2010	42	1	6.07	1.8	3.99	52.13
7976	Ocean Speeder	2011	54	1	9.47	4.22	4.99	89.78
7977	Seabed Strider	2011	105	2	16.74	9.6	9.99	67.57
7978	Angler Attack	2011	200	2	38.53	16.2	19.99	92.75
7984	Deep Sea Raider	2011	265	2	30.86	17.8	29.99	2.90
7985	City of Atlantis	2011	686	5	95.44	58.67	69.99	36.36
8056	Monster Crab Clash	2010	68	1	13.27	8.07	6.99	89.84
8057	Wreck Raider	2010	64	2	13.15	6.31	9.99	31.63
8058	Guardian of the Deep	2010	144	1	26.61	11.53	14.99	77.52
8059	Seabed Scavenger	2010	119	2	21.87	8.87	14.99	45.90
8060	Typhoon Turbo Sub	2010	197	2	25.94	12.47	24.99	3.80
8061	Gateway of the Squid	2010	354	3	33.79	23.47	39.99	5.50
8072	Sea Jet	2010	23	1	6	3.91	3.99	50.38
8073	Manta Warrior	2010	13	1	8.41	3.43	3.99	110.78
8075	Neptune Carrier	2010	476	4	45.53	25.4	59.99	-24.10
8076	Deep Sea Striker	2010	260	1	19.57	10.8	19.99	-2.10
8077	Atlantis Exploration HQ	2010	473	3	51.73	29.13	49.99	3.48
8078	Portal of Atlantis	2010	1007	7	78.07	42.8	99.99	-21.92
8079	Shadow Snapper	2010	246	1	26.41	18.16	29.99	1.94
8080	Undersea Explorer	2010	364	1	38.47	22.8	39.99	-3.80

배트맨

모델 번호	세트 명칭	출시 연도	피스 개수	미니피겨	신품가	중고가	출고가	수익률
10937	Batman: Arkham Asylum Breakout	2013	1619	8	248.33	125	159.99	55.22
30160	Batman Jetski	2012	40	1	19.45	13.3	4.99	289.78
30161	Batmobile	2012	45	0	8.8	5.13	4	120.00
30166	Robin and Redbird Cycle	2013	40	1	15.55	9.99	4.99	211.62
30300	The Batman Tumbler	2014	57	0	8.56	3.6	3.99	114.54
30301	Batwing	2014	45	0	6.38	0	4.99	27.86
4526	Batman	2012	40	0	36.56	13.07	14.99	143.90
4527	The Joker	2012	57	0	20.65	10.92	14.99	37.76
6857	The Dynamic Duo Funhouse Escape	2012	380	5	56.99	36.67	39.99	42.51
6858	Catwoman Catcycle City Chase	2012	89	2	23.45	17.31	12.99	80.52
6860	The Batcave	2012	690	5	74.22	47.73	69.99	6.04

배트맨

모델 번호	세트 명칭	출시 연도	피스 개수	미니피겨	신품가	중고가	출고가	수익률
6863	Batwing Battle Over Gotham City	2012	278	3	48.84	31.75	34.99	39.58
6864	The Batmobile and the Two-Face Chase	2012	531	5	86.01	60.13	49.99	72.0
76000	Arctic Batman vs. Mr Freeze: Aquaman on Ice	2013	198	3	34.94	11.56	19.99	74.79
76001	The Bat vs. Bane: Tumbler Chase	2013	367	3	42.87	26.4	39.99	7.20
76010	Batman: The Penguin Face off	2014	136	2	15.55	8.47	12.99	19.71
76011	Batman: Man-Bat Attack	2014	184	3	21.49	27.17	19.99	7.50
76012	Batman: The Riddler Chase	2014	304	3	32.48	32.63	29.99	8.30
76013	Batman: The Joker Steam Roller	2014	486	5	54.58	34.73	49.99	9.18
76023	The Tumbler	2014	1869	2	269.67	208.87	199.99	34.84
7779	The Batman Dragster: Catwoman Pursuit	2006	92	2	96.13	52.67	9.99	862.26
7780	The Batboat: Hunt for Killer Croc	2006	188	2	200.4	96.33	19.99	902.50
7781	The Batmobile: Two-Face's Escape	2006	386	3	210.07	112.87	29.99	600.47
7782	The Batwing: The Joker's Aerial Assault	2006	523	3	172.69	117.33	49.99	245.45
7783	The Batcave: Penguin and Mr. Freeze's Invasion	2006	1071	7	554	330.6	89.99	515.62
7784	The Batmobile: Ultimate Collectors' Edition	2006	1045	0	380.29	211.06	69.99	443.35
7785	Arkham Asylum	2006	860	7	234.67	244.13	79.99	193.3
7786	The Batcopter: The Chase for Scarecrow	2007	293	2	189.32	167.4	29.99	531.28
7787	The Bat-Tank: The Riddler and Bane's Hideout	2007	645	3	208.71	210.07	49.99	317.50
7884	Batman's Buggy: The Escape of Mr. Freeze	2008	76	2	148.53	70.33	9.99	1386.79
7885	Robin's Scuba Jet: Attack of The Penguin	2008	207	2	180.13	73.47	19.99	801.10
7886	The Batcycle: Harley Quinn's Hammer Truck	2008	267	2	199.27	119.53	29.99	564.45
7888	The Tumbler: Joker's Ice Cream Surprise	2008	449	3	487.07	228.13	49.99	874.33

바이오니클

모델 번호	세트 명칭	출시 연도	피스 개수	미니피겨	신품가	중고가	출고가	수익률
10023	Bionicle Master Builder Set	2002	112	0	32.88	15.8	12.99	153.12
10201	Takutanuva	2003	399	0	152.73	102.09	49.99	205.52
10202	Ultimate Dume	2004	564	0	114.73	61.53	49.99	129.51
10203	Voporak	2005	647	0	81.54	40.6	49.99	63.11
10204	Vezon & Kardas	2006	670	0	278.5	145.8	49.99	457.11
1388	Huki	2001	8	0	16.15	10.78	1.99	711.56
1389	Onepu	2001	8	0	21.67	10.53	1.99	988.94
1390	Maku	2001	8	0	13.37	9.82	1.99	571.86
1391	Jala	2001	8	0	15.21	11.05	1.99	664.32
1392	Kongu	2001	8	0	14.33	10.05	1.99	620.10
1393	Matoro	2001	8	0	9.41	10.53	1.99	372.86
1441	Fikou	2003	13	0	9.8	8	0	
4868	Rahaga Gaaki	2005	28	0	11.5	6.29	3.99	188.2
4869	Rahaga Pouks	2005	28	0	12.24	7.24	3.99	206.77
4870	Rahaga Kualus	2005	28	0	15.6	7.69	3.99	290.98
4877	Rahaga Norik	2005	28	0	12.64	8.94	3.99	216.79
4878	Rahaga Bomonga	2005	28	0	7.76	7.38	3.99	94.49

모델 번호	세트 명칭	출시 연도	피스 개수	미니피겨	신품가	중고가	출고가	수익률
4879	Rahaga Iruini	2005	28	0	9.69	8.4	3.99	142.86
6637	Ultimate Battle Set	2005	5	0	10	12.89	0	
6638	Ultimate Creatures Accessory Set	2006	300	0	100	23.5	19.99	400.25
7116	Tahu	2010	19	0	38.81	16.19	7.99	385.73
7117	Gresh	2010	19	0	19.17	12.06	7.99	139.92
7135	Takanuva	2010	21	0	24.65	12.2	7.99	208.51
7136	Skrall	2010	21	0	15.5	11.93	7.99	93.99
7137	Piraka	2010	15	0	21.35	8.25	7.99	167.21
7138	Rahkshi	2010	18	0	23	11.61	7.99	187.86
8525	Masks	2001	6	0	21.47	11.11	1.99	978.89
8531	Pohatu	2001	49	0	30.13	16.32	6.99	331.04
8532	Onua	2001	30	0	28.2	16.2	6.99	303.43
8533	Gali	2001	35	0	26.27	17.8	6.99	275.82
8534	Tahu	2001	33	0	36.8	19.04	6.99	426.47
8535	Lewa	2001	36	0	38.53	16.79	6.99	451.22
8536	Kopaka	2001	33	0	40.69	17.18	6.99	482.12
8537	Nui-Rama	2001	154	0	32.07	24.44	14.99	113.94
8538	Muaka & Kane-ra	2001	633	0	95.07	59.73	69.99	35.83
8539	Manas	2001	457	0	115.2	79.87	89.99	28.01
8540	Vakama	2001	28	0	18.67	10.05	2.99	524.41
8541	Matau	2001	25	0	20.5	9.84	2.99	585.62
8542	Onewa	2001	29	0	9.75	9.65	2.99	226.09
8543	Nokama	2001	27	0	18.3	9.68	2.99	512.04
8544	Nuju	2001	29	0	20.42	9.46	2.99	582.94
8545	Whenua	2001	28	0	14.47	9.42	2.99	383.95
8548	Nui-Jaga	2001	226	0	40.4	37.65	34.99	15.46
8549	Tarakava	2001	411	0	52.8	46.47	49.99	5.62
8550	Gahlok Va	2002	26	0	23.06	12.33	2.99	671.24
8551	Kohrak Va	2002	28	0	13.07	8.67	2.99	337.12
8552	Lehvak Va	2002	28	0	10.33	8.59	2.99	245.48
8553	Pahrak Va	2002	27	0	9.8	7.19	2.99	227.76
8554	Tahnok Va	2002	27	0	9.93	8.39	2.99	232.11
8555	Nuhvok Va	2002	26	0	14.45	7.29	2.99	383.28
8556	Boxor Vehicle	2002	157	0	37.4	29.67	14.99	149.50
8557	Exo-Toa	2002	378	0	61.53	44.07	34.99	75.85
8558	Cahdok and Gahdok	2002	636	0	93.2	82	59.99	55.36
8560	Pahrak	2002	41	0	20.76	11.81	7.99	159.82
8561	Nuhvok	2002	41	0	20.42	11.19	7.99	155.57
8562	Gahlok	2002	41	0	17.38	13.69	7.99	117.52
8563	Tahnok	2002	41	0	27.25	14.55	7.99	241.05
8564	Lehvak	2002	41	0	22.27	12	7.99	178.72
8565	Kohrak	2002	41	0	25.33	12.9	7.99	217.02
8566	Onua Nuva	2002	41	0	21.33	12.18	7.99	166.96
8567	Lewa Nuva	2002	37	0	22.27	12.89	7.99	178.72
8568	Pohatu Nuva	2002	40	0	18.2	13.69	7.99	127.78
8569	Krana	2002	5	0	14.93	0	1.99	650.25
8570	Gali Nuva	2002	44	0	17	12.56	7.99	112.77
8571	Kopaka Nuva	2002	42	0	20.67	14.8	7.99	158.70
8572	Tahu Nuva	2002	36	0	42.13	16.87	7.99	427.28
8573	Nuhvok-Kal	2003	41	0	23.53	14.61	7.99	194.49
8574	Tahnok-Kal	2003	41	0	19.21	14.63	7.99	140.43

바이오니클

모델 번호	세트 명칭	출시 연도	피스 개수	미니피겨	신품가	중고가	출고가	수익률
8575	Kohrak-Kal	2003	41	0	28.71	13.67	7.99	259.32
8576	Lehvak-Kal	2003	41	0	34.88	11.42	7.99	336.55
8577	Pahrak-Kal	2003	41	0	20.21	11.06	7.99	152.94
8578	Gahlok-Kal	2003	41	0	18.8	13.67	7.99	135.29
8580	Kraata	2003	3	0	8	7.78	1.99	302.01
8581	Kopeke	2003	25	0	12.37	10.83	3.99	210.03
8582	Matoro	2003	25	0	16.5	9.47	3.99	313.53
8583	Hahli	2003	25	0	18.62	10.47	3.99	366.67
8584	Hewkii	2003	25	0	18	10.28	3.99	351.13
8585	Hafu	2003	25	0	15.91	9.84	3.99	298.75
8586	Macku	2003	25	0	14.38	10.29	3.99	260.40
8587	Rahkshi Panrahk	2003	45	0	18.44	13.27	8.99	105.12
8588	Rahkshi Kurahk	2003	45	1	21.88	12.67	8.99	143.38
8589	Rahkshi Lerahk	2003	45	1	22.93	11.93	8.99	155.06
8590	Rahkshi Guurahk	2003	45	1	21.36	11.44	8.99	137.60
8591	Rahkshi Vorahk	2003	45	1	23.69	11.93	8.99	163.52
8592	Rahkshi Turahk	2003	45	1	21.9	11.31	8.99	143.60
8593	Makuta	2003	199	0	64	42.24	19.99	220.16
8594	Jaller and Gukko	2003	172	0	39.33	28.4	19.99	96.75
8595	Takua and Pewku	2003	221	0	48.13	35.44	19.99	140.77
8596	Takanuva	2003	200	0	91.2	41.18	29.99	204.10
8598	Kanohi Nuva and Krana Pack	2002	5	0	33.9	0	1.99	1603.52
8599	Krana-Kal	2003	5	0	19.93	0	1.99	901.51
8601	Vakama	2004	48	0	20.63	18.88	7.99	158.20
8602	Nokama	2004	46	0	12.87	11.68	7.99	61.08
8603	Whenua	2004	49	0	21.36	12.94	7.99	167.33
8604	Onewa	2004	44	0	11.07	11.76	7.99	38.55
8605	Matau	2004	46	0	28.29	12.58	7.99	254.07
8606	Nuju	2004	48	0	17.47	15.12	7.99	118.65
8607	Nuhrii	2004	27	0	22.3	18.67	3.99	458.90
8608	Vhisola	2004	27	0	14.17	7.65	3.99	255.14
8609	Tehutti	2004	27	0	12.6	8.56	3.99	215.79
8610	Ahkmou	2004	27	0	14	7.56	3.99	250.88
8611	Orkahm	2004	27	0	7.2	8.13	3.99	80.45
8612	Ehrye	2004	30	0	7	8.88	3.99	75.44
8613	Kanoka Disk Launcher Pack	2004	4	0	6.09	2	1.99	206.03
8614	Nuurakh	2004	32	0	16.06	9.27	8.99	78.64
8615	Bordakh	2004	32	0	17.27	9.81	8.99	92.10
8616	Vorzakh	2004	32	0	17.75	9.56	8.99	97.44
8617	Zadakh	2004	32	0	12.13	10.69	8.99	34.93
8618	Rorzakh	2004	32	0	19.48	10.88	8.99	116.69
8619	Keerakh	2004	32	0	16.82	10.12	8.99	87.10
8621	Turaga Dume and Nivawk	2004	180	0	28.87	22.53	19.99	44.42
8622	Nidhiki	2004	170	0	39	23.19	19.99	95.10
8623	Krekka	2004	214	0	42.93	29.47	19.99	114.76
8624	Race for the Mask of Life	2006	507	8	36.31	7.33	49.99	-27.37
8625	Umbra	2006	179	0	89.75	42.87	24.99	259.14
8626	Irnakk	2006	132	0	110.53	79	24.99	342.30
8685	Toa Kopaka	2008	54	0	21.33	17.87	9.99	113.51
8686	Toa Lewa	2008	52	0	33	20.89	9.99	230.33
8687	Toa Pohatu	2007	68	0	26.67	17.27	9.99	166.97
8688	Toa Gali	2008	60	0	16.53	15.5	12.99	27.25

모델 번호	세트 명칭	출시 연도	피스 개수	미니피겨	신품가	중고가	출고가	수익률
8689	Toa Tahu	2008	73	0	22.87	18.47	12.99	76.06
8690	Toa Onua	2008	62	0	18.07	15.87	12.99	39.11
8691	Antroz	2008	53	0	26.73	18.53	9.99	167.57
8692	Vamprah	2008	49	0	24.73	16.8	9.99	147.55
8693	Chirox	2008	49	0	25.6	16.83	9.99	156.26
8694	Krika	2008	40	0	17.53	15.38	12.99	34.95
8695	Gorast	2008	51	0	14.27	12	12.99	9.85
8696	Bitil	2008	54	0	15.75	14.07	12.99	21.25
8697	Toa Ignika	2008	140	0	45.4	31.88	19.99	127.11
8698	Vultraz	2008	133	0	27.53	19.67	19.99	37.72
8699	Takanuva	2008	267	0	50.6	40.6	29.99	68.72
8715	Bionicle Exclusive Accessories	2005	401	0	109.93	107.29	19.99	449.92
8719	Zamor Spheres	2006	10	0	9.27	5.5	1.99	365.83
8721	Velika	2006	21	0	13.57	8.41	3.99	240.10
8722	Kazi	2006	25	0	14.91	7.78	3.99	273.68
8723	Piruk	2006	27	0	16.86	9.26	3.99	322.56
8724	Garan	2006	21	0	13.13	8.07	3.99	229.07
8725	Balta	2006	22	0	19.88	8.41	3.99	398.25
8726	Dalu	2006	25	0	13.15	8.87	3.99	229.57
8727	Toa Jaller	2006	46	0	36.8	19.47	9.99	268.37
8728	Toa Hahli	2006	46	0	30.6	17.4	9.99	206.31
8729	Toa Nuparu	2006	54	0	40.93	18.07	9.99	309.71
8730	Toa Hewkii	2006	62	0	21.93	17.47	9.99	119.52
8731	Toa Kongu	2006	46	0	29	18.47	9.99	190.29
8732	Toa Matoro	2006	46	0	26.07	17.19	9.99	160.96
8733	Axonn	2006	196	0	84.2	52.81	19.99	321.21
8734	Brutaka	2006	193	0	94.27	49.79	19.99	371.59
8736	Toa Hordika Vakama	2005	48	0	27.77	13.73	8.99	208.90
8737	Toa Hordika Nokama	2005	48	0	21.56	11.83	8.99	139.82
8738	Toa Hordika Whenua	2005	48	0	13	9.89	8.99	44.61
8739	Toa Hordika Onewa	2005	48	0	14.13	11.42	8.99	57.17
8740	Toa Hordika Matau	2005	48	0	13.19	12.4	8.99	46.72
8741	Toa Hordika Nuju	2005	48	0	12.63	12.53	8.99	40.49
8742	Visorak Vohtarak	2005	48	0	22.59	12.39	8.99	151.28
8743	Visorak Boggarak	2005	48	0	17.26	11.24	8.99	91.99
8744	Visorak Oohnorak	2005	47	0	11.07	12.16	8.99	23.14
8745	Visorak Roporak	2005	48	0	12.47	10.31	8.99	38.71
8746	Visorak Keelerak	2005	48	0	22.87	12.37	8.99	154.39
8747	Visorak Suukorak	2005	48	0	16.47	12.56	8.99	83.20
8748	Rhotuka Spinners	2005	5	0	7.71	0.5	1.99	287.44
8755	Keetongu	2005	203	0	31.87	27.87	19.99	59.43
8756	Sidorak	2005	211	0	35.6	32.27	19.99	78.09
8757	Visorak Battle Ram	2005	176	14	36.73	25.47	29.99	22.47
8758	Tower of Toa	2005	401	14	32	12	49.99	-35.99
8759	Battle of Metru Nui	2005	858	14	66.6	33.6	79.99	6.74
8761	Roodaka	2005	233	0	48.33	36.4	19.99	141.77
8762	Toa Iruini	2005	53	0	31.5	17	0	
8763	Toa Norik	2005	55	0	50.83	20.4	0	
8764	Vezon & Fenrakk	2006	281	0	75.13	49	29.99	150.52
8769	Visorak's Gate	2005	318	14	60.87	30.19	39.99	52.21
8811	Toa Lhikan and Kikanalo	2004	215	0	78.47	44.24	29.99	161.6
8892	Piraka Outpost	2006	211	4	36.59	15.06	29.99	22.01

바이오니클

모델 번호	세트 명칭	출시 연도	피스 개수	미니피겨	신품가	중고가	출고가	수익률
8893	Lava Chamber Gate	2006	373	8	54.63	39.13	39.99	36.61
8894	Piraka Stronghold	2006	648	12	35.71	29.83	74.99	-52.38
8900	Reidak	2006	41	0	35	19.04	8.99	289.32
8901	Hakann	2006	42	0	37	17.33	8.99	311.57
8902	Vezok	2006	41	0	31.95	16.67	8.99	255.39
8903	Zaktan	2006	41	0	38.13	19.29	8.99	324.14
8904	Avak	2006	41	0	27.33	18.79	8.99	204.00
8905	Thok	2006	42	0	42.13	18.57	8.99	368.63
8910	Toa Kongu	2007	74	0	23.27	19.6	9.99	132.93
8911	Toa Jaller	2007	68	0	21.4	20.13	9.99	114.21
8912	Toa Hewkii	2007	62	0	22.8	18.06	9.99	128.23
8913	Toa Nuparu	2007	59	0	20.33	16.33	9.99	103.50
8914	Toa Hahli	2007	59	0	31.67	17.83	9.99	217.02
8915	Toa Matoro	2007	63	0	29.87	13.06	9.99	199.00
8916	Takadox	2007	62	0	30	15.81	9.99	200.30
8917	Kalmah	2007	53	0	26.11	17	9.99	161.36
8918	Carapar	2007	50	0	23.23	15.75	9.99	132.53
8919	Mantax	2007	58	0	20.42	15.47	9.99	104.40
8920	Ehlek	2007	54	0	23.74	18.73	9.99	137.64
8921	Pridak	2007	47	0	27.71	15.65	9.99	177.38
8922	Gadunka	2007	176	0	45.2	34.44	19.99	126.11
8923	Hydraxon	2007	165	0	63.87	36.4	19.99	219.51
8924	Maxilos and Spinax	2007	256	0	80.93	51.88	29.99	169.86
8925	Barraki Deepsea Patrol	2007	228	4	38.07	19.13	29.99	26.94
8926	Toa Undersea Attack	2007	401	6	34.93	10.29	49.99	-30.13
8927	Toa Terrain Crawler	2007	674	10	99.2	57.67	69.99	41.73
8929	Defilak	2007	37	0	14.35	9.87	4.99	187.58
8930	Dekar	2007	37	0	15.12	11.06	4.99	203.01
8931	Thulox	2007	39	0	13.87	9.38	4.99	177.96
8932	Morak	2007	40	0	12.09	9.75	4.99	142.28
8934	Squid Ammo	2007	7	0	11.07	6.78	1.99	456.28
8935	Nocturn	2007	116	0	62.56	36.75	14.99	317.34
8939	Lesovikk	2007	149	0	52.2	38.47	19.99	161.13
8940	Karzahni	2007	373	0	110.47	79.47	39.99	176.24
8941	Rockoh T3	2008	390	0	45.87	33.69	39.99	14.70
8942	Jetrax T6	2008	422	0	75	39.07	49.99	50.03
8943	Axalara T9	2008	693	0	86.93	58.93	79.99	8.68
8944	Tanma	2008	14	0	25.6	12.4	5.99	327.38
8945	Solek	2008	14	0	13.34	8.73	5.99	122.70
8946	Photok	2008	14	0	20	10.93	5.99	233.89
8947	Radiak	2008	16	0	15.73	9.56	5.99	162.60
8948	Gavla	2008	14	0	10	6.4	5.99	66.94
8949	Kirop	2008	14	0	21.71	10.2	5.99	262.44
8952	Mutran and Vican	2008	90	0	41.62	25.6	14.99	177.65
8953	Makuta Icarax	2008	159	0	78.63	47.2	19.99	293.35
8954	Mazeka	2008	301	0	38.83	17.6	29.99	29.48
8972	Atakus	2009	13	0	15.11	9.67	6.99	116.17
8973	Raanu	2009	14	0	13.81	12.65	6.99	97.57
8974	Tarduk	2009	17	0	14.13	8.33	6.99	102.15
8975	Berix	2009	15	0	17.33	9.13	6.99	147.93
8976	Metus	2009	14	0	12.13	7.75	6.99	73.53
8977	Zesk	2009	16	0	15.94	9.3	6.99	128.04

캐슬

모델 번호	세트 명칭	출시 연도	피스 개수	미니피겨	신품가	중고가	출고가	수익률
8978	Skrall	2009	50	0	26.47	19	12.99	103.77
8979	Malum	2009	59	0	23.6	16.88	12.99	81.68
8980	Gresh	2009	55	0	37.07	19.63	12.99	185.37
8981	Tarix	2009	57	0	24.47	16.82	12.99	88.38
8982	Strakk	2009	46	0	27	15.24	12.99	107.85
8983	Vorox	2009	51	0	26	15.79	12.99	100.15
8984	Stronius	2009	55	0	32.53	15.73	12.99	150.42
8985	Ackar	2009	55	0	37.13	17.73	12.99	185.84
8986	Vastus	2009	52	0	26.75	15.22	12.99	105.93
8987	Kiina	2009	43	0	23.08	15.2	12.99	77.68
8988	Gelu	2009	52	0	40.87	16.67	12.99	214.63
8989	Mata Nui	2009	52	0	51.73	31.13	12.99	298.23
8991	Tuma	2009	188	0	54.87	30.6	19.99	174.49
8992	Cendox V1	2009	151	0	26.8	17.4	19.99	34.07
8993	Kaxium V3	2009	251	0	35.19	25.2	29.99	17.34
8994	Baranus V7	2009	263	0	45.69	28.63	39.99	14.25
8995	Thornatus V9	2009	438	0	55.71	29.67	59.99	-7.13
8996	Skopio XV	2009	849	0	158.33	88.67	89.99	75.94
8998	Toa Mata Nui	2009	366	0	185.47	138.6	49.99	271.01

카

모델 번호	세트 명칭	출시 연도	피스 개수	미니피겨	신품가	중고가	출고가	수익률
8200	Radiator Springs Lightning McQueen	2011	35	0	29.16	8.87	6.99	317.17
8201	Classic Mater	2011	52	0	17.86	7.93	6.99	155.51
8206	Tokyo Pit Stop	2011	147	0	22.27	9.07	14.99	48.57
8423	World Grand Prix Racing Rivalry	2011	136	0	28.8	19	14.99	92.13
8424	Mater's Spy Zone	2011	114	0	22.19	8.5	14.99	48.03
8426	Escape at Sea	2011	159	0	29	13.4	15.99	81.36
8484	Ultimate Build Lightning McQueen	2011	242	0	41.85	17.4	29.99	39.55
8486	Mack's Team Truck	2011	374	0	123.33	55.4	39.99	208.40
8487	Flo's V8 Cafe	2011	517	0	93.38	50.6	59.99	55.66
8638	Spy Jet Escape	2011	339	0	50.35	27.6	49.99	0.72
8639	Big Bentley Bust Out	2011	743	0	50.83	30.8	69.99	-27.38
8677	Ultimate Build Mater	2011	288	0	31.38	15.73	29.99	4.63
8678	Ultimate Build Francesco	2011	196	0	27.4	14.87	29.99	-8.64
8679	Tokyo International Circuit (TRU Exclusive)	2011	842	0	97.71	56.42	89.99	8.58
9478	Francesco Bernoulli	2012	49	0	12.11	6.23	6.99	73.25
9479	Ivan Mater	2012	52	0	13	9.29	6.99	85.98
9480	Finn McMissile	2012	52	0	15.17	4.5	6.99	117.02
9481	Jeff Gorvette	2012	54	0	12.83	6.6	6.99	83.55
9483	Agent Mater's Escape	2012	144	0	22.69	7.77	14.99	51.37
9484	Red's Water Rescue	2012	199	0	30.68	9.83	19.99	53.48
9485	Ultimate Race Set	2012	280	0	54.63	17.25	29.99	82.16
9486	Oil Rig Escape	2012	422	0	57.07	32.87	49.99	14.16

캐슬

모델 번호	세트 명칭	출시 연도	피스 개수	미니피겨	신품가	중고가	출고가	수익률
10000	Guarded Inn	2001	253	4	156.07	79.2	24.99	524.53
10039	Black Falcon's Fortress	2002	426	6	177.4	101.53	39.99	343.61
10176	King's Castle	2006	869	12	221.53	108.93	99.99	121.55
10193	Medieval Market Village	2009	1601	8	155.7	120.13	99.99	55.72
10223	Kingdoms Joust	2012	1575	9	127.03	94.53	119.99	5.87

캐슬

모델 번호	세트 명칭	출시 연도	피스 개수	미니피겨	신품가	중고가	출고가	수익률
1187	Glider	1999	23	1	29.64	6.35	1.99	1389.45
1269	White Ninja	1999	23	1	14.25	25	2.99	376.59
1463	Treasure Cart	1992	23	1	19.08	10.67	1.99	858.79
1547	Black Knights Boat	1993	58	2	31.17	19.27	3.99	681.20
1596	Ghostly Hideout	1993	37	2	30.89	20.87	3.99	674.19
1597	Castle Value Pack	1993	117	5	155.67	21.2	7.99	1848.31
1712	Crossbow Cart	1994	23	1	15.17	5	1.99	662.31
1746	Wiz the Wizard	1995	17	1	13.69	9.93	2.99	357.86
1804	Crossbow Boat	1996	21	1	20.8	9.08	1.99	945.23
1906	Majisto's Tower	1994	195	3	75.47	53.47	19.99	277.54
2538	Fire-Cart	1998	20	1	7.59	4.6	1.99	281.41
2539	Flying Machine	1998	21	1	12.2	5.13	1.99	513.07
2540	Catapault Cart	1998	28	1	6.67	4.82	1.99	235.18
30062	Target Practice	2010	29	1	9.7	4.95	3.99	143.11
3017	Ninpo Water Spider	1998	25	1	12.19	14.33	1.99	512.56
3019	Ninpo Big Bat	1998	23	1	13.56	4.31	1.99	581.41
3050	Shanghai Surprise	1999	104	3	40.07	22.87	11.99	234.20
3051	Blaze Attack	1999	145	2	27.4	22.41	14.99	82.79
3052	Ninja Fire Fortress	1999	169	3	85.33	32.6	29.99	184.53
3053	Emperor's Stronghold	1999	331	4	111.4	65.75	39.99	178.57
3346	Three Minifig Pack - Ninja #3	2000	22	3	41.33	43.58	4.99	728.26
3739	Blacksmith Shop	2002	619	2	176.47	102.6	39.99	341.29
4801	Defence Archer	2000	15	1	8	5	1.99	302.01
4805	Ninja Knights	1999	31	5	37.67	17.05	5.99	528.88
4806	Axe Cart	2000	28	1	15.13	8.75	2.99	406.02
4811	Defense Archer	2000	15	1	11.15	4	1.99	460.30
4816	Knights' Catapult	2000	50	2	16.91	11.53	4.99	238.88
4817	Dungeon	2000	38	2	24	7.2	4.99	380.96
4818	Dragon Rider	2000	11	1	21.33	14.2	4.99	327.45
4819	Bulls' Attack Wagon	2000	49	2	23.27	14.89	4.99	366.33
5615	The Knight	2008	21	1	10.42	5.78	3.99	161.15
5618	Troll Warrior	2008	19	1	12.81	5.87	3.99	221.05
5994	Catapult	2005	27	0	5.75	3.82	0.99	480.81
6007	Bat Lord	1997	12	1	15.97	15.65	4.99	220.04
6008	Royal King	1995	10	1	15.87	10.83	2.99	430.77
6009	Black Knight	1992	24	1	26.44	13.87	2.99	784.28
6010	Supply Wagon	1984	35	1	37.88	18.87	2.99	1166.89
6012	Siege Cart	1986	54	2	38.36	13.4	3.99	861.40
6013	Samurai Swordsman	1998	13	1	22.33	9.12	2.99	646.82
6016	Knights' Arsenal	1988	37	1	24	17.33	3.99	501.50
6017	King's Oarsmen	1987	45	2	56.75	16.6	3.99	1322.31
6018	Battle Dragon	1990	56	2	28.33	15.47	4.99	467.74
6020	Magic Shop	1993	47	1	19.47	13.07	4.99	290.18
6021	Jousting Knights	1984	37	2	35.83	21.44	4.99	618.04
6022	Horse Cart	1984	42	2	67.25	26.33	4.99	1247.70
6023	Maiden's Cart	1986	43	2	3.04	5	5.99	-49.25
6024	Bandit Ambush	1996	59	2	31.13	27.18	6.99	345.35
6026	King Leo	2000	21	2	17.8	7.73	4.99	256.71
6027	Bat Lord's Catapult	1997	55	2	20.6	16	6.99	194.71
6029	Treasure Guard	1998	22	1	12.64	4.13	1.99	535.18
6030	Catapult	1984	83	2	70.64	28.73	5.99	1079.30
6031	Fright Force	1998	30	4	30.6	13.6	5.99	410.85

캐슬

모델 번호	세트 명칭	출시 연도	피스 개수	미니피겨	신품가	중고가	출고가	수익률
6032	Catapault Crusher	2000	56	1	9.55	9.13	5.99	59.43
6033	Treasure Transport	1998	54	3	20.47	15.06	5.99	241.74
6034	Black Monarch's Ghost	1990	46	2	48.69	15.8	6.99	596.57
6035	Castle Guard	1988	52	2	88.14	23.6	5.99	1371.45
6036	Skeleton Surprise	1995	74	2	25.65	16.38	7.99	221.03
6037	Witch's Windship	1997	56	1	25.6	19.87	7.99	220.40
6038	Wolfpack Renegades	1992	100	2	49.4	23.53	7.99	518.27
6039	Twin-Arm Launcher	1988	77	2	39.9	20.07	8.99	343.83
6040	Blacksmith Shop	1984	92	2	134.15	36.47	8.99	1392.21
6042	Dungeon Hunters	1990	110	3	97.08	27.75	12.99	647.34
6043	Dragon Defender	1993	157	2	32.92	18.11	11.99	174.56
6044	King's Carriage	1995	124	4	51.73	35.5	16.99	204.47
6045	Ninja Surprise	1998	112	3	41.6	24	12.99	220.25
6046	Hemlock Stronghold	1996	216	5	102.8	57.2	23.99	328.51
6048	Majisto's Magical Workshop	1993	185	2	51.33	36.47	25.99	97.50
6049	Viking Voyager	1987	99	5	95	41.6	10.99	764.42
6054	Forestmen's Hideout	1988	201	2	183	39.73	17.99	917.23
6056	Dragon Wagon	1993	105	2	41.93	25.53	19.99	109.75
6057	Sea Serpent	1992	126	5	60.73	40.88	16.99	257.45
6059	Knight's Stronghold	1990	224	5	100.33	49.8	21.99	356.25
6060	Knight's Challenge	1989	168	8	287.91	84.87	21.99	1209.28
6061	Siege Tower	1984	216	4	165.45	63.8	17.99	819.68
6062	Battering Ram	1987	236	6	246	68.8	19.99	1130.62
6066	Camouflaged Outpost	1988	225	6	346.13	69.87	22.99	1405.57
6067	Guarded Inn	1986	248	4	289.67	80.47	19.99	1349.07
6071	Forestmen's Crossing	1990	207	5	269	88	28.99	827.91
6073	Knight's Castle	1984	410	6	332.33	95.13	26.99	1131.31
6074	Black Falcon's Fortress	1986	435	6	231.2	98.93	34.99	560.76
6075	Wolfpack Tower	1992	236	4	118.6	94.93	29.99	295.47
6075-2	Castle	1981	767	14	233.73	113.8	47.99	387.04
6076	Dark Dragon's Den	1993	214	4	73.4	55.07	42.99	70.74
6077	Knight's Procession	1981	48	6	104.33	33.07	4.99	1990.78
6077-2	Forestmen's River Fortress	1989	357	6	259.82	101.13	37.99	583.92
6078	Royal Drawbridge	1995	258	5	93.87	49.07	29.99	213.00
6079	Dark Forest Fortress	1996	464	7	248.13	177.2	49.99	396.36
6080	King's Castle	1984	674	12	162.13	151.8	52.99	205.96
6081	King's Mountain Fortress	1990	435	8	699.75	124.13	57.99	1106.67
6082	Fire Breathing Fortress	1993	397	6	114.85	89.6	63.99	79.48
6083	Knight's Joust	1981	211	6	95.5	65	15.99	497.25
6083-2	Samurai Stronghold	1998	198	3	63.67	42.13	19.99	218.51
6085	Black Monarch's Castle	1988	702	12	671.62	153.33	67.99	887.82
6086	Black Knight's Castle	1992	588	12	431.38	178.33	84.99	407.57
6087	Witch's Magic Manor	1997	250	6	100.73	37.6	43.99	128.98
6088	Robber's Retreat	1998	277	4	77.27	41.67	29.99	157.65
6089	Stone Tower Bridge	1998	409	5	215	58.67	49.99	330.09
6090	Royal Knight's Castle	1995	764	11	281.4	160.4	94.99	196.24
6091	King Leo's Castle	2000	529	8	123.13	111.2	89.99	36.83
6093	Flying Ninja Fortress	1998	694	9	164.07	90.27	89.99	82.32
6094	Guarded Treasure	2000	103	2	25.38	19.73	14.99	69.31
6095	Royal Joust	2000	101	3	42.93	24.53	19.99	114.76
6096	Bull's Attack	2000	313	4	53.73	41.07	49.99	7.48
6097	Night Lord's Castle	1997	601	8	187.33	89.13	79.99	134.19

캐슬

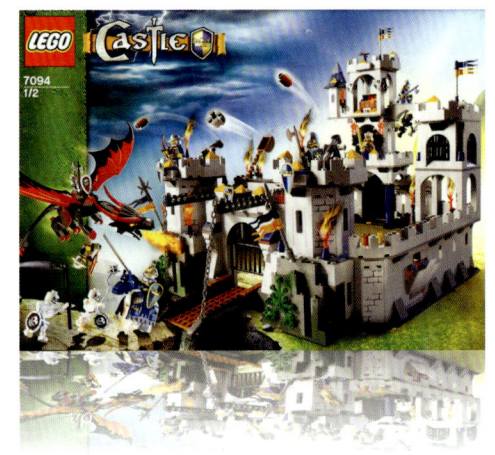

모델 번호	세트 명칭	출시 연도	피스 개수	미니피겨	신제품 가격	중고품 가격	출고가	수익률
6098	King Leo's Castle	2000	529	8	126.5	96.8	89.99	40.57
6099	Traitor Transport	1997	140	3	29.2	18.93	19.99	46.07
6103	Castle Mini Figures	1988	42	6	62.4	26	6.99	792.70
6105	Medieval Knights	1993	41	4	33.13	24	6.99	373.96
6918	Blacksmith Attack	2011	104	2	23.55	19.13	9.99	135.74
7009	The Final Joust	2007	62	2	34.44	18.53	7.99	331.04
7029	Skeleton Ship Attack	2007	628	7	237.69	125.6	69.99	239.61
7036	Dwarves' Mine	2007	575	7	167.13	74.87	49.99	234.33
7037	Tower Raid	2008	364	5	72	38.6	29.99	140.08
7038	Troll Assault Wagon	2008	161	4	49.33	31.67	19.99	146.77
7040	Dwarves' Mine Defender	2008	86	3	26.75	19.15	9.99	167.7
70400	Forest Ambush	2013	90	4	10.88	8.5	11.99	-9.26
70401	Gold Getaway	2013	199	3	17.86	15.82	19.99	0.66
70402	The Gatehouse Raid	2013	248	4	28.08	20.27	29.99	-6.37
70403	Dragon Mountain	2013	376	5	45.13	37.6	49.99	-9.72
70404	King's Castle	2013	996	7	95.28	74.33	99.99	-4.71
7041	Troll Battle Wheel	2008	508	6	81.11	40.67	39.99	102.83
7048	Troll Warship	2008	493	9	155.2	105.67	79.99	94.02
7078	King's Battle Chariot	2009	103	4	39.42	23.53	19.99	97.20
7079	Drawbridge Defense	2009	335	7	94.13	53.53	39.99	135.38
7090	Crossbow Attack	2007	54	3	21.23	10.33	5.99	254.42
7091	Knight's Catapult Defense	2007	123	4	19.8	16.73	9.99	98.20
7092	Skeletons' Prison Carriage	2007	193	5	81.93	32.33	19.99	309.85
7093	Skeleton Tower	2007	398	5	105.77	82.67	49.99	111.58
7094	King's Castle Siege	2007	973	10	276.4	151.47	99.99	176.43
7097	Trolls' Mountain Fortress	2009	844	10	155	92.33	99.99	55.02
7187	Escape from Dragon's Prison	2011	185	4	49.07	23.6	19.99	145.47
7188	King's Carriage Ambush	2011	285	4	35.06	25.6	39.99	2.33
7189	Mill Village Raid	2011	663	6	118.21	81.4	69.99	68.90
7946	King's Castle	2010	933	8	178	110.33	99.99	78.02
7947	Prison Tower Rescue	2010	365	5	86.27	50.73	49.99	72.57
7948	Outpost Attack	2010	194	3	54.11	19.53	19.99	170.69
7949	Prison Carriage Rescue	2010	50	3	14	12.47	9.99	40.14
7950	Knight's Showdown	2010	61	2	19.07	10.13	6.99	172.82
7952	Kingdoms Advent Calendar	2010	167	9	66.33	36.57	34.99	89.57
7953	Court Jester	2010	22	1	7.73	3.8	3.99	93.73
7955	Wizard	2010	19	1	10.38	6.8	3.99	160.15

모델 번호	세트 명칭	출시 연도	피스 개수	미니피겨	신품가	중고가	출고가	수익률
7979	Castle Advent Calendar	2008	176	9	76.38	51	29.99	154.68
850888	Knight Accessory Set	2014	32	4	26.14	0	14.99	74.38
850889	Dragon Accessory Set	2014	42	4	25.2	0	14.99	68.11
852271	Knights Battle Pack	2008	35	5	37.21	8	12.99	186.45
852272	Skeletons Battle Pack	2008	43	5	39.84	15.5	12.99	206.70
852701	Troll Warrior Battle Pack	2009	36	5	37.12	27.34	14.99	147.63
852702	Dwarf Warrior Battle Pack	2009	45	5	50.4	37	14.99	236.22
852921	Kingdoms Battle Pack 1	2010	18	5	43.58	20.58	14.99	190.73
852922	Kingdoms Battle Pack 2	2010	17	5	28.38	13	14.99	89.33
8701	King Jayko	2006	130	0	18.07	9.27	19.99	-9.60
8702	Lord Vladek	2006	112	0	18.31	14.92	19.99	-8.40
8703	Sir Kentis	2006	43	0	21.33	10.87	9.99	113.51
8704	Sir Adric	2006	40	0	11.93	6.2	9.99	19.42
8705	Dracus	2006	38	0	13.87	8.27	9.99	38.84
8706	Karzon	2006	44	0	13.82	9.27	9.99	38.34
8777	Vladek Encounter	2004	42	2	20.5	10.73	8.99	128.03
8778	Border Ambush	2004	177	2	24.67	17.33	19.99	23.41
8779	The Grand Tournament	2004	312	3	33.95	24.73	29.99	13.20
8780	Citadel of Orlan	2004	442	4	69.87	42.87	49.99	39.77
8781	The Castle of Morcia	2004	637	8	130.13	72.87	89.99	44.60
8782	Danju	2004	46	0	15.21	6	7.99	90.36
8783	Jayko	2004	49	0	15.39	6.6	7.99	92.62
8784	Rascus	2004	50	0	12.6	7.33	7.99	57.70
8785	Santis	2004	50	0	14.23	6.27	7.99	78.10
8786	Vladek	2004	52	0	14.47	6.47	7.99	81.10
8791	Sir Danju	2005	42	0	17.64	12.2	8.99	96.22
8792	Sir Jayko	2005	43	0	14.5	9.8	8.99	61.29
8793	Sir Rascus	2005	44	0	22	7	8.99	144.72
8794	Sir Santis	2005	44	0	11.75	4.33	8.99	30.70
8795	Lord Vladek	2005	44	0	9.73	10.27	8.99	8.23
8796	King Mathias	2005	43	0	8.63	5.33	8.99	-4.00
8799	Knights' Castle Wall	2004	178	3	35.3	33.87	19.99	76.59
8800	Vladek's Siege Engine	2004	192	2	32.17	20.2	19.99	60.93
8809	King Mathias	2004	44	0	9.61	5.4	9.99	-3.80
8813	Battle at the Pass	2006	381	11	124.2	68.47	39.99	210.58
8821	Rogue Knight Battleship	2006	152	3	38.87	22.13	19.99	94.45
8822	Gargoyle Bridge	2006	250	3	36.6	30.2	29.99	22.04
8823	Mistlands Tower	2006	431	6	93.87	54.2	49.99	87.78
8873	Fireball Catapult	2005	46	2	19.93	11.27	7.99	149.44
8874	Battle Wagon	2005	129	3	42.87	22.6	19.99	114.46
8875	King's Siege Tower	2005	135	4	45.4	23.33	19.99	127.11
8876	Scorpion Prison Cave	2005	280	5	60.47	39.6	39.99	51.21
8877	Vladek's Dark Fortress	2005	983	9	168.07	112.67	99.99	68.09

시티

모델 번호	세트 명칭	출시 연도	피스 개수	미니피겨	신품가	중고가	출고가	수익률
2824	City Advent Calendar	2010	271	6	44.59	18.8	34.99	27.44
30002	Police Boat	2009	30	1	8.35	4.47	2.99	179.26
30010	Fire Chief	2010	31	1	8.2	4.33	2.99	174.25
30012	Microlight	2010	34	1	9.37	5.8	3.99	134.84
30013	Police Buggy	2010	34	1	6.87	3.33	3.99	72.18
30014	Police Helicopter	2011	32	1	12.76	4.33	2.99	326.76
30015	Jet Ski	2011	24	2	5.91	9.25	2.99	97.66

시티

모델 번호	세트 명칭	출시 연도	피스 개수	미니피겨	신품가	중고가	출고가	수익률
30017	Police Boat	2012	35	1	6.5	6.58	3.99	62.91
30018	Police Microlight	2012	32	1	6.24	5.67	3.99	56.39
30150	Racing Car	2012	37	1	6.19	1.72	4.99	24.05
30151	Mining Dozer	2012	32	1	8.28	3.27	3.99	107.52
30152	Mining Quad	2012	40	1	7.95	8.24	4.99	59.32
30221	Fire Car	2013	36	1	7.55	6.5	3.99	89.22
30222	Police Helicopter	2013	33	1	6.14	3.17	3.99	53.88
30225	Coast Guard Seaplane	2013	37	1	5.95	8.63	3.99	49.12
30227	LEGO City Police Watercraft	2014	36	2	6.75	0	4.99	35.27
30228	Police ATV	2014	42	1	7.08	10	2	254.00
30229	Repair Lift	2014	39	1	8.82	2.29	3.49	152.72
3177	Small Car	2010	43	1	18.86	9.67	4.99	277.96
3178	Seaplane	2010	102	1	22.53	12.33	10.99	105.00
3179	Repair Truck	2010	118	1	25.47	14.13	12.99	96.07
3180	Tank Truck	2010	222	1	34.31	22.73	19.99	71.64
3181	Passenger Plane	2010	309	3	118.33	57	39.99	195.90
3182	Airport	2010	703	5	271.58	163.95	99.99	171.61
3221	LEGO City Truck	2010	278	2	93.45	53.16	34.99	167.08
3222	Helicopter and Limousine	2010	267	4	140.71	71.4	29.99	369.19
3365	Space Moon Buggy	2011	37	1	11	8	4.99	120.44
3366	Satellite Launch Pad	2011	165	1	25.92	14.12	19.99	29.66
3367	Space Shuttle	2011	231	1	73.22	34.63	29.99	144.15
3368	Space Centre	2011	494	4	110.42	67.33	69.99	57.77
3648	Police Chase	2011	173	3	28.72	21	24.99	14.93
3658	Police Helicopter	2011	237	3	53.4	31.07	34.99	52.62
3661	Bank & Money Transfer	2011	405	4	66.31	42.87	49.99	32.65
3677	Red Cargo Train	2011	831	4	199.46	178.53	159.99	24.67
40110	Coin Bank	2014	122	1	24.73	0	14.99	64.98
4200	Mining 4X4	2012	102	1	17.32	10.25	11.99	44.45
4201	Loader and Tipper	2012	139	2	26.65	16.47	17.99	48.14
4202	Mining Truck	2012	269	1	43.16	28.07	34.99	23.35
4203	Excavator Transporter	2012	305	2	38.91	25.73	39.99	-2.70
4204	The Mine	2012	748	4	95.62	67.53	99.99	-4.37
4205	Off-Road Command Centre	2012	403	3	88.2	37.87	39.99	120.56
4206-2	Recycling Truck	2012	297	3	31.63	19.27	29.99	5.47
4207	City Garage	2012	933	5	123.98	80.07	119.99	3.33
4208	Fire Truck	2012	243	1	37.05	17.47	19.99	85.34
4209	Fire Plane	2012	522	3	56.06	32.87	59.99	-6.55
4210	Coast Guard Platform	2008	469	4	202.71	84.53	49.99	305.50
4427	Fire ATV	2012	50	1	13.3	5	5.99	122.04
4428	City Advent Calendar	2012	248	7	46	27.53	39.99	15.03
4429	Helicopter Rescue	2012	425	4	65.71	37.53	59.99	9.53
4430	Fire Transporter	2012	522	3	84.79	47.6	49.99	69.61
4431	Ambulance	2012	199	3	41.1	20.93	19.99	105.60
4432	Garbage Truck	2012	208	2	44.14	22.2	19.99	120.81
4433	Dirt Bike Transporter	2012	201	2	33.47	20.4	19.99	67.43
4434	Dump Truck	2012	222	2	28.57	16.33	19.99	42.92
4435	Car and Caravan	2012	218	2	46	25.07	19.99	130.12
4436	Patrol Car	2012	97	2	15.89	10.6	11.99	32.53
4437	Police Pursuit	2012	129	2	16.97	10.53	17.99	-5.67
4438	Robbers' Hideout	2012	317	4	94.27	42.33	39.99	135.73
4439	Heavy-Lift Helicopter	2012	393	3	54.18	33.4	49.99	8.38

모델 번호	세트 명칭	출시 연도	피스 개수	미니피겨	신품가	중고가	출고가	수익률
4440	Forest Police Station	2012	633	5	87.55	59.87	79.99	9.45
4441	Police Dog Van	2012	313	2	52.56	25.27	34.99	50.21
4641	Speed Boat	2011	34	1	12.21	7.13	4.99	144.69
4642	Fishing Boat	2011	64	2	45.95	21.07	19.99	129.86
4643	Power Boat Transporter	2011	254	2	66.47	30.6	39.99	66.22
4644	Marina	2011	294	5	54.92	31.6	49.99	9.86
4645	Harbour	2011	551	4	122.18	74.2	89.99	35.77
4936	Doc & Patient	2007	18	2	13.18	6.76	2.99	340.80
5000281	Chase McCain	2012	4	1	8.44	4.56	1	744.00
5610	Builder	2008	23	1	13	6.27	3.99	225.81
5611	Public Works	2008	31	1	7.78	5.1	3.99	94.99
5612	Police Officer	2008	21	1	8.18	5.2	3.99	105.01
5613	Firefighter	2008	25	1	8.94	5.24	3.99	124.06
5620	Street Cleaner	2008	22	1	10.61	6	3.99	165.91
5621	Coast Guard Kayak	2008	21	1	10.89	5.53	3.99	172.93
60000	Fire Motorcycle	2013	40	1	11.32	6.19	6.99	61.95
60001	Fire Chief Car	2013	80	2	16.71	11.75	11.99	39.37
60002	Fire Truck	2013	208	2	20.88	16.27	19.99	4.45
60003	Fire Emergency	2013	300	3	29.9	22.94	39.99	-25.23
60004	Fire Station	2013	752	5	101.47	62.73	99.99	1.48
60005	Fire Boat	2013	222	4	40.35	17.6	29.99	34.54
60006	Police ATV	2013	51	2	11.84	6	6.99	69.38
60007	High Speed Chase	2013	283	3	31.88	19.65	29.99	6.30
60008	Museum Break-in	2013	563	6	49.26	35.47	69.99	-29.62
60009	Helicopter Arrest	2013	352	5	54.38	38.83	49.99	8.78
60010	Fire Helicopter	2013	232	2	50.05	28.4	39.99	25.16
60011	Surfer Rescue	2013	32	2	7.22	7.65	6.99	3.29
60012	4X4 & Diving Boat	2013	128	2	26.17	18.33	19.99	30.92
60013	Coast Guard Helicopter	2013	230	4	33.92	25.27	39.99	5.18
60014	Coast Guard Patrol	2013	449	6	61.92	54.29	79.99	-22.59
60015	Coast Guard Plane	2013	279	3	67.71	32.6	44.99	50.50
60016	Tanker Truck	2013	191	1	25.84	17.27	19.99	29.26
60017	Flatbed Truck	2013	212	2	19.55	15.6	19.99	-2.20
60018	Cement Mixer	2013	221	2	24.72	11.87	19.99	23.66
60019	Stunt Plane	2013	140	2	24.33	17.11	19.99	21.71
60020	Cargo Truck	2013	321	3	33.4	22.67	39.99	6.48
60021	Cargo Heliplane	2013	393	3	44.48	32.73	44.99	.13
60022	Cargo Terminal	2013	658	5	102.25	66	99.99	2.26
60023	LEGO City Starter Set	2013	272	5	42.33	40	29.99	41.15
60024	City Advent Calendar	2013	244	8	46.53	27.37	29.99	55.15
60025	Grand Prix Truck	2013	315	3	45.95	19.07	29.99	53.22
60026	Town Square	2013	914	8	121.89	72.59	119.99	1.58
60027	Monster Truck Transporter	2013	299	3	35	23.5	29.99	16.71
60032	Arctic Snowmobile	2014	44	1	10.8	5.88	6.99	54.51
60033	Arctic Ice Crawler	2014	113	1	22.73	0	14.99	51.63
60034	Arctic Helicrane	2014	262	2	43.73	24.6	39.99	9.35
60035	Arctic Outpost	2014	374	3	56.5	21.08	49.99	13.02
60036	Arctic Base Camp	2014	733	7	82.14	71.45	89.99	-8.72
60041	Crook Pursuit	2014	38	2	9	6.93	6.99	28.76
60042	High Speed Police Chase	2014	110	3	22.29	16.5	19.99	11.51
60043	Prisoner Transporter	2014	196	3	26.07	11.69	24.99	4.32
60044	Mobile Police Unit	2014	375	3	44.29	32.27	44.99	.56

시티

모델 번호	세트 명칭	출시 연도	피스 개수	미니피겨	신품가	중고가	출고가	수익률
60045	Police Patrol	2014	408	3	43.46	34	44.99	-3.40
60046	Helicopter Surveillance	2014	528	5	49.3	40.25	74.99	-34.26
60047	Police Station	2014	854	7	88.47	59.66	99.99	1.52
60048	Police Dog Unit	2014	249	4	46.72	11.73	29.99	55.79
60049	Helicopter Transporter	2014	382	4	52.84	31	44.99	17.45
60050	Train Station	2014	423	5	99.52	55.5	64.99	53.13
60051	High-Speed Passenger Train	2014	610	3	143.65	102.5	149.99	-4.23
60052	Cargo Train	2014	888	4	176.41	180	199.99	1.79
60053	Race Car	2014	100	1	13.1	8.6	9.99	31.13
60054	Light Repair Truck	2014	95	1	11.29	0	9.99	13.01
60055	Monster Truck	2014	78	1	12.9	4.81	9.99	29.13
60056	Tow Truck	2014	227	1	21.48	14.01	19.99	7.45
60057	Camper Van	2014	195	2	21.1	16.54	19.99	5.55
60058	SUV with Watercraft	2014	219	2	20.44	13.5	19.99	2.25
60059	Logging Truck	2014	228	2	22.34	16.4	19.99	11.76
60060	Auto Transporter	2014	350	2	31.36	18.09	29.99	4.57
60061	Airport Fire Truck	2014	326	2	39.86	15.21	29.99	32.91
60062	Arctic Ice Breaker	2014	717	7	176.28	90.24	99.99	76.30
60063	City Advent Calendar	2014	218	7	48.57	9.52	29.99	61.95
60064	Arctic Supply Plane	2014	374	3	68.46	35	49.99	36.95
7206	Fire Helicopter	2010	342	3	55.25	29.8	39.99	38.16
7207	Fire Boat	2010	306	4	131	51.33	49.99	162.05
7208	Fire Station	2010	662	4	108.06	54.33	79.99	35.09
7213	Off-Road Fire Truck & Fireboat	2010	388	3	56.43	30.2	39.99	41.11
7235	Police Motorcycle	2005	28	1	10.65	13.67	3.99	166.92
7236	Police Car	2005	59	1	19	9.2	4.99	280.76
7237	Police Station	2005	586	5	149.67	84.2	69.99	113.84
7238	Fire Helicopter	2005	75	1	19.07	14.67	9.99	90.89
7239	Fire Truck	2005	214	2	47.63	22.73	19.99	138.27
7240	Fire Station	2005	260	3	77.4	34.8	29.99	158.09
7241	Fire Car	2005	46	1	14.45	7.07	2.99	383.28
7242	Street Sweeper	2005	63	1	39.67	18.33	4.99	694.99
7243	Construction Site	2005	298	3	128.8	58.33	39.99	222.08
7244	Speedboat	2005	107	2	47.8	35.07	29.99	59.39
7245	Prisoner Transport	2005	98	2	30	17.27	9.99	200.30
7246	Mini Digger	2005	36	1	15.53	8.27	2.99	419.40
7248	Digger	2005	127	1	60.87	31.47	19.99	204.50
7249	XXL Mobile Crane	2005	524	2	188.93	91.93	49.99	277.94
7279	Police Minifigure Collection	2011	57	4	16.25	14.33	9.99	62.66
7280	Straight & Crossroad Plates	2005	2	0	21	11.11	14.99	40.09
7281	T-Junction & Curved Road Plates	2005	2	0	16.7	11	14.99	11.41
7285	Police Dog Unit	2011	96	1	33.47	15.8	12.99	157.66
7286	Prisoner Transport	2011	173	2	23.47	16.4	19.99	17.41
7287	Police Boat	2011	172	3	90.93	56.27	39.99	127.38
7288	Mobile Police Unit	2011	408	3	57	30.87	44.99	26.69
7324	City Advent Calendar	2005	203	9	42.6	16.4	14.99	184.19
7344	Dump Truck	2005	187	1	82.29	40.6	29.99	174.39
7498	Police Station	2011	783	6	136.82	84.42	99.99	36.83
7499	Flexible and Straight Tracks	2011	24	0	24.21	21	19.99	21.11
7553	Advent Calendar	2011	232	6	42.06	24.6	34.99	20.21
7566	Farmer	2010	16	1	9.61	3.95	3.99	140.85
7567	Traveller	2010	21	1	12.93	6.18	5	158.60

시티

모델 번호	세트 명칭	출시 연도	피스 개수	미니피겨	신품가	중고가	출고가	수익률
7630	Front-End Loader	2009	108	1	37.53	27.2	12.99	188.91
7631	Dump Truck	2009	189	1	39.67	22.4	19.99	98.45
7632	Crawler Crane	2009	481	2	149.6	78.53	64.99	130.19
7633	Construction Site	2009	898	5	243	136.47	99.99	143.02
7634	Tractor	2009	78	1	45.22	24.47	12.99	248.11
7635	4WD with Horse Trailer	2009	176	2	48.94	26.2	22.99	112.88
7636	Combine Harvester	2009	360	1	199.13	83.07	44.99	342.61
7637	Farm	2009	609	3	198.2	112	89.99	120.25
7638	Tow Truck	2009	129	1	38.67	17.13	12.99	197.69
7639	Camper	2009	165	2	37.24	16.6	16.99	119.19
7641	City Corner	2009	483	5	110.4	55.6	59.99	84.03
7642	Garage	2009	953	4	198.6	120.53	99.99	98.62
7684	Pig Farm & Tractor	2010	256	2	104.29	50.13	34.99	198.06
7685	Dozer	2009	352	1	92.83	51.33	39.99	132.13
7686	Helicopter Transporter	2009	377	3	76.59	35	39.99	91.52
7687	City Advent Calendar	2009	257	8	47.27	16.6	29.99	57.62
7696	Commuter Jet	2011	108	2	36.54	20	0	
7723	Police Pontoon Plane	2008	215	1	82.67	33.93	39.99	106.73
7724	City Advent Calendar	2008	196	10	42.67	22.83	29.99	42.28
7726	Coast Guard Truck with Speed Boat	2008	361	2	74.73	44	39.99	86.87
7731	Mail Van	2008	66	1	35.73	17.33	7.99	347.18
7732	Air Mail	2008	88	1	40.71	29.67	14.99	171.58
7733	Truck & Forklift	2008	343	2	118.47	50.27	24.99	374.07
7734	Cargo Plane	2008	463	3	207.13	74.6	39.99	417.9
7736	Coast Guard Quad Bike	2008	33	1	12.21	10.6	4.99	144.69
7737	Coast Guard 4WD & Jet Scooter	2008	130	1	27.81	15.33	9.99	178.38
7738	Coast Guard Helicopter & Life Raft	2008	445	4	81.33	41.6	39.99	103.38
7739	Coast Guard Patrol Boat & Tower	2008	444	4	184.53	68.07	59.99	207.60
7741	Police Helicopter	2008	94	1	21.12	9.47	9.99	111.41
7743	Police Command Centre	2008	524	4	92.73	38.8	44.99	106.11
7744	Police Headquarters	2008	953	7	211.56	81	89.99	135.09
7746	Single-Drum Roller	2009	208	2	40.13	24.6	29.99	33.81
7747	Wind Turbine Transport	2009	444	2	88.84	68.2	59.99	48.09
7848	Toys R Us City Truck	2010	356	3	57.29	38.87	49.99	14.60
7890	Ambulance	2006	118	1	30.33	21.47	7.99	279.60
7891	Airport Fire Truck	2006	148	1	39.73	22.8	14.99	165.04
7892	Hospital	2006	382	4	206	78.93	49.99	312.08
7893	Passenger Plane	2006	401	4	271.87	119.5	39.99	579.84
7894	Airport	2006	700	5	285	161.8	79.99	256.29
7895	Switching Tracks	2006	8	0	23.89	18.88	15.99	49.41
7896	Straight and Curved Rails	2006	16	0	45	31.5	15.99	181.43
7898	Cargo Train Deluxe	2006	856	5	352.47	212.47	149.99	135.00
7899	Police Boat	2006	199	3	95.5	47.67	24.99	282.15
7900	Heavy Loader	2006	347	1	97.35	83.87	24.99	289.56
7901	Airplane Mechanic	2006	26	1	24.46	14.25	3.99	513.03
7902	Doctor's Car	2006	66	1	19.73	13.27	5.99	229.38
7903	Rescue Helicopter	2006	249	3	36.07	20.73	19.99	80.44
7904	City Advent Calendar	2006	257	9	10.95	15.25	19.99	-45.22
7905	Building Crane	2006	721	3	349.2	194.67	69.99	398.93
7906	Fireboat	2007	187	3	103.22	37.47	34.99	195.00
7907	City Advent Calendar	2007	232	8	44.39	22.8	24.99	77.63

시티

모델 번호	세트 명칭	출시 연도	피스 개수	미니피겨	신품가	중고가	출고가	수익률
7936	Level Crossing	2010	142	1	135.56	75.47	19.99	578.14
7937	Train Station	2010	361	4	64.82	43.47	49.99	29.67
7938	Passenger Train	2010	669	3	176.48	122	129.99	35.76
7939	Cargo Train	2010	839	4	207.41	152	179.99	15.23
7942	Off-Road Fire Rescue	2007	131	1	18.96	11	9.99	89.79
7944	Fire Hovercraft	2007	274	3	99.73	39.07	29.99	232.54
7945	Fire Station	2007	600	4	124.73	66.4	59.99	107.92
7990	Cement Mixer	2007	213	1	54.79	24.73	14.99	265.51
7991	Recycle Truck	2007	206	1	44.93	25.93	14.99	199.73
7992	Container Stacker	2007	218	1	48.71	32.27	19.99	143.67
7993	Service Station	2007	402	3	168.8	62.73	39.99	322.11
7994	LEGO City Harbour	2007	659	5	292.87	166.53	89.99	225.45
7996	Train Rail Crossing	2007	4	0	136.2	140.8	24.99	445.02
7997	Train Station	2007	387	5	165.05	79.33	44.99	266.86
7998	Heavy Hauler	2007	332	1	94.2	46.53	34.99	169.22
8398	BBQ Stand	2009	22	1	12.6	8.2	3.99	215.79
8401	City Mini-Figure Collection	2009	60	4	7.97	10.47	9.99	-20.22
8402	Sports Car	2009	68	1	18.72	10.87	9.99	87.39
8403	City House	2010	383	3	81.88	53.4	39.99	104.75
8404	Public Transport	2010	864	6	177.05	109.33	99.99	77.07
850932	Polar Accessory Set	2014	42	2	32.35	0	14.99	115.81
853378	LEGO City Accessory Pack	2012	43	4	19.22	0	14.99	28.22
8866	Train Motor	2009	7	0	17.03	13.71	10.99	54.96
8867	Flexible Train Track	2009	64	0	31.95	21.08	24.99	27.85

크리에이터

모델 번호	세트 명칭	출시 연도	피스 개수	미니피겨	신품가	중고가	출고가	수익률
30008	Snowman	2009	44	0	13.74	7.2	3.99	244.36
30009	Christmas Tree	2009	51	0	7.83	5.4	3.99	96.24
30023	Lighthouse	2011	25	0	12.24	7.07	2.99	309.36
30025	Clown Fish	2011	59	0	8.79	5.92	3.99	120.30
30028	Wreath	2011	50	0	12.19	4.09	4.99	144.2
30181	Helicopter	2012	53	0	8.14	3	3.5	132.57
30185	Little Eagle	2013	48	0	16.54	4.83	14	18.14
30186	Christmas Tree	2013	51	0	9.41	5	3.99	135.84
30187	Fast Car	2014	56	0	6.49	3.18	3.29	97.26
30197	Snowman	2014	0	0	8.1	0	3.99	103.01
31000	Mini Speeder	2013	65	0	13.26	5.75	6.99	89.70
31001	Mini Skyflyer	2013	62	0	13.23	7.63	6.99	89.27
31002	Super Racer	2013	121	0	19.9	5.68	14.99	32.76
31003	Red Rotors	2013	145	0	23.9	8.45	14.99	59.4
31004	Fierce Flyer	2013	166	0	19.94	8.88	14.99	33.02
31005	Construction Hauler	2013	256	0	24.14	18.2	17.99	34.19
31006	Highway Speedster	2013	286	0	29.27	14.2	24.99	17.13
31007	Power Mech	2013	223	0	23.93	15.73	19.99	19.71
31008	Thunder Wings	2013	235	0	29.72	15.6	19.99	48.67
31009	Small Cottage	2013	271	1	30.38	20.29	24.99	21.5
31010	Tree House	2013	356	1	34.72	35.38	29.99	15.77
31011	Aviation Adventures	2013	618	0	50.06	48.33	59.99	6.55
31012	Family House	2013	756	2	72.45	54.58	69.99	3.51
31013	Red Thunder	2014	66	0	11.93	0	4.99	139.08
31014	Power Digger	2014	64	0	8.67	0	4.99	73.75
31015	Emerald Express	2014	56	0	9.83	2.27	4.99	96.99

크리에이터

모델 번호	세트 명칭	출시 연도	피스 개수	미니피겨	신품가	중고가	출고가	수익률
31017	Sunset Speeder	2014	119	0	15.59	8.37	12.99	20.02
31018	Highway Cruiser	2014	129	0	18.04	0	12.99	38.88
31019	Forest Animals	2014	272	0	31.39	0	19.99	57.03
31020	Twinblade Adventures	2014	216	0	23.55	0	17.99	30.91
31021	Furry Creatures	2014	285	0	29.27	0	19.99	46.42
31022	Turbo Quad	2014	186	0	27	0	24.99	8.04
31023	Yellow Racers	2014	328	0	28.59	15	29.99	-4.67
31024	Roaring Power	2014	374	0	26.86	17	29.99	0.44
31025	Mountain Hut	2014	550	1	42.82	26.57	39.99	7.08
31026	Bike Shop & Cafe	2014	1023	3	75.13	59.38	89.99	6.51
40025	New York Taxi	2012	44	0	14.76	12.5	4.99	195.79
40026	Statue of Liberty	2012	39	0	10	6	4.99	100.40
40108	Balloon Cart	2014	66	2	15.53	7.87	4.99	211.22
4019	Aeroplane	2001	17	0	2.81	1.4	1.99	41.21
4023	Fun and Adventure	2003	55	1	10.13	0	3.99	153.88
4024	Advent Calendar	2003	24	0	35.77	25.11	14.99	138.63
4026	Create Your Dreams	2003	100	0	9.59	5	3.99	140.35
4027	Build and Imagine	2003	100	0	7.8	1	3.99	95.49
4105	Creator Bucket	2002	500	0	22.17	11.33	9.99	121.92
4107	Build Your Dreams	2002	1000	0	31.11	19.6	19.99	55.63
4116	Animal Adventures Bucket	2001	209	2	10.73	8.67	9.99	7.41
4120	Fun and Cool Transportation	2001	606	2	23.13	21.18	19.99	15.71
4121	All Kinds of Animals	2001	171	2	41.5	18.64	19.99	107.60
4400	Build With Bricks	2003	705	0	38.07	16	19.99	90.45
4408	Animals	2004	202	0	21.22	12.5	9.99	112.41
4415	Auto Pod	2006	56	0	24.21	6.88	3.49	593.70
4416	Robo Pod	2006	65	0	11.74	5.11	3.99	194.24
4417	Aero Pod	2006	60	0	6.5	3.63	3.99	62.91
4418	Dino Pod	2006	55	0	12.58	6.71	3.99	215.29
4496-2	50th Anniversary Tub	2005	1000	0	46.5	17	19.99	132.62
4837	Mini Trains	2008	73	0	18.73	14.8	4.99	275.35
4838	Mini Vehicles	2008	79	0	17.67	7.33	4.99	254.11
4891	Highway Haulers	2006	209	0	32.4	17.27	9.99	224.32
4892	Prehistoric Power	2006	380	0	99.93	50.93	19.99	399.90
4893	Revvin' Riders	2006	360	0	34.47	22.67	19.99	72.44
4894	Mythical Creatures	2006	588	0	114.19	55.4	29.99	280.76
4895	Motion Power	2006	611	0	61.27	42.47	49.99	22.56
4896	Roaring Roadsters	2006	931	0	136.13	69.73	59.99	126.92
4915	Mini Construction	2007	68	0	17.73	10.53	4.99	255.31
4916	Mini Animals	2007	77	0	11.07	7.27	4.99	121.84
4917	Mini Robots	2007	77	0	13.67	6.4	4.99	173.95
4918	Mini Flyers	2007	78	0	11.4	6.53	4.99	128.46
4924	Advent Calendar	2004	335	0	35.53	20.47	14.99	137.02
4939	Cool Cars	2007	206	0	36.13	16.87	9.99	261.66
4953	Fast Flyers	2007	312	0	66.27	32.8	19.99	231.52
4954	Model Town House	2007	1174	0	318.47	209.2	69.99	355.02
4955	Big Rig	2007	550	0	102.67	45.93	29.99	242.35
4956	House	2007	731	0	178.6	86.93	49.99	257.27
4957	Ferris Wheel	2007	1063	0	357.87	184.6	69.99	411.3
4958	Monster Dino	2007	792	0	220	143.67	89.99	144.47
4993	Cool Convertible	2008	648	0	87.88	47.13	44.99	95.33
4994	Fierce Creatures	2008	193	0	44.33	21.4	12.99	241.26

크리에이터

모델 번호	세트 명칭	출시 연도	피스 개수	미니피겨	신품가	중고가	출고가	수익률
4995	Cargo Copter	2008	272	0	34.13	17.33	19.99	70.74
4996	Beach House	2008	522	0	99.06	45.7	34.99	183.11
4997	Transport Ferry	2008	1279	0	192.13	97.07	69.99	174.51
4998	Stegosaurus	2008	731	0	106.33	59.67	44.99	136.34
5761	Mini Digger	2011	56	0	10.27	5.47	5.99	71.45
5762	Mini Plane	2011	52	0	12.44	7	5.99	107.68
5763	Dune Hopper	2011	137	0	18.44	9.47	12.99	41.96
5764	Rescue Robot	2011	149	0	38.94	17.2	16.99	129.19
5765	Transport Truck	2011	276	0	39.2	16.47	19.99	96.10
5766	Log Cabin	2011	355	1	40.88	26.33	29.99	36.31
5767	Cool Cruiser	2011	621	0	45.91	23.47	39.99	14.80
5770	Lighthouse Island	2011	442	1	85.97	49.53	39.99	114.98
5771	Hillside House	2011	714	1	105.44	72	69.99	50.65
5864	Mini Helicopter	2010	52	0	11.33	8.2	5.99	89.15
5865	Mini Dumper	2010	60	0	12.35	5.87	5.99	106.18
5866	Rotor Rescue	2010	149	0	24.2	12.6	12.99	86.30
5867	Super Speedster	2010	278	0	47.82	28.87	19.99	139.22
5868	Ferocious Creatures	2010	416	0	55.8	31.6	29.99	86.06
5891	Apple Tree House	2010	539	0	66.76	45.22	44.99	48.39
5892	Sonic Boom	2010	539	0	108.68	53.93	59.99	81.16
5893	Off-Road Power	2010	1061	0	106.92	61.13	89.99	18.81
6162	Building Fun with LEGO	2007	286	0	28.53	16.2	9.99	185.59
6163	A World of LEGO Mosaic	2007	598	0	51.93	23.27	19.99	159.78
66208	Mr. Magorium's Wonder Emporium	2007	324	0	39.13	8.5	19.99	95.75
6741	Mini Jet	2009	63	0	10.37	6	5.99	73.12
6742	Mini Off-Roader	2009	64	0	9.79	7.4	5.99	63.44
6743	Street Speeder	2009	165	0	23.29	11.47	12.99	79.29
6745	Propeller Power	2009	247	0	35.93	18.13	19.99	79.74
6747	Race Rider	2009	266	0	35.73	12.53	19.99	78.74
6751	Fiery Legend	2009	479	0	77.18	47.29	39.99	93.00
6752	Fire Rescue	2009	771	0	74.43	47.53	49.99	48.89
6753	Highway Transport	2009	1294	0	167.5	103.4	89.99	86.13
6754	Family Home	2009	976	0	136.47	85.13	59.99	127.49
6910	Mini Sports Car	2012	70	0	14.82	4.73	5.99	147.41
6911	Mini Fire Truck	2012	69	0	18.46	6.4	5.99	208.18
6912	Super Soarer	2012	130	0	21.27	7.4	14.99	41.89
6913	Blue Roadster	2012	152	0	22.76	8.93	14.99	51.83
6914	Prehistoric Hunters	2012	191	0	49.17	11.4	17.99	173.32
7291	Street Rebel	2012	196	0	22.27	11.15	19.99	11.41
7292	Propeller Adventures	2012	241	0	32.25	15.07	19.99	61.33
7345	Transport Chopper	2012	383	0	42.94	20.27	34.99	22.72
7346	Seaside House	2012	415	1	49.04	32.4	49.99	.90
7347	Highway Pickup	2012	805	0	71.05	39.53	79.99	1.18
7831	Creator Bucket	2002	200	0	16.5	8.5	4.99	230.66
7876	Cement Truck	2007	44	0	7.56	9.73	3.99	89.47

디노

모델 번호	세트 명칭	출시 연도	피스 개수	미니피겨	신품가	중고가	출고가	수익률
5882	Ambush Attack	2012	80	1	45.24	15.56	11.99	277.31
5883	Tower Takedown	2012	136	1	51.32	25.81	19.99	156.73
5884	Raptor Chase	2012	259	2	68.31	35.8	29.99	127.78
5885	Triceratops Trapper	2012	271	2	78.64	40.53	49.99	57.31

모델 번호	세트 명칭	출시 연도	피스 개수	미니피겨	신품가	중고가	출고가	수익률
5886	T-Rex Hunter	2012	480	2	144.27	75.05	69.99	106.13
5887	Dino Defense HQ	2012	793	4	291.46	179.53	99.99	191.49
5888	Ocean Interceptor	2012	222	2	81.82	20.27	34.99	133.84
디스커버리 채널								
10029	Lunar Lander	2003	453	2	355.13	168.6	39.99	788.05
7467	International Space Station	2003	162	0	139	53.53	14.99	827.28
7468	Saturn V Moon Mission	2003	178	0	191.4	71.27	19.99	857.48
7469	Mission to Mars	2003	418	0	79.87	48.8	29.99	166.32
7470	Space Shuttle Discovery-STS-31	2003	828	0	175.33	76.33	49.99	250.73
7471	Mars Exploration Rover	2003	870	0	177.93	97.4	89.99	97.72
디즈니 공주								
30116	Rapunzel at the Marketplace	2014	37	1	7.57	0	4.99	51.70
41050	Ariel's Amazing Treasures	2014	77	1	18.33	0	12.99	41.11
41051	Merida's Highland Games	2014	145	1	24.31	12.5	19.99	21.61
41052	Ariel's Magical Kiss	2014	250	2	29.76	22.4	29.99	-0.77
41053	Cinderella's Dream Carriage	2014	274	1	32.13	21.4	29.99	7.14
41054	Rapunzel's Creativity Tower	2014	299	2	41.85	39	39.99	4.65
41055	Cinderella's Romantic Castle	2014	646	2	70.33	43	69.99	0.49
팩토리								
10183	Hobby Trains	2007	1080	0	274.79	185.33	99.99	174.82
10191	Star Justice	2008	895	8	76.73	75	99.99	-23.26
10192	Space Skulls	2008	956	4	51.77	21.07	99.99	-48.22
10200	Custom Car Garage	2008	893	4	84.87	58.73	69.99	21.26
5524	Airport	2005	607	0	51.53	33.9	39.99	28.86
5525	Amusement Park	2005	1344	0	68.4	28.43	69.99	-2.27
5526	Skyline	2005	2747	0	437.27	188.2	129.99	236.39
프렌즈								
30101	Skateboarder	2012	28	1	11.76	6.33	4.99	135.67
30102	Desk	2012	26	1	6.23	7.67	3.97	56.93
30103	Car	2012	32	1	11.26	8	3.97	183.63
30105	Mailbox	2012	41	1	7.61	7.17	3.99	90.73
30106	Ice Cream Stand	2013	34	1	7.13	4.27	4.99	42.89
30107	Birthday Party	2013	39	1	7.53	4.33	4.99	50.90
30108	Summer Picnic	2013	33	1	6.39	4.33	4.99	28.06

프렌즈

모델 번호	세트 명칭	출시 연도	피스 개수	미니피겨	신품가	중고가	출고가	수익률
30112	Flower Stand	2014	33	1	10.06	4	4.99	101.60
30113	Stephanie's Bakery Stand	2014	28	1	6.91	0	5.59	23.61
30115	Jungle Boat	2014	31	1	7.53	0	4.99	50.90
3061	City Park Cafe	2012	222	2	48.98	28.22	34.99	39.98
3063	Heartlake Flying Club	2012	195	1	33.94	4.71	19.99	69.78
3065	Olivia's Tree House	2012	191	1	48.24	27.13	19.99	141.32
3183	Stephanie's Cool Convertible	2012	130	1	39.26	15.13	14.99	161.91
3184	Adventure Camper	2012	309	2	55.58	32.6	34.99	58.85
3185	Summer Riding Camp	2012	1112	4	172.63	94.53	99.99	72.65
3186	Emma's Horse Trailer	2012	233	1	45.58	25.07	24.99	82.39
3187	Butterfly Beauty Shop	2012	221	2	104.44	41.8	24.99	317.93
3188	Heartlake Vet	2012	343	2	109.65	44.8	44.99	143.72
3189	Heartlake Stables	2012	401	2	86.22	50.73	49.99	72.47
3315	Olivia's House	2012	695	3	70.92	46	74.99	-5.43
3316	Friends Advent Calendar	2012	193	2	52.9	46.43	29.99	76.39
3930	Stephanie's Outdoor Bakery	2012	45	1	11.27	7.27	6.99	61.23
3931	Emma's Splash Pool	2012	43	1	15.85	9	5.99	164.61
3932	Andrea's Stage	2012	87	1	23.38	11.6	9.99	134.03
3933	Olivia's Invention Workshop	2012	81	1	35.13	14.2	9.99	251.65
3934	Mia's Puppy House	2012	64	1	30.89	12.73	9.99	209.21
3935	Stephanie's Pet Patrol	2012	73	1	22.81	10.07	9.99	128.33
3936	Emma's Fashion Design Studio	2012	79	1	35.8	16.4	9.99	258.36
3937	Olivia's Speedboat	2012	65	1	19.75	4.47	9.99	97.70
3938	Andrea's Bunny House	2012	62	1	17.12	2.91	9.99	71.37
3939	Mia's Bedroom	2012	85	1	21.56	10.6	9.99	115.82
3942	Heartlake Dog Show	2012	183	1	69.31	28.4	19.99	246.72
41000	Water Scooter Fun	2012	28	1	8.86	5.75	6.99	26.75
41001	Mia's Magic Tricks	2012	90	1	12.62	8.33	9.99	26.33
41002	Emma's Karate Class	2012	93	1	14.67	18.8	9.99	46.85
41003	Olivia's Newborn Foal	2012	70	1	16.88	7.59	9.99	68.97
41004	Rehearsal Stage	2012	198	1	20.37	15	19.99	1.90
41005	Heartlake High	2013	487	3	82.09	45.25	49.99	64.21
41006	Downtown Bakery	2013	253	2	46.91	0	29.99	56.42
41007	Heartlake Pet Salon	2013	242	2	35.17	22.6	29.99	17.27
41008	Heartlake City Pool	2013	423	2	45.35	27.87	39.99	13.40
41009	Andrea's Bedroom	2013	75	1	15.76	9.5	9.99	57.76
41010	Olivia's Beach Buggy	2013	94	1	12.36	9	9.99	23.72
41013	Emma's Sports Car	2013	159	1	23.4	9.33	14.99	56.10
41015	Dolphin Cruiser	2013	612	3	63.37	54.87	69.99	-9.46
41016	Advent Calendar	2013	213	2	44.72	0	29.99	49.12
41017	Squirrel's Tree House	2013	41	0	13.41	5.58	4.99	168.74
41023	Fawn's Forest	2013	35	0	21.2	0	4.99	324.85
41024	Parrot's Perch	2013	32	0	7.04	0	4.99	41.08
41025	Puppy's Playhouse	2013	39	0	8.57	0	4.99	71.74
41026	Sunshine Harvest	2014	233	1	21.32	17.33	19.99	6.65
41027	Mia's Lemonade Stand	2014	112	1	16.42	7	9.99	64.36
41028	Emma's Lifeguard Post	2014	78	1	13.76	0	9.99	37.74
41029	Stephanie's New Born Lamb	2014	78	1	14.31	0	9.99	43.24
41030	Olivia's Ice Cream Bike	2014	98	1	12.48	4	9.99	24.92
41031	Andrea's Mountain Hut	2014	119	1	13.77	0	9.99	37.84
41032	First Aid Jungle Bike	2014	156	1	19.13	10.5	14.99	27.62
41033	Jungle Falls Rescue	2014	183	1	25.76	17.6	19.99	28.86

모델 번호	세트 명칭	출시 연도	피스 개수	미니피겨	신품가	중고가	출고가	수익률
41034	Summer Caravan	2014	297	2	32.28	0	29.99	7.64
41035	Heartlake Juice Bar	2014	277	2	34.5	25.5	29.99	15.04
41036	Jungle Bridge Rescue	2014	365	2	32.53	18	29.99	8.47
41037	Stephanie's Beach House	2014	369	2	35.4	31.63	39.99	1.48
41038	Jungle Rescue Base	2014	473	2	57.88	39.67	59.99	-3.52
41039	Sunshine Ranch	2014	721	2	62.67	48.78	69.99	0.46
41040	Friends Advent Calendar	2014	228	2	36.33	0	29.99	21.14
41041	Turtle's Little Paradise	2014	43	0	6.12	0	3.99	53.38
41042	Tiger's Beautiful Temple	2014	42	0	7.05	0	3.99	76.69
41043	Penguin's Playground	2014	46	0	7.82	0	3.99	95.99
41044	Macaw's Fountain	2014	39	0	15	0	3.99	275.94
41045	Orangutan's Banana Tree	2014	37	0	5.94	0	3.99	48.87
41046	Brown Bear's River	2014	37	0	7.38	0	3.99	84.96
41047	Seal's Little Rock	2014	37	0	25	0	3.99	526.57
41049	Panda's Bamboo	2014	47	0	3.6	0	3.99	-9.77
41056	Heartlake News Van	2014	278	2	39.8	19	24.99	59.26
41057	Heartlake Horse Show	2014	355	2	55.05	0	39.99	37.66
41058	Heartlake Shopping Mall	2014	1120	4	104.78	80	109.99	-4.74
41059	Jungle Tree House	2014	320	1	41.08	25	29.99	36.98
5000245	Stephanie	2012	5	1	5.4	0	4.99	8.22
850581	Brick Calendar	2013	140	0	25.71	0	14.99	71.51
850967	Jungle Accessory Set	2014	0	1	24.08	0	14.99	60.64
853393	LEGO Friends Picture Frame	2012	49	0	14.9	27	14.99	-0.60

해리 포터

모델 번호	세트 명칭	출시 연도	피스 개수	미니피겨	신품가	중고가	출고가	수익률
10132	Motorized Hogwarts Express	2004	708	4	434.53	335.47	119.99	262.14
10217	Diagon Alley	2011	2025	12	314.76	242.16	149.99	109.85
30110	Trolley	2011	17	1	16.06	7.16	4.99	221.84
30111	The Lab	2011	34	1	7.43	6.93	3.99	86.22
40028	Mini Hogwarts Express	2011	64	0	9.08	8.29	3.99	127.57
4701	Sorting Hat	2001	48	1	51.58	24.19	6.99	637.91
4702	The Final Challenge	2001	60	2	47.44	28.44	9.99	374.87
4704	The Room of the Winged Keys	2001	175	3	71.38	38.2	19.99	257.08
4705	Snape's Class	2001	163	3	62.93	41.63	19.99	214.81
4706	Forbidden Corridor	2001	238	3	96.93	65.18	29.99	223.21
4707	Hagrid's Hut	2001	299	2	92.13	51.73	29.99	207.20
4708	Hogwarts Express	2001	410	3	204.27	99.57	49.99	308.62
4709	Hogwarts Castle	2001	682	9	258.07	187.31	89.99	186.78
4711	Flying Lesson	2002	23	2	26.4	15.07	3.99	561.65
4712	Troll on the Loose	2002	71	2	41.27	25.8	9.99	313.11
4714	Gringott's Bank	2002	250	4	92.53	45.81	29.99	208.54
4719	Quality Quidditch Supplies	2003	120	1	46.8	29.73	9.99	368.47
4720	Knockturn Alley	2003	209	2	97.33	59.13	19.99	386.89
4721	Hogwarts Classrooms	2001	73	1	50.8	31	9.99	408.51
4722	Gryffindor House	2001	68	1	51.75	22.87	9.99	418.02
4723	Diagon Alley Shops	2001	80	1	57.4	34.19	9.99	474.57
4726	Quidditch Practice	2002	128	3	51.53	33.27	12.99	296.69
4727	Aragog in the Dark Forest	2002	178	2	41.89	28.16	19.99	109.55
4728	Escape from Privet Drive	2002	278	3	112.33	67.56	29.99	274.56
4729	Dumbledore's Office	2002	446	3	162.67	88.72	49.99	225.41
4730	The Chamber of Secrets	2002	591	5	223.13	127.52	69.99	218.80
4731	Dobby's Release	2002	70	2	28.6	21.2	6.99	309.16

해리 포터

모델 번호	세트 명칭	출시 연도	피스 개수	미니피겨	신품가	중고가	출고가	수익률
4733	The Dueling Club	2002	129	4	54.72	33.94	19.99	173.74
4735	Slytherin	2002	90	3	55.67	31.11	9.99	457.26
4736	Freeing Dobby	2010	73	3	27.23	18.84	10.99	147.77
4737	Quidditch Match	2010	153	5	90.37	53.47	19.99	352.08
4738	Hagrid's Hut	2010	442	4	127.87	78.12	39.99	219.75
4750	Draco's Encounter with Buckbeak	2004	36	1	47.27	32.17	7.99	491.61
4751	Harry and the Marauder's Map	2004	109	3	43.87	29.4	9.99	339.14
4752	Professor Lupin's Classroom	2004	156	3	75.67	56.4	19.99	278.54
4753	Sirius Black's Escape	2004	188	3	101.47	59.93	19.99	407.60
4754	Hagrid's Hut	2004	302	2	90.27	59.73	29.99	201.00
4755	Knight Bus	2004	243	2	66.73	47.53	29.99	122.51
4756	Shrieking Shack	2004	444	4	273.6	170.27	49.99	447.31
4757	Hogwarts Castle	2004	944	9	325	206.8	89.99	261.15
4758	Hogwarts Express	2004	389	4	184.67	95.06	39.99	361.79
4762	Rescue from the Merpeople	2005	175	5	158.47	118.21	19.99	692.75
4766	Graveyard Duel	2005	548	8	285.6	141.86	29.99	852.32
4767	Harry and the Hungarian Horntail	2005	265	3	278.33	185.53	29.99	828.08
4768	The Durmstrang Ship	2005	550	2	220.81	120	49.99	341.71
4840	The Burrow	2010	568	6	198.64	130.77	59.99	231.12
4841	Hogwarts Express	2010	646	5	254.61	162.38	79.99	218.30
4842	Hogwarts Castle	2010	1290	11	378.21	275.93	129.99	190.95
4865	The Forbidden Forest	2011	64	4	45.2	26.13	11.99	276.98
4866	Knight Bus	2011	281	3	79.75	53.09	34.99	127.92
4867	Battle For Hogwarts	2011	466	7	176.36	107.78	49.99	252.79
5378	Hogwarts Castle	2007	943	9	196.96	304.73	89.99	118.87

히어로 팩토리

모델 번호	세트 명칭	출시 연도	피스 개수	미니피겨	신품가	중고가	출고가	수익률
2063	Stormer 2.0	2011	31	0	35.5	25.47	7.99	344.31
2065	Furno 2.0	2011	30	0	14.47	13.8	7.99	81.10
2067	Evo 2.0	2011	31	0	14	21.53	7.99	75.22
2068	Nex 2.0	2011	31	0	30.06	17.93	7.99	276.22
2141	Surge 2.0	2011	30	0	29.88	26.27	7.99	273.97
2142	Breez 2.0	2011	29	0	16.5	7.67	7.99	106.51
2143	Rocka 3.0	2011	30	0	13.85	12.38	7.99	73.34
2144	Nex 3.0	2011	29	0	12.68	10.07	7.99	58.70
2145	Stormer 3.0	2011	31	0	22.5	12.6	7.99	181.60
2183	Stringer 3.0	2011	30	0	16.85	12.31	7.99	110.89
2191	Furno 3.0	2011	28	0	32.15	17.07	7.99	302.38
2192	Drilldozer	2011	61	0	40.5	20.27	12.99	211.78
2193	Jetbug	2011	63	0	25.38	17.33	12.99	95.38
2194	Nitroblast	2011	57	0	29	14.94	12.99	123.25
2231	Waspix	2011	48	0	28.47	15.73	12.99	119.17
2232	Raw-Jaw	2011	52	0	32.53	16.6	12.99	150.42
2233	Fangz	2011	55	0	32.27	18.13	12.99	148.42
2235	Fire Lord	2011	125	0	74.83	39.53	19.99	274.34
2236	Scorpio	2011	104	0	41.38	19.67	24.99	65.59
2282	Rocka XL	2011	174	0	65.88	42.38	24.99	163.63
2283	Witch Doctor	2011	331	0	115	59.33	29.99	283.46
44000	Furno XL	2013	103	0	23.23	12.75	19.99	16.21
44001	Pyrox	2013	50	0	20.62	12.15	12.99	58.74

히어로 팩토리

모델 번호	세트 명칭	출시 연도	피스 개수	미니피겨	신품가	중고가	출고가	수익률
44002	Rocka	2013	43	0	18.98	9.33	9.99	89.99
44003	Scarox	2013	46	0	14.67	5	9.99	46.85
44004	Bulk	2013	50	0	18.75	9.5	9.99	87.69
44005	Bruizer	2013	62	0	13.47	8.67	12.99	3.70
44006	Breez	2013	49	0	15.13	8.5	9.99	51.45
44007	Ogrum	2013	59	0	12.68	0	12.99	-2.39
44008	Surge	2013	66	0	27.04	0	12.99	108.16
44009	Dragon Bolt	2013	149	0	39	16	19.99	95.10
44010	Stormer	2013	69	0	23.87	0	12.99	83.76
44011	Frost Beast	2013	60	0	22.08	9	12.99	69.98
44012	Evo	2013	51	0	18.97	0	9.99	89.89
44013	Aquagon	2013	41	0	15.81	7	9.99	58.26
44014	Jet Rocka	2013	290	0	29.85	17.8	34.99	4.69
44015	Evo Walker	2014	51	0	13.05	0	9.99	30.63
44016	Jaw Beast vs. Stormer	2014	49	0	15.3	0	9.99	53.15
44017	Stormer Freeze Machine	2014	88	0	23.06	54	14.99	53.8
44018	Furno Jet Machine	2014	79	0	21.76	0	14.99	45.16
44019	Rocka Stealth Machine	2014	89	0	19.89	0	14.99	32.69
44020	Flyer Beast vs. Breez	2014	91	0	18.56	6.41	14.99	23.82
44021	Splitter Beast vs. Furno & Evo	2014	108	0	22.45	0	19.99	12.31
44022	Evo XL Machine	2014	193	0	26.06	0	24.99	4.28
44023	Rocka Crawler	2014	49	0	19.85	0	9.00	98.70
44024	Tunneler Beast vs. Surge	2014	59	0	21.57	0	9.99	115.92
44026	Crystal Beast vs. Bulk	2014	83	0	25.56	0	14.99	70.51
44028	Surge & Rocka Combat Machine	2014	188	0	36.21	13.5	24.99	44.90
44029	Queen Beast vs. Furno Evo and Stormer	2014	217	4	51.2	0	34.99	46.33
6200	Double Pack	2012	45	0	23.37	12.6	8.99	159.96
6200-2	Evo	2012	36	0	16.1	8.92	8.99	79.09
6201	Toxic Reapa	2012	42	0	24.7	11.5	8.99	174.75
6202	Rocka	2012	55	0	41.53	12.93	12.99	219.71
6203	Black Phantom	2012	124	0	116	52.47	19.99	480.29
6216	Jawblade	2012	45	0	41.07	15.47	8.99	356.84
6217	Surge	2012	39	0	31.93	13.44	8.99	255.17
6218	Splitface	2012	50	0	40.53	6.56	12.99	212.01
6221	Nex	2012	39	0	16.58	9.92	8.99	84.43
6222	Core Hunter	2012	51	0	29.36	15.2	12.99	126.02
6223	Bulk	2012	61	0	15.65	12.8	12.99	20.48
6227	Breez	2012	55	0	16.14	11.3	12.99	24.25
6228	Thornraxx	2012	44	0	18.85	10.33	8.99	109.68
6229	XT4	2012	39	0	18.5	8.39	8.99	105.78
6230	Stormer XL	2012	89	0	33.53	18.53	24.99	34.17
6231	Speeda Demon	2012	192	0	39.94	23.33	34.99	14.15
6282	Stringer	2012	42	0	24.58	10	8.99	173.41
6283	Voltix	2012	61	0	18	5.8	12.99	38.57
6293	Furno	2012	56	0	45.93	16.4	12.99	253.58
7145	Von Nebula	2010	156	0	21.15	56.4	19.99	5.80
7147	XPlode	2010	45	0	20.76	11.8	12.99	59.82
7148	Meltdown	2010	50	0	35.14	17.87	12.99	170.52
7156	Corroder	2010	40	0	29.33	15.2	12.99	125.7
7157	Thunder	2010	47	0	36.38	16.63	12.99	180.06

히어로 팩토리

모델 번호	세트 명칭	출시 연도	피스 개수	미니피겨	신품가	중고가	출고가	수익률
7158	Furno Bike	2010	165	0	58.29	39.6	29.99	94.36
7160	Drop Ship	2010	390	0	59.63	23.53	49.99	19.28
7162	Rotor	2010	145	0	56.4	33.13	19.99	182.14
7164	Preston Stormer	2010	17	0	20.63	18.87	7.99	158.20
7165	Natalie Breez	2010	19	0	16.58	13.4	7.99	107.51
7167	William Furno	2010	19	0	16.69	18.87	7.99	108.89
7168	Duncan Bulk	2010	17	0	32.5	15.6	7.99	306.76
7169	Mark Surge	2010	19	0	19.2	15.88	7.99	140.30
7170	Jim Stringer	2010	17	0	25.87	17.13	7.99	223.78
7179	Duncan Bulk and Vapour	2010	89	0	63.35	38.27	24.99	153.50

아이디어/쿠소

모델 번호	세트 명칭	출시 연도	피스 개수	미니피겨	신품가	중고가	출고가	수익률
21100	Shinkai 6500 Submarine	2010	412	0	408.5	199.17	49.99	717.16
21101	Hayabusa	2012	369	1	109.33	60.75	49.99	118.70
21102	Minecraft Micro World	2012	480	0	46	25	34.99	31
21103	The DeLorean Time Machine	2013	401	2	45.55	32.13	34.99	30.18
21104	NASA Mars Science Laboratory Curiosity Rover	2014	295	0	99	67	29.99	230
21108	Ghostbusters ECTO	2014	508	4	50.89	41.8	49.99	1.80
21109	Exo-Suit	2014	321	2	42.06	43.13	34.99	20.21
21110	Research Institute	2014	165	3	51.04	0	19.99	155.33

인디아나 존스

모델 번호	세트 명칭	출시 연도	피스 개수	미니피겨	신품가	중고가	출고가	수익률
7195	Ambush In Cairo	2009	79	4	50	30.53	10.99	354.96
7196	Chauchilla Cemetery Battle	2009	187	5	81.82	47.07	19.99	309.30
7197	Venice Canal Chase	2009	420	4	63.36	46.87	39.99	58.44
7198	Fighter Plane Attack	2009	384	3	95.8	57.93	49.99	91.64
7199	The Temple of Doom	2009	652	6	227	157.8	89.99	152.2
7620	Indiana Jones Motorcycle Chase	2008	79	3	55.81	31	9.99	458.66
7621	Indiana Jones and the Lost Tomb	2008	277	3	97.42	49.63	19.99	387.34
7622	Race for the Stolen Treasure	2008	272	4	139.47	68.4	29.99	365.06
7623	Temple Escape	2008	554	6	200.69	121.87	59.99	234.54
7624	Jungle Duel	2008	90	3	53.33	34.73	9.99	433.83
7625	River Chase	2008	234	4	79.87	39.4	19.99	299.55
7626	Jungle Cutter	2008	511	4	82.61	40.2	39.99	106.58
7627	Temple of the Crystal Skull	2008	929	10	149.86	91.33	79.99	87.35
7628	Peril in Peru	2008	625	6	124.79	69.27	49.99	149.63
7682	Shanghai Chase	2009	244	5	94.07	49.47	29.99	213.67
7683	Fight on the Flying Wing	2009	376	4	154.5	76.27	39.99	286.35

키마의 전설

모델 번호	세트 명칭	출시 연도	피스 개수	미니피겨	신품가	중고가	출고가	수익률
30250	Ewar's Acro Fighter	2013	33	1	13.27	6.22	3.99	232.58
30251	Winzar's Pack Patrol	2013	38	1	5	4.27	3.99	25.31
30252	Crug's Swamp Jet	2013	23	1	7.24	5	4.99	45.09
30253	Leonidas' Jungle Dragster	2013	30	1	7.72	2.33	3.99	93.48
30254	Razcal's Double-Crosser	2013	36	1	7.61	4.06	3.97	91.69
30264	Frax's Phoenix Flyer	2014	0	1	6	0	3.99	50.38
30265	Worriz Fire Bike	2014	0	1	4.46	1.95	4.69	-4.90
70000	Razcal's Glider	2013	109	1	18.09	11.41	11.99	50.88
70001	Crawley's Claw Ripper	2013	139	2	25.46	10.4	14.99	69.85
70002	Lennox' Lion Attack	2013	230	2	37.26	15.53	24.99	49.10

키마의 전설

모델 번호	세트 명칭	출시 연도	피스 개수	미니피겨	신품가	중고가	출고가	수익률
70003	Eris' Eagle Interceptor	2013	348	3	35.17	23.78	34.99	0.51
70004	Wakz' Pack Tracker	2013	297	3	24.55	18.87	29.99	8.14
70005	Laval's Royal Fighter	2013	417	3	36.14	21.13	39.99	-9.63
70006	Cragger's Command Ship	2013	609	6	61.94	44	79.99	-22.57
70007	Eglor's Twin Bike	2013	223	2	39.91	30.33	24.99	59.70
70008	Gorzan's Gorilla Striker	2013	505	4	43.63	29.22	49.99	2.72
70009	Worriz' Combat Lair	2013	664	6	41.97	21.35	69.99	-40.03
70010	The Lion CHI Temple	2013	1258	7	144.53	94.8	119.99	20.45
70011	Eagles' Castle	2013	369	3	34.08	0	39.99	4.78
70012	Razar's CHI Raider	2013	412	3	56.59	27.92	39.99	41.51
70013	Equila's Ultra Striker	2013	339	3	58.03	22.89	39.99	45.11
70014	The Croc Swamp Hideout	2013	647	5	69.53	49.33	69.99	-0.66
70100	Ring of Fire	2013	83	1	18.58	3.5	14.99	23.95
70101	Target Practice	2013	101	1	15.44	6.25	14.99	3.00
70102	CHI Waterfall	2013	106	1	20.62	0	14.99	37.56
70103	Boulder Bowling	2013	93	1	15.74	13	14.99	5.00
70104	Jungle Gates	2013	81	1	11.35	0	14.99	-24.28
70105	Nest Dive	2013	97	1	18.42	0	14.99	22.88
70106	Ice Tower	2013	101	1	12.25	0	14.99	8.28
70107	Skunk Attack	2013	97	1	13.06	10.8	14.99	2.88
70108	Royal Roost	2013	105	1	18.96	0	14.99	26.48
70109	Whirling Vines	2013	77	1	23.35	0	14.99	55.77
70110	Tower Target	2013	92	1	12.11	0	14.99	9.21
70111	Swamp Jump	2013	91	1	27.65	0	14.99	84.46
70113	CHI Battles	2013	93	2	14.91	7.09	19.99	-25.41
70114	Sky Joust	2013	117	2	22.7	0	19.99	13.56
70115	Ultimate Speedor Tournament	2013	246	0	29.5	20.44	29.99	.63
70123	Lion Legend Beast	2014	120	0	11.21	9	9.99	12.21
70124	Eagle Legend Beast	2014	104	1	16.89	0	9.99	69.07
70125	Gorilla Legend Beast	2014	106	1	13.84	0	9.99	38.54
70126	Crocodile Legend Beast	2014	122	1	10.42	4	9.99	4.30
70127	Wolf Legend Beast	2014	110	1	15.6	6.77	9.99	56.16
70128	Braptor's Wing Striker	2014	146	2	24.91	0	14.99	66.18
70129	Lavertus' Twin Blade	2014	183	2	20.3	12.5	19.99	1.55
70130	Sparratus' Spider Stalker	2014	292	2	37.6	0	24.99	50.46
70131	Rogon's Rock Flinger	2014	257	3	47.92	0	29.99	59.79
70132	Scorm's Scorpion Stinger	2014	434	3	65.61	0	39.99	64.07
70133	Spinlyn's Cavern	2014	407	3	69.05	0	39.99	72.67
70134	Lavertus' Outland Base	2014	684	4	52.69	40.5	59.99	2.17
70135	Cragger's Fire Striker	2014	380	3	78.15	35.5	39.99	95.42
70137	Bat Strike	2014	101	1	19.23	0	12.99	48.04
70140	Stinger Duel	2014	93	2	20.5	0	19.99	2.55
70141	Vardy's Ice Vulture Glider	2014	217	2	32.45	20	19.99	62.33
70142	Eris' Fire Eagle Flyer	2014	330	3	47.78	0	29.99	59.32
70143	Sir Fangar's Sabre-Tooth Walker	2014	415	3	65.61	0	39.99	64.07
70144	Laval's Fire Lion	2014	450	3	64.67	0	49.99	29.37
70145	Maula's Ice Mammoth Stomper	2014	604	6	129.78	0	89.99	44.22
70146	Flying Phoenix Fire Temple	2014	1301	7	108	86	119.99	-12
70147	Sir Fangar's Ice Fortress	2014	0	5	109.32	65	69.99	56.19
70150	Flaming Claws	2014	74	1	20.8	0	12.99	60.12
70151	Frozen Spikes	2014	77	1	22.3	0	12.99	71.67
70155	Inferno Pit	2014	74	1	21.14	0	12.99	62.74

키마의 전설

모델 번호	세트 명칭	출시 연도	피스 개수	미니피겨	신품가	중고가	출고가	수익률
70156	Fire vs. Ice	2014	102	2	13.22	0	19.99	-33.87
70200	CHI Laval	2013	55	0	22.46	0	14.99	49.83
70201	CHI Eris	2013	67	0	22.5	0	14.99	50.10
70202	CHI Gorzan	2013	59	0	20.62	0	14.99	37.56
70203	CHI Cragger	2013	65	0	13.64	0	14.99	-9.01
70204	CHI Worriz	2013	55	0	13.26	0	14.99	1.54
70205	CHI Razar	2013	68	0	17.5	0	14.99	16.74
70206	CHI Laval	2014	49	0	25	0	14.99	66.78
70208	Panther - Prel	2014	59	0	24	0	14.99	60.11
70209	CHI Mungus	2014	64	0	25	10	14.99	66.78
70210	CHI Vardy	2014	68	0	14	0	14.99	-6.60
70211	CHI Fluminox	2014	91	0	36	0	19.99	80.09
70212	CHI Sir Fangar	2014	97	0	29	0	19.99	45.07

론 레인저

모델 번호	세트 명칭	출시 연도	피스 개수	미니피겨	신품가	중고가	출고가	수익률
30260	Lone Ranger's Pump Car	2013	24	1	12.47	10.67	3.99	212.53
30261	Tonto's Campfire	2013	20	1	6.98	7.5	4.99	39.88
79106	Cavalry Builder Set	2013	69	4	21.13	13	12.99	62.66
79107	Comanche Camp	2013	161	3	24.75	17.13	19.99	23.81
79108	Stagecoach Escape	2013	279	5	36.71	29.47	29.99	22.41
79109	Colby City Showdown	2013	587	5	48.27	32.73	49.99	-3.44
79110	Silver Mine Shootout	2013	644	5	51.83	45.33	69.99	-25.95
79111	Constitution Train Chase	2013	699	7	101.98	72.6	99.99	1.99

반지의 제왕/호빗

모델 번호	세트 명칭	출시 연도	피스 개수	미니피겨	신품가	중고가	출고가	수익률
10237	Tower of Orthanc	2013	2359	5	237.19	182.93	199.99	18.60
30210	Frodo W/Cooking Corner	2012	33	1	8.74	6.38	3.99	119.05
30211	Uruk-Hai W/Ballista	2012	21	1	10.5	6.31	4	162.50
30212	Mirkwood Elf Guard	2012	27	1	22.6	12.41	4.99	352.91
30213	Gandalf at Dol Guldur	2012	31	1	8.05	4.12	4.99	61.32
30216	Lake-Town Guard	2013	31	1	9.51	6	4.99	90.58
79000	Riddles for the Ring	2012	105	2	14.47	8.2	9.99	44.84
79001	Escape from Mirkwood Spiders	2012	298	4	30.86	19.4	29.99	2.90
79002	Attack of the Wargs	2012	400	5	42.21	31.6	49.99	5.56
79003	An Unexpected Gathering	2012	652	6	66.87	47.8	69.99	-4.46
79004	Barrel Escape	2012	334	5	38.99	27.73	39.99	-2.50
79005	The Wizard Battle	2013	113	2	16.86	12.27	12.99	29.79
79006	The Council of Elrond	2013	243	4	24.98	15.67	29.99	6.71
79007	Battle at the Black Gate	2013	656	6	38.2	37.07	59.99	-36.32
79008	Pirate Ship Ambush	2013	756	9	77.18	59.4	99.99	-22.81
79010	The Goblin King Battle	2012	841	8	71.01	58.27	99.99	-28.98
79011	Dol Guldur Ambush	2013	217	3	16.95	18.08	19.99	5.21
79012	Mirkwood Elf Army	2013	276	6	46.5	30.29	29.99	55.05
79013	Lake Town Chase	2013	470	5	50.94	45	49.99	1.90
79014	Dol Guldur Battle	2013	797	6	37.58	52	69.99	-46.31
79015	Witch-King Battle	2014	101	3	23.2	0	14.99	54.77
79016	Attack on Lake-Town	2014	313	5	48.58	0	29.99	61.99
79017	The Battle of Five Armies	2014	472	7	69.38	0	59.99	15.65
79018	The Lonely Mountain	2014	866	5	128	107	129.99	0
9469	Gandalf Arrives	2012	83	2	19.49	11.33	12.99	50.04
9470	Shelob Attacks	2012	227	3	35.49	21.87	19.99	77.54

모델 번호	세트 명칭	출시 연도	피스 개수	미니피겨	신품가	중고가	출고가	수익률
9471	Uruk-Hai Army	2012	257	6	44.82	32.47	29.99	49.45
9472	Attack On Weathertop	2012	430	5	58.03	38.2	59.99	-3.27
9473	The Mines of Moria	2012	776	9	74.47	60.73	79.99	-6.90
9474	The Battle of Helm's Deep	2012	1368	8	167.77	135.8	129.99	29.06
9476	The Orc Forge	2012	366	4	59.38	41.13	39.99	48.49
COMCON 033	Micro Scale Bag End	2013	130	1	89.8	41	39.99	124.56

마인 크래프트

모델 번호	세트 명칭	출시 연도	피스 개수	미니피겨	신품가	중고가	출고가	수익률
21105	Minecraft Micro World: The Village	2013	466	0	51.11	29.4	34.99	46.07
21106	Minecraft Micro World: The Nether	2013	469	0	45.54	30.55	34.99	30.15
21107	Microworld: The End	2014	440	0	39.12	0	34.99	11.80
21113	The Cave	2014	249	2	43.88	15	19.99	119.51
21114	The Farm	2014	262	2	52.28	0	29.99	74.32
21115	The First Night	2014	408	2	56.24	0	39.99	40.64
21116	Crafting Box	2014	518	0	84.84	70	49.99	69.71
21117	The Ender Dragon	2014	634	0	81.87	53	69.99	16.97
21118	The Mine	2014	922	0	155.71	0	109.99	41.57

기타 세트와 테마

모델 번호	세트 명칭	출시 연도	피스 개수	미니피겨	신품가	중고가	출고가	수익률
21200	Life of George	2011	146	0	17.88	17.5	29.99	-40.38
21201	Life of George	2012	146	0	18.44	11.67	29.99	-38.51
3300014	2012 Christmas Set	2012	109	4	36.26	27.07	14.99	141.89
40032	Witch	2012	71	0	11.27	0	4.99	125.85
40033	Turkey	2012	52	0	9.65	6	4.99	93.39
40034	Christmas Train	2012	82	0	39.12	11.73	4.99	683.97
40035	Rocking Horse	2012	49	0	10.03	8	4.99	101.00
40077	Geoffrey	2013	90	0	6.92	4.38	4.99	38.68
40118	Buildable Brick Box 2X2	2014	203	1	31.56	0	16.99	85.76
40180	Bricktober Theater	2014	164	0	21.58	0	19.99	7.95
40181	Bricktober Pizza Place	2014	0	0	24.64	26.31	19.99	23.26
40182	Bricktober Fire Station	2014	0	0	22.52	15	19.99	12.66
40183	Bricktober Town Hall	2014	0	0	22.86	19.95	19.99	14.36
41011	Stephanie's Soccer Practice	2012	80	1	11.59	8.67	9.99	16.02
41018	Cat's Playground	2012	31	0	8.57	5.93	4.99	71.74
41019	Turtle's Little Oasis	2013	33	0	9	5.86	4.99	80.36
41020	Hedgehog's Hideaway	2013	34	0	10.11	7.67	4.99	102.61
41021	Poodle's Little Palace	2013	46	0	6.19	0	4.99	24.05
41022	Bunny's Hutch	2013	37	0	6.31	3.33	4.99	26.45
5000437	Vintage Minifig Collection Vol. 1 (TRU Edition)	2012	21	5	25.7	0	19.99	28.56
55001	Universe Rocket	2010	55	0	13.06	6	9.99	30.73
66373	Fun Favor Pack	2010	304	0	39	17.63	19.99	95.10
850425	Desk Business Card Holder	2012	150	2	23.75	0	14.99	58.44
850426	Pencil Holder	2012	155	1	22.39	0	14.99	49.37
850702	Classic Picture Frame	2013	55	0	21.58	0	14.99	43.96
850935	Classic Minifigure Graduation Set	2014	30	1	16	0	7.99	100.25
853195	Brick Calendar	2011	120	2	34.37	10.42	14.99	129.29
853340	Minifigure Wedding Favour Set	2011	24	2	13.78	13	7.99	72.47

모델 팀

모델 번호	세트 명칭	출시 연도	피스 개수	미니피겨	신품가	중고가	출고가	수익률
모델 팀								
5571	Giant Truck	1996	1757	0	655.73	308.6	138.99	371.78
몬스터 파이터								
10228	Haunted House	2012	2064	6	304.13	235.07	179.99	68.97
30200	Zombie Chauffeur Coffin Car	2012	32	1	13.12	11.23	3.5	274.86
30201	Ghost	2012	33	1	25.89	8.27	3.5	639.71
40076	Zombie Car	2012	60	1	22.68	18.53	3.99	468.42
5000644	Monster Fighters Promo Pack	2012	12	0	22.24	14	3.99	457.39
9461	The Swamp Creature	2012	70	2	14.24	6	6.99	103.72
9462	The Mummy	2012	90	2	18.89	11.27	11.99	57.55
9463	The Werewolf	2012	243	2	26.28	14.33	19.99	31.47
9464	The Vampyre Hearse	2012	314	3	37.78	24.53	34.99	7.97
9465	The Zombies	2012	447	4	179.63	134.93	39.99	349.19
9466	The Crazy Scientist & His Monster	2012	430	4	57.87	36	49.99	15.76
9467	The Ghost Train	2012	741	5	96.94	61.93	79.99	21.19
9468	Vampyre Castle	2012	949	7	137.55	99.33	99.99	37.56
닌자고								
2111	Kai	2011	19	1	12.65	9.5	9.99	26.63
2112	Cole	2011	19	1	18.87	21	9.99	88.89
2113	Zane	2011	19	1	20.47	14	9.99	104.90
2114	Chopov	2011	20	1	13.67	9.25	9.99	36.84
2115	Bonezai	2011	21	1	13.42	7.65	9.99	34.33
2116	Krazi	2011	22	1	14.25	11.38	9.99	42.64
2170	Cole DX	2011	21	1	12.36	9.72	9.99	23.72
2171	Zane DX	2011	22	1	13.75	10.53	9.99	37.64
2172	Nya	2011	21	1	18.84	15.79	9.99	88.59
2173	Nuckal	2011	26	1	18.08	5.88	9.99	80.98
2174	Kruncha	2011	24	1	12.08	6.19	9.99	20.92
2175	Wyplash	2011	23	1	9.22	7.8	9.99	-7.71
2254	Mountain Shrine	2011	169	2	40	35.21	19.99	100.10
2255	Sensei Wu	2011	20	1	14.88	12.81	9.99	48.95
2256	Lord Garmadon	2011	23	1	19.29	12.82	9.99	93.09
2257	Spinjitzu Starter Set	2011	57	2	20.63	17.44	19.99	3.20
2258	Ninja Ambush	2011	71	2	20.78	15.2	6.99	197.28
2259	Skull Motorbike	2011	157	2	42.28	18.87	14.99	182.05
2260	Ice Dragon Attack	2011	158	2	95.57	41.67	19.99	378.09
2263	Turbo Shredder	2011	223	3	50.4	34.29	29.99	68.06
2504	Spinjitzu Dojo	2011	373	3	79.89	47.27	49.99	59.81
2505	Garmadon's Dark Fortress	2011	518	6	179.4	92.27	69.99	156.32
2506	Skull Truck	2011	515	4	70.44	54.56	59.99	17.42
2507	Fire Temple	2011	1180	8	184.15	144.13	119.99	53.47
2508	Blacksmith Shop	2011	189	2	62.44	25.87	19.99	212.36
2509	Earth Dragon Defence	2011	227	2	127.71	58.13	34.99	264.99
2516	Ninja Training Outpost	2011	45	1	14	8.6	4.99	180.56
2518	Nuckal's ATV	2011	174	2	27.19	25.47	24.99	8.80
2519	Skeleton Bowling	2011	371	1	29.95	30.77	29.99	-0.13
2520	Ninja Battle Arena	2011	463	2	50.93	36.72	49.99	1.88
2521	Lightning Dragon Battle	2011	645	4	193.93	110.87	79.99	142.44
2856134	Ninjago Card Shrine	2011	98	0	8.27	4.5	6.99	18.31
30080	Ninja Glider	2011	26	1	8.62	5.5	3.47	148.41

닌자고

모델 번호	세트 명칭	출시 연도	피스 개수	미니피겨	신품가	중고가	출고가	수익률
30082	Ninja Training	2011	34	1	8.64	6.71	3.47	148.99
30083	Dragon Fight	2011	31	1	13.59	5.91	3.49	289.40
5002144	Dareth vs. Nindroid	2014	10	2	9.96	0	4.99	99.60
70500	Kai's Fire Mech	2013	102	2	14.5	12.27	9.99	45.15
70501	Warrior Bike	2013	210	2	32.86	15.13	19.99	64.38
70502	Cole's Earth Driller	2013	171	2	27.27	14.4	19.99	36.42
70503	The Golden Dragon	2013	252	3	31.39	25.93	29.99	4.67
70504	Garmatron	2013	328	3	30.76	24	39.99	-23.08
70505	Temple of Light	2013	565	5	74.69	39.47	69.99	6.72
70720	Hover Hunter	2014	79	2	18	0	11.99	50.13
70721	Kai Fighter	2014	196	2	31.33	15.13	19.99	56.73
70722	OverBorg Attack	2014	207	2	24.76	17.33	19.99	23.86
70723	Thunder Raider	2014	334	3	60.17	17.8	29.99	100.63
70724	NinjaCopter	2014	516	4	43.57	0	59.99	-27.37
70725	Nindroid MechDragon	2014	691	5	55.22	0	89.99	-38.64
70726	Destructoid	2014	253	3	42.19	0	34.99	20.58
70727	X Ninja Charger	2014	426	3	45.51	0	39.99	13.80
70728	Battle for Ninjago City	2014	1223	8	102.02	81	119.99	4.98
850445	Ninjago Character Card Shrine	2012	88	1	17.1	0	14.99	14.08
850632	Samurai Accessory Set	2013	36	4	26.39	0	14.99	76.05
853111	Exclusive Weapon Training Set	2011	26	1	30	9	14.99	100.13
9440	Venomari Shrine	2012	86	1	15.42	10.56	6.99	120.60
9441	Kai's Blade Cycle	2012	188	2	36.02	19.93	14.99	140.29
9442	Jay's Storm Fighter	2012	242	2	38.97	23.2	24.99	55.94
9443	Rattlecopter	2012	327	3	32.56	22.07	29.99	8.57
9444	Cole's Tread Assault	2012	286	2	90.83	34.27	39.99	127.13
9445	Fangpyre Truck Ambush	2012	452	4	80.18	40.8	49.99	60.39
9446	Destiny's Bounty	2012	680	6	138.94	84.33	79.99	73.70
9447	Lasha's Bite Cycle	2012	250	2	34.96	15.93	24.99	39.90
9448	Samurai Mech	2012	452	3	42.84	25.47	39.99	7.13
9449	Ultra Sonic Raider	2012	622	6	65.7	42.53	79.99	7.86
9450	Epic Dragon Battle	2012	915	7	103.87	56.13	119.99	3.43
9455	Fangpyre Mech	2012	255	2	38.61	18.8	24.99	54.50
9456	Spinner Battle Arena	2012	418	2	87.82	31.94	39.99	119.60
9457	Fangpyre Wrecking Ball	2012	415	3	68.18	42.53	49.99	36.39
9551	Kendo Cole	2012	28	1	9.34	9.42	4.99	87.17
9552	Lloyd Garmadon	2012	21	1	13.13	4.43	4.99	163.13
9553	Jay ZX	2012	28	1	10.16	5.24	4.99	103.61

닌자고

모델 번호	세트 명칭	출시 연도	피스 개수	미니피겨	신품가	중고가	출고가	수익률
9554	Zane ZX	2012	37	1	10.5	8.9	4.99	110.42
9555	Mezmo	2012	32	1	17.81	8.17	4.99	256.91
9556	Bytar	2012	25	1	10.32	5.29	4.99	106.81
9557	Lizaru	2012	25	1	8.84	6	4.99	77.15
9558	Training Set	2012	219	1	28.13	15.47	19.99	40.72
9561	Kai ZX	2012	21	1	22.17	17.75	9.99	121.92
9562	Lasha	2012	21	1	20.2	10.5	9.99	102.20
9563	Kendo Zane	2012	22	1	16.29	7.5	9.99	63.06
9564	Snappa	2012	20	1	15.48	6	9.99	54.95
9566	Samurai X	2012	23	1	21.77	20	9.99	117.92
9567	Fang-Suei	2012	19	1	18.39	16	9.99	84.08
9569	Spitta	2012	20	1	11.27	8.26	9.99	12.81
9570	NRG Jay	2012	20	1	33.41	20.87	9.99	234.43
9571	Fangdam	2012	20	1	22.39	10	9.99	124.12
9572	NRG Cole	2012	20	1	18.08	12.31	9.99	80.98
9573	Slithraa	2012	20	1	13.17	9.74	9.99	31.83
9574	Lloyd ZX	2012	23	1	27.65	24.55	9.99	176.78
9579	Starter Set	2012	62	2	34.81	27.89	19.99	74.14
9590	NRG Zane	2012	23	1	23.5	11.1	9.99	135.24
9591	Weapon Pack	2012	73	2	30.38	22.37	19.99	51.98

해적

모델 번호	세트 명칭	출시 연도	피스 개수	미니피겨	신품가	중고가	출고가	수익률
10040	Black Seas Barracuda	2002	906	8	436.6	177.6	89.99	385.17
10210	Imperial Flagship	2010	1664	9	522.5	400.67	179.99	190.29
1747	Treasure Surprise	1996	22	1	5.14	7.33	1.99	158.29
1788	Treasure Chest	1995	159	4	167.13	36.27	21.99	660.03
1802	Tidy Treasure	1996	22	1	10.6	9.83	1.99	432.66
6204	Buccaneers	1997	36	5	39.75	15.2	5.99	563.61
6232	Skeleton Crew	1996	28	2	14.33	7.73	2.99	379.26
6234	Renegade's Raft	1991	38	1	18.71	11.29	2.99	525.75
6235	Buried Treasure	1989	20	1	18.87	6.67	2.99	531.10
6236	King Kahuka	1994	45	1	15.8	13.6	3.99	295.99
6237	Pirates Plunder	1992	21	2	24.54	11.13	2.99	720.74
6239	Cannon Battle	2009	45	2	13.63	10.67	5.99	127.55
6240	Kraken Attackin'	2009	78	2	25.06	15.73	9.99	150.85
6241	Loot Island	2009	142	3	61	28.8	19.99	205.15
6242	Soldiers' Fort	2009	367	6	142.82	77.93	49.99	185.70
6243	Brickbeard's Bounty	2009	592	8	281	175.13	84.99	230.63
6244	Armada Sentry	1996	71	1	29.89	22.73	8.99	232.48
6245	Harbor Sentry	1989	25	1	37.87	14.06	3.99	849.12
6246	Crocodile Cage	1994	59	2	25.2	17.13	6.99	260.52
6247	Bounty Boat	1992	36	3	27.6	17.07	4.99	453.11
6248	Volcano Island	1996	119	2	39.2	21.87	11.99	226.94
6249	Pirates Ambush	1997	156	3	61.67	34.6	21.99	180.45
6250	Cross Bone Clipper	1997	154	3	186.4	81.67	32.99	465.02
6251	Pirate Mini Figures	1989	33	5	89.5	16.86	6.99	1180.40
6252	Sea Mates	1993	32	4	39.73	21.14	6.99	468.38
6253	Shipwreck Hideout	2009	310	6	88.76	46.6	39.99	121.96
6254	Rocky Reef	1995	103	3	35.27	18.4	14.99	135.29
6256	Islander Catamaran	1994	63	2	48.53	21.53	11.99	304.75
6257	Castaway's Raft	1989	54	3	48.42	17.8	8.99	438.60
6258	Smuggler's Shanty	1992	70	3	37.27	17.67	8.99	314.57

모델 번호	세트 명칭	출시 연도	피스 개수	미니피겨	신품가	중고가	출고가	수익률
6259	Broadside's Brig	1991	68	3	52.71	24.53	8.99	486.32
6260	Shipwreck Island	1989	71	2	80.67	24.2	11.99	572.81
6261	Raft Raiders	1992	81	3	36	22.67	12.99	177.14
6262	King Kahuka's Throne	1994	146	5	40.33	26.73	20.99	92.14
6263	Imperial Outpost	1995	216	4	85.13	48.87	27.99	204.14
6264	Forbidden Cove	1994	214	4	61.4	42.33	29.99	104.73
6265	Sabre Island	1989	96	3	134.93	30.07	15.99	743.84
6266	Cannon Cove	1993	106	3	61.13	24.81	17.99	239.80
6267	Lagoon Lock-Up	1991	193	5	90.67	49.2	28.99	212.76
6268	Renegade Runner	1993	178	4	185.4	72.93	39.99	363.62
6270	Forbidden Island	1989	182	4	192.8	57.07	37.99	407.50
6271	Imperial Flagship	1992	317	4	270.92	122.8	49.99	441.95
6273	Rock Island Refuge	1991	381	7	166.82	102.87	65.99	152.80
6274	Caribbean Clipper	1989	378	4	387.55	122.9	53.99	617.82
6276	Eldorado Fortress	1989	506	8	114.36	150.6	65.99	73.30
6277	Imperial Trading Post	1992	608	9	633.71	198.13	84.99	645.63
6278	Enchanted Island	1994	428	7	151.6	115.27	65.99	129.73
6279	Skull Island	1995	378	6	152	62.33	52.99	186.85
6280	Armada Flagship	1996	284	3	154.47	139.88	49.99	209.00
6281	Pirates Perilous Pitfall	1997	395	6	228.87	167.93	72.99	213.56
6285	Black Seas Barracuda	1989	909	8	412	214	109.99	274.58
6286	Skull's Eye Schooner	1993	912	9	669.4	286.67	126.99	427.13
6289	Red Beard Runner	1996	703	7	245.47	128.67	98.99	147.97
6290	Red Beard Runner	2001	698	7	236.6	144.07	99.99	136.62
6291	Armada Flagship	2001	280	3	147.13	97.73	49.99	194.32
6292	Enchanted Island	2001	419	7	196.17	68.81	69.99	180.28
6296	Shipwreck Island	1996	216	4	87.67	49.8	29.99	192.33
6299	Pirates Advent Calendar	2009	148	8	68.47	50.5	39.99	71.22
8396	Soldier's Arsenal	2009	17	1	9.94	5.73	3.99	149.12
8397	Pirate Survival	2009	16	1	10.13	5.15	3.99	153.88
850839	Classic Pirate Set	2013	39	4	19.28	0	14.99	28.62
852747	Pirates Battle Pack	2009	37	4	23.2	15	14.99	54.77

캐리비안의 해적

모델 번호	세트 명칭	출시 연도	피스 개수	미니피겨	신품가	중고가	출고가	수익률
30130	Mini Black Pearl	2011	50	0	18.47	12.67	3.99	362.91
30131	Jack Sparrow's Boat	2011	22	1	21.3	7.44	3.99	433.83
30132	Captain Jack Sparrow	2011	4	1	9.88	6.6	2.99	230.43
30133	Jack Sparrow	2011	4	1	12.13	0	3.99	204.01
4181	Isla De La Muerta	2011	152	4	44.16	23.19	19.99	120.91
4182	The Cannibal Escape	2011	279	4	39.62	21.13	29.99	32.11
4183	The Mill	2011	365	4	45.1	31.6	39.99	12.78
4184	Black Pearl	2011	804	6	252.87	202.26	99.99	152.90
4191	The Captain's Cabin	2011	95	3	18.91	12.73	11.99	57.71
4192	Fountain of Youth	2011	125	3	43.82	24.4	19.99	119.21
4193	The London Escape	2011	462	5	49.38	42.33	49.99	.22
4194	Whitecap Bay	2011	746	6	78.72	53.13	79.99	.59
4195	Queen Anne's Revenge	2011	1097	7	286.04	204.83	119.99	138.3
853219	Pirates of Caribbean Battle Pack	2011	30	5	19.26	0	14.99	28.49

파워 마이너

모델 번호	세트 명칭	출시 연도	피스 개수	미니피겨	신품가	중고가	출고가	수익률
8188	Fire Blaster	2010	67	2	35.4	22	9.99	254.35
8189	Magma Mech	2010	183	2	30.9	18.27	19.99	54.58

파워 마이너

모델 번호	세트 명칭	출시 연도	피스 개수	미니피겨	신품가	중고가	출고가	수익률
8190	Claw Catcher	2010	259	2	53.31	31.2	34.99	52.36
8191	Lavatraz	2010	381	4	78.19	60.8	49.99	56.41
8707	Boulder Blaster	2009	293	2	71.93	33.4	26.99	166.51
8708	Cave Crusher	2009	259	3	111.13	57.4	49.99	122.30
8709	Underground Mining Station	2009	637	4	161.2	83.93	79.99	101.53
8956	Stone Chopper	2009	31	2	24.06	11.93	5.99	301.67
8957	Mine Mech	2009	67	2	31.4	15	7.99	292.99
8958	Granite Grinder	2009	94	2	35.68	20.13	9.99	257.16
8959	Claw Digger	2009	197	2	61.5	25.6	19.99	207.65
8960	Thunder Driller	2009	235	3	103.33	37.8	29.99	244.55
8961	Crystal Sweeper	2009	474	4	210.2	76.8	69.99	200.33
8962	Crystal King	2009	168	2	73.07	38.33	19.99	265.53
8963	Rock Wrecker	2009	225	2	61.33	30.8	34.99	75.28
8964	Titanium Command Rig	2009	706	5	198.64	100.33	99.99	98.66

페르시아의 왕자

모델 번호	세트 명칭	출시 연도	피스 개수	미니피겨	신품가	중고가	출고가	수익률
20017	BrickMaster - Prince of Persia	2010	49	1	8.39	5.27	3.99	110.28
7569	Desert Attack	2010	67	4	10.46	9.06	10.99	-4.82
7570	The Ostrich Race	2010	169	3	19.7	10.67	19.99	.45
7571	The Fight for the Dagger	2010	258	4	28.44	16	29.99	-5.17
7572	Quest Against Time	2010	506	4	35.78	21.53	49.99	-28.43
7573	Battle of Alamut	2010	821	7	72.88	51.4	79.99	-8.89

레이서

모델 번호	세트 명칭	출시 연도	피스 개수	미니피겨	신품가	중고가	출고가	수익률
8145	Ferrari 599 GTB Fiorano 1:10	2007	1327	0	574.93	244.6	109.99	422.71
8169	Lamborghini Gallardo LP 560-4	2009	741	0	253.94	93.2	39.99	535.01
8214	Lamborghini Polizia	2010	801	0	87.19	59.99	109.80	
8353	Slammer Rhino	2003	220	0	12.58	10.63	19.99	-37.07
8354	Exo Force Bike	2003	101	0	9.5	10	9.99	-4.90
8356	Jungle Monster	2003	116	1	17.2	8.6	14.99	14.74
8357	Zonic Strike	2003	107	1	16	6.71	14.99	6.74
8371	Extreme Power Bike	2003	98	0	10.83	5.77	9.99	8.41
8461	Williams F1 Team Racer	2002	1484	0	399.93	273.73	129.99	207.66
8653	Enzo Ferrari 1:10	2005	1360	0	437.47	153.47	99.99	337.51
8674	Ferrari F1 Racer 1:8	2006	1246	0	527.27	217.8	139.99	276.65

시즈널

모델 번호	세트 명칭	출시 연도	피스 개수	미니피겨	신품가	중고가	출고가	수익률
10106	LEGO Snowflake	2006	105	0	21.09	16.5	7.99	163.95
10199	Winter Toy Shop	2009	815	7	230.52	171.59	59.99	284.26
10216	Winter Village Bakery	2010	687	7	161.43	128.2	54.99	193.56
10222	Winter Village Post Office	2011	822	7	215.68	158.87	69.99	208.16
10229	Winter Village Cottage	2012	1490	8	191.53	148.67	99.99	91.55
10235	Winter Village Market	2013	1261	9	139.41	66.28	99.99	39.42
10245	Santa's Workshop	2014	883	6	108	48	69.99	54
3300002	2011 Holiday Set 2 of 2	2011	117	1	22.35	8.5	3.99	460.15
3300020	2011 Holiday Set 1 of 2	2011	98	1	14.78	14.75	3.99	270.43
40000	Cool Santa Set	2009	152	0	23.41	13.33	9.99	134.33
40001	Santa Claus	2009	42	0	12.27	5	4.99	145.89
40002	Xmas Tree	2009	61	0	6.86	6	4.99	37.47
40003	Snowman	2009	44	0	9.05	6.67	4.99	81.36
40004	Heart	2010	26	0	15	4.21	4.99	200.60
40005	Bunny	2010	81	0	18.81	5.79	9.99	88.29

스페이스

모델 번호	세트 명칭	출시 연도	피스 개수	미니피겨	신품가	중고가	출고가	수익률
40008	Snowman Building Set	2010	64	0	10.23	0	4.99	105.01
40009	Holiday Building Set	2010	85	0	11	8.14	4.99	120.44
40010	Santa with Sleigh Building Set	2010	71	0	14.82	10.8	4.99	196.99
40011	Thanksgiving Turkey	2010	53	0	10.91	3.75	4.99	118.64
40012	Halloween Pumpkin	2010	18	0	5.39	6.75	1.99	170.85
40013	Halloween Ghost	2010	18	0	5.75	2.75	1.99	188.94
40014	Halloween Bat	2010	25	0	6.04	0	1.99	203.52
40015	Heart Book	2011	51	0	13.12	10.17	4.99	162.93
40016	Valentine Letter Set	2011	41	0	12.47	8.4	4.99	149.90
40017	Easter Basket	2011	86	0	23.73	10	4.99	375.55
40018	Easter Bunny	2011	95	0	12	4.5	4.99	140.48
40019	Brickley The Sea Serpent	2011	59	0	8.36	5.45	3.99	109.52
40020	Halloween Set	2011	71	0	15.62	7.95	4.99	213.03
40021	Spider Set	2011	54	0	6.46	2.33	4.99	29.46
40022	Mini Santa Set	2011	72	0	11.8	0	4.99	136.47
40023	Holiday Stocking	2011	76	0	9.32	9.8	3.99	133.58
40024	Christmas Tree	2011	77	0	12.24	9.95	3.99	206.77
40029	Valentine's Day Box	2012	51	0	19.75	10.64	4.99	295.79
40030	Duck with Ducklings	2012	51	0	16.82	6	4.99	237.07
40031	Bunny and Chick	2012	52	0	11.22	6.56	4.99	124.85
40048	Birthday Cake	2012	24	0	12.73	7.85	3.99	219.05
40051	Valentine's Day Heart Box	2013	54	0	13.82	6.88	4.99	176.95
40052	Springtime Scene	2013	88	2	11.41	8.5	7.99	42.80
40053	Easter Bunny with Basket	2013	96	0	18.47	0	4.99	270.14
40054	Summer Scene	2013	40	1	16.35	8.44	4.99	227.66
40055	Halloween Pumpkin	2013	52	0	8.19	7.5	4.99	64.13
40056	Thanksgiving Feast	2013	46	2	17.55	0	7.99	119.65
40057	Fall Scene	2013	72	3	15.76	0	7.99	97.25
40058	Decorating the Tree	2013	110	2	12.09	12.99	7.99	51.31
40059	Santa Sleigh	2013	77	2	22.88	13	7.99	186.36
40085	Teddy Bear	2014	127	0	16.91	0	9.99	69.27
40086	Easter Bunny	2014	106	0	15.8	9.45	9.99	58.16
40090	Halloween Bat	2014	156	0	14.83	0	9.99	48.45
40091	Turkey	2014	125	0	17.69	0	9.99	77.08
40092	Reindeer	2014	139	0	18.61	0	9.99	86.29
40093	Snowman	2014	140	0	19.08	0	9.99	90.99
40106	Elves' Workshop	2014	107	2	27.52	18.72	3.99	589.72
40107	Ice Skating	2014	129	2	20.94	0	3.99	424.81
5002813	Christmas Train Ornament	2014	26	0	16.77	0	3.99	320.30
850843	Christmas Bauble - Dinosaur	2013	25	0	9.76	0	7.99	22.15
850849	Christmas Bauble - Friends Puppy	2013	29	0	13.61	0	7.99	70.34
850936	Halloween Set	2014	11	0	14.63	0	7.99	83.10
850939	Santa Set	2014	27	0	12.54	0	7.99	56.95
850949	{holiday bauble}	2014	45	0	13	0	7.99	62.70
850950	{holiday bauble}	2014	34	0	14.4	0	7.99	80.23
853345	Gold Ornament	2011	40	0	17.45	0	7.99	118.40

스페이스

모델 번호	세트 명칭	출시 연도	피스 개수	미니피겨	신품가	중고가	출고가	수익률
30230	Mini Mech	2013	28	1	5.91	4.86	3.99	48.12
30231	Space Insectoid	2013	27	1	7.97	0	3.49	128.37
5616	Mini-Robot	2008	24	2	12.63	7.7	3.99	216.54

스페이스

모델 번호	세트 명칭	출시 연도	피스 개수	미니피겨	신품가	중고가	출고가	수익률
5619	Crystal Hawk	2008	26	1	20	10.8	3.99	401.25
5969	Squidman Escape	2009	42	2	10.11	7.47	5.99	68.78
5970	Freeze Ray Frenzy	2009	80	2	19.4	10.4	9.99	94.19
5971	Gold Heist	2009	205	2	21.07	18.6	19.99	5.40
5972	Space Truck Getaway	2009	282	2	31.06	23.87	29.99	3.57
5973	Hyperspeed Pursuit	2009	456	3	62.73	30.93	49.99	25.49
5974	Galactic Enforcer	2009	825	7	94.66	59.4	99.99	-5.33
5979	Max Security Transport	2009	330	3	81.29	38.53	39.99	103.28
5980	Squidman's Pitstop	2009	389	4	39.88	42.47	49.99	-20.22
5981	Raid VPR	2010	69	2	22.21	11.13	9.99	122.32
5982	Smash 'n' Grab	2010	188	2	22.82	14.53	19.99	14.16
5983	Undercover Cruiser	2010	317	2	34.82	19.93	29.99	16.11
5984	Lunar Limo	2010	391	3	47.06	22	39.99	17.68
5985	Space Police Central	2010	631	4	118.38	62.53	79.99	47.99
7049	Alien Striker	2011	42	2	10.14	6.67	4.99	103.21
7050	Alien Defender	2011	105	2	14.35	12.5	9.99	43.64
7051	Tripod Invader	2011	166	2	21.27	13.8	19.99	6.40
7052	UFO Abduction	2011	211	3	29.78	16.6	29.99	-0.70
7065	Alien Mothership	2011	416	2	40.77	23.87	59.99	-32.04
7066	Earth Defence HQ	2011	879	5	83.86	56	89.99	-6.81
7067	Jet-Copter Encounter	2011	375	3	32	21.27	39.99	9.98
70700	Space Swarmer	2013	86	2	15.1	8.06	11.99	25.94
70701	Swarm Interceptor	2013	218	2	21.82	10.67	19.99	9.15
70702	Warp Stinger	2013	310	3	26.1	22.5	29.99	2.97
70703	Star Slicer	2013	311	3	30.23	32.88	39.99	-24.41
70704	Vermin Vaporizer	2013	506	3	48.07	36.31	59.99	9.87
70705	Bug Obliterator	2013	711	4	55.1	37.8	79.99	-31.12
70706	Crater Creeper	2013	171	0	15.82	14	19.99	-20.86
70707	CLS-89 Eradicator Mech	2013	440	2	39.21	52.67	39.99	.95
70708	Hive Crawler	2013	560	3	39.16	47.64	69.99	-44.05
70709	Galactic Titan	2013	1012	5	85.96	76	99.99	4.03
7300	Double Hover	2001	21	1	7.2	6.29	2.99	140.80
7301	Rover	2001	28	1	13	3.93	2.99	334.78
7302	Worker Robot	2001	30	1	13	2.93	2.99	334.78
7310	Mono Jet	2001	33	1	5.07	4.53	3.99	27.07
7311	Red Planet Cruiser	2001	73	1	13.06	9.07	6.99	86.84
7312	T-3 Trike	2001	99	1	21.3	10.6	9.99	113.21
7313	Red Planet Protector	2001	194	1	23.33	15.27	19.99	16.71
7314	Recon Mech RP	2001	194	1	26.2	17.93	19.99	31.07
7315	Solar Explorer	2001	242	3	35.67	27.47	34.99	1.94
7316	Excavation Searcher	2001	471	3	30.71	17.56	49.99	-38.57
7317	Aero Tube Hanger	2001	706	5	102.07	48.6	89.99	13.42
7644	MX-81 Hypersonic Operations Aircraft	2008	795	5	173.07	88	79.99	116.36
7645	MT-61 Crystal Reaper	2008	600	6	124.4	58.07	49.99	148.85
7646	ETX Alien Infiltraitor	2008	333	4	64.75	37.8	29.99	115.91
7647	MX-41 Switch Fighter	2008	235	2	68.27	29	19.99	241.52
7648	MT-21 Mobile Mining Unit	2008	130	2	34.93	24.07	9.99	249.65
7649	MT-201 Ultra-Drill Walker	2008	759	3	115.26	73.07	69.99	64.68
7690	MB-01 Eagle Command Base	2007	760	8	206.87	94.87	89.99	129.88
7691	ETX Alien Mothership Assault	2007	434	7	118.5	63.4	49.99	137.05
7692	MX-71 Recon Dropship	2007	435	6	75.67	39.93	39.99	89.22

스타워즈

모델 번호	세트 명칭	출시 연도	피스 개수	미니피겨	신품가	중고가	출고가	수익률
7693	ETX Alien Strike	2007	246	3	52.6	24	19.99	163.13
7694	MT-31 Trike	2007	95	2	34.19	18.6	9.99	242.24
7695	MX1 Astro Fighter	2007	57	2	17.8	9.67	4.99	256.71
7697	MT-51 Claw-Tank Ambush	2007	374	3	55.41	30.73	29.99	84.76
7699	MT01 Armoured Drilling Unit	2007	635	5	104.07	62.13	79.99	30.10
8399	K-9 Bot	2009	22	1	14.5	4.64	3.99	263.41
8400	Space Speeder	2009	14	1	8.4	7.91	3.99	110.53
853301	Alien Conquest Battle Pack	2011	31	5	15.09	3.33	14.99	0.67

스파이더맨

모델 번호	세트 명칭	출시 연도	피스 개수	미니피겨	신품가	중고가	출고가	수익률
4850	Spider-Man's First Chase	2003	191	3	86.5	41.27	19.99	332.72
4851	Spider-Man and Green Goblin The Origins	2003	218	6	180.63	73.67	29.99	502.30
4852	Spider-Man vs. Green Goblin The Final Showdown	2003	360	4	177.75	93.67	49.99	255.57
4853	Spider-Man's Street Chase	2004	73	3	50.19	27.87	9.99	402.40
4854	Doc Ock's Bank Robbery	2004	174	5	73.5	39.53	19.99	267.68
4855	Spider-Man's Train Rescue	2004	299	4	84.39	83	29.99	181.39
4856	Doc Ock's Hideout	2004	486	5	14.89	93.93	49.99	-70.21
4857	Doc Ock's Fusion Lab	2004	237	4	87.47	47.47	19.99	337.57

스폰지밥 스퀘어팬츠

모델 번호	세트 명칭	출시 연도	피스 개수	미니피겨	신품가	중고가	출고가	수익률
3815	Heroic Heroes of the Deep	2011	95	3	29.25	16.73	14.99	95.13
3816	Glove World	2011	169	4	30.85	18.07	19.99	54.33
3817	The Flying Dutchman	2012	241	3	32.17	18.44	24.99	28.73
3818	Bikini Bottom Undersea Party	2012	471	4	87.55	47.13	49.99	75.14
3825	Krusty Krab	2006	295	3	63.48	50.07	19.99	217.56
3826	Build-A-Bob	2006	445	1	171.53	48.05	29.99	471.96
3827	Adventures in Bikini Bottom	2006	579	3	131.4	50.07	39.99	228.58
3830	The Bikini Bottom Express	2008	210	3	92.6	41.8	19.99	363.23
3831	Rocket Ride	2008	279	3	135.93	55.47	29.99	353.25
3832	The Emergency Room	2008	236	3	110.19	60.13	29.99	267.42
3833	Krusty Krab Adventures	2009	209	3	50.75	30.52	19.99	153.88
3834	Good Neighbours at Bikini Bottom	2009	425	3	66.45	36.61	39.99	66.17
4981	Chum Bucket	2007	337	1	49.5	56.87	34.99	41.47
4982	Mrs. Puff's Boating School	2007	393	3	97.56	54.33	49.99	95.16

스타워즈

모델 번호	세트 명칭	출시 연도	피스 개수	미니피겨	신품가	중고가	출고가	수익률
10018	Darth Maul	2001	1868	0	795.93	454.87	149.99	430.66
10019	Rebel Blockade Runner	2001	1747	0	1232.6	589.2	199.99	516.33
10026	Special Edition Naboo Starfighter	2002	187	0	401.67	159.31	39.99	904.43
10030	Imperial Star Destroyer	2002	3096	0	1527	783.38	298.99	410.72
10123	Cloud City	2003	705	7	975.4	566.47	99.99	875.50
10129	Rebel Snowspeeder	2003	1455	0	1084.67	593.13	129.99	734.43
10131	TIE Fighter Collection	2004	682	3	219.13	120.07	69.99	213.09
10134	Y-Wing Attack Starfighter	2004	1473	1	842.53	465.53	119.99	602.17
10143	Death Star II	2005	3441	0	1481.4	767	298.99	395.47
10144	Sandcrawler	2005	1669	8	268.73	177.13	139.99	91.6
10174	Imperial AT-ST	2006	1068	0	291.94	160.47	79.99	264.97
10175	Vader's TIE Advanced	2006	1212	0	523.8	262.53	99.99	423.85
10178	Motorized Walking AT-AT	2007	1137	4	446.33	231.4	129.99	243.36

스타워즈

모델 번호	세트 명칭	출시 연도	피스 개수	미니피겨	신품가	중고가	출고가	수익률
10179	Ultimate Collector's Millennium Falcon	2007	5195	5	3450.65	2064.75	499.99	590.14
10186	General Grievous	2008	1085	0	189.87	91.47	89.99	110.99
10188	Death Star	2008	3803	22	490.38	326.03	399.99	22.60
10195	Republic Dropship with AT-OT Walker	2009	1758	8	470.56	328.07	249.99	88.23
10198	Tantive IV	2009	1408	5	255.37	179.33	149.99	70.26
10212	Imperial Shuttle	2010	2503	5	453.96	333.53	259.99	74.61
10215	Obi-Wan's Jedi Starfighter	2010	676	4	113.32	77.33	99.99	13.33
10221	Super Star Destroyer	2011	3152	5	648.3	511.73	399.99	62.08
10225	R2-D2	2012	2127	1	254.4	179.73	179.99	41.34
10227	B-Wing Starfighter	2012	1487	0	209.3	155.13	199.99	4.66
10236	Ewok Village	2013	1990	16	244.31	212.73	249.99	-2.27
10240	Red Five X-Wing Starfighter	2013	1558	1	213.42	157.2	199.99	6.72
20006	Clone Turbo Tank	2008	64	0	75.87	23.73	0	
20007	Republic Attack Cruiser	2009	84	0	34.9	22.31	3.99	774.69
20009	AT-TE Walker	2009	94	0	22.1	11	3.99	453.88
20010	Republic Gunship	2009	99	0	27.18	13.47	3.99	581.20
20016	BrickMaster Imperial Shuttle	2010	70	0	16.59	10.07	3.99	315.79
20018	BrickMaster AT-AT Walker	2010	88	0	28.01	12.81	3.99	602.01
20019	Slave I	2011	76	0	10.2	9.61	3.99	155.64
20021	Bounty Hunter Assault Gunship	2011	81	0	11.89	0	3.99	197.99
2856197	Shadow ARF Trooper	2011	5	1	37.07	0	3.99	829.07
30004	Battle Droid on STAP	2009	28	1	8.43	4.8	3.99	111.28
30005	Imperial Speeder Bike	2009	30	1	10.04	5.53	3.99	151.63
30006	Clone Walker	2009	30	1	18.7	7.2	3.99	368.67
30050	Republic Attack Shuttle	2010	54	0	9.56	6.74	3.99	139.60
30051	X-Wing Fighter	2010	67	0	13.73	8.6	3.99	244.11
30052	AAT	2011	46	0	9	5.76	3.99	125.56
30053	Venator Class Republic Attack Cruiser	2011	41	0	6.7	5.31	3.99	67.92
30054	AT-ST	2011	46	0	8.92	4.95	3.99	123.56
30055	Droid Fighter	2011	45	0	9.41	2.08	2.99	214.72
30056	Star Destroyer	2012	38	0	7.44	4.05	3.99	86.47
30057	Anakin's Pod Racer	2012	38	0	6.53	4.4	4.99	30.86
30058	STAP	2012	24	1	9.25	6.23	3.99	131.83
30059	MTT	2012	51	0	5.66	3.17	3.97	42.57
30240	Z-95 Headhunter	2013	54	0	7.22	5.43	4.99	44.69
30241	Mandalorian Fighter	2013	49	0	6.36	6.13	4.99	27.45
30242	Republic Frigate	2013	54	0	8.96	7	4.99	79.56
30243	Umbaran MHC	2013	49	0	5.7	0	3.99	42.86
30244	Anakin's Jedi Intercepter	2014	45	0	7.59	0	4.49	69.04
30246	Imperial Shuttle	2014	57	0	5.9	8.57	3.99	47.87
3219	Mini TIE Fighter	2002	12	0	6.84	4.95	2.99	128.76
3340	Emperor Palpatine Darth Maul Darth Vader Minifig Pack-Star Wars #1	2000	32	3	79.6	31.53	4.99	1495.1
3341	Luke Skywalker Han Solo Boba Fett Minifig Pack-Star Wars #2	2000	22	3	62.13	21.53	4.99	1145.09
3342	Chewbacca 2 Biker Scouts Minifig Pack-Star Wars #3	2000	22	3	35.33	9.27	4.99	608.02
3343	2 Battle Droids Command Officer Minifig Pack-Star Wars #4	2000	30	3	21.56	12	4.99	332.06

스타워즈

모델 번호	세트 명칭	출시 연도	피스 개수	미니피겨	신품가	중고가	출고가	수익률
4475	Jabba's Message	2003	46	3	42.47	34.73	6.99	507.58
4476	Jabba's Prize	2003	40	2	35.87	22.53	6.99	413.16
4477	T6 Skyhopper	2003	98	1	36.53	16.93	14.99	143.70
4478	Geonosian Fighter	2003	170	4	66.73	28.27	19.99	233.82
4479	TIE Bomber	2003	230	1	129.27	45.6	29.99	331.04
4480	Jabba's Palace	2003	231	4	139.5	83.33	29.99	365.16
4481	Hailfire Droid	2003	681	0	131.87	66.33	49.99	163.79
4482	AT-TE	2003	658	4	241.8	89.93	69.99	245.48
4483	AT-AT	2003	1068	4	268.2	141.67	99.99	168.23
4484	X-Wing Fighter & TIE Advanced	2003	76	0	21.67	12.88	3.99	443.11
4485	Sebulba's Podracer & Anakin's Podracer	2003	72	0	14.23	10.82	3.99	256.64
4486	AT-ST & Snowspeeder	2003	76	0	20	15.24	3.99	401.25
4487	Jedi Starfighter & Slave I	2003	53	0	15	10.07	3.99	275.94
4488	Millennium Falcon	2003	87	0	32.44	30.53	6.99	364.09
4489	AT-AT	2003	98	0	25.95	22.33	6.99	271.24
4490	Republic Gunship	2003	102	0	21.2	15	6.99	203.29
4491	MTT	2003	99	0	14.6	10.8	6.99	108.87
4492	Star Destroyer	2004	87	0	19.56	11.67	6.99	179.83
4493	Sith Infiltrator	2004	55	0	16	8.87	6.99	128.90
4494	Imperial Shuttle	2004	82	0	17.38	14.38	6.99	148.64
4495	AT-TE	2004	63	0	25	13.69	6.99	257.65
4500	Rebel Snowspeeder	2004	214	3	51.07	22.6	19.99	155.48
4501	Mos Eisley Cantina	2004	193	5	137.67	88.07	29.99	359.05
4502	X-Wing Fighter	2004	563	2	166.53	78.87	49.99	233.13
4504	Millennium Falcon	2004	985	5	212.69	94.77	99.99	112.71
4521221	Gold Chrome Plated C-3PO	2007	1	1	354.06	273.94	3.99	8773.68
5000062	Darth Maul	2012	7	1	21.72	14.56	3.99	444.36
5000063	TC4	2012	3	1	25.68	20	3.99	543.61
5001621	Han Solo (Hoth)	2013	5	1	11.18	11.75	3.99	180.20
5001709	Clone Trooper Lieutenant	2013	5	1	10.15	14	3.99	154.39
5002122	TC-4	2014	3	1	24	0	3.99	501.50
5002123	Darth Revan	2014	7	1	28.46	22	3.99	613.28
6205	V-Wing Fighter	2006	118	1	22.53	16.07	9.99	125.53
6206	TIE Interceptor	2006	212	1	62.6	29.81	19.99	213.16
6207	A-Wing Fighter	2006	194	2	30.73	18.2	15.99	92.18
6208	B-Wing Fighter	2006	435	2	126.87	43.73	34.99	262.59
6209	Slave I	2006	537	4	139.33	69.2	49.99	178.72
6210	Jabba's Sail Barge	2006	781	8	204.27	113	74.99	172.40
6211	Imperial Star Destroyer	2006	1367	9	252.46	148.6	99.99	152.49
6212	X-Wing Fighter	2006	437	6	66.16	45.11	49.99	32.35
65081	R2-D2 / C-3PO Droid Collectors Set	2002	581	0	129.07	71.36	39.99	222.76
66512	Rebels Co-Pack	2014	1163	0	111.58	50	109.99	1.45
6963	X-Wing Fighter	2004	41	0	14.92	18.46	4.99	199.00
6964	Boba Fett's Slave I	2004	25	0	19.18	16.55	4.99	284.37
6965	TIE Interceptor	2004	32	0	15.09	8.8	4.99	202.40
6966	Jedi Starfighter	2005	38	0	8.11	6.19	4.99	62.53
6967	ARC Fighter	2005	42	0	16.33	10.87	4.99	227.25
7101	Lightsaber Duel	1999	52	2	33.38	17.8	5.99	457.26
7103	Jedi Duel	2002	82	2	41.6	20.83	9.99	316.42
7104	Desert Skiff	2000	55	2	23.67	15	5.99	295.16

스타워즈

모델 번호	세트 명칭	출시 연도	피스 개수	미니피겨	신품가	중고가	출고가	수익률
7106	Droid Escape	2001	45	2	26.2	18.75	5.99	337.40
7110	Landspeeder	1999	49	2	31.8	17.67	5.99	430.88
7111	Droid Fighter	1999	62	0	18.2	10	5.99	203.84
7113	Tusken Raider Encounter	2002	93	3	40.47	23.13	9.99	305.11
7115	Gungan Patrol	2000	77	2	31.87	26	9.99	219.02
7119	Twin-Pod Cloud Car	2002	118	1	29.31	15.07	9.99	193.39
7121	Naboo Swamp	1999	82	4	29.6	18.95	9.99	196.30
7124	Flash Speeder	2000	106	1	30.27	17.83	9.99	203.00
7126	Battle Droid Carrier	2001	133	7	68.93	30.35	9.99	589.99
7127	Imperial AT-ST	2001	107	1	43.33	23.67	9.99	333.73
7128	Speeder Bikes	1999	93	3	37	18.07	9.99	270.37
7130	Snowspeeder	1999	215	3	56.33	25.41	19.99	181.79
7131	Anakin's Podracer	1999	136	2	36.27	19.19	14.99	141.96
7133	Bounty Hunter Pursuit	2002	259	3	112.73	44.8	29.99	275.89
7134	A-Wing Fighter	2000	125	2	32.53	16.81	14.99	117.01
7139	Ewok Attack	2002	121	4	43.6	22.4	12.99	235.64
7140	X-Wing Fighter	1999	266	4	86.6	34.22	29.99	188.76
7141	Naboo Fighter	1999	179	4	37.4	20.87	19.99	87.09
7142	X-Wing Fighter	2002	267	4	87.07	29	29.99	190.33
7143	Jedi Starfighter	2002	139	1	53.07	24.27	19.99	165.48
7144	Slave I	2000	166	1	88.27	33.94	19.99	341.57
7146	TIE Fighter	2001	171	2	53.87	35.8	19.99	169.48
7150	TIE Fighter & Y-Wing	1999	409	3	80.93	47.6	49.99	61.89
7151	Sith Infiltrator	1999	244	1	45.2	21.6	29.99	50.72
7152	TIE Fighter & Y-Wing	2002	410	3	38.55	17.53	49.99	-22.88
7153	Jango Fett's Slave I	2002	360	2	213	107.19	49.99	326.09
7155	Trade Federation AAT	2000	158	2	112.07	38	19.99	460.63
7159	Star Wars Bucket	2000	292	3	94.87	44.2	24.99	279.63
7161	Gungan Sub	1999	379	3	71.07	34.67	49.99	42.17
7163	Republic Gunship	2002	693	8	174.13	115.8	89.99	93.50
7166	Imperial Shuttle	2001	238	4	123.13	50.47	34.99	251.90
7171	Mos Espa Podrace	1999	896	7	115.93	56.27	89.99	28.83
7180	B-Wing at Rebel Control Center	2000	338	3	61.93	25.8	29.99	106.50
7181	TIE Interceptor	2000	703	0	697.8	179.53	99.99	597.87
7184	Trade Federation MTT	2000	470	7	130.6	72.13	49.99	161.25
7186	Watto's Junkyard	2001	443	2	168.13	67.5	49.99	236.33
7190	Millennium Falcon	2000	663	6	282.2	104.87	99.99	182.23
7191	X-Wing Fighter	2000	1300	1	923.33	305.13	149.99	515.59
7194	Yoda	2002	1075	0	451.27	199.53	99.99	351.32
7200	Final Duel I	2002	31	2	49.57	24	6.99	609.16
7201	Final Duel II	2002	26	3	20.44	15.47	6.99	192.42
7203	Jedi Defense I	2002	111	1	35.13	18.19	6.99	402.58
7204	Jedi Defense II	2002	53	3	22.07	16	6.99	215.74
7250	Clone Scout Walker	2005	108	1	42.2	18.18	9.99	322.42
7251	Darth Vader Transformation	2005	53	2	62.4	34.67	6.99	792.70
7252	Droid Tri-Fighter	2005	148	1	30.67	15.4	14.99	104.60
7255	General Grievous Chase	2005	111	2	144.13	40.07	19.99	621.01
7256	Jedi Starfighter and Vulture Droid	2005	202	1	70	25.53	19.99	250.18
7257	Ultimate Lightsaber Duel	2005	282	2	202	92.93	29.99	573.56
7258	Wookiee Attack	2005	366	4	133.27	52.2	29.99	344.38
7259	ARC70 Fighter	2005	396	4	74.87	36.27	39.99	87.22

스타워즈

모델 번호	세트 명칭	출시 연도	피스 개수	미니피겨	신품가	중고가	출고가	수익률
7260	Wookiee Catamaran	2005	376	6	156.6	71.13	49.99	213.26
7261	Clone Turbo Tank	2005	801	8	240.67	138.2	89.99	167.44
7261-2	Clone Turbo Tank (non-light-up)	2006	801	8	21	12.55	89.99	-76.66
7262	TIE Fighter and Y-Wing	2004	412	3	83.6	44.8	49.99	67.23
7263	TIE Fighter	2005	159	2	69.93	33.47	19.99	249.82
7264	Imperial Inspection	2005	367	10	228.67	151.33	49.99	357.43
7283	Ultimate Space Battle	2005	567	2	307.07	121.67	49.99	514.26
75000	Clone Troopers vs. Droidekas	2013	124	4	13.1	9.59	12.99	0.85
75001	Republic Troopers vs. Sith Troopers	2013	63	4	16.5	9.83	12.99	27.02
75002	AT-RT	2013	222	4	19.16	14.47	19.99	-4.15
75003	A-Wing Starfighter	2013	177	3	27.63	16.56	24.99	10.56
75004	Z-95 Headhunter	2013	373	3	34.32	26.6	49.99	-31.35
75005	Rancor Pit	2013	380	4	40.63	32.53	59.99	-32.27
75006	Jedi Starfigher & Kamino	2013	61	1	12.74	8.3	9.99	27.53
75007	Republic Assault Ship & Coruscant	2013	74	1	16.27	11.95	9.99	62.86
75008	TIE Bomber & Asteroid Field	2013	60	1	13.06	2	9.99	30.73
75009	Snowspeeder & Hoth	2013	69	1	35.17	28	9.99	252.05
75010	B-Wing Starfighter & Endor	2013	83	1	24.39	0	9.99	144.14
75011	Tantive IV & Alderaan	2013	102	1	25.42	25	9.99	154.45
75012	BARC Speeder with Sidecar	2013	226	4	34.88	16	24.99	39.58
75013	Umbaran MHC (Mobile Heavy Cannon)	2013	493	4	27.19	30.93	49.99	-45.61
75014	Battle of Hoth	2013	426	6	75.72	46.53	49.99	51.47
75015	Corporate Alliance Tank Droid	2013	271	3	18.64	11.2	19.99	-6.75
75016	Homing Spider Droid	2013	295	4	25.97	17	29.99	3.40
75017	Duel on Geonosis	2013	391	4	35.94	24.27	39.99	0.13
75018	JEK4's Stealth Starfighter	2013	550	4	57.76	26.93	69.99	7.47
75019	AT-TE	2013	794	5	67.77	54.63	89.99	-24.69
75020	Jabba's Sail Barge	2013	850	6	76.45	60.67	119.99	-36.29
75021	Republic Gunship	2013	1175	7	95.2	79.2	119.99	-20.66
75022	Mandalorian Speeder	2013	211	3	27.34	15.87	24.99	9.40
75023	Star Wars Advent Calendar	2013	254	9	66.81	0	39.99	67.07
75024	HH-87 Starhopper	2013	362	3	30.88	9.27	39.99	-22.78
75025	Jedi Defender-Class Cruiser	2013	927	4	80.52	49	89.99	0.52
75028	Clone Turbo Tank	2014	96	1	11.85	8.63	9.99	18.62
75029	AAT	2014	95	1	12.85	8.67	9.99	28.63
75030	Millennium Falcon	2014	94	1	14.87	9	9.99	48.85
75031	TIE Interceptor	2014	92	1	15	6.77	9.99	50.15
75032	X-Wing Fighter	2014	97	1	14.84	6.91	9.99	48.55
75033	Star Destroyer	2014	97	1	11	10	9.99	10.11
75034	Death Star Troopers	2014	100	4	32.18	19.5	12.99	147.73
75035	Kashyyyk Troopers	2014	99	4	26.07	11	12.99	100.69
75036	Utapau Troopers	2014	83	4	19.1	15.4	12.99	47.04
75037	Battle on Saleucami	2014	178	5	30.35	19.67	14.99	102.47
75038	Jedi Interceptor	2014	223	2	40.72	19.22	24.99	62.95
75039	V-Wing Starfighter	2014	201	2	23.18	20.19	24.99	-7.24
75040	General Grievousí Wheel Bike	2014	261	2	42.4	15.77	24.99	69.67
75041	Vulture Droid	2014	205	3	30.5	19.57	24.99	22.05
75042	Droid Gunship	2014	439	4	60.6	35.66	49.99	21.22
75043	AT-AP	2014	717	5	49.12	35.87	59.99	8.12
75044	Droid Tri-Fighter	2014	262	4	31.65	0	29.99	5.54

스타워즈

모델 번호	세트 명칭	출시 연도	피스 개수	미니피겨	신품가	중고가	출고가	수익률
75045	Republic AV-7 Anti-Vehicle Cannon	2014	434	4	54.68	27.56	39.99	36.73
75046	Coruscant Police Gunship	2014	481	4	90.06	44.95	49.99	80.16
75048	Phantom	2014	234	2	25.08	18.72	29.99	6.37
75049	Snowspeeder	2014	279	3	32.27	32	29.99	7.60
75050	B-Wing	2014	448	3	38.43	44.44	49.99	-23.12
75051	Jedi Scout Fighter	2014	490	4	50.57	43.75	59.99	5.70
75052	Mos Eisley Cantina	2014	616	8	62.45	53.77	69.99	0.77
75053	The Ghost	2014	929	4	70.58	87.67	89.99	-21.57
75054	AT-AT	2014	1137	5	98.59	85.63	99.99	.40
75055	Imperial Star Destroyer	2014	1359	6	106.23	95.89	129.99	8.28
75056	Advent Calendar	2014	274	9	55.28	177	39.99	4
75058	MTT	2014	0	12	88.55	64.67	89.99	.60
75059	Sandcrawler	2014	3296	7	303	250	299.99	1
75060	UCS Slave I	2014	1996	4	208	0	199.99	48.95
7654	Droids Battle Pack	2007	102	7	31.88	21.53	9.99	219.12
7655	Clone Troopers Battle Pack	2007	58	4	44.37	30.73	9.99	344.14
7656	General Grievous Starfighter	2007	232	1	47.87	29.4	19.99	139.47
7657	AT-ST	2007	244	1	92.08	42.11	19.99	360.63
7658	Y-Wing Fighter	2007	454	2	58.23	38.24	39.99	45.61
7659	Imperial Landing Craft	2007	471	5	81.2	43.27	49.99	62.43
7660	Naboo N Starfighter with Vulture Droid	2007	280	3	48.89	24.87	29.99	63.02
7661	Jedi Starfighter with Hyperdrive Booster Ring	2007	575	2	117.21	51.61	49.99	134.47
7662	Trade Federation MTT	2007	1330	20	385.67	185.61	99.99	285.71
7663	Sith Infiltrator	2007	310	1	52.67	26.6	29.99	75.63
7664	TIE Crawler	2007	548	2	67	44.2	49.99	34.03
7665	Republic Cruiser	2007	919	5	187.2	93.2	89.99	108.02
7666	Hoth Rebel Base	2007	548	7	144.11	81.27	49.99	188.28
7667	Imperial Dropship	2008	81	4	47.59	27.52	9.99	376.38
7668	Rebel Scout Speeder	2008	82	4	29.76	19.2	9.99	197.90
7669	Anakin's Jedi Starfighter	2008	153	2	62.18	21.94	19.99	211.06
7670	Hailfire Droid & Spider Droid	2008	249	4	71.19	28.73	20	255.95
7671	AT-AP Walker	2008	392	2	94.27	37.13	39.99	135.73
7672	Rogue Shadow	2008	482	3	162.8	78.47	49.99	225.67
7673	MagnaGuard Starfighter	2008	431	2	62.4	39.67	44.99	38.70
7674	V9 Torrent	2008	471	1	71.57	39.47	54.99	30.15
7675	AT-TE Walker	2008	798	6	151.8	61.2	89.99	68.69
7676	Republic Attack Gunship	2008	1034	5	201.12	74.63	119.99	67.61
7678	Droid Gunship	2008	329	3	83.2	30.73	29.99	177.43
7679	Republic Fighter Tank	2008	592	2	129.05	57.87	49.99	158.15
7680	The Twilight	2008	882	4	106	58.33	99.99	6.01
7681	Separatist Spider Droid	2008	206	5	66.88	40.6	29.99	123.01
7748	Corporate Alliance Tank Droid	2009	216	4	27.63	17.67	24.99	10.56
7749	Echo Base	2009	155	5	35.47	26.59	24.99	41.94
7751	Ahsoka's Starfighter and Droids	2009	291	2	135.94	63.27	39.99	239.93
7752	Count Dooku's Solar Sailer	2009	385	4	60.38	38.47	54.99	9.80
7753	Pirate Tank	2009	372	3	45.81	30.73	39.99	14.55
7754	Home One Mon Calimari Star Cruiser	2009	789	6	76.2	55.07	109.99	-30.72
7778	Midi-Scale Millennium Falcon	2009	356	0	75.13	38.53	39.99	87.87
7868	Mace Windu's Jedi Starfighter	2011	313	5	55.56	40.67	39.99	38.93

스타워즈

모델 번호	세트 명칭	출시 연도	피스 개수	미니피겨	신품가	중고가	출고가	수익률
7869	Battle for Geonosis	2011	331	5	64.98	36	39.99	62.49
7877	Naboo Starfighter	2011	318	5	56.75	30.27	49.99	13.52
7879	Hoth Echo Base	2011	773	8	124.89	82.47	89.99	38.78
7913	Clone Trooper Battle Pack	2011	85	4	22.98	12.84	12.99	76.91
7914	Mandalorian Battle Pack	2011	68	4	19.65	15.39	11.99	63.89
7915	Imperial V-Wing Starfighter	2011	139	2	21.75	18.4	19.99	8.80
7929	The Battle of Naboo	2011	241	12	43.06	26.47	24.99	72.31
7930	Bounty Hunter Assault Gunship	2011	389	4	46.14	32.53	49.99	-7.70
7931	T-6 Jedi Shuttle	2011	389	4	48.88	33	59.99	8.52
7956	Ewok Attack	2011	166	3	40.17	25	24.99	60.74
7957	Sith Nightspeeder	2011	214	3	31.26	21.8	24.99	25.09
7958	Star Wars Advent Calendar	2011	266	8	46.63	24.6	39.99	16.60
7959	Geonosian Starfighter	2011	155	3	28	13.67	29.99	-6.64
7961	Darth Maul's Sith Infiltrator	2011	479	4	66.81	48	69.99	-4.54
7962	Anakin's & Sebulba's Podracers	2011	810	5	77.36	51.13	89.99	4.03
7964	Republic Frigate	2011	1022	5	159.33	89.83	119.99	32.79
7965	Millennium Falcon	2011	1254	6	156.12	105.89	139.99	11.52
8000	Pit Droid	2000	223	0	42.67	22.73	19.99	113.46
8001	Battle Droid	2000	363	0	62.73	26.93	29.99	109.17
8002	Destroyer Droid	2000	558	0	142.53	75	49.99	185.12
8007	C-3PO	2001	341	0	82.73	33	34.99	136.44
8008	Stormtrooper	2001	361	0	57.93	23.4	34.99	65.56
8009	R2-D2	2002	240	0	52.2	23.13	19.99	161.13
8010	Darth Vader	2002	391	0	115.07	50.67	39.99	187.75
8011	Jango Fett	2002	422	0	63.27	30.67	29.99	110.97
8012	Super Battle Droid	2002	379	0	52.47	23	34.99	49.96
8014	Clone Walker Battle Pack	2009	72	4	28.54	19.73	11.99	138.03
8015	Assassin Droids Battle Pack	2009	94	5	17.79	12.27	9.99	78.08
8016	Hyena Droid Bomber	2009	232	3	29.71	17.67	19.99	48.62
8017	Darth Vader's TIE Fighter	2009	251	1	116.4	53.33	29.99	288.13
8018	Armored Assault Tank (AAT)	2009	407	7	117.75	46.73	49.99	135.55
8019	Republic Attack Shuttle	2009	636	3	94.71	48.07	59.99	57.88
8028	Mini TIE-Fighter	2008	44	0	6.77	4.53	2.99	126.42
8029	Mini Snowspeeder	2008	66	0	33.09	22.33	0	0
8031	V9 Torrent	2008	66	0	8.75	6.56	3.99	119.30
8033	General Grievous' Starfighter	2009	44	0	9.68	9.13	3.99	142.61
8036	Separatist Shuttle	2009	259	5	33.47	22.6	29.99	11.60
8037	Anakin's Y-Wing Starfighter	2009	570	3	76.69	44.38	59.99	27.84
8038	The Battle of Endor	2009	890	12	138.71	96.29	99.99	38.72
8039	Venator-Class Republic Attack Cruiser	2009	1170	5	295.36	151.68	119.99	146.15
8083	Rebel Trooper Battle Pack	2010	79	4	33.05	12.31	11.99	175.65
8084	Snowtrooper Battle Pack	2010	74	4	18.71	12.45	11.99	56.05
8085	Freeco Speeder	2010	177	2	22.65	16.2	24.99	-9.36
8086	Droid Tri-Fighter	2010	268	3	28.56	14.8	24.99	14.29
8087	TIE Defender	2010	304	2	49.98	34.67	49.99	-0.02
8088	ARC70 Starfighter	2010	396	4	71.59	45.47	59.99	19.34
8089	Hoth Wampa Cave	2010	297	3	57.25	37.39	39.99	43.16
8091	Republic Swamp Speeder	2010	176	5	22.49	16.73	29.99	-25.01
8092	Luke's Landspeeder	2010	163	5	36.13	23.3	24.99	44.58
8093	Plo Koon's Jedi Starfighter	2010	175	2	32.85	19.67	24.99	31.45
8095	General Grievous' Starfighter	2010	454	3	66.67	37.47	49.99	33.37

스타워즈

모델 번호	세트 명칭	출시 연도	피스 개수	미니피겨	신품가	중고가	출고가	수익률
8096	Emperor Palpatine's Shuttle	2010	592	4	82.81	48.75	59.99	38.04
8097	Slave I	2010	573	3	132.37	78.25	79.99	65.48
8098	Clone Turbo Tank	2010	1141	6	161	96.67	119.99	34.18
8099	Midi-Scale Imperial Star Destroyer	2010	423	0	39.4	23.13	39.99	.48
8128	Cad Bane's Speeder	2010	318	5	44.87	32.8	49.99	0.24
8129	AT-AT Walker	2010	815	8	234.07	176.2	109.99	112.81
9488	Elite Clone Trooper & Commando Droid Battle Pack	2012	98	4	18.17	11	12.99	39.88
9489	Endor Rebel Trooper & Imperial Trooper Battle Pack	2012	77	4	18.03	11.29	12.99	38.80
9490	Droid Escape	2012	137	4	33.09	20.67	19.99	65.53
9491	Geonosian Cannon	2012	132	4	19.39	14.73	19.99	-3.00
9492	TIE Fighter	2012	413	4	92.02	64.07	54.99	67.34
9493	X-Wing Starfighter	2012	560	4	71.52	42.44	59.99	19.22
9494	Anakin's Jedi Interceptor	2012	300	5	58.28	36.93	39.99	45.74
9495	Gold Leader's Y-Wing Starfighter	2012	458	3	67.33	42.33	49.99	34.69
9496	Desert Skiff	2012	213	4	33.46	21.87	24.99	33.89
9497	Republic Striker-Class Starfighter	2012	376	3	49.37	25.67	44.99	9.74
9498	Saesee Tiin's Jedi Starfighter	2012	244	3	32.27	18.27	29.99	7.60
9499	Gungan Sub	2012	465	4	65.21	44.27	69.99	-6.83
9500	Sith Fury-Class Interceptor	2012	748	3	86.09	53.33	89.99	-4.33
9509	Star Wars Advent Calendar	2012	234	10	47.26	23.33	49.99	-5.46
9515	Malevolence	2012	1101	6	153.75	106.13	119.99	28.14
9516	Jabba's Palace	2012	717	9	149.1	121.53	119.99	24.26
9525	Pre Vizsla's Mandalorian Fighter	2012	403	3	44.33	31.47	49.99	1.32
9526	Palpatine's Arrest	2012	645	6	66.49	51.93	89.99	-26.11
9674	Naboo Starfighter & Naboo	2012	56	1	16.26	8.3	9.99	62.76
9675	Sebulba's Podracer & Tatooine	2012	80	1	14.33	5.8	9.99	43.44
9676	TIE Interceptor & Death Star	2012	65	1	18.65	9.2	9.99	86.69
9677	X-Wing Starfighter & Yavin 4	2012	77	1	27.11	11.09	9.99	171.37
9678	Twin-Pod Cloud Car & Bespin	2012	78	1	8.47	2.13	9.99	5.22
9679	AT-ST & Endor	2012	65	1	10.8	7.17	9.99	8.11
TC4	TC4	2012	3	0	29.04	24.6	3.99	627.82
YODA	Yoda minifig NY I Heart Torso	2013	3	1	20.07	0	3.99	403.01

슈퍼 히어로

30162	Quinjet	2012	33	0	10.19	10.33	3.99	155.39
30163	Thor and the Cosmic Cube	2012	25	1	16.68	9.78	4.99	234.27

슈퍼 히어로

모델 번호	세트 명칭	출시 연도	피스 개수	미니피겨	신품가	중고가	출고가	수익률
30164	Lex Luthor	2012	14	1	26.22	19	3.99	557.14
30165	Hawkeye with equipment	2012	24	1	12	2.62	3.99	200.75
30167	Iron Man vs. Fighting Drone	2013	24	1	10.91	11.67	5.49	98.72
30168	Iron Patriot Gun Mounting System	2013	17	1	27	0	3.99	576.69
30302	Spider-Man	2014	45	1	11	0	3.99	175.69
4528	Green Lantern	2012	38	0	18.73	10.07	14.99	24.95
4529	Iron Man	2012	44	0	72.6	29.13	14.99	384.32
4530	The Hulk	2012	39	0	23.78	15	14.99	58.64
4597	Captain America	2012	44	0	38.06	17.13	14.99	153.90
5000022	The Hulk	2012	4	1	31.47	20.93	3.99	688.72
5001623	Jor-El	2013	5	1	14.72	9	3.99	268.92
5002125	Electro	2014	0		99.99	3.99	171.93	
5002126	Martian Manhunter	2014	4	1	14.25	8	3.99	257.14
5002145	Rocket Raccoon	2014	13		0	4.99	81.96	
5004081	Plastic Man	2014	4		0	3.99	281.95	
6862-2	Superman vs. Power Armor Lex	2012	207	3	22.5	18.81	19.99	12.56
6865	Captain America's Avenging Cycle	2012	72	3	25.67	17.67	12.99	97.61
6866	Wolverine's Chopper Showdown	2012	199	3	70.4	44.53	19.99	252.18
6867	Loki's Cosmic Cube Escape	2012	181	3	39.4	19.88	19.99	97.10
6868	Hulk's Helicarrier Breakout	2012	389	4	75.59	49.93	49.99	51.21
6869	Quinjet Aerial Battle	2012	735	5	80.31	51.67	69.99	14.74
6873	Spider-Man's Doc Ock Ambush	2012	295	3	45.76	27.07	29.99	52.58
76002	Superman: Metropolis Showdown	2013	119	2	16.6	7.75	12.99	27.79
76003	Superman: Battle of Smallville	2013	418	5	29.47	29.07	49.99	-41.05
76004	Spider-Man: Spider-Cycle Chase	2013	237	3	21.93	14.13	19.99	9.70
76005	Spider-Man: Daily Bugle Showdown	2013	476	5	40.7	31.07	49.99	8.58
76006	Iron Man: Extremis Sea Port Battle	2013	195	3	21.78	15.6	19.99	8.95
76007	Iron Man: Malibu Mansion Attack	2013	364	5	26.88	27.4	39.99	-32.78
76008	Iron Man vs. The Mandarin: Ultimate Showdown	2013	91	2	12.32	9.8	12.99	-5.16
76009	Superman Black Zero Escape	2013	168	3	16.2	12.27	19.99	8.96
76014	Spider-Trike vs. Electro	2014	70	2	19.88	7.93	12.99	53.04
76015	Doc Ock Truck Heist	2014	237	3	23.37	11.46	19.99	16.91
76016	Spider-Helicopter Rescue	2014	299	4	41.27	29.99	44.99	-8.27
76017	Captain America vs. Hydra	2014	172	3	28.33	21	19.99	41.72
76018	Hulk Lab Smash	2014	398	5	46.81	42.3	49.99	-6.36
76019	Starblaster Showdown	2014	196	3	27.81	28.18	19.99	39.12
76020	Knowhere Escape Mission	2014	433	3	59.76	26.47	39.99	49.44
76021	The Milano Spaceship Rescue	2014	665	5	65.87	56.67	74.99	2.16
76022	X-Men vs. The Sentinel	2014	336	4	46.16	23	49.99	-7.66
COMCON013	Green Lantern (SDCC 2011 Exclusive)	2011	5	1	43.87	43.33	3.99	999.50
COMCON014	Batman (SDCC 2011 Exclusive)	2011	6	1	42.56	44.4	3.99	966.67
COMCON016	Green Lantern (NYCC 2011 Exclusive)	2011	6	1	82.6	37.82	3.99	1970.18
COMCON018	Batman (NYCC 2011 Exclusive)	2011	6	1	40.7	79	3.99	920.05
LCP2012	Iron Man & Captain America (2012 Collectors Preview)	2012	7	2	515.07	0	3.99	12809.02

테크닉

모델 번호	세트 명칭	출시 연도	피스 개수	미니피겨	신품가	중고가	출고가	수익률
3057	Master Builders - Create 'N' Race	2000	105	0	21.62	15	19.99	8.15
41999	4x4 Crawler Exclusive Edition	2013	1585	0	338.29	298.5	199.99	69.15
42000	Grand Prix Racer	2013	1141	0	138.02	97.47	129.99	6.18
42001	Mini Off-Roader	2013	100	0	22.29	3.5	12.99	71.59
42002	Hovercraft	2013	170	0	35.13	18.58	19.99	75.74
42004	Mini Backhoe Loader	2013	246	0	41.27	19.25	24.99	65.15
42005	Monster Truck	2013	329	0	63.88	23.95	49.99	27.79
42006	Excavator	2013	720	0	120.27	58.47	79.99	50.36
42007	Moto Cross Bike	2013	253	0	44.5	40.22	39.99	11.28
42008	Service Truck	2013	1276	0	104.39	84.2	129.99	9.69
42009	Mobile Crane MK II	2013	2606	0	196.57	167.4	219.99	0.65
42010	Off-Road Racer	2013	160	0	26.82	16.33	19.99	34.17
42011	Race Car	2013	158	0	34.47	19.88	19.99	72.44
42020	Twin Rotor Helicopter	2014	145	0	19.89	20	12.99	53.12
42021	Snowmobile	2014	186	0	25.33	20.67	19.99	26.71
42022	Hot Rod	2014	414	0	39.81	31.4	39.99	-0.45
42023	Construction Crew	2014	833	0	82.83	40.48	69.99	18.35
42024	Container Truck	2014	948	0	86.25	53.69	79.99	7.83
42025	Cargo Plane	2014	1297	0	132.69	112.2	139.99	-5.21
42026	Black Champion Racer	2014	137	0	31.52	0	19.99	57.68
42027	Desert Racer	2014	148	0	30.71	0	19.99	53.63
42028	Bulldozer	2014	617	0	75.84	40.49	49.99	51.71
42029	Customised Pick-Up Truck	2014	1063	0	93	74.73	99.99	-6.99
42030	VOLVO L350F Front Loader	2014	1636	0	231.48	320	249.95	-7.39
5206	Speed Computer	2000	19	0	34	21	19.99	70.09
5218	Pneumatic Pack	2000	147	0	90.5	39.43	27.99	223.33
8041	Race Truck	2010	608	0	82.86	53.2	59.99	38.12
8043	Motorized Excavator	2010	1123	0	390.47	258.2	199.99	95.24
8045	Mini Telehandler	2010	117	0	26.58	14.33	10.99	141.86
8046	Helicopter	2010	152	0	39.12	12.53	19.99	95.70
8047	Compact Excavator	2010	252	0	62.33	29.6	24.99	149.42
8048	Buggy	2010	314	0	63.69	39	39.99	59.26
8049	Tractor with Log Loader	2010	525	0	112.18	69.87	59.99	87.00
8051	Motorbike	2010	467	0	140.13	67.6	39.99	250.41
8052	Container Truck	2010	686	0	208.03	77.33	69.99	197.23
8053	Mobile Crane	2010	1289	0	204.25	118.8	99.99	104.27
8063	Tractor with Trailer	2009	1100	0	166	93.2	99.99	66.02
8065	Mini Container Truck	2011	119	0	23	12.64	10.99	109.28
8066	Off-Roader	2011	141	0	27.47	16.4	19.99	37.42
8067	Mini Mobile Crane	2011	292	0	50.05	26.33	24.99	100.28
8068	Rescue Helicopter	2011	408	0	56.8	36	39.99	42.04
8069	Backhoe Loader	2011	609	0	81.13	49.95	59.99	35.24
8070	Super Car	2011	1281	0	221.53	144.33	119.99	84.62
8071	Lift Truck	2011	593	0	72.96	38.4	49.99	45.95
8081	Extreme Cruiser	2011	590	0	122	88.47	59.9	103.67
8109	Flatbed Truck	2011	1115	0	197.61	142.13	99.99	97.63
8110	Unimog U400	2011	2047	0	272.32	190.07	199.99	36.17
8236	Bike Burner	2000	60	0	10.38	5.07	5.99	73.29
8237	Formula Force	2000	115	0	11.5	5.93	9.99	15.12
8238	Dueling Dragsters	2000	202	0	7.8	6.53	17.99	-56.64

테크닉

모델 번호	세트 명칭	출시 연도	피스 개수	미니피겨	신품가	중고가	출고가	수익률
8240	Slammer Stunt Bike	2001	152	0	19.93	8.44	14.99	32.96
8242	Slammer Turbo	2001	253	0	21.37	21	19.99	6.90
8256	Go-Kart	2009	144	0	67.17	20.8	14.99	348.10
8258	Crane Truck	2009	1877	0	340.07	235.4	149.99	126.73
8259	Mini Bulldozer	2009	165	0	28.76	19.67	9.99	187.89
8260	Tractor	2009	104	0	25.31	11.8	9.99	153.35
8261	Rally Truck	2009	198	0	28.13	21.92	19.99	40.72
8262	Quad-Bike	2009	308	0	45.4	28.13	39.99	13.53
8263	Snow Groomer	2009	590	0	192.13	105.07	49.99	284.34
8264	Hauler	2009	575	0	157.06	91.93	69.99	124.40
8265	Front Loader	2009	1061	0	251.33	168.47	79.99	214.20
8270	Rough Terrain Crane	2007	106	0	29.33	19	9.99	193.59
8271	Wheel Loader	2007	200	0	27.33	19	19.99	36.72
8272	Snowmobile	2007	331	0	99.07	45	29.99	230.34
8273	Off Road Truck	2007	805	0	111.39	64	49.99	122.82
8274	Combine Harvester	2007	1025	0	250.53	136.47	69.99	257.95
8275	Motorized Bulldozer	2007	1384	0	812.87	327.93	149.99	441.95
8281	Mini Tractor	2006	121	0	33.93	17.33	9.99	239.64
8282	Quad Bike	2006	200	0	28.93	15.67	19.99	44.72
8283	Telehandler	2006	323	0	59.5	29.8	29.99	98.40
8284	Dune Buggy / Tractor	2006	872	0	109.8	79.6	59.99	83.03
8285	Tow Truck	2006	1877	0	704.6	272.73	119.99	487.22
8287	Motor Box	2006	93	0	73.8	53.25	29.99	146.08
8288	Crawler Crane	2006	800	0	396.07	219.87	49.99	692.30
8289	Fire Truck	2006	1036	0	155.73	71.13	74.99	107.67
8290	Mini Forklift	2008	89	0	21.69	9.8	7.99	171.46
8291	Dirt Bike	2008	248	0	49.73	30.73	24.99	99.00
8292	Cherry Picker	2008	726	0	186.6	88.8	59.99	211.05
8294	Excavator	2008	720	0	174.4	97.2	59.99	190.72
8295	Telescopic Handler	2008	1182	0	208.88	117.2	89.99	132.11
8296	Dune Buggy	2008	199	0	36.4	23	19.99	82.09
8297	Off-Roader	2008	1097	0	269.27	129.47	119.99	124.41
8415	Dump Truck	2005	284	0	53.69	30.5	29.99	79.03
8416	Fork-Lift	2005	729	0	177.56	79	69.99	153.69
8418	Mini Loader	2005	66	0	12.17	8.53	5.99	103.17
8419	Excavator	2005	286	0	50.87	32.6	19.99	154.48
8420	Street Bike	2005	506	0	161.4	65.07	49.99	222.86
8421	Mobile Crane	2005	1884	0	450.6	224.4	149.99	200.42
8430	Mag Wheel Master	2002	318	0	47	18.3	34.99	34.32
8431	Pneumatic Crane Truck	2002	862	0	161.5	103.88	84.99	90.02
8433	Cool Movers	2004	215	0	30.8	8.71	12.99	137.11
8434	Aircraft	2004	445	0	76.45	40.87	34.99	118.49
8435	4WD	2004	763	0	75.53	47.87	49.99	51.09
8436	Truck	2004	1027	0	180	90.73	89.99	100.02
8438	Pneumatic Crane Truck	2003	848	0	66	107.33	84.99	-22.34
8441	Fork-Lift Truck	2003	70	0	20	9.6	5.99	233.89
8451	Dump Truck	2003	183	0	40.18	22.87	19.99	101.00
8453	Front-End Loader	2003	214	0	34.53	17.4	19.99	72.74
8454	Rescue Truck	2003	639	0	92.64	55.6	69.99	32.36
8455	Back-Hoe	2003	704	0	231.53	170.4	99.99	131.55
8457	Power Puller	2000	979	1	292.29	229.27	99.99	192.32
8458	Silver Champion	2000	1431	0	414.2	178.53	169.99	143.66

테크닉

모델 번호	세트 명칭	출시 연도	피스 개수	미니피겨	신품가	중고가	출고가	수익률
8464	Pneumatic Front-End Loader	2001	591	0	256.99	95.6	69.99	267.18
8465	Extreme Off-Roader	2001	365	0	73.3	33	39.99	83.30
8466	4X4 Off-Roader	2001	1102	0	295.87	209.53	119.99	146.58
8509	Swamp	2000	45	0	11.56	8.87	5.99	92.99
8510	Lava	2000	35	0	10.25	6.73	5.99	71.12
8511	Frost	2000	44	0	10.88	7.27	5.99	81.64
8512	Onyx	2000	37	0	8.25	8.07	5.99	37.73
8513	Dust	2000	46	0	14.25	7.4	5.99	137.90
8514	Power	2000	32	0	8.08	8.27	5.99	34.89
8521	Flare	2000	44	0	28.5	13.73	5.99	375.79
8522	Spark	2000	35	0	15	7.86	5.99	150.42
8523	Blaster	2000	88	0	14.2	5.53	14.99	-5.27
8880	Super Car	1994	1343	0	310.93	236.6	129.99	139.20
9390	Mini Tow Truck	2012	136	0	19.33	7.67	11.99	61.22
9391	Tracked Crane	2012	218	0	42.48	24.11	19.99	112.51
9392	Quad Bike	2012	199	0	52.88	21.2	24.99	111.60
9393	Tractor	2012	353	0	45.35	23.78	39.99	13.40
9394	Jet Plane	2012	499	0	67.04	31.4	49.99	34.11
9395	Pick-Up Tow Truck	2012	954	0	78.83	50.93	69.99	12.63
9396	Helicopter	2012	1056	0	120.87	83.8	119.99	0.73
9397	Logging Truck	2012	1308	0	170.59	95.27	139.99	21.86
9398	4X4 Crawler	2012	1327	0	184.39	127.13	199.99	-7.80

닌자 거북이

모델 번호	세트 명칭	출시 연도	피스 개수	미니피겨	신품가	중고가	출고가	수익률
30270	Kraang Laser Turret	2013	36	1	4.83	2.5	3.99	21.05
30271	Mikey's Mini-Shellraiser	2014	47	1	7.49	22.13	4.99	50.10
5002127	Flashback Shredder	2014	0	1	5.65	23	0	
79100	Kraang Lab Escape	2013	90	3	21.32	9.67	12.99	64.13
79101	Shredder's Dragon Bike	2013	198	3	25.98	17.2	24.99	3.96
79102	Stealth Shell in Pursuit	2013	162	3	24.23	12.13	19.99	21.21
79103	Turtle Lair Attack	2013	488	5	60.57	34.07	49.99	21.16
79104	The Shellraiser Street Chase	2013	620	5	45.16	37	59.99	-24.72
79105	Baxter Robot Rampage	2013	397	5	40.61	41.06	39.99	1.55
79115	Turtle Van Takedown	2014	368	4	43.91	38.67	39.99	9.80
79116	Big Rig Snow Getaway	2014	741	6	60.31	0	69.99	3.83
79117	Turtle Lair Invasion	2014	888	6	76.93	73.33	99.99	-23.06
79118	Karai Bike Escape	2014	88	2	13.1	0	12.99	0.85
79119	Mutation Chamber Unleashed	2014	196	3	25.24	11.4	24.99	1.00
79120	T-Rawket Sky Strike	2014	286	4	37.73	0	34.99	7.83
79121	Turtle Sub Undersea Chase	2014	684	5	52.14	0	59.99	3.09
79122	Shredder's Lair Rescue	2014	478	5	53.44	0	49.99	6.90
Leonardo	Shadow Leonardo UK tin edition	2013	7	1	30.55	16.4	0	

레고 무비

모델 번호	세트 명칭	출시 연도	피스 개수	미니피겨	신품가	중고가	출고가	수익률
30280	The Piece of Resistance	2014	33	1	11.83	5.5	0	
30281	Micro Manager Battle	2014	27	1	10.7	0	0	
30282	Super Secret Police Enforcer	2014	40	1	7.58	6.33	4.99	51.90
5002045	Pyjamas Emmet	2014	4	1	22.71	10.33	0	
5002203	Radio DJ Robot	2014	4	0	11	0	0	
5002204	Western Emmet	2014	6	1	11.96	0	0	
70800	Getaway Glider	2014	104	3	23.14	13	12.99	78.14
70801	Melting Room	2014	122	3	19.7	6.69	12.99	51.66

모델 번호	세트 명칭	출시 연도	피스 개수	미니피겨	신품가	중고가	출고가	수익률
70802	Bad Cop's Pursuit	2014	314	2	35.33	21.78	29.99	17.81
70803	Cloud Cuckoo Palace	2014	197	3	28.24	21.33	19.99	41.27
70804	Ice Cream Machine	2014	344	3	31.2	0	29.99	4.03
70805	Trash Chomper	2014	389	3	33.76	32.67	29.99	12.57
70806	Castle Cavalry	2014	424	3	35.26	16.48	29.99	17.57
70807	MetalBeard's Duel	2014	412	3	34	37.33	34.99	-2.83
70808	Super Cycle Chase	2014	514	5	47.84	36.13	49.99	-4.30
70809	Lord Business' Evil Lair	2014	738	6	63	46.27	69.99	-9.99
70810	MetalBeard's Sea Cow	2014	2741	4	234.99	196.93	249.99	-6.00
70811	The Flying Flusher	2014	351	3	41.54	28.39	29.99	38.51
70812	Creative Ambush	2014	473	4	43.07	35	39.99	7.70
70813	Rescue Reinforcements	2014	859	5	74.64	45.5	69.99	6.64
70814	Emmet's Constructo-Mech	2014	707	4	62.98	45	59.99	4.98
70815	Super Secret Police Dropship	2014	854	8	71.18	70.39	79.99	1.01
70816	Benny's Spaceship Spaceship SPACESHIP!	2014	939	5	90.87	81.07	99.99	-9.12

심슨

71006	The Simpsons House	2014	2523	6	192.96	180	199.99	-3.52

토이 스토리

30070	Alien Space Ship	2010	32	1	8.84	5.27	3.99	121.55
30071	Army Jeep	2010	37	1	11.19	5.07	2.99	274.25
30072	Woody's Camp Out	2010	18	1	6.33	6.68	0	
30073	Buzz's Mini Ship	2010	23	1	10.08	0	0	
7590	Woody and Buzz to the Rescue	2010	92	2	39.05	21.73	19.99	95.35
7591	Construct-A-Zurg	2010	118	1	20.94	10.67	24.99	6.21
7592	Construct-A-Buzz	2010	205	1	34.56	19.4	24.99	38.30
7593	Buzz's Star Command Spaceship	2010	257	2	38.81	20.13	29.99	29.41
7594	Woody's Roundup!	2010	502	4	49.23	36.13	49.99	.52
7595	Army Men on Patrol	2010	90	4	16.89	14.72	10.99	53.69
7596	Trash Compactor Escape	2010	370	5	52.76	30.2	49.99	5.54
7597	Western Train Chase	2010	584	6	118.89	76.33	79.99	48.63
7598	Pizza Planet Truck Rescue	2010	225	4	47.74	31.8	39.99	19.38
7599	Garbage Truck Getaway	2010	402	4	52.37	28.27	49.99	4.76
7789	Lotso's Dump Truck	2010	129	3	13.12	9.87	19.99	-34.37

기차

모델 번호	세트 명칭	출시 연도	피스 개수	미니피겨	신품가	중고가	출고가	수익률
기차								
10001	Metroliner	2001	782	11	420.86	229.2	148.99	182.48
10002	Railroad Club Car	2001	293	5	208.47	125.53	37.99	448.75
10013	Open Freight Wagon	2001	121	0	43.73	43.07	16.99	157.39
10014	Caboose	2001	170	0	52.67	36.2	14.99	251.37
10015	Green Passenger Wagon	2001	194	0	56.21	47.07	19.99	181.19
10016	Tanker	2001	128	0	77.86	48.73	19.99	289.49
10017	Hopper Wagon	2001	228	0	61.21	35.53	19.99	206.20
10020	Santa Fe Super Chief	2002	435	2	265.6	203.53	39.99	564.17
10022	Santa Fe Cars - Set II	2002	411	0	273.35	192.69	34.99	681.22
10025	Santa Fe Cars - Set I	2002	326	0	204.4	182.53	34.99	484.17
10133	Burlington Northern Santa Fe	2005	407	2	324.63	192.27	39.99	711.78
10153	Train Motor 9 V	2002	3	0	99.64	47.56	24.99	298.72
10170	TTX Intermodal Double-Stack Car	2005	366	0	132.4	94.47	39.99	231.08
10173	Holiday Train	2006	965	7	702.33	438.13	89.99	680.45
10194	Emerald Night	2009	1085	3	384.35	266	99.99	284.39
10205	Large Train Engine with Tender Black	2002	232	0	310	108.93	0	
10219	Maersk Train	2011	1237	3	274.44	208.27	119.9	128.89
10233	Horizon Express	2013	1351	6	164.39	112.73	129.99	26.46
2159	9V Train Track Starter Collection	2006	24	0	35.47	23.5	29.99	18.27
3740	Small Locomotive	2001	67	0	52.25	32.3	14.99	248.57
3741	Large Locomotive	2001	92	0	100.5	65.8	19.99	402.75
3742	Tender	2001	39	0	55.67	63.67	10.99	406.55
3743	Locomotive Blue Bricks	2001	106	0	42.12	11	6.99	502.58
3744	Locomotive Green Bricks	2001	106	0	31.19	50	6.99	346.21
3747	Locomotive Dark Grey Bricks	2001	106	0	20.88	3.11	6.99	198.71
4206	9V Train Switching Track Collection	2006	27	0	32.33	0	44.99	-28.14
4534	LEGO Express	2002	456	5	257.87	162.53	159.99	61.18
4535	LEGO Express Deluxe	2002	762	5	300.07	196.07	169.99	76.52

용어 설명

ABS 플라스틱: Acrylonitrile Butadiene Styrene(아크릴로나이트릴, 뷰타다이엔, 스타이렌)의 의 약자. 열가소성 고분자로 내구성과 안전성이 특징인 레고 브릭을 만드는 소재.

AFOL: Adult Fan of Lego(성인 레고 팬)의 약자. 레고의 주 고객군인 어린이들 보다 높은 연령대의 레고 팬들을 이르는 레고 세계의 용어. 보통 'Hay-foal(건초 망아지)'라는 비슷한 단어로 장난스럽게 부르기도 한다(AFOL의 발음이 '에이폴'로 '망아지'라는 의미의 'foal'을 연상시켜 '헤이폴'이라 부르는 일종의 언어유희-옮긴이).

배틀 팩: 100피스급 소형 레고 세트로서, 보통 스타워즈 및 캐슬 테마에 포함되어 있다. 3~5개 정도의 미니피겨가 포함되며, 가격 대비 많은 수의 미니피겨가 들어 있어 '아미 빌더'라는 별칭으로 불리기도 한다. 가격대는 10~12달러 선.

브릭마스터(BrickMaster): 몇 년 전 회원들에게 부록으로 폴리백 세트를 주던 레고의 격월 프리미엄 잡지.

매입시점가격: 레고 세트 하나에 지불한 가격. 레고 세트를 항상 출고가에 파는 것은 아니다. 상당수는 할인가에 구매된다. 어떤 세트들은 단종 후에 출고가보다 높은 가격에 판매된다.

연간성장률(CAGR): Compound Annual Growth Rate. 인베스토피아나 위키피디아에 따르면, 연간성장률이란 특정 기간 동안 진행된 투자의 전년 동기 대비 성장률을 의미한다. 꾸준히 투자액이 증가할 것을 가정할 때, 그 증가비율을 나타내는 가정의 수치다. 수익률을 단순화해서 보기 위한 개념.

수집용 미니피겨: 2010년 레고가 출시한 소형 폴리백 제품이며, 다양한 테마들에 하나의 미니피겨를 포함하는 방식으로 현재까지 생산되고 있다. 시리즈와 테마별로 종류가 나뉜다. 한 시리즈에는 보통 16개의 미니피겨가 있고, 2015년 기준 현재까지 출시된 테마의 수는 15개다.

전작주의자: 한 시리즈, 계열, 테마 내의 모든 레고 아이템이나 세트를 수집하거나 소장하는 사람. 세트를 완전히 구비해야 만족하는 유형이다.

컨스트랙션(Constraction): 전통적인 '액션피겨'의 특성과 레고 브릭을 결합한 하이브리드 테마나 모델을 지칭하는 레고 용어. 전통적인 레고 미니피겨보다 큰 테크닉이나 바이오니클 세트들이 여기에 해당된다. 완구로서 조작성이 뛰어나고 플라스틱 인형이나 피겨처럼 보인다.

쿠소(Cuusoo): '판타지'나 '상상'을 의미하는 일본어. 일본회사 쿠소에서 실제 제품으로 출시될 제품의 제안서를 일반 사람들로부터 받으면서 시작되었다. 레고는 쿠소와 손을 잡고 유저들의 충분한 '승인'을 받으면 생산될 수 있는 커스텀 레고 모델에 대한 팬 투표 사이트를 만들었다. 마침내 생산이 이루어지는 제품의 최초 기안자는 매출의 1퍼센트를 로열티로 받는다. 레고 쿠소 테마는 레고 아이디어 테마라는 이름으로 바뀌었고, 가장 인기 있는 테마 중 하나로 자리 잡았다.

레고 암흑기: 레고 팬의 생애 주기 중 레고 세트를 더 이상 갖고 놀지 않거나 관심을 갖지 않는 시기를 부르는 말. 주로 10대 중반에서 20대 후반이나 30대 초반까지 이런 시기가 온다. 보통, 부모가 되거나 특별한 레고 세트를 만나는 계기를 통해 레고 암흑기를 벗어나곤 한다. 사람마다 다르지만, 대부분의 레고 팬들은 이런 시기를 겪는다고 알려져 있다.

ME 디자인(팩토리 테마): 팬들이 원하는 세트를 직접 디자인하고 구매까지 가능하게 한 레고 테마. 때때로 이렇게 디자인된 세트의 아이디어를 레고가 마케팅하기도 했다. 10190 마켓 스트리트는 이 테마의 대표적인 성공 사례다.

그리블(Greebles): 위키피디아에 따르면 크기가 큰 물체를 보다 정교하고 복잡하게 보이도록 만들어 재미를 더하기 위해 표면에 장착하는 세밀한 디테일 장식 등을 말한다. 보는 이에게 스케일이 커진 듯한 느낌을 줄 수 있다. 단순한 기하학적 형체(원통, 정육면체, 직육면체)나 기계류의 부속품(톱니바퀴, 전선, 연료 탱크)과 같은 보다 복잡한 모형으로 만든다. 그리블은 가공의 모델이나 설계도, 혹은 공상과학영화 속의 우주선이나 건축물에서 볼 수 있으며, 영화 산업에서 특수 효과를 위해 사용되곤 한다. 레고 세트 기준으로 보면, 길이나 높이감을 더하고 정교함을 배가하기 위해 작은 브릭과 피스를 그리블로서 추가해 보다 실물에 가까운 창작물을 만들 수 있게 하고 있다. 조형물의 내부나 외부에 장착하며, 스타워즈 및 어드밴스/라지 스케일 모델에서 중요한 역할을 한다.

레고들(LEGOs): 레고 브릭을 이르는 비격식 표현. 레고 그룹은 브랜드와 상표의 보호를 위해 지켜야 할 수칙을 페어 플레이 브로슈어(Fair Play brochure)에 다음과 같이 제시하고 있다. ① 레고의 상호는 대문자로만 표시한다. ② 상호 뒤에 명사를 절대 나열하지 않는다(예: 레고 장난감, 레고 가치관). ③ 절대로 소유격 표현의 's', 복수형 표현의 's', 혹은 '하이픈(-)'을 사용하지 않는다(예: 레고'의' 디자인, 가지고 놀 수 있는 더 많은 레고'들', 레고-'브릭들). ④ 절대로 상호의 디자인을 변경하거나 조정하지 않는다(예: 레고 로고의 색상이나 모양의 변경).

레고 1차 시장: 레고 온라인/오프라인 상점, 타깃, 토이저러스, 월마트, 반스앤노블, 케이마트 등 레고 신제품을 판매하는 주요 레고 소매점들.

레고 숍앳홈(Shop At Home): 레고 공식 온라인 스토어(www.shop.LEGO.com).

레고 VIP 프로그램: 온라인이나 레고 숍앳홈에서 구매액 1달러마다 VIP 포인트 1점을 주는 레고 회원제 프로그램. VIP 포인트 100점에 도달하면 5달러를 현금처럼 쓸 수 있으며 다음 구매 시

사용할 수 있다. 5퍼센트의 할인 프로그램 정도로 생각하면 된다.

러그(LUG): LEGO Users Group(레고유저그룹)의 약자. 오프라인으로 주로 만나 활동하는 레고 지역 모임을 주로 칭하였으나, 레고 팬들의 온라인 그룹을 포함하는 개념으로 확장되었다. 많은 러그들은 온라인 사이트를 가지고 있어, 전통적 개념의 러그와 온라인 레고 팬 커뮤니티 사이의 경계가 희미해지고 있다.

맥스피겨: 여러 개의 피스로 조립하는 대형 레고 피겨. 보통의 미니피겨보다 2~3배 크다. 대부분 동물, 공룡, 몬스터의 모습이다.

마이크로피겨: 어떤 세트에는 종래의 레고 미니피겨보다 작은 사이즈의 아주 작은 레고 피겨가 포함되어 있다. 보통 마인크래프트나 슈퍼 히어로 세트에서 볼 수 있다.

마이크로세트: 현재 출시된 제품 중 가장 작은 레고 세트. 미니세트보다도 작다.

미니피겨 호환성(Minifigure Scale): 미니피겨를 끼워 같이 사용할 수 있는 레고 세트나 모델. 세트의 사이즈는 탈 것이나 건물에 끼울 수 있도록 미니피겨와 비율이 맞아야만 한다.

미니세트: 마이크로세트와 보통의 레고 세트 사이의 사이즈인 레고 세트. 스타워즈 폴리백 상품들 중 미니세트가 많다.

MISB: Mint In Sealed Box(박스미개봉 새제품)의 약자. 레고 박스의 컨디션으로서는 가장 이상적이며 가장 높은 가치를 인정받을 수 있는 상태(한국 내 유저들은 '미스박'이라 부르기도 한다−옮긴이).

MOC: My Own Creation(나만의 창작 혹은 창작레고)의 약자. MOC는 레고 팬들이 개발해서 조립하는 커스텀 레고 세트와 모델을 의미한다. 50피스짜리 마이크로세트에서 50000피스급 대형 모델까지 매우 다양하다.

출고가: 할인되기 전 레고의 가격을 의미.

NIB: New In Box(박스 속 새 제품)의 약자. 내부포장은 개봉하지 않은 상태로, 조립한 적 없는 세트를 의미. 박스 자체는 개봉, 씰을 뜯었거나, 파손이 있어도 상관없다.

세트 분리 판매(Part Out): 새 레고제품을 사서 개봉한 뒤 일부 피스들을 따로 출고가보다 높은 가격에 팔아 수익을 내는 것.

보합 상태: 레고 세트의 가격이 변동이 없이 레고 중고 시장에서 정체되는 것을 이르는 말. 이 시점에서는 세트가격이 내려가거나, 오르거나, 변동 없이 머물 수도 있다.

폴리백(Polybag): 작은 레고 세트가 들어있는 작고 부드러운 비닐 봉투. 이 상태로 판매된다.

피스당 가격(PPP: Price per Piece): 한 레고 세트 내의 피스 수 대비 그 레고 세트의 가격(보통 출고가 대비 소매가)을 의미. 평균적으로 0.09달러 선이다.

투자수익률(ROI: Return on Investment): 투자 효율성을 평가하거나 다수 투자건의 효율성을 비교하기 위한 실적 지표. 투자 수익률을 산출하려면, 투자 수익을 투자 비용으로 나누면 된다. 보통 결과값을 백분율로 나타낸다. 자세하게 알고 싶으면 책의 '들어가는 말' 부분을 참조하기 바란다.

3-in-1세트/2-in-1세트: 조립설명서가 3(또는 2)개 있어 3(또는 2)종류의 모델을 조립할 수 있는 세트로서, 보통 크리에이터나 테크닉 테마에 있다.

UCS: Ultimate Collector Series. 성인 레고 팬 및 수집가를 타깃으로 출시된 고급형 모델로 중대형급의 정교한 디테일이 특징인 스타워즈의 서브 테마. 레고에서 생산되는 세트 중 가장 크고 가장 비싸며, 스타워즈 영화에 등장하는 유명한 우주선/장비 및 캐릭터를 소재로 한다.

수직조립기법: 레고의 고난이도 조립 기법. 조립가는 위에서 내려다본 관점의 조립 설명서를 보고 조립 순서와 방식을 볼 줄 알아야 한다. 숙련된 조립가를 위해 디자인 된 레고 세트의 조립 기법으로서 상당한 기술을 필요로 한다.

슝− 효과: 아이나 어른이 실내에서 비행기 등의 레고 세트를 들고 입으로 레이저 쏘는 소리 등을 내며 상상하며 놀기에 얼마나 좋은가를 나타내는 말. 슝− 효과가 뛰어난 레고 세트라는 말은 손에 들고 움직이며 놀아도 잘 부서지지 않고 안정성 있는 세트라는 의미다.

와우(Wow) 세트: 보자마자 "와우!" 하고 탄성을 내지를 정도의 끝내주는 세트. 최고 중의 최고로서, 여기 해당하는 세트는 극소수다.

참고 자료

서적 및 잡지

- 제레미 베켓, 사이먼 비크로프트 《LEGO Star Wars: The Visual Dictionary》 DK Publishing; Har/Toy edition(2009년 9월 21일)

- 빌 브린, 데이비드 로버트슨 《레고 어떻게 무너진 블록을 다시 쌓았나》 해냄(2016년 3월 10일)

- 사라 허먼 《Building History: The LEGO Group》 Pen & Sword Books Ltd(2012년)

- 다니엘 립코위츠 《The LEGO Book》 DK Children, Exp 개정판(2012년 8월 20일)

- 필립 윌킨슨 《LEGO Architecture: The Visual Guide》 DK, Lea판(2014년 9월 1일)

- 브릭저널(brickjournal.com): 레고 커뮤니티의 모든 분야를 다루며, 전 세계 최고의 조립가들의 기고와 조립 매뉴얼, 신제품 소개 등의 기사를 싣는다.

인터넷 매체

- bricklink.com
- brickpicker.com
- brickset.com
- cuusoo.com
- history.com
- investopedia.com
- LEGO.com
- rebrickable.com
- wikipedia.org
- wookiepedia.com

영화 및 TV 시리즈

- 캡틴 필립스
- 스타워즈 에피소드 1~6
- 피너츠(찰스 M. 슐츠)
- 해리 포터 시리즈
- 캐리비안의 해적
- DC 코믹스
- 마블 코믹스
- 디즈니
- 디스커버리 채널

저자들에 관하여

에드 매초로스키(Ed Maciorowski)

브릭픽커닷컴(brickpicker.com)의 공동 창업자이자 공동 소유주. 부모님이 사주신 710 렉커 세트로 레고를 시작해 1973년부터 본격적으로 레고 수집에 뛰어들었다. 현재는 레고 투자도 하고 있으며, 소장하고 있는 레고만 6000세트가 넘는다. 이는 금액으로 환산하면 1억 달러가 넘는 규모다. 399달러에 구매한 밀레니엄 팔콘 세트가 2년 뒤 이베이에서 800~1200달러에 거래되는 것을 발견한 것을 계기로 제프와 함께 온라인으로 레고 가격 및 투자 가이드를 만들었다. 밀레니엄 팔콘의 금전적 가치는 4000달러에 육박한다. 에드는 《블락스(Blocks)》라고 하는 레고 관련 잡지에 정기적으로 칼럼도 쓰고 있다.

제프 매초로스키(Jeff Maciorowski)

브릭픽커닷컴의 공동 창업자이자 공동 소유주. 4000만 달러 규모의 마켓 리서치 기업의 선임 웹사이트 엔지니어이자 콜드 퓨전, 제이 쿼리, 오라클, 마이 SQL과 같은 다양한 웹 기반 전문가다. 제프는 브릭픽커닷컴을 처음부터 손수 만들었다. 현재 브릭픽커닷컴은 매년 500만 명이 넘는 유저가 방문하는 3대 레고 관련 웹사이트다. 제프는 최근 구매 수수료가 없어 좀 더 저렴한 레고 중고 거래 사이트 브릭클래시파이드(brickclassifieds.com)를 만들었다.

옮긴이 진소연

심리학을 전공하고 한국외대 통번역대학원을 졸업한 뒤 금융, 보험, IT, 마케팅, 광고, 출판을 넘나들며 통역 및 번역 일을 하고 있다. 육아, 사랑, 놀이, 생계를 관통하는 자기 언어를 찾기 위해 말과 글의 세계에서 14년째 고군분투하고 있다.

레고 수집 가이드북
LEGO SETS

ⓒ 에드 매초로스키 · 제프 매초로스키, 2016

초판 1쇄 인쇄일 2016년 11월 4일
초판 1쇄 발행일 2016년 11월 11일

지은이   에드 매초로스키 · 제프 매초로스키
옮긴이   진소연
펴낸이   정은영

펴낸곳   (주)자음과모음
출판등록 2001년 11월 28일 제2001-000259호
주소   (04083) 서울 마포구 성지길 54
전화   편집부 (02)324-2347, 경영지원부 (02)325-6047
팩스   편집부 (02)324-2348, 경영지원부 (02)2648-1311
커뮤니티 cafe.naver.com/cafejamo

ISBN 978-89-544-3674-8 (13320)

이지북은 (주)자음과모음의 자기계발·경제경영·실용 브랜드입니다.

잘못된 책은 구입처에서 교환해드립니다.
가격은 뒤표지에 있습니다.

이 도서의 국립중앙도서관 출판예정도서목록(CIP)은 서지정보유통지원시스템 홈페이지(http://seoji.nl.go.kr)와 국가자료공동목록시스템(http://www.nl.go.kr/kolisnet)에서 이용하실 수 있습니다.(CIP제어번호: CIP2016023865)